第三者効の研究

第三者規律の基層

巽　智彦

Drittwirkung von Urteilen

有斐閣

まえがき

　本書は，2016 年 9 月に東京大学大学院法学政治学研究科に提出した博士（法学）学位申請論文「行政訴訟における第三者規律」に，加筆修正を加えたものである。主題を明確にするためにタイトルを変更したが，内容の実質に変更はない。2017 年 1 月の口頭試問で受けた指摘への応答を含んでいるが，引用文献は 2016 年 12 月末日までに入手可能であったものに限定している（ただし，脱稿済みの拙稿と，ある「老教授」の対話篇を例外とする）。

　判決の対世効という主題は，公法学において扱うには技術的に過ぎるとの印象を持たれるかもしれない。そのような主題を敢えて選んだのは，一方で，法曹養成課程を経た筆者には，公法学における訴訟法理論への関心ないし理解が十分でないことが，実務のみならず他の法分野との対話可能性をますます狭めているように思われたからであった。また他方で，判決効というテーマには，公法学，ひいては法学の根本にかかわる理論的な問題が伏在しているように感じられ，それを何とか言語化したいとの思いもあった。こうした認識それ自体が正しかったのか，またそれを本書で実現ないし表現することができたかどうか，いまだ自信が持てないものの，本書が筆者の関心を如実に示すものであることは間違いない。本書が学界および実務の建設的な議論に資するものであることを願うばかりである。

　法学者として何とか独り立ちし，単著を出版するに至るまでには，本当に多くの先生方にお世話になった。紙幅の関係上，ここでは本書が成るにあたって直接のご厚情に接した方に限り，感謝を述べさせていただきたい。

　交告尚史先生には，助教時代の指導教員をお願いして以来，同郷という偶然のご縁も重なって，公私ともに大変お世話になった。西欧のみならず北欧・東欧の言語に通じた先生ならではの幅広いご見識から示唆を受けることは多く，自身が当然のことと思い込んでいた事柄がいかに特殊であるのかに気づき，学問の奥深さを知ることがしばしばであった。諸外国の法制度をその思想的な背景まで含めて解明されようとする先生の学問態度は，私の憧れであるとともに，心のよりどころであり続けている。

i

山本隆司先生には，学部生時代に演習を通じてご指導をいただいて以来，本論文の執筆に当たっても幾度となくご助言をいただいた。とりわけ，法科大学院時代にドイツ語文献の読解に関して毎回何時間もご指導いただいたことについては，感謝の念に堪えない。緻密な論理と繊細な配慮に満ちた先生の諸業績は，どれだけ研鑽を積んでも常に一歩先を行かれてしまう，永遠の目標である。

　宇賀克也先生，斎藤誠先生，太田匡彦先生には，伝統である集団指導体制の下で，折に触れて貴重なご指導を賜った。塩野宏先生，小早川光郎先生には，研究会で奔放に発言する私を直接間接に叱咤していただいた。先生方との対話なくしては，得てして行政法学の関心事から逸れがちな私の研究は，適切な場に定位されなかったであろう。

　高田裕成先生，伊藤洋一先生，垣内秀介先生には，ご自身の年来の研究関心に不躾に踏み込んでいったにもかかわらず，惜しみないアドバイスと助言をいただいた。先生方の先行業績が私の着想の源であることは，本書の序論を見るだけでも明らかである。綿密な分析によって他分野の人間にも決定的な示唆を与える研究スケールの大きさに，今なお驚嘆を禁じ得ない。

　興津征雄先生には，研究生活の開始当初から目にかけていただき，ご留学直前の大変ご多忙な時期にもかかわらず，助教論文について貴重な助言をいただいた。鵜澤剛先生には，訴訟法理論と公法理論との関連付けをはじめとして，多くのことを直接間接にご教示いただいた。判決効というテーマを両先生が果敢に切り拓いていなければ，本書は決して成り立たなかった。

　西上治氏とは，助教の3年間，苦楽を共にしながら研究に励む中で，得難い親交を築くことができた。とかく孤独に苛まれ，道を見失いやすい研究生活において，頼れる友人が身近にいたことは，この上なく有難いことであった。

　また，本書は有斐閣書籍編集部の栁澤雅俊さんのご尽力の賜物である。私の学会報告をお聴きいただき，本書の刊行をお勧めいただいたことが，博士号取得を決意するきっかけであった。さらに，書庫を洗いざらいひっくり返すような手のかかる利用者に惜しみなくご助力をいただいた，当時の東京大学法学部研究室図書室のスタッフの皆様，また現在引っ切り無しにお世話になっている成蹊大学図書館および同法学部共同研究室のスタッフの皆様にも，御礼を申し上げたい。

　最後に，私事にわたるが，人生最初の師であり，また人生の師である郷里の

父母に，そして，常に私の知らない世界の彩りに目を開かせてくれる妻の香奈に，感謝の意を込めて，また法学者としての抱負の表明として，本書を捧げたい。

2017 年 7 月　　富士を望む武蔵野にて

巽　　智　彦

※　本研究は，公益財団法人民事紛争処理研究基金，公益財団法人野村財団および JSPS 科研費 15K21375 の助成を受けたものである。

※　本書は，成蹊大学 2017 年度学術研究成果出版助成の対象である。

既発表論稿一覧

　本書は，著者がこれまで各種媒体に公表してきた下記の諸論稿を再編成したものである。基本的な論旨に変更はないが，体系的な整理を施した結果，個々の対応関係がもはや明瞭ではなくなっているため，初出の表示は行わず，一覧を示すのみとする。

「行政法関係における紛争の画一的解決の仕組み」公法研究 78 号 249 頁
　　（2016）
「形成概念と第三者規律(1)～(6・完)——行訴法上の第三者効および第三者
　　再審を手掛かりとして」国家 128 巻 5 = 6 号～ 11 = 12 号（2015）；同 129 巻
　　3 = 4 号～ 5 = 6 号（2016）
「対世効と紛争の画一的解決の必要性——行政法関係における画一的規律の
　　分析の基礎として」成蹊法学 82 号（2015）
「ドイツ行政裁判所法上の規範統制手続の裁判の一般的拘束力と参加制度」
　　成蹊法学 81 号（2014）
「ドイツ行政訴訟における判決効の主体的範囲——『引き込み型』から『効
　　力拡張型』へ」行政法研究 7 号（2014）

　また，本書の基礎は，2014 年 2 月末日に東京大学法学政治学研究科に提出した助教論文「第三者規律の基層」にある。さらにその基礎には，2009 年度に提出した東京大学法科大学院リサーチペイパー「取消判決の効力——取消訴訟による計画紛争解決の方向性」（2009 年度優秀リサーチペイパー賞受賞），2010年度に提出した東京大学法科大学院研究論文「条例の処分性をめぐる議論の整理と定位——処分性要件の機能的意義の解明の一助として」（2010 年度東京大学総長賞受賞）がある。また，上記リサーチペイパーの一部は，既に学生時代に公表した（巽智彦「第三者効と第三者再審」東京大学法科大学院ローレビュー 5 巻（2010））。これらの論文は幸甚にも他所で引用されているが，その内容は本書の内容に発展的に解消されているため，本書に収めることはしなかった。

目　次

序　論

Ⅰ　問題設定　*(1)*　　Ⅱ　用語と概念　*(3)*

本　論

第1部　形成概念と第三者効　*7*

第1章　第三者効と第三者再審──────────*9*

第1節　第三者効と第三者再審の沿革と内容………………………*10*

第1款　大日本帝国憲法下の制度と理論　*11*

第1項　行政裁判法立法過程　*11*

Ⅰ　明治17年ロエスレル草案　*(12)*　　Ⅱ　明治22年頃各種モッセ案　*(14)*　　Ⅲ　行政裁判法（明治23年法律第48号）の含意　*(15)*

第2項　行政裁判法改正論議　*16*

Ⅰ　明治35年行政裁判所構成及行政裁判手続法案　*(16)*　　Ⅱ　明治43年行政裁判法中改正法律案　*(18)*　　Ⅲ　昭和6年行政裁判所法案及行政訴訟法案　*(19)*　　Ⅳ　小　括　*(20)*

第3項　行政裁判法の解釈論　*20*

Ⅰ　相対効説？──訴訟法的側面に限っての相対効　*(20)*　　Ⅱ　対世効説　*(21)*　　Ⅲ　大審院判決の登場　*(28)*　　Ⅳ　大審院判決の評釈　*(30)*

第2款　日本国憲法下の制度と理論　*32*

第1項　行政事件訴訟特例法立法過程　*33*

Ⅰ　判決効に関する条文の削除の経緯　*(34)*　　Ⅱ　「除害施設の建設を命ずる判決」の導入の検討と不採用　*(35)*

第2項　行政事件訴訟特例法施行後の議論　*36*

Ⅰ　兼子・田中論争の勃発（1950）（*36*）　　Ⅱ　兼子説の敷衍（1951-54）（*41*）　　Ⅲ　兼子・田中論争の展開（1954-55）（*45*）　　Ⅳ　兼子・田中論争の波及　（*46*）　　Ⅴ　小括——兼子・田中論争の対立点（*48*）

第3項　行政事件訴訟法立法過程　*48*

Ⅰ　議論の変遷と決着　（*49*）　　Ⅱ　第三者効に関する立法関係者の説明　（*61*）　　Ⅲ　通説的理解の形成　（*65*）

第4項　補論——第三者再審制度の位置づけ　*66*

Ⅰ　第三者再審制度の由来　（*66*）　　Ⅱ　救済制限としての第三者再審制度　（*69*）

第3款　小　　括　*71*

第2節　民事法分野における対世効規定の沿革と内容……………*72*

第1款　人事訴訟　*73*

第1項　条文の沿革　*73*

Ⅰ　明治31年人事訴訟手続法　（*73*）　　Ⅱ　判決効の実体的側面と訴訟法的側面との未分化　（*74*）

第2項　学説状況　*75*

第3項　判例状況　*76*

第2款　会社関係訴訟　*77*

第1項　条文の沿革　*77*

Ⅰ　明治44年改正——「他の社員」に限った判決効の拡張　（*78*）　　Ⅱ　昭和13年改正——「第三者」一般への判決効の拡張　（*80*）

第2項　学説状況　*81*

第3項　判例状況　*82*

第3款　倒産関係訴訟　*82*

第1項　条文の沿革——大正11年旧破産法　*83*

第2項　条文の趣旨　*83*

第4款　小括と検討　*85*

第3節　第1章のまとめ………………………………………………*87*

第1款　第三者効の性質論——判決効の訴訟法的側面としての「形成力」　*88*

vi

目　次

　　第2款　第三者効の範囲　*88*

　　　第1項　反対利害関係人に対する第三者効　*89*

　　　第2項　同種利害関係人に対する第三者効　*90*

第2章　形成訴訟論と対世効――――――――――――――*93*

第1節　形成訴訟の沿革と法定主義の含意……………………*94*

　　第1款　形成訴訟の承認――訴訟法上の基礎　*94*

　　　第1項　「訴訟＝確認」論　*95*

　　　第2項　「訴訟＝確認」論の再構成　*96*

　　　第3項　「訴訟＝確認」論の定着　*97*

　　第2款　形成訴訟の定位――実体法上の基礎　*98*

　　　第1項　請求権概念と訴えの三類型　*100*
　　　　I　給付訴訟と形成訴訟　(*100*)　　II　確認訴訟と形成訴訟　(*100*)

　　　第2項　形成（訴）権をめぐる議論　*104*
　　　　I　形成権概念確立以前　(*104*)　　II　形成権概念の確立　(*105*)　　III
　　　　形成訴権の動揺と訴訟法理論の転換　(*108*)　　IV　訴訟物論への定位
　　　　(*111*)　　V　小　括　(*119*)

　　　第3項　形成訴訟におけるアクチオ体系の残滓？　*119*

　　第3款　形成訴訟法定主義とアクチオ体系　*120*

　　　第1項　法定主義の含意　*121*
　　　　I　主観法訴訟としての形成訴訟――形成訴訟「法定主義」？　(*122*)
　　　　II　客観法訴訟としての形成訴訟――「形成訴訟」法定主義？　(*124*)

　　　第2項　法定主義の沿革　*124*

　　第4款　小括と補論――権利既存の観念　*125*

第2節　形成訴訟の意義と機能………………………………*126*

　　第1款　新たな法状態の「形成」？　*127*

　　第2款　執行不要性　*128*

　　第3款　前提問題としての主張の禁止（排他性）　*129*

　　第4款　小　　括　*131*

vii

第3節　形成訴訟と対世効……………………………………………………131

第1款　形成判決は常に対世効を有するか？　132

第1項　判決効の訴訟法的側面　132
Ⅰ　執行不要性と判決効の訴訟法的側面　(132)　Ⅱ　排他性と判決効の訴訟法的側面　(133)

第2項　判決効の実体的側面　134

第3項　小　括　135

第2款　対世効ある判決は全て形成判決か？　136

第3款　小括および考察　137

第4節　第2章のまとめ…………………………………………………137

第1款　訴えの類型論の意義　138

第2款　排他性の意義　139

第1項　排他性の機能——他の訴訟上の規律の貫徹　139

第2項　対世効の貫徹　140

第3項　排他性の限界　141

第3章　形成力の意義————————————————145

第1節　形成力の沿革……………………………………………………145

第1款　「形成力」の分化　145

第1項　形成訴訟黎明期　146
Ⅰ　既判力と形成力　(147)　Ⅱ　小　括　(150)

第2項　形成訴訟確立期　150
Ⅰ　訴訟法説と単一要件説　(150)　Ⅱ　実体法説と訴訟法説の応酬　(159)

第3項　小　括　167

第2款　「形成力」の確立　168

第1項　既判力否定説の台頭と衰退　168
Ⅰ　既判力否定説の台頭　(168)　Ⅱ　承認義務と既判力　(170)
Ⅲ　既判力否定説の衰退　(173)

目　次

　　第2項　その後の展開　*175*
　　　Ⅰ　対世効論　（*175*）　Ⅱ　国家行為論　（*177*）

　　第3項　補論：「権利既存の観念」の否定？　*178*

　第3款　小　　括　*180*

第2節　形成判決の効力……………………………………………*181*

　第1款　狭義の形成力と基準性　*182*

　　第1項　狭義の形成力　*182*

　　第2項　基　準　性　*183*
　　　Ⅰ　基準性の内容　（*183*）　Ⅱ　実体法上の帰結としての基準性
　　（*184*）

　　第3項　第三者の立証負担の加重？　*186*

　第2款　排除効としての「形成力」　*188*

　　第1項　擬似的排除効としての「形成力」　*189*
　　　Ⅰ　「形成力」の構造　（*189*）　Ⅱ　単一要件説の評価　（*192*）

　　第2項　既判力との差異　*195*
　　　Ⅰ　擬似的排除効の特色　（*195*）　Ⅱ　両者の接近　（*196*）　Ⅲ　両
　　者の差異？　（*196*）

　第3款　小　　括　*199*

第3節　擬似的排除効としての第三者効………………………*200*

　第1款　前訴原告に対する損害賠償請求　*200*

　第2款　前訴被告に対する国家賠償請求または損失補償請求　*201*

　　第1項　消極的損害の賠償請求　*201*

　　第2項　積極的損害の賠償請求　*203*

　第3款　反復禁止　*204*

　第4款　同種利害関係人による判決の援用　*205*

第4節　第3章のまとめ…………………………………………*206*

ix

第2部　紛争解決と第三者効　*207*

第1章　ドイツにおける行政紛争解決―――――*209*

第1節　「引き込み型」の構造――必要的参加の絶対的無効説……*209*

第1款　取消判決の「対世効」？　*210*

第1項　ボン基本法以前　*210*

第2項　ボン基本法以後　*211*

第3項　議論の停滞　*212*

第2款　必要的参加の沿革と内容　*213*

第1項　必要的参加の沿革　*213*

第2項　必要的参加の懈怠の場合の判決の効力　*215*
　Ⅰ　絶対的無効説の登場　*(215)*　　Ⅱ　絶対的無効説の定着　*(217)*

第3項　必要的参加の関連制度　*218*
　Ⅰ　固有必要的共同訴訟との関係　*(218)*　　Ⅱ　社会裁判所法上の不真正必要的参加　*(219)*

第3款　小括と補論――オーストリア　*220*

第2節　「効力拡張型」への移行――有効説と大量手続の特則……*221*

第1款　必要的参加の変容――基準性の拡張　*222*

第1項　取消判決　*222*
　Ⅰ　学説状況　*(222)*　　Ⅱ　有効説の具体的内容　*(223)*

第2項　義務付け判決　*226*
　Ⅰ　学説状況　*(226)*　　Ⅱ　有効説の具体的内容　*(227)*

第3項　対立軸の整理　*229*
　Ⅰ　第三者の手続保障――「効力拡張型」としての有効説　*(229)*　　Ⅱ　紛争の画一的解決の必要性――相対的無効説の否定　*(231)*

第2款　大量手続の特則――排除効の拡張　*232*

第1項　立法の経緯　*233*
　Ⅰ　1978年行政訴訟法案　*(233)*　　Ⅱ　1990年行政裁判所法改正　*(234)*　　Ⅲ　1992年財政裁判所法改正　*(235)*　　Ⅳ　2001年社会裁判所法改正　*(236)*

x

目　次

　　　第2項　大量手続の特則の評価　*238*
　　　　　Ⅰ　既判力拡張の正当性　*(238)*　　Ⅱ　既判力拡張の必要性　*(239)*

　　第3款　小括──「効力拡張型」の二つの意義　*244*

　第3節　「効力拡張型」の別側面──規範統制手続‥‥‥‥‥‥‥‥‥*245*

　　第1款　一般的拘束力の内容　*246*

　　　第1項　一般的拘束力の沿革　*247*
　　　　　Ⅰ　両面的対世効から片面的対世効へ　*(247)*　　Ⅱ　片面的対世効への変更理由　*(248)*

　　　第2項　一般的拘束力の法的性質　*249*
　　　　　Ⅰ　学説状況　*(250)*　　Ⅱ　諸問題の解決　*(251)*

　　第2款　一般的拘束力の目的　*254*

　　　第1項　反対利害関係人への無関心　*255*
　　　　　Ⅰ　参加制度の否定　*(255)*　　Ⅱ　立法による参加制度の導入　*(258)*
　　　　　Ⅲ　規範統制手続の特殊性？　*(260)*

　　　第2項　同種利害関係人への焦点　*261*
　　　　　Ⅰ　同種利害関係人に対する判決効の作用　*(262)*　　Ⅱ　紛争の一回的解決　*(263)*

　　第3款　小括──同種利害関係人間での紛争の一回的解決　*266*

　第4節　第1章のまとめ‥‥‥‥‥‥‥‥‥‥‥‥‥‥‥‥‥‥‥‥‥*267*

第2章　対世効による紛争解決────────────────*269*

　第1節　紛争解決の諸相‥‥‥‥‥‥‥‥‥‥‥‥‥‥‥‥‥‥‥‥‥*270*

　　第1款　「引き込み型」と「効力拡張型」　*270*

　　　第1項　紛争の画一的解決　*270*

　　　第2項　紛争の一回的解決　*271*

　　第2款　紛争解決過程の分節　*272*

　　第3款　紛争解決の貫徹──手続の排他性　*272*

　第2節　紛争の画一的解決の必要性‥‥‥‥‥‥‥‥‥‥‥‥‥‥‥‥*274*

　　第1款　紛争の画一的解決の必要性を表す諸概念　*274*

xi

第1項　合一確定の必要性　*274*

第2項　法関係の不可分性　*275*

第2款　反対利害関係人間の紛争の画一的解決　*276*

第1項　前訴段階での画一的解決の必要性　*277*

第2項　後訴段階での画一的解決の必要性　*278*

　　Ⅰ　法関係そのものの対世性？　*(278)*　　Ⅱ　板挟みの回避　*(281)*

　　Ⅲ　財産価値の公平な分配　*(287)*

第3項　複数の法関係の複合　*289*

　　Ⅰ　紛争の画一的解決の貫徹のための排他性の必要性　*(290)*　　Ⅱ
法関係複合の諸事例　*(291)*

第3款　同種利害関係人間の紛争の画一的解決　*298*

第1項　議論の整理　*299*

　　Ⅰ　判決効の客体的範囲と主体的範囲　*(300)*　　Ⅱ　全部取消しと一
部取消し　*(301)*

第2項　画一的解決の必要性の諸相　*302*

　　Ⅰ　原告の訴えの利益との不可分性　*(302)*　　Ⅱ　規律内容の不可分
性　*(304)*　　Ⅲ　瑕疵の不可分性？　*(305)*

第3項　全部取消しと一部取消しの帰結　*307*

　　Ⅰ　同種利害関係人の救済？　*(307)*　　Ⅱ　原告の救済——事情判決の
回避　*(308)*

第4款　小　　括　*310*

第3節　不特定多数人間での紛争解決⋯⋯⋯⋯⋯⋯⋯⋯⋯⋯⋯⋯⋯*311*

第1款　紛争の画一的解決の必要性　*311*

第1項　反対利害関係人が多数に上る事例　*311*

　　Ⅰ　学校の廃止　*(312)*　　Ⅱ　保育所の廃止　*(312)*

第2項　反対利害関係人が不特定にわたる事例　*313*

　　Ⅰ　競業者訴訟　*(314)*　　Ⅱ　住民紛争　*(315)*

第2款　紛争の一回的解決の必要性　*315*

第1項　認容判決の排除効の拡張　*316*

第2項　棄却判決の排除効の拡張　*317*

　　Ⅰ　棄却判決の対世効の必要性？　*(318)*　　Ⅱ　棄却判決の対世効の
正当性　*(319)*

第3項　不特定多数の反対利害関係人　*320*

第3款　小　　括　*321*

第4節　第2章のまとめ………………………………………………*322*

第3章　我が国における行政紛争解決————————*323*

第1節　日本の「効力拡張型」の特徴………………………………*323*

第1款　擬似的排除効による「効力拡張型」　*324*

第1項　参加および告知のインセンティブ　*324*

　　Ⅰ　訴訟告知による第三者への係属通知　(*325*)　　Ⅱ　22条参加の意
　義　(*326*)

第2項　「形成力」説の再評価　*330*

　　Ⅰ　反対利害関係人に対する第三者効　(*331*)　　Ⅱ　同種利害関係人
　に対する第三者効　(*331*)

第2款　事前の手続保障の拡充の必要性　*332*

第1項　職権訴訟参加の拡充　*333*

第2項　「引き込み型」の併用　*334*

第3款　訴訟係属の通知による事前の手続保障　*335*

第1項　裁判所による訴訟係属の通知　*335*

第2項　当事者による訴訟告知　*336*

第3項　通知主体および通知手段　*337*

第2節　紛争の一回的解決——第三者効の強弱………………………*340*

第1款　第三者効の強度　*340*

第1項　再審事由　*340*

第2項　出訴期間制限　*341*

第3項　第三者再審と通常再審との関係　*343*

第2款　第三者効の強弱をめぐる議論　*344*

第1項　第三者効の無力化？　*344*

第2項　第三者効の強化？——既判力説　*345*

xiii

第3項　第三者効の緩和　*346*

第3款　第三者効の緩和の方向性　*347*

第1項　当事者による紛争の一回的解決　*347*

第2項　不特定多数人間での紛争の一回的解決　*347*

第3節　紛争の画一的解決——第三者効の範囲………………………*348*

第1款　取消判決の第三者効の範囲　*349*

第1項　第三者再審の排他性の必然性？　*349*

第2項　取消訴訟の排他性の必然性？　*350*

第2款　取消判決以外の認容判決の第三者効　*351*

第1項　無効確認判決　*352*

Ⅰ　紛争の画一的解決の必要性　*(352)*　　Ⅱ　第三者効の導入　*(353)*

第2項　義務付け判決および差止判決　*354*

Ⅰ　紛争の画一的解決の必要性　*(354)*　　Ⅱ　第三者効の導入　*(356)*

第3項　抗告訴訟以外の認容判決　*358*

Ⅰ　紛争の画一的解決の仕組み　*(358)*　　Ⅱ　共通争点の訴訟物化
(359)

第4節　第3章のまとめ……………………………………………*361*

結　論

Ⅰ　本論の要約　*(363)*　　Ⅱ　展　望　*(365)*

主要参考文献一覧　*369*

事項索引　*385*　　　　人名索引　*392*　　　　判例索引　*394*

凡　例

* 引用文中において，旧仮名遣いは現代仮名遣いに，促音を表す「つ」は「っ」に，それぞれ変更している。また，読みやすさの便宜を考え，一部，句読点を補った箇所がある。
* 文献の引用は，末尾の主要参考文献一覧に記載のものは，（著者名［初出年］頁），または（著者名［初出年］頁〔執筆者名〕）（邦語文献）もしくは（執筆者名, in: 著者名［初出年］頁）（外国語文献）の形式で行い，それ以外のものは慣例に従った。

法令略称等一覧

日　本

一般法人	一般社団法人及び一般財団法人に関する法律（平成 18 年法律第 48 号）
会　更	会社更生法（平成 14 年法律第 154 号）
※旧会更	会社更生法（昭和 27 年法律第 172 号）
会　社	会社法（平成 17 年法律第 86 号）
河　川	河川法（昭和 39 年法律第 167 号）
※旧河川	河川法（明治 29 年法律第 71 号）
行　訴	行政事件訴訟法（昭和 37 年法律第 139 号）
※行裁	行政裁判法（明治 23 年法律第 48 号）
※特例法	行政事件訴訟特例法（昭和 23 年法律第 81 号）
行　手	行政手続法（平成 8 年法律第 88 号）
区画整理	土地区画整理法（昭和 29 年法律第 119 号）
憲	日本国憲法（昭和 21 年 11 月 3 日公布）
建　基	建築基準法（昭和 25 年法律第 201 号）
健　保	健康保険法（大正 11 年法律第 70 号）
公　選	公職選挙法（昭和 25 年法律第 100 号）
国　徴	国税徴収法（昭和 34 年法律第 147 号）
※旧国徴	国税徴収法（明治 30 年法律第 21 号）
戸　籍	戸籍法（昭和 22 年法律第 224 号）
商	商法（明治 32 年法律第 48 号）
※旧商	商法（明治 23 年法律第 32 号）

消　契	消費者契約法（平成 12 年法律第 61 号）
商　登	商業登記法（昭和 38 年法律第 125 号）
消費被害回復	消費者の財産的被害の集団的な回復のための民事の裁判手続の特例に関する法律（平成 25 年法律第 96 号）
人　訴	人事訴訟法（平成 15 年法律第 109 号）
※旧人訴	人事訴訟手続法（明治 31 年法律第 13 号）
地　自	地方自治法（昭和 22 年法律第 67 号）
鉄　事	鉄道事業法（昭和 61 年法律第 92 号）
土地収用	土地収用法（昭和 26 年法律第 219 号）
※旧土地収用	土地収用法（明治 33 年法律第 29 号）
特　許	特許法（昭和 34 年法律第 121 号）
※明治特許	特許法（明治 32 年法律第 36 号）
※大正特許	特許法（大正 10 年法律第 96 号）
独　禁	私的独占の禁止及び公正取引の確保に関する法律（昭和 22 年法律第 54 号）
破　産	破産法（平成 16 年法律第 75 号）
※旧破産	破産法（大正 11 年法律第 71 号）
犯罪被害回復	犯罪被害財産等による被害回復給付金の支給に関する法律（平成 18 年法律第 87 号）
不　競	不正競争防止法（平成 5 年法律第 47 号）
不　登	不動産登記法（平成 16 年法律第 123 号）
振り込め詐欺救済法	犯罪利用預金口座等に係る資金による被害回復分配金の支払等に関する法律（平成 19 年法律第 133 号）
民	民法（明治 29 年法律第 89 号）
※旧民	民法（明治 23 年法律第 28 号）
民　再	民事再生法（平成 11 年法律第 225 号）
※和議	和議法（大正 11 年法律 72 号）
民　訴	民事訴訟法（平成 8 年法律第 109 号）
※明治民訴	民事訴訟法（明治 23 年法律第 29 号）
※大正民訴	民事訴訟法（大正 15 年法律第 61 号）

ドイツ

AktG（株式法）　　　　Aktiengesetz v. 06. 09. 1965

AO（租税通則法）　　　Abgabenordnung v. 16. 03. 1976

BauGB（建設法典）　　Baugesetzbuch v. 23. 06. 1960

BGB（民法）　　　　　Bürgerliches Gesetzbuch v. 18. 08. 1896

BImSchG（連邦イミシオン保護法）　Gesetz zum Schutz vor schädlichen Umwelteinwirkungen durch Luftverunreinigungen, Geräusche, Erschütterungen und ähnliche Vorgänge v. 15. 03. 1974

EStG（所得税法）　　　　　Einkommensteuergesetz v. 16. 10. 1934

FGO（財政裁判所法）　　　　Finanzgerichtsordnung v. 06. 10. 1965

GmbHG（有限会社法）　　　Gesetz betreffend die Gesellschaften mit beschränkter Haftung v. 20. 04. 1892

KStG（法人税法）　　　　　Körperschaftsteuergesetz v. 31. 08. 1976

LadSchlG（閉店時間法）　　Gesetz über den Ladenschluß v. 28. 11. 1956

SGB Ⅲ（社会法典第3編）　　Sozialgesetzbuch Drittes Buch - Arbeitsförderung v. 24. 03. 1997

SGG（社会裁判所法）　　　　Sozialgerichtsgesetz v. 03. 09. 1953

UKlaG（差止訴訟法）　　　Gesetz über Unterlassungsklagen bei Verbraucherrechts- und anderen Verstößen v. 26. 11. 2001

VwGO（行政裁判所法）　　　Verwaltungsgerichtsordnung v. 21. 01. 1960

VwVfG（行政手続法）　　　Verwaltungsverfahrensgesetz v. 25. 05. 1976

ZPO（民事訴訟法）　　　　　Zivilprozessordnung v. 12. 09. 1950

ドイツ旧法等

EVwPO（行政訴訟法法案）　Entwurf einer Verwaltungsprozeßordnung 1978

LVG（プロイセン一般ラント行政法）　Gesetz über die allgemeine Landesverwaltung v. 30. 7. 1883

VGG（アメリカ占領区行政裁判所法）　Gesetz über die Verwaltungsgerichtsbarkeit 1946-47（das bayerische - v. 25. 09. 1946; das württemberg-badische - v. 16. 10. 1946; das hessische - v. 31. 10. 1946; das bremische - v. 05. 08. 1947）

VO（イギリス占領区行政裁判所法）　Verordnung Nr. 165 1948（VOBl. BZ 1948, 263）

スイス

ZGB（民法）　　　　　　　　Zivilgesetzbuch v. 10. 12. 1907

オーストリア

1875年行政裁判所法　　　　Gesetz vom 22. October 1875, betreffend die Errichtung eines Verwaltungsgerichtshofes

フランス

C. civ.（民法典）　　　　　Code civil du 21. 3. 1804

C. jus. ad.（行政裁判法典）　Code de justice administrative du 4. 5. 2000

C. pr. civ.（民事訴訟法典）　Code de procédure civile du 5. 12. 1975

本書のコピー，スキャン，デジタル化等の無断複製は著作権法上での例外を除き禁じられています。本書を代行業者等の第三者に依頼してスキャンやデジタル化することは，たとえ個人や家庭内での利用でも著作権法違反です。

序　論

Ⅰ　問題設定

　本書は，処分の取消判決の第三者効（行訴32条1項）および第三者再審（同34条）の制度の具体的内容を解明し，第三者の法的地位に対する判決の作用，および行政訴訟の審理過程における第三者の取扱いの現況を明らかにする（第1部）とともに，行政紛争の解決におけるこれらの制度の意義を検討することを通じて，その改善のための解釈論，立法論の展望を描く（第2部）ことを目的とするものである。

1　第1部の目的

　第1部では，行訴法の立法過程と，我が国の訴訟法理論を規定しているドイツの民事訴訟法学説とを検討することで，取消判決の第三者効および第三者再審の制度の具体的内容を解明し，第三者の法的地位に対する判決の作用，および行政訴訟の審理過程における第三者の取扱いの現況を明らかにする。

　第三者効と第三者再審は，行訴法によって初めて明文化された。しかし，その具体的な内容は立法当初からさほど明瞭でなく，その体系的な位置づけも今なおはっきりしていない。もちろん，最大判平成20年9月10日民集62巻8号2029頁（土地区画整理事業計画の処分性が肯定された例）の近藤崇晴裁判官補足意見や，最判平成21年11月26日民集63巻9号2124頁（公立保育所を廃止する条例の処分性が肯定された例）の法廷意見が，取消判決の第三者効に明示的に言及したことは，学界にその体系的考察の必要性を認識させるに十分なものであり，現に，取消判決の効力の主体的範囲[1]に関わる多くの論点において，学説は解決の道筋を見出しつつある。とはいえ，それらの諸論点の体系的な関連づけはなお不足しており，新規の問題に遭遇した際に解決の指針を提供するこ

序　論

とのできるような実用的なドグマーティクは，未だ構築されていない。また，第三者効は抗告訴訟一般の問題として意識され，かねてから無効確認訴訟の認容判決について，近時では義務付け訴訟，差止訴訟の認容判決についても，その類推の必要性が説かれてきたが，これらは平成16年行訴法改正の際に積み残され，同附則50条に基づく見直しの議論においてもなお決着に至らなかった。ここからも，第三者効の体系的な考察が喫緊の課題となっているという認識が導かれよう。

2　第2部の目的

第2部では，比較法的考察を通じて，行政紛争の解決における第三者効および第三者再審の意義を検討し，その改善のための解釈論，立法論の展望を描く。

行政法関係においては，多数の，場合によっては不特定の関係者の相互に関係する法的地位が，一つの行為形式によって同時に規律されていることがある。古くから議論されてきたものとしては，いわゆる二重効果的行政行為（収用裁決や競願的許可など）や，名宛人が不特定多数にわたる一般処分，名宛人を持たない対物処分（道路の公用廃止決定など）がある。近時では，最高裁による処分性の拡大傾向の中で，行政計画（土地区画整理事業計画など）や条例（公立保育所を廃止する条例など）といった行政行為以外の行為形式による規律にも，注目が集まっている。そして，このような（不特定）多数人に対する規律が行政訴訟において争われる場合には，こうした行政の行為形式の効力が，利害関係人ごとに区々になることは，避けられるべきものと考えられてきた。換言すれば，利害関係人全体に対して同一の実体法状態を通用させること，すなわち紛争の画一的解決（Ⅱ2参照）が必要とされてきた。

そして，こうした場面における利害関係人の訴訟法上の取扱いには，比較法的に見て大きく二つのバリエーションが存在する。一つは，利害関係人を全て手続に参加させることなくしては判決を有効としない仕組みであり，ドイツの必要的参加（notwendige Beiladung）に関する判例通説がその典型である。いま

---

1)　本書では，subjektiv/objektiv の訳語に関する近時の問題意識（垣内［2014］359頁註1）への共感から，従来判決効の主観的範囲／客観的範囲と呼ばれてきたものを，判決効の主体的範囲／客体的範囲と呼称する。

一つは，利害関係人を全て手続に参加させずとも判決を有効とし，かつ訴訟当事者間以外にも判決効を及ぼす仕組みであり，ドイツの規範統制手続（Normenkontrolle）の一般的拘束力（allgemeine Verbindlichkeit），フランスの越権訴訟認容判決の「対世効」（effet erga omnes）および日本の取消判決の第三者効がこれに当たる。本書では前者の仕組みを「引き込み型」，後者の仕組みを「効力拡張型」と呼ぶこととし，こうした各国の制度を比較検討することで，我が国の第三者効と第三者再審による紛争解決のあり方の特徴と限界を浮き彫りにする。

Ⅱ　用語と概念

上記の問題設定は，行政法理論のみならず，民事訴訟法理論に立ち入った考察を要請する。以下では，具体的な考察に先立って，民事訴訟法理論に関わる部分について，本書が依拠する基礎的な視点を提示しておく。

1　判決効の実体的側面と訴訟法的側面

まず確認しておくべきは，判決効には大別して二つの側面があるという点である[2]。すなわち，判決効は，「当事者および第三者に紛争解決のための実体的地位を与える効果」という「実体的側面」と，「その実体的地位を訴訟上攻撃しえないという効果」という「訴訟法的側面」とを有する（高田裕成［1988］365 頁註 3)。前者の典型は，法関係を変動させる形成力であり，後者の典型は，ある裁判の判断内容について後訴裁判所が異なる判断をすることを禁じる既判力である[3]。本書の第 1 部では，この判決効の二側面の区別という視点から，我が国の第三者効の具体的な内容を分析する。本書ではのちに，判決効の実体的側面は「基準性」，訴訟法的側面は「排除効」と，それぞれ呼び分けることとする（第 1 部第 3 章第 2 節冒頭参照）。

---

[2]　問題設定の嚆矢として参照，伊藤眞「既判力の二つの性格について」末川博追悼『法と権利 3』266 頁，271 頁（有斐閣，1978)。

[3]　フランスの越権訴訟の判決効が二つの側面を区別するに至る過程について参照，伊藤洋一［1993］123 頁以下。

序　論

2　紛争の画一的解決と一回的解決

さらに，こうした判決効の二側面を峻別することは，紛争の画一的解決と一回的解決とを区別する重要な視点を提供する。紛争の画一的解決とは，「ある法律関係につき関係者間で共通の判断を通用させること」を意味し，紛争の一回的解決とは，「ある法律関係につき一回の訴訟で決着を付けること」を意味する（高田裕成［1989］187頁）。この二つの概念を区別することにより，紛争解決のための訴訟法上の仕組みの特色がより立体的に明らかになる。

多数人間での紛争の一挙解決のための仕組みとしては，固有必要的共同訴訟と認容裁判の対世効とが区別される[4]。前者は「引き込み型」，後者は「効力拡張型」の典型である。ただし，この二つの仕組みは，いずれも第三者の再訴の可能性を再審手続に限定するものであり，紛争の一回的解決を強度に志向するものと位置づけられる（高田裕成［1989］193頁）。ドイツの必要的参加は前者の，日本の第三者効は後者の典型である。

これに対して，紛争の画一的解決を達成するために最低限必要な仕組みは，前訴判決の効力の実体的側面を第三者に及ぼし，かつそれに対する不服申立ての手段を前訴判決の取消しを求める手続に集約する（その限りで判決効の訴訟法的側面を拡張する）というもの（「暫定的対世効」）である（高田裕成［1988］364-365頁，367-368頁）。この仕組みの下では，後訴の手続を緩やかなものとすることで，第三者は前訴判決の内容を広く争い直すことができる（紛争の一回的解決を後退させる）一方，第三者に前訴判決を取り消す手続を強制することで，常に関係者間で共通の形で法関係を変動させる（紛争の画一的解決を達成する）ことが可能となる。このような仕組みも「効力拡張型」の一種であり，tierce opposition による第三者の再訴を比較的広く認めるフランスの越権訴訟や，近時のドイツにおける必要的参加の解釈論に見出される。

本書の第2部では，こうした紛争解決の二局面という視点を手がかりに，我が国の第三者効および第三者再審の特色を分析する。

---

4)　参照，谷口安平「多数当事者紛争とデュー・プロセス──アメリカ法の動向から」同『多数当事者訴訟・会社訴訟──民事手続法論集第2巻』19頁，22頁（信山社，2013）〔初出：1966〕。

本　論

第1部　形成概念と第三者効

第2部　紛争解決と第三者効

第1部　形成概念と第三者効

第1章　第三者効と第三者再審
第2章　形成訴訟論と対世効
第3章　形成力の意義

第1部では，取消判決の第三者効（行訴32条）と第三者再審（同34条）の制度の内容解明を行う。

まず，日本の第三者効および第三者再審の制度の沿革を明らかにし，比較法的考察の対象となる問題を明確化する作業を行ったうえで（第1章），ドイツの民事訴訟法学に目を向ける。具体的には，「形成（Gestaltung）」概念に結びついた第三者効の内容の解明のために，形成訴訟とは何か，形成訴訟であれば必然的に対世効が備わるのか，形成力とは何か，という問題を，民事訴訟法理論に立ち入って考察する。その結果，一方で，形成訴訟に残るとされる「アクチオ的思考」の内実は空疎であり，形成訴訟と対世効との結びつき方は給付訴訟や確認訴訟におけるのと異質なものではないこと，すなわち，形成判決であるからといって必然的に対世効が備わるわけではなく，また確認判決であるからといって対世効が備わり得ないわけではないことが確認される（第2章）。他方で，形成判決の形成力が，既判力と同様の判決効の訴訟法的側面を含意し得ることが解明され，「第三者効は既判力ではなく形成力である」という我が国の通説的説明に，明確な意味が与えられる。具体的には，我が国の通説的説明は，第三者効を第三者再審制度の反射としての擬似的排除効と理解し，損害賠償請求や処分の反復の問題について，既判力の拡張とは異なる規律を志向するものと再構成することができる（第3章）。

第1章　第三者効と第三者再審

　本章では，第三者効および第三者再審の制度の具体的な内容を明らかにし，本書における比較法的考察の対象となる問題を明確化する。

　行訴法の立法に関わった論者は，一様に，取消判決の第三者効（行訴32条1項）は形成力であり，既判力ではないと説明している（杉本［1963］530頁以下；田中二郎［1974］351頁以下）。この「第三者効は形成力である」という理解は，現在でも多くの論者が前提としている（芝池［2006］97頁；宮田［2007］308頁；原田［2012］432頁；大橋［2015］188頁以下；神橋［2016］177頁；室井ほか編［2006］351頁〔山下竜一〕；南＝高橋編［2009］558頁〔東亜由美〕）。他方で，第三者効の法的性質に関しては，取消訴訟の法的性質論と同様に，当初から理論上の決着がついていないことが指摘されており（杉本［1963］530頁），とりわけ抗告訴訟を民事訴訟法学における訴えの三類型に当てはめて説明することに疑問が提示[1]されて以降，第三者効を形成力と性質決定することに慎重な見解も多い（兼子仁［1997］189-190頁；小早川［2005］218頁以下；塩野［2013］182頁以下；宇賀［2015］275頁以下；阿部［2016］168頁；高木［2016］312-313頁；高橋滋［2016］387頁）[2]。

　これに対して，「第三者効は既判力の拡張ではない」という点では，ほぼ全て[3]の学説が一致している。具体的には，既判力の主体的範囲に関しては，行

---

1)　例えば，高柳信一「行政の裁判所による統制」同『行政法理論の再構成』153頁，199頁以下（岩波書店，1985）〔初出：1966〕。

2)　藤田［2013］491-492頁はこの問題を取り上げたうえで，自覚的に結論を留保する。他方で，大浜啓吉『行政裁判法』214頁（岩波書店，2011）や，行政訴訟実務研究会編『行政訴訟の実務』883頁〔櫻井敬子〕（第一法規，2004）〔最終加除：2016〕は，そもそもこの問題を論ずる実益を否定している。

3)　なお，そもそも取消判決に既判力を認めない見解も存在した（遠藤［1989］384頁）が，その基礎となった形成判決の既判力を否定する民事訴訟理論は現在では支持されていない（第3章第1節第2款第1項参照）。

第1部　形成概念と第三者効　　第1章　第三者効と第三者再審

訴法に「定めがない」（同7条）ものとして民訴法115条が適用され，取消判決の既判力は原則として当事者間にのみ及ぶものと説明されるのが常である。

　しかし，「第三者効は形成力であり，既判力の拡張ではない」という説明の意味は，未だ十分に明らかではない。まず，この説明は，第三者効の内実を隠蔽しかねない曖昧さを残している。判決効は，判決により宣言された実体法状態をいったん通用させるという実体的側面（形成力を典型とする）と，判決効の実体的側面を攻撃できなくなるという訴訟法的側面（既判力を典型とする）とを有する（序論Ⅱ1参照）が，第三者効を「形成力である」と性質決定することは，第三者効が有する訴訟法的側面を覆い隠しかねない（福本［2011］128頁）。次に，民事訴訟法学においては，判決の不当性を理由とした損害賠償請求などの局面において，対世効の法的性質論が一定の解釈論上の帰結に結びついている（第3章第2節第2款第2項参照）が，行政法学においてはこの点は自覚的に論じられておらず，「第三者効は既判力の拡張ではない」という理解がいかなる帰結に結びつくのかは，近時までさほど明確にされてこなかった（興津［2015］219頁以下）。

　そこで以下では，「第三者効は形成力であり，既判力の拡張ではない」という説明の成立過程を洗い直し，その内容を確認したうえで（第1節），民事法分野における対世効規定の立法過程と比較し（第2節），考察すべき課題を明確にする。結論から言えば，既判力ではない「形成力」としての判決効の訴訟法的側面を主題化するものとして，現在の通説的説明を再構成する可能性が見出される（第3節）。

第1節　第三者効と第三者再審の沿革と内容

　本節では，大日本帝国憲法下の議論（第1款），および日本国憲法下の議論（第2款）を順に概観し，「第三者効は形成力であり，既判力の拡張ではない」という説明の成立過程とその問題点を明らかにする。予め要約すると，立法者は第三者効の目的を判決効の実体的側面の問題の解決に見出していたが，併せて導入された第三者再審の制度の反射として第三者効に一定の訴訟法的側面が備わることとなり，現在の第三者効をめぐる議論がこの第三者効の訴訟法的側

10

面を主題化していない点に問題が認識される（第3款）。

第1款　大日本帝国憲法下の制度と理論

　取消判決の第三者効に関する定めは，行訴法で新設されたものであり，その前身である行政事件訴訟特例法（昭和23年法律第81号），さらにその前身である行政裁判法（明治23年法律第48号）には，相当する規定は存在しなかった。とはいえ，行政裁判法には参加人に対して判決の効力が及ぶ旨の規定が存在し，取消判決の効力の主体的範囲が議論されていた。具体的には，同31条1項は「行政裁判所は訴訟審問中其事件の利害に関係ある第三者を訴訟に加わらしめ又は第三者の願に依り訴訟に加わることを許可するを得」と，同2項は「前項の場合に於ては行政裁判所の判決は第三者に対しても亦其効力を有す」と規定しており，同2項の「前項の場合」が，第三者が現に訴訟に参加した場合を指す（相対効）のか，第三者が「其事件の利害に関係ある」状態にあったことを指す（対世効）のか，という点が問題となった。取消判決の形成力，すなわち判決効の実体的側面は当然に第三者にも及ぶという，現在当然視されている理解も，行訴法以前は必ずしも明確でなく，この相対効と対世効との対立が判決効のどの側面についてなされてきたのかもまた，考察の対象とされねばならない。行訴法はこの論争に立法上の決着をつけようとしたのであり，現行の第三者効の意味内容を特定するためには，行政裁判法の規定の内容から考察を始めることが必要である。

　以下では，行政裁判法の立法過程，およびその改正論議を概観した後，行政裁判法の解釈論を検討する。予め要約すれば，行政裁判法の立法者は判決効の訴訟法的側面について相対効を念頭に置いていたが，実体的側面については触れておらず（第1項），相対効の建前から離脱しようとする改正論議は，実体的側面について対世効を志向するに留まっていた（第2項）。これに対して，美濃部達吉や佐々木惣一が明確に判決効の訴訟法的側面としての対世効を説いたが，判例はなお判決効の実体的側面としての対世効の承認に留まっていた（第3項）。

第1項　行政裁判法立法過程

　行政裁判法の立法作業は，大日本帝国憲法（明治22年2月11日公布，明治23

第1部　形成概念と第三者効　　第1章　第三者効と第三者再審

年11月29日施行）や裁判所構成法（明治23年法律第6号），民事訴訟法（明治23年法律第29号）等，日本近代司法制度の基礎となる諸法の立法作業と並行してなされた[4]。

　当時においては，一方で行政裁判所の体系的位置づけの確立が，他方で行政裁判所の構成や司法裁判所との事物管轄の調整が急務とされており（岡田［2013］71頁以下），判決の効力の主体的範囲という技術的な問題は十分に議論されていなかった。しかしながら，行政裁判法の草案を起草したロエスレルやモッセ[5]は，判決の効力の主体的範囲に関して一定の構想を示していた。以下ではまず，これらの草案における構想を概観する。

I　明治17年ロエスレル草案

　行政裁判法の立法過程の初期においては，判決の効力の主体的範囲の問題は意識されていなかったようである。明治9年（1876年）1月25日に大蔵省から上申された「請求裁判所組立及審判」という名称の法案には，「裁判所の意見に於ては数人同く請求する者をして其訴訟に取掛る前に其請求することを相聞糾さしむることあり」（第23章）との規定があったが，判決効の範囲に関する規定は見当たらない（木野［1972］142頁以下）[6]。これに対して，その後になって行政裁判法の立法に携わることとなったロエスレルは，判決効の主体的範囲の問題について自身の見解を有しており，以下のようにそれが法案の内容に表れていた。

　明治17年（1884年）に起草されたいわゆるロエスレル草案（木野［1990］）の22条は，1項で「行政訴訟は行政庁と共に争議事件に付き法律上利害を有する関係者の一名又は数名とを被告として之を提起することを得」と規定し，2項で「其関係者を被告と為さざるとき行政裁判所は職権を以て其関係者に対し訴

---

4)　参照，三ケ月章「日本近代法史——司法制度」同『民事訴訟法研究第7巻』239頁，245頁以下（有斐閣，1978）〔初出：1972〕。

5)　参照，山田洋「プロイセン型行政裁判制度の継受？——明治期日本における継受と変容」高橋滋＝只野雅人編『東アジアにおける公法の過去，現在，そして未来』93頁（国際書院，2012）。

6)　モデルとなったアメリカ合衆国請求裁判所（1855年創設）に関しては，田中英夫「合衆国請求裁判所（Court of Claims）について」比較法研究22号40頁（1961）；大橋真由美『行政紛争解決の現代的構造』43頁以下（弘文堂，2005）。

12

訟に関係すべきことを督促すべきものとす」と規定していた（行政裁判所編 [1941] 15頁）。本章の関心からは、①２項の「督促」が当該督促を受けた者に強制的に参加人たる地位を付与するもの（職権参加）であるのか、それとも督促を受けた者が参加の意思表明をして初めて参加人たる地位が付与される（訴訟告知）であるのか、また②判決効は「督促」なくして第三者に及ぶ（いわゆる対世効である）のか、「督促」によって初めて第三者に及ぶ（いわゆる相対効である）のか、また③第三者にいかなる判決効が及ぶのかという点が重要である。結論から言えば、ロエスレルは①職権参加を想定しており、また②「督促」によって初めて（すなわち相対効を前提に）、③既判力が第三者に及ぶという立場を採っていた。

　ロエスレル曰く、この規定は、1875年オーストリア行政裁判所法を参照したものである（ロエスレル［1884］176頁）。同19条は「原告は、自由に、原告が求める行政判断または処分の取消しによって不利益を受ける者をも、行政庁と共に提訴することができる」とし、同27条は「訴えが他の者に対して明確には向けられていない場合であっても（19条）、行政裁判所は、当該訴訟手続において、判断の対象に利害を有する者の全てを審問し、その権利の防御の機会を与えることを考慮しなければならない」としていた。ロエスレルによる同法の解説では、同27条は利害関係人の職権参加（Adcitation, Beiladung）を可能とする規定であり（Roesler［1877］S. 331ff.）、この制度の眼目は、参加させられた者が実際には訴訟に関与しなかった場合にもその者に既判力を及ぼし、その者からの判決への攻撃を排除する点にあるとされていた（a.a.O., S. 341f.）。すなわち、草案のモデルであるオーストリア法では、職権参加としての「督促」によって初めて既判力が第三者に及ぶという規律が採用されていたのである。

　草案22条に関するロエスレルの解説でも、「行政裁判所は、共同訴訟を提起せざるとき第25条により争訟事件に共同の関係を有する全員に対し、原告となりて訴訟に関係すべきことを督促し、而して其全員に対し一個の共通判決を以て言渡しを為すことを得」（ロエスレル［1884］176頁）として、「督促」を受けた者の参加の意思表示を待たずしてその者に対して判決を下すことができることが前提とされており、職権参加の規律が想定されていた。判決効については直接の叙述はないが、オーストリア法と同様に「督促」によって初めて既判力が第三者に及ぶという規律を想定していたものと考えられる。というのも、

第1部　形成概念と第三者効　　第1章　第三者効と第三者再審

1875年オーストリア行政裁判所法27条は，プロイセン1875年7月3日法40条[7]と同旨とされていた（Roesler [1877] S. 342 Anm. 130）のであるが，ロエスレル草案22条は，これと同内容である1883年プロイセン一般ラント行政法70条を参照したものだとされている（ロエスレル [1884] 176頁）からである。

II　明治22年頃各種モッセ案

このロエスレル草案はいわゆる井上毅案へと吸収され，ロエスレル草案22条は井上案20条に引き継がれた（行政裁判所編 [1941] 30頁以下）。しかしながら，ロエスレル草案ないし井上案が採用した概括主義に対しては，既に列記主義を採用していた市制及町村制（明治21年4月25日法律第1号）を所管する内務省の反対が予想されたため，法案は列記主義を採用するいわゆるモッセ案へと移行することとなった（木野 [1974] 221頁；木野 [1990] 299頁）[8]。モッセ案にはこれらの規定はそのままの形では引き継がれなかったが，ロエスレルとモッセは，その依拠する基本的な立場の違いにもかかわらず[9]，第三者の取扱いに関しては足並みをそろえており，むしろモッセ案は，ロエスレルの構想をより明確に規定したと見ることができる。

まず，モッセ案Aの30条は，「行政裁判所は訴訟審判中に在ては其判決に依り利害に関係あるべき関係者を被告として訴訟に加わらしめ又は右関係者の願に依り訴訟に加わることを許可することを得」と規定していた（行政裁判所編 [1941] 47頁）。ここでは，ロエスレル案の「督促」という表現が，「訴訟に

---

7) 「裁判所は，申立てに基づきまたは職権により，なされるべき裁判によってその利益を侵害される第三者を参加させることができる。この場合には，裁判は参加人に対しても効力を有する」（§ 40 Gesetz, betreffend die Verfassung der Verwaltungsgerichte und das Verwaltungsstreitverfahren, v. 3. Juli 1875, Gesetz-Sammlung für die Königlichen Preußischen Staaten Nr. 27, S. 375）。

8) 明治22年（1889年）後半頃に起草されたとされるモッセ案には数度の修正が施されているが，それぞれの起草時期ないし修正時期は正確には判明していない。以下では，先行業績に倣い，梧陰文庫中の案を「モッセ案A」，伊東巳代治伯爵家所蔵文書中の案を「モッセ案B」と呼ぶ（木野 [1974] 231頁以下）。他方で，伊東巳代治伯爵家所蔵の修正案については，既に用いられている「修正モッセ案」の名称を用いる（行政裁判所編 [1941] 50頁）。

9) ロエスレルの「社会行政法理論」とプロイセン学派との対立が，行政裁判制度の理解の差異に端を発しており，この対立が母国のみならず日本においてもロエスレルを他の外国人顧問らから孤立せしめていたという事情に関して，参照，J. ジーメス（本間英世訳）『日本国家の近代化とロェスラー』64頁以下，193頁以下（未来社，1970）。

加わらしめ」るという表現に改められ，①訴訟告知ではなく職権参加の制度を採用することが明示されている。続くモッセ案Bの30条では，モッセ案Aの法文を1項とし，2項として「前項の場合に於ては行政裁判所の判決は第三者に対しても亦効力あるものとす」という，行裁法31条2項に相当する規定が加わった[10]。この規定は，「訴訟に加わらしめ」ることなくしては第三者に既判力が及ばないという意味で，ロエスレル案の相対効の趣旨を引き継いだと見るのが自然であろう。

　さらに，修正モッセ案33条は，1項で「行政裁判院は訴訟審判中其事件の利害に関係ある第三者を訴訟に加わらしめ又は第三者の願に依り訴訟に加わることを許可するを得」と規定し，同2項は，「前項の場合に於ては行政裁判院の判決は第三者に対しても亦其効力を有す」とした（行政裁判所編［1941］57頁）。2項に関しては，モッセ案Bと異同はないが，1項に関しては，これまで「督促」を受けまたは「訴訟に加わらしめ」られる第三者が被告の地位に就くこととされていた点が改められている。この点は，プロイセン行政訴訟の参加（Beiladung）が，第三者を被告（Beklagte）としてではない独自の地位（Beigeladene）として訴訟に関与させるものであった点（Kunze［1908］S. 52ff.）が考慮されたものと考えられる。

Ⅲ　行政裁判法（明治23年法律第48号）の含意

　修正モッセ案にはさらに修正が加えられ，いわゆる諮詢案の30条に修正モッセ案33条が引き継がれた（林［出版年不明］3頁以下）。枢密院に提出された以降も審議において大規模な修正が加えられたが，上記の修正モッセ案33条は，行政裁判院が行政裁判所と名称変更された以外はそのまま引き継がれた（同20頁以下）。明治23年（1890年）6月30日に公布され，同年10月1日に施行された行政裁判法は，31条1項で「行政裁判所は訴訟審問中其事件の利害に関係ある第三者を訴訟に加わらしめ又は第三者の願に依り訴訟に加わることを許可するを得」と，同2項で「前項の場合に於ては行政裁判所の判決は第三者に対しても亦其効力を有す」とそれぞれ規定した。

10）「モスセ氏行政裁判法案」国学院大学日本文化研究所編『近代日本法制史料集第十』199頁，199頁以下（國學院大学，1988）。

第1部　形成概念と第三者効　　第1章　第三者効と第三者再審

　再度確認しておくべきは，ロエスレルが明示的に述べて以降（Ⅰ参照），行政
裁判法の立法過程においては，参加がなされなかった場合には第三者には既判
力が及ばないと理解されていた点である。すなわち，行政裁判法31条2項に
いう「前項の場合」とは，第三者が現に訴訟に参加した場合を指し，第三者が
訴訟に参加することができる状態にあったことを意味するのではないと理解さ
れていた。ただしここで，ロエスレルは既判力以外の判決効には触れていな
かったことも，併せて確認されるべきであろう。換言すれば，行政裁判法の相
対効の建前は，あくまで既判力のような判決効の訴訟法的側面におけるそれで
あり，判決効の実体的側面については明示的な議論はなされなかったのである
（第3項Ⅰ参照）。

第2項　行政裁判法改正論議

　行政裁判法の制定後まもなくして，再審規定の不存在や列記主義を中心に，
法の不備が指摘されるようになる。そして，明治26年第4回帝国議会を皮切
りに，さまざまな改正案が発議されることとなる（行政裁判所編［1941］344頁
以下）[11]。実質的な内容の改正は実現しなかったが，この改正論議の中で，判
決効の主体的範囲に関して重要な論点が提示されることとなる。

Ⅰ　明治35年行政裁判所構成及行政裁判手続法案

　まず目を引くのは，明治35年第16回帝国議会に提出された政府案「行政裁
判所構成及行政裁判手続法案」である。同法案の25条は，行裁法31条と同様
に，「行政裁判所は権利上利害の関係を有する第三者をして訴訟に加わらしむ
ることを得此場合に於ては行政裁判所の判決は其第三者に対しても効力を有
す」と規定していた（行政裁判所編［1941］371頁）。最終的には審議未了で廃案
となったが，これは法典調査会における調査研究を踏まえたものであり（小野
［2011］45頁以下），主査委員一木喜徳郎の説明によれば，民事訴訟法の準用関
係を整理することも目的としていた（行政裁判所編［1941］380頁）。そのため，

---

11)　改正法案の一覧として，和田英夫「行政裁判」同『国家権力と人権』96頁，143頁以下（三省
　堂，1979）〔初出：1958〕。近時の一連の法制史的研究として，小野［2011］；小野［2012］；小野
　［2008-2］；小野［2008-1］。

16

行政裁判法に2ヶ月先立って公布された明治民訴法，および同時期に法典調査会において同法の改正を議論するに当たって深化しつつあった民事訴訟法理論との本格的な接合が図られた点でも，注目に値する。

この条文に関しては，法典調査会の下部委員会において議論がなされた。河村譲三郎委員曰く，「行政訴訟に於ては其判決が参加人を羈束すると云う必要なかるべし。先刻例示せられたる選挙の争（筆者註：当選決定に対する他の候補者からの取消訴訟）にしても，孰れが当選者なるかは行政庁に於て裁決すべきこととなれば，其裁決に対し不服あれば訴願も出来，行政訴訟も出来得べし。此の場合に於て最初の裁決が正当なりと認めらるる時は，其裁決は依然効力を有すべきを以て自然判決の効力が及ぶことになりはせざるや」（法務大臣官房司法法制調査部監修［1986-2］133頁下段-134頁上段〔河村譲三郎発言〕）。ここでは棄却判決が念頭に置かれているが，一木は河村に対して「夫故に一方に（筆者註：当選人に）何とか言わせざれば不都合なるべし」，「選挙の場合は不可分にして選挙を取消せば其効力は全般に及」ぶと応答しており（法務大臣官房司法法制調査部監修［1986-2］134頁上段〔一木喜徳郎発言〕），25条2項の「判決」として起草者側が認容判決を念頭に置いていたことが示されている。すなわち一木は，少なくとも判決効の実体的側面に関しては，参加なくして第三者に及ぶという「対世効」を想定していたと考えられる（第3項I参照）。

また他方で，一木は可分的処分については職権参加による拘束が必要だと主張し（法務大臣官房司法法制調査部監修［1986-2］134頁上段〔一木喜徳郎発言〕），河村のように25条2項が不要であるという立場には違和感を示している。この一木の主張に対しては，河村はそれなら従参加の規定の準用で足りるという反論をなした。この点については一木がなお，民訴法の準用という形式をとるにしても「行政訴訟に於ける参加は民事訴訟の参加とは其性質を異にする」点を明示せよとして譲らなかった（同134頁上段-同下段〔河村譲三郎発言，一木喜徳郎発言〕）。一木は，参加が第三者の意思に委ねられる従参加の規律では足りず，職権参加が必要であると考えたのであろう。結局，議論は打ち切られ，再調査となったが，再調査後の議事（明治33年6月29日，第36回委員会）には河村が欠席し，再度の議論は展開されなかった（同286頁下段）。

第 1 部　形成概念と第三者効　　第 1 章　第三者効と第三者再審

II　明治 43 年行政裁判法中改正法律案

　その後の諸法案については，法典調査会のような理論的水準の高い議論の場
が用意されなかったこともあり，判決効の主体的範囲に関する当時の議論状況
を詳らかにすることは容易ではない。ただし，以下で見る二つの法案は，とも
に結論的には廃案に終わったが，本章の問題関心からして興味深い規定を含ん
でいる。

　そのうちの一つは，第 26 回帝国議会に提出された政府案「行政裁判法中改
正法律案」である。これは明治 35 年法案（I 参照）のような全面改正を企図し
たものではなく，訴訟手続の整備と再審規定の創設を目的としたものであった
（小野［2012］136 頁以下）が，本章の主題に関する重要な規定を含んでいた。

　まず，同法案 31 条は，1 項で「行政裁判所は職権を以て又は申立に因り訴
訟事件に利害の関係ある第三者をして訴訟に参加せしむることを得」と規定し，
行政裁判法の職権参加を踏襲する。他方で，2 項は「参加人に付きては当事者
に関する規定を準用す」と改められ，判決効に関する規定は別に規定されるこ
ととなった（行政裁判所編［1941］396 頁）。すなわち，別途 65 条に，「行政裁判
所の判決は其事件に付き行政裁判所，当事者及関係ある行政庁其他の第三者を
覊束す」との規定が置かれた（同 401 頁）。なお，民事訴訟法の準用条文である
69 条では，第三者の訴訟参加に関する条文（明治民訴 51 条ないし 62 条），判決
の確定力の条文（同 244 条）[12]は準用されていないため，第三者に関する判決の
効力は 31 条および 65 条によって完結的に規律されていることとなる。

　注目すべきは，この 65 条の規定が，一般的に参加なくして第三者に判決効
が及ぶ建前を採用するようにも見える点である。すなわち，「行政裁判所の判
決は……関係ある行政庁其他の第三者を覊束す」との定めは，行政裁判所の判
決一般について，参加した第三者のみならず，参加をしなかった第三者も当然
に判決に拘束されるものと解し得るのである。しかし他方で，「行政庁其他の

---

12)　ただし，そもそも明治民訴法は，旧民法中に既判力の主体的範囲に関する条文が置かれていた
　　ために（旧民証拠編 81 条 3 号参照），判決効の主体的範囲に関する現行民訴法 115 条のような条文
　　を用意していなかった。大正改正による条文創設の経過について参照，上野泰男「民事訴訟法大正
　　改正の経過と既判力の主観的範囲」鈴木正裕古稀『民事訴訟法の史的展開』693 頁，696 頁以下
　　（有斐閣，2002）。

第三者を覊束す」という規定ぶりから，その「第三者」に私人が含まれること
は想定されていないようにも見え，私人たる第三者が参加なくして判決に拘束
されるという結論に一致があったのかどうかは定かでない。また，この「覊
束」が判決効の訴訟法的側面を指すのか実体的側面を指すのかも，明確でない。

Ⅲ　昭和6年行政裁判所法案及行政訴訟法案

　本章の問題関心からして興味深い法案のもう一つは，昭和3年（1928年）に
臨時法制審議会が答申した「行政裁判法改正綱領」（美濃部［1929］付録一）を
受けて起草され，昭和6年（1931年）に提出された，「行政裁判所法案及行政
訴訟法案」（行政裁判所編［1941］437頁以下）である（小野［2008-2］63頁以下）。
「綱領」の段階では，民事訴訟法の準用関係について整理する旨が提案されて
いるのみで，第三者に対する判決効に関する提案は見当たらなかった（美濃部
［1929］付録一80頁以下）が，「行政訴訟法案」には関連する規定が盛り込まれた。
　行政訴訟法案43条以下は，独立の章立てで詳細な参加規定を用意している。
その47条は「行政裁判所は職権を以て行政訴訟の結果に付利害関係を有する
第三者をして訴訟に参加せしむることを得」とし，49条は「本法中当事者に
関する規定は之を参加人に準用す」とする。他方で，171条2項は「判決の効
力が第三者に及ぶものなるときは行政裁判所は予め第三者をして訴訟に参加せ
しむることを要す」（圏点筆者）と規定している[13]。しかし171条は，いかなる
場合に「判決の効力が第三者に及ぶ」ことになるのかは指示しておらず，行政
裁判所の判決が一般的に第三者に対して効力を及ぼすのかは判然としない。
　この点に関連して，174条は，現在でいう事情判決の場合には併せて起業者
に除害施設の建設や損失補償を命ずることができ（1項），その場合には「行政
裁判所は起業者をして訴訟に参加せしむることを要す」（2項）と規定している
点が注目される。174条1項の除害施設の建設や損失補償と引き換えに原告の
請求を棄却する判決は，当然に起業者にこれらの義務を課すことを前提として
いるものであり，それゆえに第三者を事前に参加させる必要があるとの趣旨で
あろう。これが171条2項と同旨のものとするならば，同条項は，174条1項

---

13)　なお，プロイセンにおいては1910年代から必要的参加を認める解釈論が展開され始めており
　（第2部第1章第1節第2款第1項参照），この規定はそれを参照した可能性がある。

第1部　形成概念と第三者効　　第1章　第三者効と第三者再審

の裁判のように第三者に実体法上の義務を課す場合に類似する場面，すなわち，裁判が第三者の実体法状態を不利益に変更する場面（例えば当選決定の取消し。Ⅰ参照）を捕捉するものと理解することができる。要するに，171条は，判決効の実体的側面が第三者に及び得ることを念頭に置いたものとも解される。

Ⅳ　小　　括

以上のように，行政裁判法の改正論議の中では，判決効の主体的範囲の問題が意識され，いくつかの法案の条文において一定の態度決定が示されていた。そこでは，行政裁判法の相対効の建前から離脱しようとする傾向が見られた。具体的には，判決効の実体的側面が第三者にも当然に及び得ることが認識され始めた。しかし他方で，判決効の訴訟法的側面としての対世効の導入が図られたわけではなかった。

第3項　行政裁判法の解釈論

判決の相対効の建前から離脱する試みは，佐々木惣一，美濃部達吉ら同時期の有力な学説が主張するところでもあった。昭和6年法案の作成が美濃部達吉に依頼されていたという事情（小野［2008-1］84頁）からは，美濃部が自説を昭和6年法案に反映させようとしたと見る余地もあろう。そこで問題となるのは，美濃部ら当時の学説が説いた対世効がいかなるものであったのか，具体的には，判決効の実体的側面の問題に留まるものであったのか，訴訟法的側面の問題まで意図したものであったのかという点である（Ⅰ，Ⅱ）。また，行政裁判法31条の解釈は，ある大審院判決を皮切りに学説の注目を集め，論争は戦後まで尾を引くことになる（Ⅲ，Ⅳ）。

Ⅰ　相対効説？──訴訟法的側面に限っての相対効

行政裁判法制定後しばらくの間は，判決効は原則として当事者にのみ及び，第三者には参加によって初めて判決効が及ぶという解釈が全面的に支持されていた[14]。ロエスレル草案と同様に，明示的にプロイセンの参加（Beiladung）制度に依拠した解釈が展開されることもあった[15]。

興味深いことに，後に対世効を唱えて戦後に強い影響力を残した美濃部達吉も，当初は相対効を前提としていた。当時の論文において美濃部は，「判決の

第1節　第三者効と第三者再審の沿革と内容

効力は唯当該一事件にのみ及ぶべきものなり。其の拘束を受くる所の者も亦当
事者及び参加人にのみ限らる」と述べている（美濃部［1909］1686頁）。また，
美濃部は，職権参加の必要性に関連して，「行政事件は事公法に関するものに
して，其の事件に関係ある者は訴訟当事者には非ずとも一様に之を拘束するこ
とが公益上重要の必要ある場合少なからざればなり」と述べている（同1680
頁）。すなわち，ここでは参加人を判決に拘束することが職権参加の趣旨だと
されており，換言すれば参加させられない限り第三者は判決に拘束されないこ
とが前提とされているのである。

　問題は，これらの論者において判決効がいかなる内容のものとして想定され
ていたかである。この点に関して，一木喜徳郎は，比較的明確な理解を示して
いる。曰く，「判決は当事者の間に於いて確定力を有す」（一木［年不明-1］51
頁），「行政裁判所の判決は行政庁の処分又は裁決を取消し又は変更するものな
れば其処分又は裁決の効力の及ぶ限りは判決の効力は訴訟当事者以外に及ぶと
雖も判決が云う所の覊束力を生ずるは当事者間に限るものとす」（一木［年不
明-2］108頁。圏点筆者）。ここからは，判決効の実体的側面は第三者に当然に
及ぶのに対して，判決効の訴訟法的側面としての確定力ないし覊束力[16]は相対
効であるという理解が看取される。換言すれば，相対効として想定されていた
のはやはり判決効の訴訟法的側面であり，判決効の実体的側面に関しては参加
なくして第三者に当然に及ぶという理解がなされていたようである（第2項Ⅰ
参照）。

Ⅱ　対世効説

　大正に入ってしばらくすると，行政裁判所の判決は参加していない第三者に

---

14)　織田萬『日本行政法論』884-885頁（六石書房，1895）；岡実『行政法論綱（第4版）』178頁
　（有斐閣書房，1904）；織田萬『行政法講義』305-306頁（有斐閣書房，1910）；清水澄『日本行政
　法大意』226頁（清水書店，1912）；市村光恵『行政法原理（第5版）』263-264頁（東京寶文館，
　1915）。

15)　清水澄「行政裁判ヲ論ス」清水澄博士論文・資料集刊行会編『清水澄博士論文・資料集』824頁，
　847頁（原書房，1983）〔初出：1907〕。

16)　一木は「覊束力」の語で，「当事者は其判決の変更せられざることに付権利あり」という事態を
　指示しており（一木［年不明-2］108頁），これは初期のオットー・マイヤーの確定力（Rechts-
　kraft）の理解（塩野［1962］144頁，147頁註1）に類似している。

21

第1部　形成概念と第三者効　第1章　第三者効と第三者再審

対しても効力を有するとの解釈が登場し，次第に有力となってゆく。注目すべきは，ここで主張される対世効は，判決効の実体的側面のみならず訴訟法的側面をも含意していたという点である。その意味で，以下の対世効説は，行政裁判法の立法者意思から明確に離脱するものであったと評価できる。

1　美濃部達吉

　対世効をいち早く正面から唱えたのは，我が国の公法学に絶大な影響力を残すこととなる，美濃部達吉であった。結論から言えば，美濃部は，判決効の実体的側面の問題と訴訟法的側面の問題を区別したうえで，後者についても当然に対世効が生ずることを認めるに至った。

　(1)　『日本行政法（第2巻）』(1910)，『日本行政法（総論）』(1920)

　美濃部は，行政法に関する初の体系書において，先の論文で述べていた立場（Ⅰ参照）を改め，参加なくして第三者に判決効が及ぶ旨を正面から主張するに至った。曰く，「行政訴訟の判決は単に訴訟当事者を拘束するに止らず，又凡ての関係者を拘束す。行政裁判所は関係者を従参加人として訴訟手続に参加せしむるの権を有すと雖も，其の参加なかりし場合に於ても尚関係者が之に拘束せらるることは其の参加したる場合と異なることなし。訴訟の目的たりし事件は判決に依り確定の効力を以て決定せらるるものにして，其の事件に関係ある者は自ら訴訟手続に興りたると否とを問はず之に依りて拘束せらるるは当然なり」（美濃部［1910］884頁）。

　ここで美濃部が「拘束」ないし「承認」という言葉で説明している現象は，まずは判決効の実体的側面である。美濃部によれば，拘束力は，「決定の変更を許さざる力」，すなわち判決効の訴訟法的側面たる既判力（materielle Rechtskraft）から，厳然と区別される（美濃部［1910］888頁）[17]。とはいえ美濃部は，既判力についても，参加なくして第三者に当然及ぶ旨を明示的に主張している。曰く，「判決の既判力は単に訴訟当事者に対して行わるるのみならず，又凡ての関係者に対して其の効力を有す。其の訴訟に興らざる第三者が同一事件に付

---

[17]　レーニングを批判する点を含め，この論旨には，行政行為の確定力（Rechtskraft）の意味内容を限定して，行政行為の実体的効力たる拘束力（bindende Kraft）を析出したオットー・マイヤーの影響が強く見受けられる。参照，巽智彦「規律（Regelung）と取消原理——行政行為の効力論における実体と手続の分化」成蹊法学84号167頁，184頁以下（2016）。

第1節　第三者効と第三者再審の沿革と内容

て訴訟を提起したる場合に於ても亦既判事項として之を却下することを要するなり」（同889頁）。この説明は，9年後に著された改版においても維持されている[18]。

　しかし，既判力についても当然に対世効を認める理由は，何ら説明されていない。美濃部が依拠したと見受けられるオットー・マイヤーは，確定力（Rechtskraft）の主体的範囲については相対効の原則を維持しており（O. Mayer [1895] S. 196ff.; O. Mayer [1924] S. 164ff.），美濃部の論旨には独自の理由づけがあったはずであるが，それはこの段階では明確に示されなかった。

(2) 『行政法撮要』（1924-1938）

　判決効の訴訟法的側面としての対世効の理由づけは，『日本行政法』を教科書用に改めた『行政法撮要』で示された。ここでは，従来相対効の根拠とされていた行裁法31条2項を前提としても，「関係者は其訴訟に参加したると否とを問はず当然之に依りて拘束せられ，同一事件に付再び出訴することを得ざる」として，判決効の訴訟法的側面としての対世効が強調されるに至っており（美濃部 [1924] 339頁），対世効の理由として，行政訴訟の判決と民事訴訟の判決との異質性が指摘されるようになった。曰く，「判決は其内容に従いて総ての関係者を拘束する。行政訴訟の判決は民事訴訟の判決と異なり単に訴訟当事者のみを拘束するに止まるものに非ず。民事訴訟は当事者間の権利の争を其内容とするものにして，其判決は唯当事者間に於ける権利の範囲を確認するに止まるものなるを以て，其拘束を受くる者は唯当事者に止まると雖も，行政訴訟の判決は行政行為の効力を確定し又は新なる行政行為を為すものなるを以て，総ての行政行為と同じく，其総ての関係者を拘束するの力を有し，単に訴訟当事者のみに対し拘束力を有するに非ず」（同338頁）。すなわちここでは，行政訴訟の判決が当然に対世効を有するのは，それが全ての関係者を拘束するという特色を持つ行政行為（同71-72頁）を取り消すものであるからだ，という論理が示されている。

　しかし，取り消される対象である行政行為の効力範囲から対世効を導くという論理は，判決効の実体的側面に関してはあり得るとしても，判決効の訴訟法的側面についてまで当然に妥当するものではない。換言すれば，対世的に効力

---

18)　美濃部達吉『日本行政法（総論）』601頁以下（有斐閣，1919）。

第1部　形成概念と第三者効　　第1章　第三者効と第三者再審

を有する行政行為の取消判決が，これまた対世的に行政行為の効力を覆滅させ
ることを認めても，第三者が取消判決をもはや争い得なくなるとは当然には言
えない。結局この点に関しては，『撮要』最終版まで叙述は変わらず[19]，満足
のゆく説明が与えられることはやはりなかった。

(3)　『行政裁判法』(1928-29)

　その後美濃部は，『撮要』第2版と第3版との間に公刊された著書『行政裁
判法』[20]において，行政事件の判決が当事者でも参加人でもない第三者に効力
を及ぼす理由をさらに敷衍している。曰く，「判決の拘束力とは判決が其の内
容に従いて総ての関係者を拘束する力を謂う。判決は言うまでもなく国家の統
治権に基づく行為であり，而して国家を代表して其の統治権を行使し得る権限
を有する官庁の正当なる権限内の行為は，統治権の効果に基づき，其の内容に
従い，其の定むる所の事項に関係する総ての者を拘束する力を有することは，
其の当然の性質である」。「行政訴訟の判決は，単に訴訟当事者を拘束するに止
まるものではない」(美濃部[1929]280頁)。そのうえで美濃部は，この拘束力
の対世性からすると，行裁法31条2項は「其の書き方が当を失し誤解を招く
虞が有る」(同282頁)と批判するに至った。

　ここでは，判決が「国家の統治権に基づく行為」であることが，対世効の理
由づけとして援用されている。しかし，美濃部においてこの理由づけは決定的
なものではない。というのも，判決が「国家の統治権に基づく行為」であるこ
とを理由とするのであれば，民事訴訟の判決も一般的に対世効を有することに
なろうが，美濃部はあくまで，民事訴訟についてはなお相対効の原則が妥当す
ると考えているからである(美濃部[1929]280頁)。むしろ美濃部が，離婚訴訟，
相続権廃除の訴訟のように「対世的効力を有する法律関係の決定を目的とする
もの」においては，例外的に判決は「総ての者を拘束する力を有する」(同280
頁)と述べているところからすると，判決という国家行為そのものの特色では
なく，判決が対象とする実体法関係の特色，すなわちそれが「対世的効力を有
する法律関係の決定」に関わるという点にこそ，判決の拘束力の対世性の根拠

---

19)　美濃部達吉『行政法撮要上巻（第5版）』639頁以下（有斐閣，1936）。

20)　1929年に千倉書房から公刊した同書は，前年に末弘厳太郎編『現代法学全集第9巻』（日本評
　　論社，1928）に収められた「行政裁判法」と同内容である（美濃部[1929]序）。以下では専ら
　　1929年の単著を引用する。

第1節 第三者効と第三者再審の沿革と内容

を見出していると言えよう。

しかしこの根拠も，先の『撮要』の論理と同様に，判決効の実体的側面としての対世効を基礎づけるものではあっても，訴訟法的側面としての対世効を基礎づけるには足りない。換言すれば，ある法関係の特色に鑑みて判決の実体的側面が当然に第三者に及ぶ場合でも，それを超えて当然に訴訟法的側面の拡張までが要請されるわけではない。

(4) 『日本行政法（上巻）』(1936)

美濃部の上記のような立場は，判決効に関する叙述が含まれた生前最後の体系書である『日本行政法』[21]で，さらに敷衍された。美濃部はここで，判決の拘束力を実体的側面の問題に純化したうえで[22]，訴訟法的側面としての対世効の基礎づけのために，戦後行政法学の一大論点となる公定力の概念を持ち出した。すなわち美濃部は，「判決が一たび定まった上は，其の定められた事項が確定の国家意思であるとして，何人もこれを承認し尊重しなければならぬ」ことを判決の公定力と名付け，その具体的効果について，「苟も其の事項が何等かの事件に関連して問題となった場合には，判決に依って定まった所が既判事項として，総ての者に依って承認せられねばならぬのである」と述べた（美濃部［1936］1020頁）。

ここで公定力について「既判事項」という用語が用いられていることから，さらに公定力と実質的確定力（既判力）との異同が問題となる。美濃部曰く，実質的確定力は一事不再理（ne bis in idem）の効力であり，同一事件は「既判事項（res judicata)」として却下される（美濃部［1936］1022頁）。これに対して公定力は，実質的確定力と同じく「既判事項」についての判決効の訴訟法的側面を示す概念ではあるが，「承認」を求める効力，すなわち当該国家行為の内容を前提に後の行為を行うことを義務付ける力である。換言すれば，美濃部は

---

21) 同書の第一編「総則」は，形式的な誤記等の修正を除き，同年発行の『新法学全集第2巻』（日本評論社，1936）所収の「行政法総則」と同一である。以下では専ら前者の単著を引用する。

22) 従来さほど明確でなかった拘束力（Verbindlichkeit）の概念は，「法定の要件を充たすことに依り，或は効果意思の内容に基づき，或は法律の力に基づいて，定められた法律的効果を発生する力」と定義された（美濃部［1936］253頁）。この点に関しては，美濃部がドイツにおける行政行為の効力の淵源に関する議論，とりわけコルマンやW.イェリネックの法律要件的構成（人見［1993］154頁，226頁以下；人見［2012］76頁以下）を意識していることが看取される。

第1部　形成概念と第三者効　第1章　第三者効と第三者再審

実質的確定力を一時不再理に限定し，公定力を矛盾判断の禁止の要請として体系化したのだと見ることができる[23]。

そして，美濃部は結局，一方で判決の公定力を「総ての者に及ぶ効力」とし（美濃部［1936］1020頁），他方で実質的確定力によって「何人も」一時不再理効を被るとの説明をなしており（同1022頁），公定力も実質的確定力も，当然に第三者に及ぶことを主張している。しかし，行政裁判所の判決であれば訴訟法的側面としての「対世効」が当然に生ずるということの実質的な理由づけは，やはりなされていない。選挙関係訴訟についても，「判決の効力は対世的で総ての者を拘束する。民事訴訟の判決のように単に訴訟当事者を拘束するのではない。殊に府県会又は市町村会は訴訟当事者ではないが，其の判決の趣旨に従わねばならぬ」と端的に記されるのみである[24]。

(5)　小　　括

以上を要するに，美濃部は，取消判決の実体的側面の問題としての対世効と訴訟法的側面の問題としてのそれとを区別し，前者が当然に生ずることの根拠を法律関係の特色に求めたが，後者が当然に生ずることの理論的根拠は十分に明らかにされなかった。ただしこの点は，当時の民事訴訟法学においても明確に論じられておらず（本章第2節参照），当時の法理論の共通の限界だったとも言える[25]。

2　佐々木惣一

他方で佐々木惣一も，同時期に同様に対世効を主張した。曰く，「①第三者の参加の法上の意味は後に説くが如く[26]行政判決の効果の第三者にも及ぶこと

---

23)　こうした美濃部の一事不再理説的な既判力の理解が当時の日本の民事訴訟法学説（参照，高見進「判決効の意義と機能」新堂幸司監修『実務民事訴訟講座〔第3期〕第3巻』269頁，270頁以下（日本評論社，2013））といかに関連しているのかは，美濃部の公定力概念の内在的理解のために重要な問題であるが，本書では立ち入らない。

24)　美濃部達吉『選挙争訟及当選争訟の研究』428頁（弘文堂書房，1936）。

25)　他方で興味深いのは，美濃部は第三者の手続保障の問題にむしろ鋭敏であった点である。具体的には，美濃部は一方で，再審手続を排除する行政裁判法19条を批判し（美濃部［1929］284頁以下），他方で，早い段階でフランスのtierce oppositionの必要性を指摘している（美濃部［1923］1842頁）。そんな彼が訴訟法的側面としての「対世効」を無条件に肯定したのはなぜだったのか，公定力の概念による公法の体系化の志向がそこに影響しているのかなど，美濃部の見解を内在的見地から精査する必要はなお存在するが，本書ではこれ以上立ち入らない。

に在り。②換言せば第三者がその行政判決に依て法上の影響を受くることに在り。③然るに第三者がその行政判決に依て法上の影響を受くるは，畢竟其の行政訴訟の事実が第三者に対して法上の意味を存するに由る。④換言せば第三者が之に就て法上の利益を有するの結果なり」（佐々木［1916］48 頁。丸数字筆者）。

この佐々木の叙述は，行裁法 31 条 1 項の「事件の利害に関係ある第三者」は「法上の利益を有する第三者」に限られることを論証する文脈でなされている（佐々木［1916］46 頁以下）。その論旨を整理すると，③「行政訴訟の事実が第三者に対して法上の意味を存する」，すなわち④「第三者が之に就て法上の利益を有する」がゆえに，②第三者は「その行政判決に依て法上の影響を受くる」ことになり，それゆえ①「第三者の参加の法上の意味」は「行政判決の効果の第三者にも及ぶ」点に在る，という論理になる。すなわちここでは，「行政判決の効果」が及ぶ者の参加が許されるという趣旨が述べられており，判決効の実体的側面が一定の第三者に当然に及ぶことが前提とされている。

他方で，佐々木が後に著した体系書には，「行政裁判所の判決あるときは其の事件に付て其の事件に関係の行政庁，当事者，関係者及び参加人を拘束す」（圏点筆者）という叙述がある（佐々木［1922］795 頁）。しかもこの「拘束」は，判決効の訴訟法的側面をも含意している。佐々木が「関係者」の拘束の例として挙げているのは，X が行政庁 Y に対して Z の土木事業の許可の取消訴訟を提起してその認容判決を得た場合に，Z は「更に其の許可の出願を為し得ざる」ことになる，という事例である（同 796 頁）。すなわち，佐々木の言う「拘束」は，許可が取り消されたという事態を Z に対して通用させる効力（判決効の実体的側面）のみならず，そうした事態を Z がもはや覆すことができないという効力（判決効の訴訟法的側面）をも含んでいるのである[27]。しかし，佐々木も美濃部と同様に，なぜ判決効の訴訟法的側面としての対世効が当然に生じるのかという点に関して，十分な説明を加えていない。

26）　しかし，本論文の続編はついに公表されず，「第三者の参加の法上の意味」が敷衍されることはなかった。

27）　なお，佐々木は美濃部と同様に，「拘束力」を「確定力」から区別している。佐々木曰く，確定力のうち形式的確定力は，「判決が法上の救済手段を以て争ふことを得ざるに至ること」を意味し，実質的確定力ないし既判力は，「判決の決定したる行政関係の存否が当事者及び行政裁判所に対して法上確定すること」（圏点筆者）を意味する（佐々木［1922］797 頁）。

第1部　形成概念と第三者効　　第1章　第三者効と第三者再審

3　小　　括

以上見た通り，美濃部も佐々木も，結論的には，判決効の実体的側面のみならず訴訟法的側面をも含んだ対世効を主張していた。しかしながら，両者とも，なぜ訴訟法的側面をも含めて判決効が第三者に対して当然に拡張されるのかという点に関しては，十分に説明を加えていなかった。

同時期の他の学説は，既判力の相対性に言及する見解[28]も見られるが，行政裁判所の判決効の主体的範囲の問題には全く触れないもの[29]，単に法文をなぞる解説を行うのみに留めるもの[30]など，この問題にそもそも関心が薄かった。美濃部や佐々木の学説に倣って「対世効」に若干の言及をなす者も，やはり十分な説明を与えるものではなかった[31]。

Ⅲ　大審院判決の登場

以上のように，判決効の実体的側面としての対世効が暗黙の前提とされていた中で（Ⅰ），判決効の訴訟法的側面をも含めた対世効を主張する学説が登場する傍ら（Ⅱ），大審院は，租税滞納処分としての公売の取消判決が，当該訴

---

28)　山田準次郎『日本行政法総論（改訂9版）』405頁（警眼社，1935）；田上穣治『行政法概論』426頁以下（有斐閣，1942）。

29)　筧克彦『皇国行政法上巻』173頁（清水書店，1920）；渡邊宗太郎『行政法講義（総論）』199-200頁（弘文堂書房，1932）；宮沢俊義『行政争訟法』139頁（日本評論社，1936）。

30)　副島義一講述『行政法学総論』851頁（敬文堂書店，1926）；島村他三郎『行政法要論（第7版）』257頁（巌松堂書店，1926）；渡邊宗太郎『日本行政法（上）』426頁（弘文堂書房，1935）；渡邊宗太郎『行政法要綱（全）』203-204頁（松華堂書店，1937）；杉村章三郎『改訂行政法要義下巻』205頁（有斐閣，1948）。

31)　野村信孝『行政法大綱』220-222頁（巌松堂書店，1930）；浅井清『日本行政法総論』347-348頁（巌松堂書店，1932）；坂千秋『訂正増補日本行政法講義（改訂再版）』231頁（良書普及会，1932）；小川喜一『行政法論綱』484頁以下（松華堂書店，1935）。そのほか，織田萬『日本行政法原理』673-674頁（有斐閣，1934）は，行裁法31条2項を同18条と同様の「拘束力」に関する規定だとしたうえで，行政裁判所判決は民事訴訟の判決とは異なり，行政行為を審査するものであるから，「其の影響する所は独り当事者の利害に止まらず，一般の利益に及ぶわけであり……判決の拘束力は総て此等の利害関係者に及ばざるを得ぬのである」と述べるが，これが判決効のどの側面に関する叙述なのかは定かでない。他方で，杉村章三郎『日本行政法講義要綱上巻第2分冊』403頁（有斐閣，1937）も，「独立の裁判所の判決がその関係者を拘束する機能を失わば裁判の本質を喪失するに至るべければなり」としているが，例として選挙会による当選者の決定が行政事件の判決に抵触してはならないことを挙げており（同405頁註11），そこでは私人ではなく行政機関の拘束が想定されている。

28

訟に参加していない買受人に効力を及ぼすことを認めた（大判昭和 15 年 6 月 19 日民集 19 巻 999 頁）。ただし，ここで大審院が認めたのは判決効の実体的側面の拡張に留まり，訴訟法的側面の拡張が認められたわけではなかった。

1　事案と判旨

　当該判決の事案は下記の通りである。X は，県税の滞納処分として自身の所有する甲土地を差し押さえられ，公売により Z が甲土地の所有権を取得し，所有権移転登記を得た。その後 X は，行政庁 Y を被告として当該公売処分の取消判決を得たため，Z に対して所有権移転登記抹消登記手続を請求する民事訴訟を提起した。本件訴訟における X の主張は，上記取消判決により公売処分が取り消された以上，Z は遡って所有権を取得しなかったことになるというものであった。これに対して Z は，自身は当該公売処分を取り消した訴訟に参加しておらず，その判決の効力は自身には及ばないと反論した。

　大審院は，この論点に関して原告 X の主張を正当とした。その理由として曰く，「行政訴訟は公法上の法律関係に属する事件に付ての訴訟なれば，公法関係の性質上行政訴訟の判決は単に訴訟当事者を拘束するに止まらず，其の事件の利害に関係ある総ての第三者に対し該行政訴訟に加わりたると否とを問わず其の効力を及ぼすものと解するを妥当とす。尤も行政裁判法第 31 条を其の文字通り解するときは所論の趣旨に解し得られざるにあらざるが如きも，或る公法的の事件が国家に依り有権的に決定せらるれば該事件に関係ある者が凡て其の拘束を受くべきは国家行為の当然の帰結と謂うべく，従て右法条の字句に拘泥して行政裁判所の判決の効力は当事者及訴訟に加わりたる第三者に対してのみ及ぶものと狭義に解すべきものにあらず」。したがって，「所論公売処分の取消は其の処分に因りて生じたる法律的効果を無効とし処分なかりし状態に回復せしむることを目的とするものなれば，該公売処分取消されたる以上公売処分に因る上告人の本件土地所有権取得も亦其の効力を喪うに至ること当然」である。

2　判決効の実体的側面としての対世効

　この判示は，公売処分取消判決により Z が所有権を失うことになる，すなわち判決効の実体的側面が及ぶ旨を述べているに留まり，Z が民事訴訟におい

て当該判決の不当性を主張することができなくなるか，すなわち判決効の訴訟法的側面を被るかについては何も述べていない。本件訴訟における Z の主張は全て，当該取消判決の不当性を理由とするものではなく，当該取消判決の効力の実体的側面が Z には及ばないというものか，当該取消判決の実体的側面が Z に及んでいることを前提としてもなお所有権は Z に存するという内容のものであった。そのため，本件において X の請求を認容するには，大審院は取消判決の効力の実体的側面の問題を処理することで足りたのである。

また，仮に Z が当該取消判決の不当性を主張したとしても[32]，判決効とは別の論理でその主張は排斥された可能性が大きい。当時の法制上は，司法裁判所が行政行為および行政裁判所判決に対して有する審理権限は，その有効無効に関する判断に及ぶに留まっていた。したがって，前訴判決が無効であるとの主張であればまだしも，前訴判決の内容が不当であるという主張は，判決効の訴訟法的側面の拡張を持ち出さずとも排斥されたはずである。逆に言えば，本件で Z が当該取消判決の不当性を主張することができないのは，大審院の事物管轄の限界に起因するものであって，取消判決の効力の訴訟法的側面が Z に及ぶからではない[33]。

IV 大審院判決の評釈

この判決は，「公法関係の性質上」「或る公法的の事件が国家に依り有権的に決定せらるれば該事件に関係ある者が凡て其の拘束を受くべきは国家行為の当然の帰結」とし，行裁法 31 条 2 項の「字句に拘泥」すべきでないと述べている点など，明らかに美濃部の所論を下敷きにしている（II 1 (3)参照）。したがって，美濃部が「判旨当然である」と評価した（美濃部 [1941] 119 頁）のもまた当然のことであった。

---

32) なお，Z らは，原審までは「公売処分は違法に非ず」として前訴判決が不当である旨の抗弁を提出していた（民集 19 巻 1001 頁）。しかし，この主張は上告理由には現れておらず，大審院の見解は示されなかった。

33) 行政裁判所判決の公定力として説明されているが，実質的に同旨の評釈として，河本喜典之「行政訴訟の判決と第三者」日本法学 6 巻 12 号 51 頁，57 頁（1941）。控訴審判決も，被告の前訴判決の不当性の抗弁に対して「司法裁判所は行政処分に関し行政裁判所が為したる判決の当否を審査する権能なく」と応答している（民集 19 巻 1021 頁）。

第1節　第三者効と第三者再審の沿革と内容

　より踏み込んだ評価としては，一方で，本判決が既判力の拡張を認めたものとする評釈が存在した[34]。他方で，新世代に属する二人の有力な学者，田中二郎と兼子一とが，この事件の評釈を通じ，取消訴訟に参加していない第三者にも当然に既判力が及ぶとする解釈に反対の立場を表明した。この両者の論争は，判決の第三者効に関する戦後の議論をリードしてゆくこととなる（第2款参照）。

1　田中二郎

　田中二郎は，美濃部のような解釈によるのでは行裁法31条2項が「全然無意味になって仕舞いはしないであろうか」という疑問を述べ（田中二郎［1940］401頁），判旨の結論と同条項との整合的な解釈として，下記のような議論を展開した。一方で，行裁法31条2項の「効力」は取消判決の既判力を指すのであって，それは判旨の言うような「国家行為の当然の帰結」として第三者に及ぶものではなく，当事者および参加人にのみ及ぶ。他方で，取消判決は「判決の存在自体を或はその形成せる内容を何人もこれを無視し得ざらしめる効力」，すなわち「事実に基く効力（Tatbestandswirkung）」または「形成力（Gestaltungswirkung）」を有するのであり，本件でZが所有権を失うことになるのは，取消判決のこの効力に基づくものだとする（同401-402頁）。ここでは，既判力は相対的であるが，判決効の実体的側面は対世的に及ぶ旨が説かれているものと解される。

　しかし田中は，判決効の実体的側面を超えて，既判力とは異なる一種の訴訟法的側面までも，この「事実に基く効力」ないし「形成力」の作用として承認していた節がある。当時の講義案において，田中は既に，判決の羈束力ないし拘束力（Verbindlichkeit）を「訴訟当事者並に関係人の総てを拘束するの効力」と定義し，その趣旨は「総ての関係人が判決の存在を認め，一方に於てその判決の内容を重視し，他方に於てこれを受忍すべき拘束を受くる」点にあるとしていた[35]。この羈束力ないし拘束力は，「受忍すべき拘束」という表現からし

---

34)　梶田年「行政訴訟の判決と第三者」法学新報51巻3号153頁，157頁（1941）。ただし，そこには「判決の公定力」という説明も見られる。

35)　田中二郎『行政法講義案』152頁（出版社不明，1938）（東京大学法学部研究室図書室所蔵，登録番号4120037157）。出版年の典拠として，塩野宏「田中先生の行政行為論」同『行政過程とその統制』131頁，135頁註5（有斐閣，1989）〔初出：1982〕。

第1部　形成概念と第三者効　　第1章　第三者効と第三者再審

て，判決効の訴訟法的側面をも含意しているように見受けられる（註41参照）。
翻って，上記評釈に言う「判決の存在自体を或はその形成せる内容を何人もこ
れを無視し得ざらしめる効力」としての「事実に基く効力」ないし「形成力」
も，ここで言う「受忍すべき拘束」と同様の作用を語っているように見える。

2　兼子一

　民事訴訟法学者の兼子一も，行政裁判所の判決は当然に第三者にも既判力を
及ぼすという解釈には，「行政裁判法第31条第2項を全然無意義の規定と解す
る」ものだとして強く反対した（兼子一［1940］1903頁）。そして兼子は，判旨
の結論を，形成判決の形成力，構成要件的効力（Tatbestandswirkung）ないし
反射効（Reflexwirkung）によって正当化する（同1904頁）。

　こうした理解は，田中のそれと同一であるようにも見えるが，両者には決定
的な違いがある。兼子曰く，「形成力が一般第三者に及ぶとは，第三者に既判
力が拡張されるか，少くとも第三者が自ら之を争う適格を有しない関係上，適
格者の受けた判決の存在を承認せざるを得ぬことを意味するのである」（兼子
一［1940］1904-1905頁）。すなわち兼子によれば，第三者が自ら形成判決を争う
適格を有するのであれば，既判力が及ばない限り，当該第三者は形成判決の不
当性を主張することができるのである。要するに兼子は，構成要件的効力ない
し反射効が第三者に対する判決効の訴訟法的側面の拡張として機能するか否か
は，第三者の「適格」に依存すると見ており，それが常に判決効の訴訟法的側
面の拡張として機能すると見る田中の見解とは対極を示している。この対立は
後の論争の中で徐々に先鋭化することになる（第2款第2項参照）。

第2款　日本国憲法下の制度と理論

　大日本帝国憲法下において，判決効の実体的側面としての対世効は当初から
暗黙のうちに肯定されていたが，訴訟法的側面としての対世効については，有
力な学説がそれを主張したものの，その実質的な根拠は十分に示されず，大審
院判決においてもこの点には決着がつけられなかった（第1款参照）。本款では
続いて，日本国憲法下において，この判決効の訴訟法的側面としての対世効が
いかに議論されたのかを追う。結論から言えば，行訴法で導入された取消判決

の第三者効は，結果的に判決効の訴訟法的側面を含むものと解さざるを得なく
なったが，立法者はそのことに自覚的ではなかった。

　大日本帝国憲法下の制度を形作っていた行政裁判法は，日本国憲法施行と同
日に施行された裁判所法（昭和22年法律第59号）により廃止された。それによ
り行政裁判所も廃止され，従前行政裁判所が事物管轄を有していた事件は，日
本国憲法の予定する最高裁判所および下級裁判所において扱われる（憲76条1
項）こととなった[36]。これ以降，行政訴訟と民事訴訟法理論との関係はより密
接となり，判決の対世効について訴訟法理論に照らした理由づけが必要と認識
されるようになった。田中二郎と兼子一の大審院判決評釈（第1款第3項Ⅳ参照）
は，戦前の業績ながらこうした問題意識に接合し得るものであったため，戦後
の議論も両者がリードしてゆくことになる。

　以下では，行政事件訴訟特例法の制定過程（第1項）から行訴法の制定に至
るまでの過程における対世効をめぐる議論の展開を概観し（第2項および第3項），
「第三者効は形成力であり既判力ではない」という通説の形成過程を確認する。

第1項　行政事件訴訟特例法立法過程

　日本国憲法下における行政事件に関する訴訟手続は，当初は「日本国憲法の
施行に伴う民事訴訟法の応急的措置に関する法律」（昭和22年法律第75号）に
より出訴期間に関する特則等が置かれるに留まっていたが，すぐに行政事件訴
訟特例法（昭和23年法律第81号）が制定され（同年7月1日公布，同月15日施行），
特則が拡げられた。しかし，特例法も規定が簡略であったため，実際の訴訟の
取扱いに当たっては多数の疑義が生じ，間もなくより詳細な行政訴訟通則法典
の立法作業が開始され，現行の行政事件訴訟法（昭和37年法律第139号）の制
定に至ることとなる。本項ではまず，特例法の制定に至るまでの議論を概観す
る。

　特例法には，行裁法31条2項（「前項の場合に於ては行政裁判所の判決は第三者
に対しても亦其効力を有す」）のような，判決効の主体的範囲に関わる規定が全く

36）　その経緯と意義について参照，高柳信一「行政訴訟法制の改革」東京大学社会科学研究所戦後
　　改革研究会編『戦後改革4——司法改革』291頁（東京大学社会科学研究所，1975）；同「行政国家
　　制より司法国家制へ」田中二郎古稀『公法の理論下Ⅱ』2193頁（有斐閣，1977）；同「戦後初期の
　　行政訴訟法制改革論」社会科学研究31巻1号1頁（1979）。

第1部　形成概念と第三者効　　第1章　第三者効と第三者再審

存在しない。他方で特例法は，行裁法 31 条 1 項（「行政裁判所は訴訟審問中其事件の利害に関係ある第三者を訴訟に加わらしめ又は第三者の願に依り訴訟に加わることを許可するを得」）に相当する，職権参加に関する規定を有する。すなわち，特例法 8 条 1 項は「裁判所は，必要と認めるときは，職権で決定を以て，訴訟の結果について利害関係のある行政庁その他の第三者を訴訟に参加させることができる」と定め，2 項で「裁判所は，前項の決定をするには，当事者及び第三者の意見を聴かなければならない」と定めていた。

　先に見た通り，行政裁判法の下では，判決効の実体的側面としての対世効とは異なり，訴訟法的側面としての対世効は，必ずしも承認されていたわけではなかった。そこで問題となるのは，行政裁判法と特例法との建付けの違いが，判決の訴訟法的側面としての対世効に関する態度決定を意味するのかである。しかし，結論から言えば，特例法の上記の建前は，判決効の訴訟法的側面としての対世効の採用を意味するものではなかった。

I　判決効に関する条文の削除の経緯

　行裁法 31 条 2 項に相当する条文は，昭和 21 年 2 月 2 日の憲法問題調査委員会第 7 回総会（最終総会）に提出された「行政訴訟法案」においては，第 10 条 2 項として存在していた（内藤［1959］21-25 頁；内藤［1960］363 頁）。しかし，昭和 21 年 8 月 2 日の司法法制審議会第一小委員会第 9 回会議に提出された「（第一次）行政訴訟に適用する民事訴訟法の特例に関する法律」（以下「第一次案」という）では既に脱落しており，同 10 条において特例法 8 条と同様の規定が採用されるに至っている（内藤［1960］366 頁）。

　第一次案の立案には，田中二郎や兼子一が関わったようであるが（内藤［1960］83 頁），いかなる意図でこのような建付けが採用されたのかは明らかでない[37]。第一次案の第 10 条に関しては，田中二郎，兼子一の両氏を含めた討議において，「本条の参加には，当事者参加——無効確認の如き——の場合と，補助参加の場合がある」という点が確認されており（同 98 頁），参加なくして判決効が及ぶ場合（当事者参加の場合）も想定されているようにも見えるが，判然としない。

第1節　第三者効と第三者再審の沿革と内容

II　「除害施設の建設を命ずる判決」の導入の検討と不採用

　他方で，注目すべき条文が，第一次案から最終の第六次案（「（第六次）行政訴訟に適用する民事訴訟法の特例に関する法律」）まで一貫して存在している。第六次案は，「処分の取消等に代わる措置を命ずる判決」という見出しの下，13 条1 項で「裁判所は，請求が理由ある場合において，一切の事情を考慮して，処分を取り消し又は変更することが公共の福祉に適合しないと認めるときは，処分の取消又は変更の判決に代えて，損失補償，除害施設その他の措置を命ずる判決をすることができる。この場合には，予め当事者の意見を聴かなければならない」と規定し，2 項で「前項の措置を命ぜられる者が当事者以外の者である場合には，その者を当事者として訴訟に参加させなければならない」と規定している（内藤［1960］385 頁）。

　この規定が昭和 6 年行政訴訟法案 174 条（第 1 款第 2 項III参照）を参照したことは明らかである（内藤［1960］78 頁）。しかしながら，第一次案ないし第六次案においては，昭和 6 年法案 171 条 2 項（「判決の効力が第三者に及ぶものなるときは行政裁判所は予め第三者をして訴訟に参加せしむることを要す」（圏点筆者））に相当する条文が用意されていない。したがって，昭和 6 年法案とは異なり，除害施設の建設の事例以外にも取消判決の判決効の実体的側面が第三者に及ぶことが想定されていたのか否かは，ここでは判然としない。いずれにせよ，この条文は特例法には入れられず，代わりに特例法 11 条の事情判決の制度が導入されることとなった。

　以上の推移を見る限り，特例法の立法過程においては，判決効の主体的範囲

---

37)　後に田中二郎は，「行政訴訟法案」は GHQ によって「握りつぶされ」，第一次案は「最初の案に比べてかなりゆがめられた形ででき上がった」のだと語っている（市原ほか［1960-1］30 頁，33 頁〔田中二郎発言〕）。行政訴訟法案が提出された第 7 回総会の前日（昭和 21 年 2 月 1 日）には，憲法改正要綱（政府試案）が GHQ に提出されており（内藤［1959］31 頁），行政訴訟法案も同時期に GHQ に提出されたことが窺われる。しかし，その直後の 2 月 13 日に GHQ から独自の憲法改正案（いわゆるマッカーサー草案）が提示され，上記政府試案は修正を余儀なくされており（この間の GHQ の方針転換の背景について参照，田中英夫「憲法成立史」ジュリ 638 号 27 頁，31 頁以下（1977）），行政訴訟法案も同様に修正を余儀なくされたものと推察される。当時の立法状況の回顧として参照，河野義克ほか「［座談会〕憲法三〇年を回顧して」ジュリ 638 号 8 頁，12 頁〔田中二郎発言〕（1977））。

35

第1部　形成概念と第三者効　　第1章　第三者効と第三者再審

の問題について，少なくとも明示的な態度決定がなされた形跡はない。むしろ，
この点に関しては全面的に学説判例に委ねられたと見るべきであろう。

第2項　行政事件訴訟特例法施行後の議論

特例法の下での体系書ないし教科書では，判決効が当然に第三者に及ぶという美濃部らの説明が踏襲されていたり[38]，法文の紹介をするに留めていたり[39]と，しばらくは議論の進展は見られなかった。その中で，戦前からこの問題について見識を明らかにしていた兼子一と田中二郎との論争が，議論を先へ進めることとなる。

I　兼子・田中論争の勃発（1950）

特例法の施行後，取消判決の判決効の主体的範囲の問題に関して非常に重要な問題提起を行ったのが，先の大審院判例を批判した，民事訴訟法学者の兼子一であった。兼子の問題提起に関しては，田中二郎が最後まで反論を続け，この両者の論争が，行訴法に結実する取消判決の第三者効の内容を理解するための重要な手がかりとなる。

兼子がこの問題に対して明確な立場を示したのは，第5回裁判官特別研究の一題目として昭和25年9月13日に行われた，「行政争訟に関する講演及び討論」においてであった。関係するのは，「地主と知事との間の訴訟における農地買収処分取消判決の確定後，右農地の譲渡を受けた者が地主を相手取って提起した農地引渡請求訴訟においては，裁判所はその前提問題として前記農地買収処分が有効であるとの判断をなし得ないか」との問題に関する討論である（司法研修所編［1951］25頁以下）。この問題設定は，日本国憲法下で行政裁判所が廃止されたことによって，農地買収処分取消判決が判決効の実体的側面としての対世効を有するのみであれば，農地引渡請求訴訟（民事訴訟）において裁判所は買収処分が適法であるとの判断をすることを妨げられなくなったということを前提に，取消判決が判決効の訴訟法的側面としての対世効をも当然に有

---

38)　柳瀬良幹『行政法教科書(上)』174頁（有斐閣，1958）；杉村章三郎『行政法学概要』226頁（有斐閣，1951）；杉村章三郎『行政法要義下巻』230頁（有斐閣，1954）。

39)　田上穣治『行政法原論』272頁（春秋社，1952）；磯崎辰五郎『行政法総論』391頁以下（世界思想社，1953）；渡邊宗太郎『全訂日本国行政法要論上巻』447頁（有斐閣，1956）。

36

第1節　第三者効と第三者再審の沿革と内容

するのかを問題としたものである。すなわち，この設問は，先に見た大審院の
判示が判決効の実体的側面の問題に留まるのか，訴訟法的側面の問題にも踏み
込んでいるのかという，当時の制度的前提の下では必ずしも解明されなかった
点（第1款第3項ⅢおよびⅣ参照）をまさに問うものであった。

1　兼子一の問題提起

　兼子は，民事訴訟における承継人の取扱いを推し及ぼして（司法研修所編
［1951］36頁），①買収処分の取消判決の後（厳密には，取消訴訟の事実審の口頭弁
論終結時後）に売渡処分がなされた場合には，譲受人は被告の承継人として取
消判決の既判力を受け，農地買収処分が有効であるとの判断はこの既判力によ
り排除されるが，②買収処分の取消判決の前に売渡処分がなされた場合には，
譲受人を訴訟に参加させなければ，取消判決の既判力は当該譲受人に及ばない
とする。その際に兼子は，「大審院の判例では，行政裁判所の判決は一般第三
者に対して効力があると言っているけれども，ぼくは必ずしもそう言い切れな
いのではないかと思います」と付言している（同32頁）。
　そして，兼子は以下のように続ける。「判決での取消という場合は，普通の
行政処分としての意思表示的な取消ではない。やはり確認的な判決に基づいて
違法だということが確定されると，直接的な効力として自力執行性がなくなる。
やはり既判力が実体である。既判力の及ぶ限度においてのみ形成的な効果が発
生する。ただ一般第三者といっても利害関係の薄い連中，つまり多少利害関係
はあっても直接利害関係のない連中は，自分で出訴する理由を持たないから，
出訴権者が出訴して判決がきまってしまえば，それはタート・ベスタント・ヴ
イルクング（筆者註：Tatbestandswirkung）を受ける。しかしこの事案みたいに，
直接にその処分を前提として権利を取得したというようなものは，やはりそれ
を参加させる必要がある。参加させないで判決した場合は，それは処置として
は違法であるということが主張できるのではないか。やはり意思表示的な取消
ではないので，判決で違法が確定されたという結果なのだから，その判決がそ
こまでゲルテンするかということは，やはり既判力の問題だと思う」（司法研修
所編［1951］43頁）。
　兼子は，前記評釈の段階では，①取消判決を行政裁判所の意思表示であると
理解し[40]，②買受人がその意思表示の取消権を有しないことを理由に買受人の

37

第1部　形成概念と第三者効　　第1章　第三者効と第三者再審

「適格」を否定して，大審院の結論に賛成していた（兼子一［1940］1904-1905頁）
のであるが，ここでは，①②の双方について立場を改め，大審院の結論をもは
や維持することができない旨を明確にしている。すなわち兼子は，①′取消判
決は「意思表示的な取消ではない」としたうえで，②′買受人は「直接にその
処分を前提として権利を取得した」以上は，前訴判決を争う「適格」を有する
第三者に当たるとして，買受人に取消判決の構成要件的効力（「タート・ベスタ
ント・ヴイルクング」）が及ばないと説いたのである。

2　田中二郎の応答

　このような兼子の問題提起に対しては，同じ研究会で田中二郎から異論が提
出された。曰く，「兼子君の考えておられるのは，純粋に民事訴訟的に考えて，
甲及び乙の間の争，後の場合は甲及び丙の間の争で，別の事件だという考え方
で行かれるのだろうと思うけれども，そこに何か行政処分をめぐる訴訟の場合
は，個人相互の甲と乙との間の争とだけ見て行くのがいいのか，それともその
限りにおいては一般的に確定してしまう。その効力はタート・ベスタント・ヴ
イルクング——その行為が存在するということに基く効力として，一般にも拘
束力を持つ，関係を持っているものすべてに其の効力が及ぶのだというように
考えられないか」（司法研修所編［1951］46-47頁）。これを補足して曰く，「行政
行為というのは，特定の個人に対するものであっても，国家に対する関係にお
いては，そこで一応全面的に確定してしまうという考え方が非常に強いのでは
ないか」，「個人相互間の関係で権利関係を決定したというだけの問題とは
ちょっと違うのだ」（同48-49頁）。田中は先述の大審院判例評釈では，判決効
の訴訟法的側面について必ずしも明確に言及していなかった（第1款第3項Ⅳ1
参照）のであるが，ここで述べられている構成要件的効力（「タート・ベスタン
ト・ヴイルクング」）には，明確に訴訟法的側面が読み込まれている[41]。

　兼子と田中とは，①判決の性質の理解と，②拘束されるべき第三者の範囲の
双方において，意見を違えている。まず②については，兼子は構成要件的効力

---

40)　曰く，形成判決は「公法上行政官庁の取消や私法上取消権者の取消の意思表示の効力と同様，
　判決の場合でも判断の過程乃は内容の当否の問題ではなく，権能ある機関の為した行為の結果と
　認むべきである」（兼子一［1940］1904頁）。

38

を受ける第三者（「自ら之を争う適格」を有さない第三者）と構成要件的効力を受けず既判力の拡張がなければ拘束されない第三者（「自ら之を争う適格」を有する第三者）とを区別するのに対して，田中は第三者であれば常に構成要件的効力を被るものと解しており，兼子の言う「自ら之を争う適格」を有する第三者を観念しない（第1款第3項Ⅳ2参照）。換言すれば，兼子が第三者の利害関係に応じた手続保障の必要性を踏まえて論じる（1②'）のに対し，田中は公法関係の特色を根拠に常に対世効を導くのである。また，①については，田中の上記の発言には，裁判所の判決を行政行為と同様に国家行為（Staatsakt）として位置づける美濃部の発想（第1款第3項Ⅱ1(3)および(4)参照）が垣間見える。換言すれば，判決を裁判所の意思表示と解する立場から転向した兼子（1①'）と，判決も裁判所の意思表示として「公定力」ある国家行為の一種と理解する田中との，根本的な立場の違いがここで浮き彫りとされているのである。

3 想定されている事例の整理

兼子と田中の見解の相違は，田中が持ち出した以下のような具体的な事例においてさらに敷衍された。河川にダムを設置しようとする電力会社が工作物新築許可（旧河川17条，現26条）や流水占用許可（旧河川18条，現23条）を受け，それに対して既存の流水占用権者が取消訴訟を提起し[42]，取消判決が出されたのち，当該電力会社が許可は自分との関係では未だ取り消されていないと主張して争った場合に，後訴裁判所は許可が適法であったと判断することができるか。この例に関しては，兼子の「当事者が違うのだから」そのような判断も可能であるとする発言を遮って，田中は「取消の判決そのものは存在していて，

---

41) 同時期に出版された講義案でもこの旨が示されている。曰く，「判決の拘束力とは，判決の内容に従い，訴訟当事者および関係人のすべてを拘束する効力をいう。行政処分が確定したときは，行政処分の相手方だけでなく，その内容に従って，すべての関係者を拘束し，何人もこれを争うことができなくなる」（圏点筆者）。その上で，特例法12条の解説として曰く，「この規定は，判決の拘束力が当事者の外，関係の行政庁にだけに及ぶものとする趣旨ではない。確定判決があったときは，すべての関係者が判決の存在を認め，一方において判決の内容を実現し，他方においてこれを受忍すべき拘束を受けるのである」（田中二郎『行政法講義案上巻第2分冊』208-209頁（有斐閣，1949））。

42) 慣行水利権者が提起した他者の工作物新築許可の取消訴訟の例として参照，最判昭和37年4月10日民集16巻4号699頁。

第1部　形成概念と第三者効　　第1章　第三者効と第三者再審

それ自体を争うことはできないと思う」と畳みかける一幕があった（司法研修所編［1951］51頁）[43]。しかしながら，議論は平行線のまま打ち切られてしまった。

　ここで確認すべきは，①上記の特別研究の題目であった農地買収の事例および②兼子が念頭に置いている大審院判決の滞納処分としての公売処分の事例と，③田中が念頭に置いている河川法上の許可の事例とでは，取消判決の第三者に対する効力が問題となる状況が異なるという点である。

　一方で，①農地買収の事例および②滞納処分としての公売処分の事例では，取消判決が出されると，例えば，処分によって物件の所有権を喪失し取消判決によってそれを回復したと主張する前訴原告が，当該物件の明渡しおよび所有権移転登記の抹消を第三者に請求することになる。こうした事例では，この後訴において初めて，判決効の実体的側面の問題と訴訟法的側面の問題が同時に現出する。より具体的に言えば，これらの事例では，判決効の二つの側面の問題は，後訴において所有権は未だ第三者にあるという判断ができるかという問題に集約される。すなわち，実体的側面の問題は，後訴において「取消判決によっても第三者に対しては当該処分は未だ取り消されておらず，当該第三者は所有権を失っていない」という判断ができるかという問題であり，訴訟法的側面の問題は，後訴において「第三者に対して当該処分が取り消されたとしても，そもそも処分は適法であるのだから，取消判決は不当であり，第三者は未だ所有権を失っていない」という判断ができるかという問題である。

　他方で，③河川法上の許可の事例では，取消判決によって許可の効力が失われることとなれば，許可を取り消された第三者がそのまま利用を継続していると河川法上の行政刑罰（旧河川58条および58条の2，現102条1号，2号）の構成要件に該当することになるし，工作物の除却命令（旧河川20条，現75条）の要件が充足されることになり得る。しかし，仮に取消判決の効力の実体的側面が第三者に及ばないならば，第三者との関係では未だ許可は存続しており，無許可占有の罪の構成要件には該当しないし，取消判決が確定したという一事をもって除却命令を発することはできないことになる。この場合は，こうした犯

---

43)　ただしこの議論は，正確には許可の取り消しに基づく損害についての国家賠償請求の可否の問題についてなされたものである（第3章第3節第2款参照）。

罪の構成要件や不利益処分の要件が満たされるかを検察官または河川管理者が
判断する段階でまず，取消判決の第三者に対する実体的側面が問題となる。そ
して，実際に起訴され，または処分が為されてそれに対する取消訴訟が提起さ
れ，もしくは処分を予防するための許可の存続の確認訴訟が提起されて初めて，
判決効の訴訟法的側面の問題が生ずることになる。

Ⅱ　兼子説の敷衍（1951-54）

　取消判決を行政行為に類比して一律に判決効の訴訟法的側面の拡張を認める
田中の立論に対しては，田中の言う公法関係の特色ないしは行政行為の「公定
力」が，民事訴訟法理論上の利益衡量に基づく第三者の手続保障の必要性を排
斥するほどに，取消判決の対世効を強く要請するものなのかという疑問が浮か
ぶ。田中への反論のために自身の立場のより詳細な説明を必要とすると考えた
兼子は，直後に一つの論文を発表し，こうした疑問を詳細に敷衍するに至った。
　兼子は，行政訴訟の判決が判決効の訴訟法的側面としての対世効を当然に伴
うという通説の根拠を，①「公法上の法律効果又は法律関係」の特殊性，②形
成判決の形成力の対世性にあると見たうえで，それぞれについて批判を加えて
いる。順に検討しよう。

1　取消判決の対世効への批判

　まず，①「公法上の法律効果又は法律関係」の特殊性を理由に対世効を認め
る理解に対しては，行裁法31条2項を無視するものであること，日本国憲法
下では行政事件も司法権の範囲に属し[44]，行政事件の判決の効力も民事訴訟法
の一般原理により考察されるべきことを挙げて批判がなされている（兼子一
［1951］104-105頁）。前者は大審院判決に対する批判として既に述べられていた
点である（第1款第3項Ⅳ2参照）が，後者は行政行為の効力論を判決にも及ぼ
す田中の見解（Ⅰ2参照）を受けての反論と理解できる。
　後者の反論について，兼子は以下のように敷衍している。行政処分について

---

44)　兼子は日本国憲法制定当初から折に触れてこの点を強調している。参照，兼子一「行政事件の
　　特質」法律タイムズ2巻7号16頁，16-17頁（1948）；兼子一「新行政訴訟の基礎理論」同『民事
　　法研究Ⅱ』69頁，78頁以下（酒井書店，1954）〔初出：1948〕。

第1部　形成概念と第三者効　　第1章　第三者効と第三者再審

は「公定力若は自力執行性がある関係上，その要件が欠けていることの認定を誤っても，取消されるまでは効力を妨げないのを通例とする」のであり，「私人の形成行為が自己の生活目的から一定の結果を意欲して為される意思表示であると同様，行政処分も行政目的即ち国家公共の利益を実現するための結果を得ようとする意思表示であるのが原則であ」って，「法の適用による具体的な法律状態の確定そのものが目的となるわけではない」。これに対して，「司法は法の適用そのものを目的とする国家作用であって，司法を行う裁判官にとっては裁判は冷静忠実な判断の表示であって，最初から結果を意欲する意思表示ではない」。そして，日本国憲法下では行政事件の判決も司法作用として把握されるべきであるから，行政行為や法律行為に関する考察方法ではなく，司法作用に関する考察方法が当てはまるべきことになる（兼子一［1951］108-109頁）。この点は，判決を国家の意思表示と見る立場からの転換（Ⅰ1参照）の趣旨を，より詳細に述べたものと見ることができる[45]。

2　形成判決の対世効への批判

　兼子の批判は，公法学説による判決理解の問題を超えて，民事訴訟法学説における形成判決理解の問題にも及ぶこととなる。すなわち，②形成判決の形成力の対世性に関して，民事訴訟法学説における通説的理解の問題点が指摘される。兼子曰く，通説の理解する形成判決は，「私人の法律行為の取消の意思表示や行政庁の行政処分の取消処分と異らず，したがってその行為として有効な限り，その意欲した法律効果が発生し，その効果は特に実体法上例外の定められない限り（例えば，第三者に対抗することを得ずと規定される場合），何人との関係でも生じるものとする。即ち，この種の変動を引起す実体的権能を有する者又は国家機関が，その方法として適式にこれを行使したことに基く当然の効果である」（兼子一［1951］107頁）。しかし，兼子によれば，この理解は形成要件の存在が無ければ形成の効果も生じないという理を見落としている。曰く，形成要件が実際には存在しない場合でも形成力が生じると考える上記の通

---

45)　なお，兼子は後に，行政行為についても「国家権力に基く具体的規律の設定として，裁判と本質的に異るものではない」との評価を与え（兼子一［1957］161頁註54），行政行為の公定力の脱構築の先駆けをなしている（兼子仁［1971］47頁以下）。

42

第1節　第三者効と第三者再審の沿革と内容

説は，形成力を判決の形式的確定力に結びつけられたもの，換言すれば判決内容たる判断の当否には関わらないものとして把握するものである（同107-108頁）。これに対して，兼子によれば，形成判決も形成要件の存在の確定という判断作用なのであって，形成力もこの形成要件の確定に伴う効果であり，形成の効果が否認されないのは，「この確定を争うことができない限度において」のことに過ぎない（同113頁）。すなわち，兼子の理解によれば，形成力を形成要件の客観的存在から切り離すものは，通説が言うような形式的確定力ではなく，既判力に他ならない。ここでは，こうした形成力の理解がドイツの民事訴訟法学者ゴルトシュミットの二重要件説（第3章第1節第1款第2項II 2参照）を基礎とするものであることが明示されている（同114頁註9）。

3　形成力の多義性

　ここで注意を要するのは，形成力の主体的範囲は「原則として既判力のそれによって定まる」（兼子一［1951］114頁）という叙述の具体的内容である。これを文字通り理解すれば，既判力の及ばない第三者に対しては，特段の規定がない限り，形成力も及ばないということになる。換言すれば，形成判決の効力の実体的側面すら第三者に及んでいないということになる。その場合，例えば先に見た電力会社に対する河川法上の許可を既存の流水占用権者が取り消した事例（I 3の③の例）では，当該電力会社との関係では未だ許可は取り消されておらず，当該電力会社はそのまま操業を続けても無許可占有による罪の構成要件には該当しないし，取消判決が出たという一事をもって既存の工作物の除却命令を発せられることもない。後に見る通り，この帰結を避けることこそが田中が第三者効の導入に執着した理由であった（第3項I 1 (4)参照）。

　しかし，兼子は必ずしもこのような帰結を是認していたわけではない。兼子の論文の冒頭の問題提起は，甲乙両名の出願に関して甲に許可が与えられたところ，乙がその許可処分の取消訴訟を提起し取消判決が下された場合に，「甲はその訴訟に参加させられずにその判決があったとしても，その判決の効力即ち自分に対する許可の失効を争う余地がないとするのが妥当であろうか」（兼子一［1951］103頁。圏点筆者）というものであった。ここで問題とされているのは，取消判決によっていったん甲の許可が失効することの適否（判決効の実体的側面の問題）ではなく，許可が失効したという判決の内容を争い直すこと

43

ができるか否かという問題（判決効の訴訟法的側面の問題）である。換言すれば，兼子は取消判決の効力の実体的側面が第三者に及ぶこと自体を否定していたわけではない。

　その後の体系書等においても，兼子は，「既判力の及ぶ者だけに対して確定的に形成の効果を生じる」，既判力の及ばない第三者は「形成判決の不当即ち形成要件が不存在であったことを主張して形成の効果の発生を争うことができる」（兼子一[1954] 351-352頁。圏点筆者）[46]，「婚姻や株主総会の決議は，これに対する無効，取消の判決のない限りは，一応有効に存在するものとして取扱われる」が，それは「ある程度の具体的法的実在の形成の効果」（圏点筆者）であるなどと述べている（兼子一[1957] 160頁）。すなわち，既判力の及ばない第三者にも，確定的ではない，すなわち争うことのできる，一応ないしはある程度の形成の効果は通用するのであり，ここでは判決効の実体的側面は第三者にも当然に及ぶことが想定されていると考えられるのである（垣内[2014] 372頁註33）。

4　小括──兼子説の具体的内容

　兼子は戦後の憲法構造の転換を理由に，行政事件の判決は行政行為や私人の意思表示のような意欲行為ではなく，民刑事事件の判決と同様の判断行為であると位置づけ，取消判決の効力の考察を，行政行為の効力論ではなく，判決効理論に引き付けた（1）。さらに兼子は，ゴルトシュミットの二重要件説という裏付けを得て，形成力の主体的範囲は既判力のそれに一致するという，著名な理解を明確に示すようになった（2）。しかし，兼子は判決効の訴訟法的側面としての対世効に反対していたのであって，実体的側面としての対世効には必ずしも反対していたわけではなかった（3）。

　兼子の問題提起は，すぐに民事訴訟法学界においても受け止められ（山木戸[1958] 139頁註2），現在に至るまで論争の的となっている（垣内[2014] 369頁以下）が，その内容は後に検討することとして（第3章参照），以下では兼子の問題提起が行訴法の立法関係者にどのように受け止められ，それがいかなる形

---

46)　同旨は直後に著された別著でも主張され（兼子一『条解民事訴訟法（上）』529-530頁（弘文堂，1955）），『体系』の最終版までそのまま維持された（兼子一[1965] 351-352頁）。

で法案に影響したのかを辿ることにする。

Ⅲ　兼子・田中論争の展開（1954-55）

ここまで概観してきた兼子と田中の見解の相違は，タイトル通り特例法を逐条的に検討した座談会である「行政事件訴訟特例法逐条研究」[47]において，顕著に浮かび上がることとなった。

特例法8条の職権参加に関連して，豊水道祐判事から水を向けられた兼子は，再び上記の自説を展開する。ここで兼子は，第三者が取消判決を「争う適格」を有するか否かについて，当事者適格の法定の有無を基準とする旨を明確にし[48]，行政事件においては，土地収用法上の損失補償の訴え，地方自治法上の市町村境界確定に関する訴え，公職選挙法上の当選訴訟のような，個別法上に被告適格の定めがある場合を除き，第三者は反射的効力を受けないとした。すなわち，兼子が想定してきた滞納処分としての公売処分の取消訴訟における買受人（Ⅰ3の②）のみならず，田中が想定してきた河川法上の許可の取消訴訟における被許可者（Ⅰ3の③）も，判決前に利害関係を持つ限り反射的効力を被らないとした（雄川ほか編［1954-55］310-311頁〔兼子一発言〕）。しかし，他の参加者からは，行政法の通説は取消判決に「対世効」を認めているのだとして，こうした具体的分析に立ち入る以前のレベルで，兼子の所説に対する違和感が表明された（同313頁〔豊水道祐発言，田中二郎発言〕）。

この点は，特例法12条の拘束力に関する議論において再び話題となった。ここでも兼子は同様の議論を繰り返し，大審院判例の事例では取消判決が出る前に公売処分に基づいて当該土地を買い受けていたのだから，取消判決の効力が及ぶことはおかしいと主張した。その際に兼子は，田中二郎が同判決の評釈

47）　初出はジュリスト66号ないし96号（1954-55）であるが，以下では後にまとめられた書籍（雄川ほか編［1954-55］）から引用する。

48）　このことは，戦前の体系書において既に示唆されていた。すなわち，「形成力は通常一般第三者にも及ぶ。之れ形成判決に関しては①其の既判力が利害関係を有する第三者に拡張されるのが通常であり（商99ノ4・163Ⅲ，人訴18参照），然らずとするも②形成訴訟の当事者たる適格を有するものが法定されている関係で，之以外の第三者は適格者の為した訴訟の判決を承認せざるを得ぬ事実上の効果を蒙るからである」（丸数字筆者）と述べられている（兼子一『民事訴訟法概論』387頁（岩波書店，1938））。ただし，②では現在のいわゆる形式的形成訴訟が想定されており，民事法分野における通常の形成訴訟については述べられていない（垣内［2014］373頁註34）。

第1部　形成概念と第三者効　　第1章　第三者効と第三者再審

以来主張し（第1款第3項Ⅳ1参照），この座談会でも雄川一郎が主張している
ところの，構成要件的効力によって第三者の具体的な利害関係を問わずに判決
効の訴訟法的側面としての対世効を基礎づける考え方に関しても，明確に反論
を加えている。曰く，「普通タートベシュタントヴィルクングということは，
判決があってあとの話で，その前に利害関係を持った者の立場は別に考えられ
るべきだ」（雄川ほか編［1954-55］437頁〔兼子一発言〕）。ここでも，構成要件的
効力（「タートベシュタントヴィルクング」）の概念を訴訟法理論上の利益衡量を抜
きにして用いることはできないとの兼子の理解（第1款第3項Ⅳ2参照）が，明
瞭に示されている。

　しかし，「形成判決だから，対世的効力がある，既判力の主観的範囲が一般
第三者にも拡張されるのだというと，先生のおっしゃる通り変だと思うので
す」として，兼子の形成判決の効力論自体に関しては理解を示していた豊水す
ら，公法関係の特殊性ゆえに行政事件の判決には「対世効」が備わるという立
場を示し（雄川ほか編［1954-55］439-440頁〔豊水道祐発言〕），兼子と結論を共に
した者はいなかった。その後もう一度同様の議論の応酬があったのみで，論争
は結局ここでも平行線に終わってしまった（同440-441頁）。

Ⅳ　兼子・田中論争の波及

　以上のような兼子・田中論争は，当時において既に他の学説にも影響を与え
ていた[49]。

　兼子説にいち早く賛同した行政法学者としては，市原昌三郎がいる。市原は，
「司法権は行政権に対し結果を意欲した意思行為によって干渉することは許さ
れない」として，取消判決を裁判所の意欲行為ではなく判断行為であるとする
兼子に賛同する（市原［1955］240頁）。そして，選挙無効や当選無効の判決は
別として（同251頁），行政処分の取消判決に関しては，「直接の利害関係者は
既判力が拡張されない限り，裁判所の違法性の確認を争いうるものであり，
従って違法性の確認に結び付けられた効果たる行政処分の取消を争いうる」
（同258頁。圏点筆者）として，兼子と同様に，判決効の訴訟法的側面としての

---

49)　早い段階での兼子説の紹介として，浅賀栄『行政訴訟の諸問題──判例を中心とした』351-352
　　頁（酒井書店，1954）。

第1節　第三者効と第三者再審の沿革と内容

対世効を明示的に否定したのである[50]。

　これに対して，田中説の結論に賛同した論者としては，瀧川叡一がいる。瀧川曰く，形成力は法律要件的効力（Tatbestandswirkung）または反射的効力（Reflexwirkung）であり，既判力に根拠を有するものではなく，「形式的には判決の形式的確定力に，実質的には前記実体法（筆者註：形成判決の確定という形成要件の存在に形成力の内容たる法律状態の変動を結びつける法規範）に基く」とする（瀧川［1956］1462頁）。そして，取消判決の「確定後は何人も判決による行政処分取消の効力を争い得ない」（同1462頁）として，こうした法律要件的効力または反射的効力としての形成力が，判決効の訴訟法的側面の問題であることが明らかにされている。瀧川は，兼子がゴルトシュミットの二重要件説に依拠することによって別途批判の矛先を向けていたところの，民事訴訟法学において通説的な単一要件説に依拠することで，あくまで民事訴訟法理論として訴訟法的側面としての対世効を正当化しようとしたのである（Ⅱ2参照）[51]。

　ただし，瀧川の見解は，重要な点で田中の見解と相違している。瀧川は，「対象が公法関係であるから行政事件の判決が私法上の法律関係を対象とする民事判決と異なり対世的効力を有すると解する根拠はない。両者ともに当事者間の紛争の解決を目的とするものであるからである」（瀧川［1956］1461頁）と述べており，田中のように公法関係の特殊性から一般的に対世効を基礎づける発想（Ⅰ2参照）を採っていない。この限りでは，瀧川の理解は兼子と一致している（Ⅱ1参照）。

---

50)　ただし市原は，兼子が行政処分の取消判決を形成判決とすることには疑問を呈している（市原［1957］222-223頁）。しかし，取消訴訟の排他的管轄を肯定する以上は，取消訴訟が形成訴訟であることは否定できないし（第2章第2節第3款参照），判決が意欲作用ではなく判断作用であるという理解が必然的に形成訴訟というカテゴリーを否定することにつながるわけでもない（兼子一［1957］163頁以下）。また，確認判決に実体的側面としての対世効が備わらないというわけでもない（第2章第3節第2款参照）。なお，市原と同様に取消判決を確認判決と理解する論者として白石健三がいるが，白石は取消判決の第三者効には言及しなかった（白石［1956］439頁）。

51)　なお，瀧川は兼子の見解に対して「行政庁を被告として行政処分取消の判決を得たのみでは足らず更にその第三者を被告として行政処分が違法であることの確定を求めなければならないとすることの方がむしろ不合理ではあるまいか」（瀧川［1956］1464頁）と批判するのであるが，この批判は兼子の見解が取消判決の実体的側面としての対世効をも否定するものだという誤解に基づくように見える（Ⅱ3参照）。

第1部　形成概念と第三者効　　第1章　第三者効と第三者再審

V　小括——兼子・田中論争の対立点

以上の概観から，兼子と田中との間の論争が具体的にどの論点に関して生じ
ており，それがどのような論点であるのかが明らかになった。

まず，兼子と田中の真の対立点は，判決効の訴訟法的側面としての対世効の
有無にあったのであり，実体的側面としての対世効が特段の規定なくして認め
られることには意見の一致があった（Ⅱ3）。次に，訴訟法的側面としての対
世効の有無の問題は，①行政事件の特殊性から対世効を正当化することができ
るか，②それができない場合でも，民事訴訟法理論に基づいて対世効を正当化
することができるか，という二つのレベルで問題になっていた。すなわち，①
のレベルで対世効を正当化するのが田中二郎の見解であり（Ⅰ2およびⅢ），②
のレベルで対世効を正当化するのが瀧川叡一の見解であり（Ⅳ），いずれのレ
ベルでも対世効を正当化できないとするのが兼子一（Ⅱ1，2）および市原昌三
郎（Ⅳ）の見解であると整理することができる。

この形成判決の対世効の理論的な考察は，第2章以降の検討課題としてしば
らく措くこととし，以下では行訴法の立法過程において，この論争にいかなる
形で決着がつけられたのかを見よう。結論を先取りするならば，行訴法32条
の第三者効は，結果として判決効の訴訟法的側面を含意することとなったが，
第三者効の立法趣旨それ自体は，取消判決に実体的側面としての対世効を承認
するところにあり，判決効の訴訟法的側面は，同時に導入された行訴法34条
の第三者再審の制度によって反射的に，敢えて言えば，意図せざる形で規定さ
れている。換言すれば，上記の論争は，議論のすれ違いの中で一応の決着を見
たに過ぎない。

第3項　行政事件訴訟法立法過程

「行政事件訴訟特例法逐条研究」が完結して間もなく，法制審議会行政訴訟
部会・同小委員会による行訴法の立法作業が開始された[52]。同法は，昭和37
年5月16日に公布され，同年10月1日に施行されることとなるが，その32

---

52)　参照，高木光「立案過程からの示唆」同『行政訴訟論』168頁，172頁以下（有斐閣，2005）
　　〔初出：1992〕。

条1項では，取消判決の第三者効が明文化されることとなる。本項では，この行訴法32条1項がいかなる目的で導入され，いかなる内容を持つものなのかを，上記小委員会における議論をもとに解明する。

I 議論の変遷と決着

1 第三者効をめぐる議論の変遷

行訴法立法過程においては，当初は対世効を否定する兼子説が優勢であり（(1)），その後対世効が必要な場合とそうでない場合とが両方あり得ることが認識されるようになり（(2)ないし(4)），最終的には対世効を常に肯定する田中説が採用されることとなった（(5)）。しかしここでも，判決効の訴訟法的側面としての対世効を導入することについて明示的な決着はつけられたとは言い難い。

(1) 第14回小委員会会議

判決効の主体的範囲に関する議論が初めて取り上げられたのは，昭和31年7月6日の第14回小委員会会議である（塩野編著［1992-1］404頁以下）。この会議には田中二郎，兼子一の両者が出席しており，従前の議論が他の参加者を交えて繰り返されている。

とりわけ注目に値するのは，兼子の見解に賛同が多く見られたことである。青木義人委員，関根小郷委員が，ともに第三者に及ぶのは既判力ではなく形成力だという趣旨の発言をしたのに対して，兼子が所説を繰り返したところ，関根は兼子の発言の趣旨を理解して，取消判決により不利益を受ける第三者が「取消の要件がなかったとして要件の点をついて行けば既判力の問題になる」と述べ，青木が「そこは認めていいのではないか」と発言すると，関根も「それはいいでしょう」と応答している（塩野編著［1992-1］407頁〔関根小郷，青木義人発言〕）。この会議の結論としても，兼子説を基本とする線でまとまっている。すなわち，入江俊郎委員長は「当然に対世的効力があるということでなくて必ず訴訟手続に参加させるという方法で第三者の関係を規定するということですね」と，この問題を総括している（同413頁〔入江俊郎発言〕）。

これに対して，従来から兼子の理解に異を唱えてきた田中二郎は，当事者適格の法定が対世効を基礎づけるという兼子の発想（塩野編著［1992-1］407頁〔兼子一発言〕。第2項III参照）に応じて，行政訴訟の特殊性を被告の公益的性格に見出すことで，自説を訴訟法理論の側から補強しようとした。曰く，「行政法

第1部　形成概念と第三者効　第1章　第三者効と第三者再審

の関係では普通の民事の場合のように訴訟に参加しなければ確定力を受けない
ときめてかかる必要はないのではないか。訴訟の関係は一切法務省にお願いし
ますということできている場合もあって結果がそこに及んでもしかたがないと
いう考え方はできるだろうと思う」（同409頁〔田中二郎発言〕）。しかし，この
理解には賛同は得られなかった。

　他方で，矛盾判決の回避の観点[53]から，対世効を積極的に擁護する意見も見
られた。特例法逐条研究の段階から田中に賛同してきた豊水幹事（第2項Ⅲ参
照）は，収用委員会の収用裁決に対する取消訴訟に起業者が参加しないまま取
消判決が下された場合に，起業者が判決に拘束されないとすると，前訴原告
（被収用者）が起業者に対して収用に係る土地の所有権確認の訴えを起こした場
合にこれが棄却され，二つの判決が矛盾する事態が起こり得るとして懸念を表
明する（塩野編著［1992-1］412頁〔豊水道祐発言〕）。他の委員も，判決効が及ば
ない第三者がいつまでも前訴判決に矛盾する主張を出せるとすることには違和
感を表明しており，無条件に兼子説を支持していたわけではなかったようであ
る（同411頁以下）が，この点に関しても，あくまで第三者を参加させなけれ
ば既判力は拡張されないことを原則とし，裁判所に利害関係人を職権で参加さ
せる義務を認めることで対応すべきという意見（同412頁〔円山田作発言〕）や，
それでは裁判所の負担が重いので原告に委ねるべきだという意見（同412頁〔浜
本一夫，関根小郷発言〕）が出されており，対世効への全面的な賛同は得られて
いない。

(2)　第一次試案に関する議論

　昭和31年10月5日の第16回小委員会に提出された第一次試案では，第22
として職権訴訟参加が規定されている（塩野編著［1994-2］147頁）。同条は，A
案：「訴訟の目的が第三者に対しても合一に確定する必要がある」場合，また
はC案：「訴訟の目的が第三者に対しても合一に確定する」場合に，申立て
または職権により当該第三者を「訴訟に参加させることができる」と規定する[54]。
昭和32年3月3日に公刊された杉本良吉による解説では，この条文案は，行
裁法31条2項の解釈論に倣い，判決効の訴訟法的側面としての対世効を否定

---

53)　後に見るように，この観点は典型的に紛争の画一的解決の必要性に結びつく（第2部第2章第
　2節第2款第2項Ⅱ参照）。

50

第1節　第三者効と第三者再審の沿革と内容

する前提に立つものと説明されている[55]。

　この条文案は，昭和32年4月5日の第22回小委員会会議で議論された。この会議では，上記案の「訴訟の目的が第三者に対しても合一に確定する必要がある」という場合に当たる「第三者」がどのような者なのかについて，具体例が挙げられた。①農地買収処分の取消訴訟における当該農地の売渡を受けた者，②公売処分取消訴訟における買受人，③河川法の工作物設置許可の取消訴訟における被許可者，がそれである（塩野編著［1992-1］639-640頁〔豊水道祐発言〕）。①は裁判官特別研究の議題の事例であり，②は大審院判例の事例であり，③は田中が例に出していた事例である（第2項Ⅰ3参照）。

　この会議では，兼子一が欠席したこともあってか，兼子説に対する反論が目立っている。例えば，一方で，既判力を第三者に及ぼす必要は「普通，公法関係といわれるもの自身のすべてについてありうるのではないか」として，公法関係の特殊性から対世効を正当化する発想が示されており（塩野編著［1992-1］641頁〔山内一夫発言〕），他方で，兼子説に従った場合に参加を懈怠した第三者がいかなる手段をとり得るのか不明瞭であるという問題が指摘されている（同647頁〔山内一夫，豊水道祐発言〕）。

　とはいえ，この会議で兼子説が否定されたわけではなかった。最終的には，対世効が必要となる場合と必要でない場合とがいずれもあり得ることを前提にしたうえで，判決の効力の条文が別途起草されることとなった（塩野編著［1992-1］650-651頁，655-656頁）。換言すれば，上記①ないし③のような場合でなければ「合一確定」の必要性はなく，判決効の訴訟法的側面の原則はやはり相対効であると考えられていたのである。

---

54)　なお，A案には，「合一に確定する必要がある」という文言からして，「合一にのみ確定すべき場合」の必要的共同訴訟の特則（大正民訴62条1項，現40条1項）との類似性が看取されるが，会議では判決効の拡張を前提とした類似必要的共同訴訟が念頭に置かれており，判決効の拡張を前提としない固有必要的共同訴訟は念頭に置かれていなかった。固有必要的共同訴訟に類似した運用がなされていた西ドイツの必要的参加（第2部第1章第1節第2款第2項参照）は会議でも取り上げられていたが，必要的参加の懈怠は「独法の解釈上，上告理由となるものではない」と紹介され，固有必要的共同訴訟に類似した規律としては必ずしも理解されておらず（塩野編著［1992-1］191頁〔中村治朋発言〕），また結論的にも固有必要的共同訴訟とすることは適当でないことが委員の間での共通認識であった（同190頁以下）。

55)　杉本良吉「行政事件訴訟特例法改正要綱試案の解説」時の法令235号2頁，20頁（1957）。

51

第1部　形成概念と第三者効　　第1章　第三者効と第三者再審

(3)　第二次試案に関する議論

　第二次試案では，職権参加の要件が，上記の議論に沿って書き換えられている。すなわち，同第21条では，「①訴訟の目的が第三者に対しても合一に確定するとき，または②合一に確定するにつき必要があるとき」（丸数字筆者）という表現がなされている（塩野編著［1994-2］167頁）。①が第一次試案のC案，②が同A案を想定していることは明らかである。具体的に言えば，①対世効が備わり，職権参加は第三者の手続保障の為に必要とされる場合と，②対世効が備わらず，職権参加は第三者に既判力を及ぼすために必要とされる場合とが両方あることが，先の議論（(2)参照）に従って明確にされた。

　しかしながら，第二次試案に関する議論は昭和33年3月7日の第32回会議（塩野編著［1992-2］973頁以下）の一回限りであり，駆け足の審議がなされる中で，判決効の主体的範囲に関する議論はなされずに終わった。

(4)　第三次試案に関する議論

　続く第三次試案においては，職権参加の要件を定める第22条は，「訴訟の目的が第三者に対しても合一に確定するにつき必要があるとき」という表現（第一次試案のA案。(2)参照）に戻った（塩野編著［1994-2］178頁）。しかし，これは対世効を不要とすることを意味するのではないようである。なぜなら，その説明においては，第二次試案が対世効を前提とする場面とそうでない場面とを併記していたのはかえって疑義を生ずるおそれがあり，A案の文言はC案の内容を包含すると解することができるので，文言上はA案に絞るという趣旨が述べられているからである（同194頁；塩野編著［1992-2］1025頁，1307頁〔杉本良吉発言〕）。すなわち，対世効を前提とする場面とそうでない場合とが両方あることは，ここでもなお前提とされているのである。

　この条文を議論していた昭和34年1月16日の第40回小委員会会議において，杉本は，参加の制度の趣旨はあくまで「判決を第三者に及ぼさせること」にあるが，判決の効力が対世的であるとの説の当否についてはなお決着がついていないことを指摘し，判決の効力に関する議論へと会議を誘導した（塩野編著［1992-2］1308頁〔杉本良吉発言〕）。そこで田中二郎は，むしろ原則は対世効であり，そうすると参加の趣旨は判決の効力を及ぼすことではなく，主としては「できるだけ真実に近い判断ができるようにもってゆこうという趣旨」だという，従前からの主張に引き付けた訴訟参加の理解を示したのち（同1308頁

〔田中二郎発言〕），自身の問題意識を，より具体的な形で敷衍している。すなわち，もし取消判決が第三者に効力を及ぼさないのだとすれば，もし第三者の参加がなかった場合には，電力会社がダム建設のために得た河川法上の許可の取消訴訟の例で言えば，電力会社はダムの建設を継続し，原告と電力会社との間の訴訟において許可の効力が再び争われることになってしまうというのが，田中の危惧するところであった（同 1313 頁以下〔田中二郎発言〕）。これに対しては，中村治朗幹事から，だからこそ必要的参加ないし必要的共同訴訟の規律が必要とされるのだとの反論がなされたが，田中は第三者を参加人ないし被告として「引っぱり込んでも引っぱり込まなくても，判決の対世的効力として取消の効果は一般的に生ずるという解釈をすることも解釈としてできないことはないと思うのです」と譲らなかった（同 1314-1315 頁〔中村治朗，田中二郎発言〕）[56]。

(5) 第三次案の整理案以降の議論

兼子説が優勢であった議論状況は，おそらくは[57]この田中の主張が容れられたことによって，立法過程の終盤において大きく転換する。

昭和 34 年 5 月 29 日第 43 回小委員会会議に提出された第三次案の整理案には，当初は，判決の効力の主体的範囲に関する規定はなかった（塩野編著 [1994-2] 209 頁以下）。しかし，昭和 34 年 12 月 11 日の第 48 回小委員会会議で，重要な決定がなされている。同会議に提出された修正案には，一方で，第 22 の別案として，「裁判所は，訴訟の結果により権利を害される第三者があるときは，当事者若しくはその第三者の申立により，又は職権で，決定をもって，その第三者を訴訟に参加させることができる」という現行法と同様の職権訴訟参加の規定が設けられ，他方で，第 30 条の 2 として，「処分又は裁決を取り消す判決は，第三者に対しても効力を有する」という，現行法と同様の第三者効の規定が置かれるに至った（同 265-266 頁）。議事概要によれば，この会議では

---

56) なお，この第 40 回会議では，田中の見解に反対し続けていた兼子が欠席していた。他方で，同じく民事訴訟法学者の三ケ月章が出席していたが，三ケ月は形成判決の効力の主体的範囲に関する争いについて一定の立場に立つことをしなかった。むしろ三ケ月は，同年に発行された体系書において，形成判決の既判力を否定し，兼子説に反対する立場を明らかにしている（三ケ月 [1959] 48 頁）。既判力否定説については，第 3 章第 1 節第 2 款第 1 項参照。

57) 以下で扱う第 43 回小委員会会議からは議事録が存在せず，議事要旨から議論を推測せざるを得ない。

第1部　形成概念と第三者効　第1章　第三者効と第三者再審

「取消判決に対世的効力をもたせることについては，あまり大きな反対は無いようにみうけられた」（塩野編著［1994-1］105頁）。ここに至って，これまで積み残しにされていた判決効の主体的範囲に関する議論が，対世効規定を導入する方向に一気に流れたことがわかる。

　第三者効の条文を入れることについて最終的な決着がついたのは，翌第49回会議（昭和35年1月22日）のようである。議事概要によれば，「取消判決の効力を第三者に対しても認める点については格別の異論」がなかった（塩野編著［1994-1］106頁）[58]。そしてこれ以降，第三者効の導入を覆す流れは生じなかった。第三次案の整理案を修正した第四次案には，現行法の32条と同じ条文が第30として，現行法の34条と同じ条文が第32として存在し（塩野編著［1994-2］301頁以下），最終案たる第五次案（小委員会案）にそのまま引き継がれている（法制審議会行政訴訟部会［1960］70頁）。

2　第三者効の立法趣旨

　以上見た通り，行訴法の立法過程では，当初は判決効の訴訟法的側面としての対世効を否定する兼子説が優勢であり（1(1)），かなり遅い時期まで，対世効が必要ない場面をも立法上予定する方針がとられていた（同(2)および(3)）。この状況が覆ったのは，「第二の訴訟の回避」という判決効の実体的側面の問題の解決の必要性に関する田中の主張によるものと見受けられた（同(4)および(5)参照）。こうした議論状況に鑑みると，第三者効の立法趣旨は，特定の実体法状況における問題を解決するために判決効の実体的側面としての対世効を承認することにあり，少なくとも，判決効の訴訟法的側面としての対世効を実体法状況に関わらず一律に導入することは意図されていなかったと見るのが適切である。以下で敷衍しよう。

(1)　田中の想定する第三者効の意義

　まず確認すべきは，田中が兼子説の支持者に対して反論する際に主張した「第二の訴訟の回避」の必要性（1(4)参照）は，判決効の訴訟法的側面としての

---

58)　第三者効の導入について「あまり大きな」反対はないとされている第48回会議には兼子が出席しており，第三者効導入について「格別の異論がな」いとされた第49回会議には兼子が欠席していることから，兼子はやはり最後まで第三者効に反対したのだろうと推察される。

対世効によらずとも，実体的側面としての対世効を肯定すれば解決したという点である。

　例えば，田中がたびたび引き合いに出している，電力会社に与えられた河川法上の許可が他の流水占用権者の提起した取消訴訟により取り消されるという例の下で，仮に田中が危惧する通り，参加していない電力会社との関係で許可が取り消されていないという事態が生じるならば，たしかに電力会社は未だ適法に河川を占用することができる。換言すれば，許可処分は電力会社との関係ではなお残存しており，当該電力会社はそのまま占有を継続しても各種の不利益（無許可占有に関する罪による刑罰や，工作物の除却命令）を被らない（第2項Ⅰ3参照）。この場合，取消訴訟の原告は取消判決のみで目的を達成することができず，ダムの建設をやめさせるには，たしかに第二の訴訟を提起せざるを得ない[59]。こうした事態が生ずるのは，こうした問題状況において，判決効の実体的側面が第三者に及ばないからであり，田中が導入すべきと説いた第三者効は，ひとまずはこの判決効の実体的側面としての対世効であったと理解することができる。

　しかし，このような事態を避けるために，判決効の訴訟法的側面の拡張までが必要であるわけではない。判決効の訴訟法的側面の拡張は，許可処分がその名宛人との関係でも取り消されたことを前提に，すなわち判決効の実体的側面の拡張を前提に，許可処分の名宛人が取消判決における処分の取消しないし違法の判断を争うことを制限する点に意味がある。具体的に言えば，訴訟法的側面としての対世効は，無許可占有に関する罪に係る刑事訴訟において，または工作物除却命令に対して電力会社が提起した取消訴訟において，前訴判決は不当であり，許可処分は適法であって，未だ取り消されていない旨の判断がなされることを妨げる点に意味を有する。このような判決効の訴訟法的側面は，上記のような判決効の実体的側面とは異なるものである（高田裕成［1988］365頁）。

　換言すれば，田中が兼子に対して反論をし続けたのは，結局のところ，兼子説の下でも実体的側面としての対世効ならば認める余地があったこと（第2項Ⅱ3参照）が田中に十分に伝わっていなかったからだと考えられる。田中と立

---

59)　この第二の訴訟が田中の言う電力会社に対する（民事）差止訴訟でよいのかは別途問題となるが，ここでは立ち入らない。

第1部　形成概念と第三者効　　第1章　第三者効と第三者再審

場を同じくしていた雄川一郎も，第一次試案の議論中であった昭和32年9月に公刊された著書『行政争訟法』において，兼子説を採用すると「例えば水利権の許可処分が，出訴者に対しては取消されても，水利権者に対してはなお存在するということにな」ると評価している（雄川［1957］222頁註1）が，これも同様に，兼子の見解を誤解していたものと見受けられる。

(2)　兼子の想定する第三者効の意義

　これに対して，租税滞納処分としての公売処分に関する事例（第1款第3項Ⅲ参照）や，農地買収の事例（本款第2項Ⅰ参照），土地収用裁決の事例（1(1)参照）では，上記のような事例とは問題状況が異なる。先に述べた通り，これらの事例では，判決効の実体的側面と訴訟法的側面の問題が，後訴において第三者が前訴判決の内容に矛盾する主張をすることができるかという場面で同時に初めて問題となる（第2項Ⅰ3参照）。換言すれば，田中の言うような「第二の訴訟」は，判決効の実体的側面のみならず，訴訟法的側面まで第三者に及ぶとしても，これらの場合には避けられないのである。

　具体的に見よう。滞納者Xの所有する建物が差し押さえられ，公売がなされ，当該建物をZが競落し代金を納付し，Xは当該建物の占有をZに移転したとする。この段階でXが公売処分の取消判決を得たが，Zは当該訴訟に参加していなかったとする。ここでは，Zが自主的に占有移転に応じない限りは，Zの参加があろうがなかろうが，XはZに対する第二の訴訟を提起せざるを得ない[60]。したがって，第三者効を規定しようがしまいが，この場合には田中の危惧する「第二の訴訟」は避けられないのである。

　このような事例についても第三者効を導入することとなれば，それは「第二の訴訟」の回避とは異なる意義を有するものだと捉えられやすくなろう。要するに，こうしたそもそも「第二の訴訟」が避けられない事例を念頭に置いて議論を展開してきた兼子には，そこにも敢えて第三者効を導入しようとする田中の意図が，判決効の実体的側面としての対世効を超えた，訴訟法的側面としての対世効の導入にあるように見えたのかもしれない。

　ただし，この場面でもなお，判決効の実体的側面の問題と訴訟法的側面の問題とは区別される。実体的側面の問題は，後訴において，当該処分は第三者との関係では未だ取り消されておらず，当該第三者は所有権を失っていないという判断ができるかという問題であり，訴訟法的側面の問題は，後訴において，

56

そもそも許可は適法であるのだから，取消判決は不当であり，第三者は未だ所有権を失っていないという判断ができるかという問題である（第2項I 3参照）。前者の主張は，前訴判決の内容の正当性に踏み込むまでもなく第三者の所有権を基礎づけるものであるが，後者の主張は，前訴判決の内容が不当であると判断されて初めて第三者の所有権を基礎づけるものであり，両者は帰結が異なる。要するに，兼子もまた，こうした事案における第三者効の作用について過大な見積もりを行ってしまったがゆえに，田中に対して反論を続けることとなったのかもしれない。

(3) 兼子・田中論争のすれ違い

以上のように，田中と兼子の論争は，両者が想定する事例が異なることに加え，判決効の実体的側面の問題と訴訟法的側面の問題とを明瞭に区別していなかったことが原因で先鋭化したものであり，特定の事例における判決効の実体的側面の問題の解決のためだけに説かれていた田中の「対世効」は，兼子の問題意識とも両立した可能性が高い。換言すれば，最終的に導入された取消判決の第三者効は，特定の問題状況において（田中曰く「第二の訴訟」を避けるための）判決効の実体的側面としての対世効の承認を意味する限りでは，意見の一致を見ていたと言える。

---

60) なお，現行の国税徴収法は，換価財産が動産である場合には，税務署長がその占有を買受人に移転する手続を定めており（国徴119条1項），現行の土地収用法も，占有を移転しない者に対して罰金刑を用意している（土地収用143条4号）ほか，起業者の請求により市町村長に代執行義務が生じることを予定している（同102条の2）。こうした占有移転確保のための制度は，公売処分や収用裁決による権原の移転に対応して定められているものであるが，この制度が取消判決により権原を失った買受人または起業者から元の所有者への占有移転のためにも発動されることが予定されているならば，問題状況は先に見た河川法上の許可の事例（(1)参照）と類似する。

しかし，我が国ではドイツの原状回復請求権ないし原状回復義務に相当する法理は発展しておらず，このような場面では民事訴訟を利用した私人間での解決（田中の言う「第二の訴訟」）が想定されている（山本隆司［2000］397頁）。同様の状況は登記の移転についても存在し，実際に，先に取り上げた大審院判決の事例（第1款第3項III参照）では，滞納処分が取消判決によって取り消されたものの，税務署長の嘱託による換価財産の所有権移転登記手続（旧国徴23条の3）はなされなかった。これに対して美濃部達吉は，行政裁判所が公売処分を取り消した場合には併せて登記の抹消手続を登記所に嘱託すべきと論じていた（美濃部［1941］120頁）。現行法は，税務署長が職権でまたは不服申立てをうけて売却決定を取り消した場合については税務署長の登記の嘱託義務を規定している（国徴135条1項2号および3号。参照，吉国二郎ほか編『国税徴収法精解（第18版）』859頁以下（大蔵財務協会，2015））が，取消判決によって滞納処分が取り消された場合についての規定は未だ存在しない。

第1部　形成概念と第三者効　　第1章　第三者効と第三者再審

　他方で，判決効の訴訟法的側面としての対世効は，とりわけ兼子の見解から
は問題視されており，第三者効に判決効の訴訟法的側面を含めるとなると，そ
こには見解の一致はなかったと言わざるを得ない。換言すれば，第三者効の目
的はあくまで判決効の実体的側面の問題の解決にあり，訴訟法的側面としての
対世効は，第三者効それ自体の立法趣旨には含まれていないと解されるのであ
る。

　しかしながら，結局のところ第三者効を一定程度の訴訟法的側面の拡張と解
さざるを得なくなるような提案が，第三者効の規定と併せて承認されている。
すなわちそれは，行訴法34条に結実することとなる，第三者再審の制度であ
る。

3　第三者再審による第三者効の内容規定

　行訴法では，「処分又は裁決を取り消す判決により権利を害された第三者で，
自己の責めに帰することができない理由により訴訟に参加することができな
かったため判決に影響を及ぼすべき攻撃又は防御の方法を提出することができ
なかったもの」に，「再審の訴えをもって」，取消判決に対する「不服の申立て
をすることができる」旨が認められた（34条1項）。これは行政裁判法にも特
例法にも存在しなかった規定であり，行訴法において初めて導入されたもので
ある。

(1)　第三者再審の導入

　まずは，この第三者再審が導入されるに至った経緯を確認しよう。

　第三者効を立法化する方向に議論が固まり始めて以降は，会議は第三者にい
かなる手続保障を与えるかに重点を移している。記録上初めて事後的な救済手
段に関して議論がなされたのは，昭和34年12月11日の第48回会議である。
そこでは，第三次案整理案の第22（第三者の訴訟参加）の審議にさしかかった際，
「訴訟係属を知らなかった第三者に再審申立権を認める」等の，第三者の事後
的な救済手段の必要性について議論がなされた。しかし，意見の一致を見な
かったため，ひとまず幹事が起案することとして議論は保留とされた（塩野編
著［1994-1］105頁）。

　続く昭和35年1月22日の第49回会議には，幹事起案の修正案が提出され
ている。同案は，第31条の2第1項として「処分又は裁決を取り消す判決に

より権利を侵害された第三者で，自己の責に帰すべからざる事由により訴訟に参加することができなかったため，判決に影響を及ぼすべき攻撃又は防御の方法を提出することができなかったものは，これを理由として，確定の終局判決に対し，再審の訴えをもって不服の申立をすることができるものとすること」と規定しており，2項以下を含めて現行の行訴法34条と実質的に同一の案であった（塩野編著［1994-2］267頁）。この案に対しては，そもそもこのような訴えを認める必要があるか，判決の確定をいたずらに動かすことになって法的安定を損なうこととなりはしないか，再審の訴えの訴訟法的な性格やその手続および効果等について技術的な疑問がある，といった批判が出たが，大勢は導入を認める立場であったようである（塩野編著［1994-1］106頁）。

さらに続く昭和35年2月5日の第50回会議では，同一の案を題材により具体的な議論がなされている。すなわち，「自己の責に帰すべからざる事由」は再審事由としてそぐわないという批判や，第三者が訴訟係属を知らなかった場合には常にそうした事由があるということになれば，事実上判決が確定しない場合が多くなるとの批判がなされた。これに対しては，「著しく正義に反する」場合でなければ「自己の責に帰すべからざる事由」は肯定されないという説明がなされ，一応の納得が得られたようである（塩野編著［1994-1］106-107頁）。

そして，これ以上の議論はなされることなく，続く昭和35年3月11日の第51回会議において上記の幹事案が承認され（塩野編著［1994-1］108頁），現行法に結実することになった。

(2) 判決効の訴訟法的側面の規定

この第三者再審の制度は，第三者効の訴訟法的側面を，裏面において規定するものであると言える。

第三者に対する判決効の作用が実体的側面に留まるのか訴訟法的側面までを含むのかは，当該第三者が当該判決の内容に反する内容の主張をすることができるかという点と裏腹の関係にある。正確には，①判決の内容に反する主張を行うには判決それ自体を取り消す必要があり（逸脱禁止），②判決それ自体を取り消すための手段が何らかの形で限定される（破棄禁止）場合[61]，それは判決

---

61) 国家行為の効力論における破棄禁止および逸脱禁止という問題設定に関して，さしあたり参照，（太田［2005］241頁）。

第1部　形成概念と第三者効　　第1章　第三者効と第三者再審

効の実体的側面を超えて，訴訟法的側面までが第三者に及んでいることを意味する（第3章第2節第2款第1項I参照）。第三者再審についてこの点を整理すると，①取消判決の内容に反する主張をするためには当該取消判決を取り消す必要があり，そのための手続として第三者再審に排他性が認められており，②第三者再審の訴訟要件または本案勝訴要件が他の訴訟による場合よりも加重されているために，翻って行訴法上の第三者効は，判決効の訴訟法的側面まで含意したものと解さざるを得ないこととなる。

　まず，①の点に関しては，第三者再審に排他性を認めるのではなく，第三者が自らの救済にとって必要な請求のみを立てることを認める，という建前もあり得るところである。例えば，田中二郎が引き合いに出していた電力会社の河川法上の許可の事例について言えば，流水占用権者の得た許可処分取消判決の第三者効により流水占用権限を失うこととなる電力会社（第三者）は，原告をも相手取る手続を利用する必要は本来なく，許可権限を有する行政主体に対して許可が有効である旨の確認訴訟を提起することができれば十分である。しかし，第三者再審を認めるべき場合がかなり制限的に理解されていた（(1)参照）点に鑑みると，第三者再審に排他性を肯定することが暗黙の前提となっていたことが推察される[62]。というのも，再審事由の制約や出訴期間制限のない他の手段が利用可能であるのなら，第三者再審の手続の利用は見込まれず，これらの制限が形骸化してしまうからである。

　次に，②の点に関しては，「処分又は裁決を取り消す判決により権利を害された第三者で，自己の責めに帰することができない理由により訴訟に参加することができなかったため判決に影響を及ぼすべき攻撃又は防御の方法を提出することができなかったもの」に限って再審原告適格を認めていることに加え，確定判決を知った日から30日以内，判決が確定した日から1年（行訴34条2項および4項）という非常に短い出訴期間制限が，他の手段に比して第三者再審の訴訟要件をとりわけ厳しくしている（第2部第3章第2節第1款第2項参照）。

---

[62]　塩野宏「行政事件訴訟判決の効力」法教第1期7号168頁，169頁（1963）は，「第三者は第三者再審手続による以外は判決の形成力を争うことができ」ないと明確に指摘する。

60

4 小括——訴訟法的側面としての第三者効

行訴法立法過程における議論では，当初は判決の対世効を否定する兼子の見解が優勢であったが，後に対世効の必要性を説く田中の見解に支持が集まり，第三者効の条文が起草された（1）。しかし，兼子・田中論争を読み解くと，第三者効の立法趣旨は判決効の実体的側面の問題の解決に留まっており，訴訟法的側面の拡張にはなかったことが明らかになった（2）。とはいえ，同時に導入された第三者再審によって，翻って第三者効は判決効の訴訟法的側面を含意するものと解さざるを得なくなった（3）。

II 第三者効に関する立法関係者の説明

以上のように，第三者効の立法趣旨とその具体的内容との間には齟齬があるにもかかわらず，立法時の議論ではそのことが明確に認識されなかった。この状況はその後も同様であり，以降の各種の説明および議論も，不明瞭な点を残している。

1 小委員会案の説明

(1) 小委員会による説明

最終案である小委員会案（I 1 (5)参照）に付せられた小委員会名義の要点説明においては，第三者効の規定の趣旨は，「取消判決の形成的効力，すなわち判決によって処分を取り消した場合のその効果が，訴訟の当事者と第三者との間に区々になることは，公法における法的安定のため適当でない」という点にあるとされている（法制審議会行政訴訟部会［1960］72頁）。これに対しては，「判決の効力は，通常の民事訴訟におけると同様に，訴訟の当事者にのみ及ぶこととすべきであるとの意見がある」との注記が付されており（同72頁），これが兼子の見解を想定しているのは明白である。しかし，第三者効の趣旨が，当事者と第三者との間で法関係が「区々になる」ことを避けることにあるのであれば，それは判決効の実体的側面の問題に留まる。具体的には，取消判決の実体的側面が第三者に及んでいれば，原告に対しても第三者に対しても処分は取り消されたことになり，法関係が区々になることは避けられる。また，判決効の実体的側面としての対世効は兼子も否定していなかったのであり（第2項II 3参照），小委員会において兼子の見解はやはり誤解されたのだと考えられる。

第1部　形成概念と第三者効　　第1章　第三者効と第三者再審

　他方で，衆参両院の法務委員会における理由説明を想定して起草された逐条説明においては，第三者効を被る第三者は第三者再審の制度によって「特に，かつ，例外的に」救済されるものと説明されている[63]。ここでは，第三者再審には排他性が認められ（「特に」），その要件が限定的である（「例外的に」）ことが意識されているように見受けられ，翻って第三者効は判決効の訴訟法的側面の拡張と解さざるを得ないことになる（Ⅰ 3⑵参照）。この説明は，実際に両院の法務委員会でそのままなされた[64]。

⑵　通説的理解の登場

　その後，杉本が自己の名義で公表した解説においては，やや踏み込んだ説明がなされている。そこでは，第三者効に対する反対説は，「(i)形成判決の本質は形成権の存在を確認するにあるから，その判決の効力は原則として当然には第三者に及ばないと解すべきである，第三者としては，判決によって処分が取り消されたという事実はこれを認めなければならないが，なおその処分が適法であることを主張して争うことができるといわなければならない，(ii)かりに判決の効力が第三者に及ぶという建前を採りたいというのであるならば，西ドイツの行政裁判法に倣って，第三者の必要的参加の規定を設けるべきである」と主張するものとされている（杉本［1960］44頁）。

　注目すべきは(i)であり，ここでは，「判決によって処分が取り消されたという事実はこれを認めなければならない」という表現から明らかな通り，判決効の実体的側面が第三者に及ぶことは認めたうえで，「なおその処分が適法であることを主張して争うことができる」として訴訟法的側面としての対世効を否定する趣旨が述べられている。(i)の見解として兼子の見解が想定されているとすれば，ここでは兼子の見解が，判決効の実体的側面が第三者に及ぶことは認めたうえで訴訟法的側面としての対世効を否定する見解であると，正当に理解されていたことになる。そして，この(i)の批判に対して杉本は，「判決の既判力については，民事訴訟の例によることとし，ここでは行政事件訴訟の特質にかんがみ，取消判決の形成的効力についてのみ，規定を設けることにしてい

---

63)　塩野宏編著『行政事件訴訟法：昭和37年(5)（日本立法資料全集39）』56頁（信山社，1994）。
64)　塩野宏編著『行政事件訴訟法：昭和37年(6)（日本立法資料全集40）』54-55頁（信山社，1994）；塩野宏編著『行政事件訴訟法：昭和37年(7)（日本立法資料全集41）』44-45頁（信山社，1995）。

62

るにすぎない」と応答しており（杉本［1960］44頁），兼子の見解と矛盾しない説明がなされている[65]。しかし，第三者再審を設けたことで翻って第三者効に判決効の訴訟法的側面が付加されたのは先に見た通りであり（Ⅰ3(2)参照），結論的には兼子の反対した判決効の訴訟法的側面としての対世効が導入されたことになるのであるが，残念ながらこの点は意識されていない[66]。

　ここで杉本が形成力と既判力とを区別して解説していることから，遅くともこの小委員会案の説明の段階までには，「第三者効は形成力であり，既判力ではない」という現在の通説的説明が，立法関係者の中で定着していたと推察される。ここまでの分析からすると，第三者効が形成力であるという通説的説明は，その主眼が判決効の実体的側面の問題にあるという議論の沿革に，多分に影響されているものと理解することができよう。

2　立法関係者の説明

　行訴法は，昭和37年5月16日に公布され，同年10月1日に施行された。小委員会案の第三者効および第三者再審に関する規定は，実質的な修正なく，行訴法32条および34条に結実している。

　これらの規定については，立法関係者，とりわけ杉本良吉によって，従前の説明が繰り返されることとなる。曰く，第三者効は訴訟当事者と第三者とで法関係が区々となることを防ぐための規定であり，形成力の拡張であって既判力の拡張ではない。取消判決の形成力とは，行政行為を遡及的に失効させるという，実体法上の効力である。第三者再審は，形成力を被る第三者の事後的救済のために特に設けられた手続である（雄川ほか［1962-1］31-32頁〔杉本良吉発言〕；雄川ほか［1962-2］66-67頁〔杉本良吉発言〕；杉本［1963］530頁以下，537頁以下）[67]。こうした理解は，たびたび確認した通り，第三者効の立法趣旨（判決効

---

65)　ただし，後の決定版の解説では，兼子の見解を判決効の実体的側面についても相対効を説くものと見ている節があり（杉本［1963］531頁），杉本が兼子の見解を正解していたのかは定かでない。

66)　また，(ii)の批判からは，資料に乏しい第三次案の整理案の審議以降において，ドイツの必要的参加の制度が固有必要的共同訴訟に似たものとして再度議論されたことが推察される（前掲註54参照）。これに対して杉本は，「第三者の必要的参加は，極めて注目すべき制度ではあるが，現在のように司法裁判所が行政訴訟を審判する制度の下においては，裁判所及び当事者の負担があまりにも大きすぎるから，これを採用しないことにしている」とだけ述べている（杉本［1960］44頁）。

63

第1部　形成概念と第三者効　　第1章　第三者効と第三者再審

の実体的側面としての対世効）と実際の機能（判決効の訴訟法的側面としての対世効）との間の齟齬を自覚していない点で問題である[68]。より踏み込んで言えば，結論的に第三者効に判決効の訴訟法的側面が含まれざるを得ない点を看過して，第三者効を「形成力」と理解する点に，問題が存在すると言える。

　他方で逆に，この説明に本書が取り組むべき問題が端的に示されていることも明らかになろう。敷衍すれば，第三者効を形成力と定義しつつ，第三者効に既判力ではない判決効の訴訟法的側面が含意されているとすれば，そのような既判力ではない何か，より具体的には，判決効の訴訟法的側面としての「形成力」の構造および内容が，問題とならざるを得ないのである。

　ここで示唆的なのは，杉本が下記のような具体的な問題に言及している点である。曰く，第三者効が及ぶ第三者というのは，既判力を拡張されないのであるから，「判決確定後は，原則として，当該処分の取消の訴は提起することができない」が，「処分の違法を主張して，国家賠償の請求訴訟を提起することは妨げられない」（市原ほか［1960-2］30頁〔杉本良吉発言〕）。この説明を額面通り受け取っても意味が通らないため，以下のように敷衍することが許されるであろう。第三者は，取消判決の確定後は，原則として，当該取消判決により生じた実体法状態を否定する主張はできないが，取消判決の不当性を主張して前訴被告に対する国家賠償請求訴訟を提起することは妨げられない。

　このように，「形成力」を既判力とは区別された判決効の訴訟法的側面として理解し，その意義を損害賠償請求の文脈に見出す理解は，民事訴訟法学説においても見られる（第3章第2節第2款第2項参照）。そこで，この理解の理論的基礎を解明することが，本書の課題として抽出される（第3章参照）。

---

67)　そのほか，杉本良吉「新らしい行政事件訴訟法」時の法令444号1頁，21-23頁（1962）；田中二郎『新版行政法上巻（全訂第1版）』333-334頁（弘文堂，1964）。

68)　ただし，立法関係者の中でも雄川一郎の説明は，この点について自覚的であったと見る余地がある。雄川によれば，第三者効の目指すところは「行政上の法律関係を整序するために，第三者も処分取消の効果を争い得なくすること」である（雄川［1983］191頁）。この表現からは，雄川は第三者効が判決効の訴訟法的側面の問題であることを正当に認識していたことが窺われる。しかし，そこに含まれる理論上の問題点に言及するには至らなかった。なお，雄川は生前に，行訴法の制定を承けて『行政争訟法』（雄川［1957］）の改訂作業を進めていたが，残念ながら第三者効および第三者再審に関する部分の改訂には着手していない（行政争訟法研究会編『雄川博士行政争訟法改訂草稿』180-181頁（未公刊，2003）（東京大学法学部研究室図書室所蔵，登録番号4111322626））。

Ⅲ　通説的理解の形成

　行訴法が明文化した取消判決の第三者効に対しては，立法論としてなお若干
の批判が見られた[69]が，多くの見解はその存在を受け入れ，特段の説明を行う
ことなく[70]，またはその法的性質に争いがあることを認識したうえで（小早川
[1978] 110頁)[71]，第三者効を形成力の拡張として説明した[72]。以降，学説は，
第三者効の法的性質論には深く立ち入らず，原告の救済の貫徹という第三者効
の趣旨を正視し（室井編 [1986] 319頁以下〔晴山一穂〕；久保 [1990] 231頁；兼子
仁 [1989] 129頁)，より具体的な問題状況の分析に焦点を当てるようになった
（南編 [1972] 274頁以下〔阿部泰隆〕；山村 = 阿部編 [1984] 308頁以下〔東條武治〕)。
　とはいえ，第三者効が形成力であることを理論的に説明しようと試みる見解
も，若干は存在した。一方で，一般的承認義務や法律要件的効果などの概念を
用いて，民事訴訟法学における形成力理解との結びつきを維持する見解があり
（園部編 [1989] 392頁以下〔村上敬一〕)[73]，他方で，行政行為の効力論，とりわ
け公定力を持ちだす見解がある。前者の見解はいったん措き（第3章参照)，こ
こでは後者の見解の当否について一言しておく。
　後者の見解曰く，取消判決の形成力は，既判力を根拠とせず独立に生ずる，
「取消訴訟という訴訟類型を設けた法秩序の必要性から直接由来する」効力で

---

69)　例えば，綿貫芳源「行政事件訴訟特例法の改正について」自治研究36巻9号3頁, 22頁（1960)。
70)　杉村章三郎『行政法学概要（全訂版)』248頁（有斐閣, 1963)；柳瀬良幹『行政法教科書（再
　　訂版)』179頁（有斐閣, 1969)；杉村章三郎『行政法要義下巻（新版)』240頁（有斐閣, 1971)；
　　杉村章三郎 = 山内一夫編『精解行政法（上)』614-615頁〔原田尚彦〕（光文書院, 1971)；山内一夫
　　『行政法』449頁（第一法規, 1986)。
71)　そのほか，兼子仁『行政法総論』308頁（筑摩書房, 1983)；渡部吉隆 = 園部逸夫編『行政事件
　　訴訟法体系』402-403頁〔竹田穣〕（西神田編集室, 1985)。
72)　その中でも，山田幸男ほか編『演習行政法（下)』184頁〔町田顕〕（青林書院新社, 1979)は，
　　第三者効が判決効の訴訟法的側面を含意していることを正当に認識している。その後も，例えば宇
　　賀克也『改正行政事件訴訟法（補訂版)』132頁（青林書院, 2006)は，「後の訴訟において，同一
　　当事者が当該処分または裁決が有効であることを主張できず，裁判所も当該処分または裁決が有効
　　であるという判断をすることができない効果」，すなわち判決効の訴訟法的側面を，形成力として
　　の第三者効に含めている。
73)　そのほか，木村弘之亮「行政事件上の取消判決の効力(3)」民商72巻4号36頁, 41頁以下
　　（1975)；同「(4・完)」同5号33頁, 34頁以下（1975)；遠藤博也 = 阿部泰隆編『講義行政法Ⅱ
　　（行政救済法)』282-283頁, 292-293頁〔木村弘之亮〕（青林書院新社, 1982)。

第1部　形成概念と第三者効　　第1章　第三者効と第三者再審

ある（近藤［1965］327頁）。取消判決は，「その公定性によって対世的効力を有していた」行政行為を取り消すものであり，行政行為の対世的な効果を覆すものであるから，その形成力も対世的に生ずる（同329頁）[74]。こうした理解は従来から田中二郎が主張してきたものであった（第2項Ⅰ2参照）が，これによって正当化されるのは判決効の実体的側面の拡張に留まり，判決効の訴訟法的側面の拡張を正当化することはできない。また，そもそも公定力ないし公定性という語で示されている行政行為の「対世的効力」が何を意味しているのかが判然としない。翻って見れば，兼子一の問題提起は，こうした行政法学説の問題点を突くものであった（第2項Ⅱ1参照）。

第4項　補論——第三者再審制度の位置づけ

前項では，第三者再審制度の導入により，第三者効の判決効の訴訟法的側面としての性質が裏面から規定されたことを見た。そうすると，第三者再審の制度の理解も，通常の説明とは自ずと異なってくる。仮に第三者効が判決効の訴訟法的側面の拡張であることについて明確な合意があったのであれば，第三者再審の制度は第三者に通常再審以上の権利救済手段を創設する制度として理解されることになるが，実際にはそのような明確な合意はなく，第三者効それ自体の立法趣旨はあくまで判決効の実体的側面の問題の解決にあった（Ⅱ参照）。そうすると，第三者再審の制度は，通常理解されているような第三者の権利救済手段を創設する制度なのではなくて，むしろ第三者の権利救済手段を制限する制度として位置づけられることとなる[75]。

Ⅰ　第三者再審制度の由来

1　商法，特許法上の詐害再審

立案作業を主導した杉本良吉は，行訴法上の第三者再審は株主代表訴訟の詐害再審を参考にしたと述べている（市原ほか［1960-2］30-31頁）。当時の商法

---

74)　この点に賛同するものとして，浅賀栄『行政訴訟実務総攬（改訂版）』415頁（酒井書店，1978）。

75)　福本［2011］127-128頁，152頁註52は，第三者は既判力を受けないのであるから，前訴判決を争う際には必ずしも再審の方法によらなくてもよいはずであり，第三者再審は「既判力ではなく形成力を事後的に除去するための特殊な再審とでも位置づけるほかないであろう」と指摘する。

66

268条の3第1項（現在の会社法853条1項）は，「第268条第1項の訴（筆者註：「取締役の責任を追及する訴」）の提起ありたる場合に於て原告及被告の共謀に因り訴訟の目的たる会社の権利を詐害する目的を以て判決を為さしめたるときは会社又は株主は確定の終局判決に対し再審の訴を以て不服を申立つることを得」と規定している。この規定は，GHQの強い指導の下昭和25年商法改正によって株主代表訴訟が導入される際に（中東編著［2003］解20頁以下），既存の法体系に適合するように工夫がこらされたものであると言える。

　この詐害再審の立案を主導したのは，当時において法務調査意見長官・商法改正準備調査会長の職を務めていた兼子一であった[76]。兼子が作成した説明書には，「各株主に訴訟追行権をみとめんとする原案の趣旨については異議はない然しただ我が国の法律構造に合致するよう，いわば訴訟的技術の点に於て原案と異る案を作成したが，結果に於ては原案と大差なきものと信ずる。……馴合訴訟なりや否を裁判所が職権で調査するのは実際上困難であると思われるので原案の第1項（筆者註：米国クラス・アクション手続における裁判所による事前のクラス・アクション承認手続[77]に相当する条項[78]）を削り，その代りに馴合があった場合には他の株主又は会社から其の判決に対し再審の訴を提起し得ることとした」との記載がある（中東編著［2003］資101頁）。

　そして，この説明を起草した兼子の念頭にあったのは，明治民訴法上の詐害再審制度（三木＝山本編［2012］176頁以下）であったと推察される[79]。すなわち，商法の詐害再審制度は，米国の裁判所による事前のクラス・アクション承認の制度を，明治民事訴訟法上の詐害再審の制度を転用することによって，日本の法体系に馴染みやすい制度として作り変えたものであると言える。

---

76)　中東正文「昭和25年商法改正──GHQ文書から見た成立経緯の考察(1)」中京法学30巻3号　1頁，7頁（1995）。

77)　参照，浅香吉幹『アメリカ民事手続法（第3版）』41頁以下（弘文堂，2016）。

78)　修正された当該「原案の第一項」は，「前条により訴えが提起された場合，裁判所は，審理を行う前にまず，原告が他の株主を公正に代表している（fairly represent）か否か，原告の利益が他の代表される株主の利益と実質的に同一である（substantially identical）か否かを決定する」と規定していた（中東編著［2003］資75頁）。

79)　兼子は商法の詐害再審制度を，明治民訴法の詐害再審制度と同種のものとして解説している（兼子一［1965］413頁）。商法改正当時，既に民事訴訟法上の詐害再審制度は削除されていたが，兼子は大正改正による詐害再審の削除には批判的であり，「現行法にこれが無いのは一貫を缺く」と評価していた（兼子一［1954］413頁）。

第 1 部　形成概念と第三者効　　第 1 章　第三者効と第三者再審

　他方で，行訴法と同時期に立法作業が進み，行訴法の 3 年前に成立した現行の特許法にも，審決に対する詐害再審の制度が存在する。現行の特許法 172 条は，「審判の請求人及び被請求人が共謀して第三者の権利又は利益を害する目的をもって審決をさせたときは，その第三者は，その確定審決に対し再審を請求することができる」と規定する。この規定は，明治特許法には存在しなかったが，大正特許法において導入され（大正特許 128 条），現行の特許法に引き継がれたものであり，行訴法の立法過程においてこの制度が参照された可能性も高い。大正特許法においてこの制度が導入されたのは，やはり明治民訴法に倣ったものだとされている[80]。

2　明治民事訴訟法上の詐害再審

　この明治民訴上の詐害再審とは，「第三者が原告及び被告の共謀に因り第三者の債権を詐害する目的を以て判決を為さしめたりと主張し其判決に対し不服を申立つるときは，原状回復の訴に因れる再審の規定を準用す」（明治民訴483 条 1 項），「此場合に於ては原告及び被告を共同被告と為す」（同 2 項）という制度である。この制度は，旧民法において予定されていたものであった。すなわち，旧民法財産編は，「債務者が原告たると被告たるとを問わず詐害する意思を以て故さらに訴訟に失敗したるときは，債権者は民事訴訟法に従い再審の方法に依りて訴うることを得」と規定しており（旧民財産編 341 条 2 項），この「再審の方法」として明治民訴法の詐害再審が整備されたのであった（杉山[2014] 983 頁以下）[81]。

　この旧民法財産編 341 条 2 項は，ボアソナード民法草案 361 条を通じてフランスの tierce opposition の制度を取り込んだものである[82]。したがって，民訴法上の詐害再審の仕組みは，フランス民事法上の tierce opposition の制度に由来するものと理解することができる。

---

80)　清瀬一郎『特許法原理(全)』64 頁（中央書店，1922）。清瀬はこれを「準再審」と名付けている（同 562-563 頁）。

81)　同時に導入された詐害防止のための主参加については，徳田和幸「訴訟参加制度の継受と変容——本人指名参加の廃止を中心として」同『複雑訴訟の基礎理論』141 頁，148 頁以下（信山社，2008）〔初出：1991〕。

3 フランス行政法における第三者再審

他方で，当のフランスでは，民訴法上の tierce opposition を越権訴訟の認容判決にも適用したブスュージュ判決（C. E. 29 nov. 1912, *Boussuge*, Rec. 1128）が現れて久しく，tierce opposition の行政訴訟への導入について活発な議論がなされていた（伊藤洋一［1993］125頁以下，128頁以下）。この議論は，夙に行政裁判法改正論議の中で，美濃部達吉が「是も考慮すべき問題であろう」と指摘していたところであった（美濃部［1923］1842頁）。

こうした事情からは，行政法上の制度としてのこの tierce opposition も，行訴法の第三者再審制度のモデルとして参照されたことが推測される。現に雄川一郎は，行訴法立法作業のさなかに発表した体系書において，越権訴訟の判決効と tierce opposition に関するテーゼ（WEIL［1952］）を参照している（雄川［1957］222頁註2）。雄川は，第三者再審の導入が議論された小委員会第48回ないし第51回会議自体には欠席しているものの，少なくとも起草の段階では，雄川の導きによりフランス行政法における tierce opposition が検討の対象となったであろうことは想像に難くない。また，行訴法上の第三者再審制度が詐害型ではなく不参加型の再審事由の構成をとった点に鑑みれば，民事法上の制度としての tierce opposition よりも，行政法上の制度としての tierce opposition が直接に参照されたと見る方が自然であろう。

Ⅱ　救済制限としての第三者再審制度

以上を要するに，行訴法の第三者再審制度には，フランス民事法の tierce opposition 制度の間接的な影響と，フランス行政法の tierce opposition 制度の直接的な影響がある。こうした事情は，第三者再審は第三者の救済手段を創設するものだという立法関係者の説明にも影響しているように見受けられる。

フランス民事法上の tierce opposition は，既判力の及ばない第三者が，前訴判決の効力の実体的側面を，当該第三者との関係でのみ相対的に否定する主張

---

82)　参照，中西俊二『詐害行為取消権の法理――その法的性質と効果論を中心として』49頁以下（信山社，2011）；兼子一「日本民事訴訟法に対する仏蘭西法の影響」同『民事法研究Ⅱ』17頁，24頁以下（酒井書店，1954）〔初出：1942〕；三ケ月章「フランス民事訴訟法研究の意義――比較訴訟法の課題と方法についての一つの試論」同『民事訴訟法研究第2巻』287頁，312頁以下（有斐閣，1962）〔初出：1961〕。

第1部　形成概念と第三者効　　第1章　第三者効と第三者再審

を行うための手続としても機能してきた[83]。換言すれば，フランスにおいて判
決効の実体的側面を被る第三者が自らのイニシアティブにおいてとり得る事後
的救済手段としては，tierce opposition が唯一のものであった。それゆえ，フ
ランスにおける tierce opposition の手続は，行訴法の立法関係者が説明するよ
うに，第三者の救済手段を創出するという意味合いを持っている[84]。

　しかし，これに対して，我が国およびドイツにおいては，判決効の実体的側
面を否定する主張は，別訴における前提問題として行うことが可能であり，特
別の手続がなければ不可能というわけではない[85]（第3項 I 3 (2)参照）。換言す
れば，我が国およびドイツにおいては，tierce opposition のような特別の手続
を設けることなくして既に，第三者に判決効の実体的側面を否定するための救
済手段が与えられている場合がほとんどである[86]。そのため，その場合に敢え
て設けられる特別の手続は，救済手段を創出するというよりはむしろ，そのよ
うな既存の手続とは異なる意味合いを持った手続を設け，場合によってはそれ
を強制することで，救済手段を制限するという点に意義を持つことになるので
ある[87]。行訴法上の第三者再審も，このような意味において，第三者の救済手
段をむしろ制限するものとして位置づけられる。

---

83)　江藤价泰「フランス民事訴訟法における第三者故障の申立」同『フランス民事訴訟法研究』19
　頁，28頁以下（日本評論社，1988）〔初出：1954〕；徳田和幸「第三者による判決取消の訴え
　（Tierce-Opposition）の機能と判決効」同『フランス民事訴訟法の基礎理論』196頁，219頁以下
　（信山社，1994）〔初出：1974〕。tierce opposition の発生史については，塙浩「判決に抗するまた
　裁判官に抗する不服申立の方法の歴史——上訴，故障申立，第三者故障申立および対裁判官求償訴
　訟の歴史」同『続・フランス民事訴訟法史』609頁，695頁以下（信山社，1999）。
84)　ただし，このような見方がフランスにおいて有力であったわけではない。当時のフランスでは
　むしろ，tierce opposition の制度趣旨については，コンセイユ・デタにおける判断の誤りの是正と
　いう点が強調されている（WEIL [1952] pp. 114-115）。
85)　独仏法を比較した国際民訴学会のシンポジウムでは，フランスでは確認訴訟が一般的な形で認
　められていなかったため，そもそも既判力の相対性を主張するために tierce opposition が必要で
　あったとの指摘を受けて（*Charalambos Fragistas (Äusserungen)*, Rapports [1972] S. 457），既判
　力の相対性を前提とするドイツでは，第三者が提起する確認訴訟によって tierce opposition が代替
　されるのだという形で総括されている（*Peter Schlosser (Äusserungen)*, a.a.O., S. 467f.; *Fritz Baur
　(Äusserungen)*, a.a.O., S. 469f.）。
86)　ただし例えば，株主代表訴訟に係る詐害再審については，第三者株主に既存の救済手段が存在
　しないと見るならば，詐害再審は当該第三者株主の救済手段を創設する手続として意味を持つ。

70

第1節　第三者効と第三者再審の沿革と内容

第3款　小　　括

　本節では，大日本帝国憲法下の議論（第1款），および日本国憲法下の議論
（第2款）を順に概観し，「第三者効は形成力であり，既判力の拡張ではない」
という説明の成立過程とその問題点を明らかにした。

　大日本帝国憲法下での行政裁判法の立法過程では，ロエスレル草案以来，参
加していない第三者には既判力を及ぼさないことが想定されていた。しかし，
判決効の実体的側面が第三者に当然に及ぶということは，当時においても暗黙
の前提とされていた（第1款第1項）。その後，行政裁判法の改正論議の中では，
行政裁判法の相対効の建前から離脱しようとする意図が見られたが，そこで第
三者に当然に及ぶとされている判決効の内容は，なお判決効の実体的側面に留
まっていた（同第2項）。これに対して，美濃部達吉や佐々木惣一は，明確に判
決効の訴訟法的側面についても対世効を主張した。しかし，訴訟法的側面にお
ける対世効の理論的根拠は，十分に用意されているとは言えなかった。また，
後世において対世効説の先例としてたびたび引用されることとなる大審院判決
も，実体法的側面としての対世効を認めたに過ぎず，訴訟法的側面としての対

---

87)　同様の議論は，民訴法上の詐害再審制度に関してもあり得る。明治民訴法の改正に関する法典
　　調査会で，詐害防止主参加の廃止の提案に関連して民訴法上の詐害再審制度の意義が問題とされた
　　際には，詐害再審は詐害行為取消権によって代替可能か否かが議論されていた（松本博之ほか編
　　［1995］292頁以下）。ここで梅謙次郎は，詐害行為取消権では訴訟行為の取消しは想定しておらず，
　　それゆえに詐害再審制度を予定したのだと繰り返し説明している（同294頁，297頁，309頁）。し
　　かし富井政章は，詐害行為取消権で訴訟行為を取り消すことも可能だとする立場を示しており（同
　　307頁），民法起草委員の間でも見解が分かれていた。梅のような立場に立つのであれば，詐害再
　　審制度はまさに第三者の救済手段を創出する制度であるが，富井のような立場に立つのであれば，
　　詐害再審制度は第三者の救済手段を創出するものではなく，既存の救済手段（ここでは詐害行為取
　　消権）の特則を定める（場合によっては制約する）ものと解されよう。
　　　なお，この議論は，大正改正における詐害再審の廃止の提案の際に，再び登場している。当初は
　　富井の立場と同じく，詐害行為取消権により「判決の基本たる法律行為の取消」が可能であるとい
　　う提案理由が説明されていた（松本博之ほか編［1993-1］442頁〔松岡義正発言〕）が，何らかの
　　議論がなされたのち（速記中止のため詳細は不明），いったんは詐害再審の規定を残す決断がなさ
　　れた（同442頁〔原嘉道発言〕）。しかし最終的には，独立当事者参加としての詐害防止参加による
　　救済が可能であるという点が強調され，「再審の訴を提起せしめると云うようなことになりますと，
　　確定判決を尊重すると云う趣旨を滅却するような虞がある」（松本博之ほか編［1993-2］111頁〔松
　　岡義正発言〕）として，詐害再審の規定は削除された（同232-235頁）。

世効は判例法上の基礎づけをも欠いていた（同第3項）。

その後，日本国憲法が成立し，特例法の立法過程でも，判決効の訴訟法的側面としての対世効について明示的な態度決定はなされなかった（第2款第1項）。その後の議論を牽引した兼子・田中論争は，判決効の実体的側面としての対世効を認めるという限りで一致を見ていた（同第2項）。行訴法の第三者効は，実体的側面としての対世効の必要性から立法されたにもかかわらず，併せて第三者再審が立法されたことによって，反射的に判決効の訴訟法的側面を含意することとなった。以上から，「第三者効は形成力であり，既判力ではない」という現在の通説的理解は，こうした沿革に由来している一方で，立法趣旨と現実の機能とのずれを認識せず，第三者効の訴訟法的側面を主題化していない点に問題があることが明らかとなった（同第3項）。

第2節　民事法分野における対世効規定の沿革と内容

前節で見た通り，行訴法上の第三者効の核心は，関係者に対して共通の実体法状態を通用させるという判決効の実体的側面にあり，関係者がそれを争い直す手段を限定するという判決効の訴訟法的側面は，併せて立法された第三者再審制度によって反射的に規定されたに過ぎない。

本節では，我が国の実定法上の対世効規定の沿革を検討することを通じて，前節で検討した取消判決の第三者効をめぐる議論をより広い文脈に定位する。結論から言えば，我が国の民事法分野における対世効規定は，いずれも判決効の訴訟法的側面の問題として理解されてきたが，その意義に自覚的であったのかは明確でない。すなわち，判決効の実体的側面の問題と訴訟法的側面の問題とが明瞭に区別されない議論状況は，行政法学のみならず，民事法学においても同様に存在していた。

行政裁判法の解釈論として対世効を導出する際に引き合いに出されていたのは，既に明治31年に対世効が導入されていた人事訴訟であった（美濃部 [1929] 280頁）。また，並行して，明治44年改正商法，大正11年旧破産法により，後に民訴法において明文化される判決効の主体的範囲（大正民訴201条，現115条）を超えた範囲の第三者への判決効の拡張が新たに導入されており，こうした規

定もまた取消判決の対世効の承認過程において参照された可能性が高い。そこで以下では，人事訴訟（第1款），会社関係訴訟（第2款）および倒産関係訴訟（第3款）のそれぞれについて，対世効規定の沿革と内容を分析する。

第1款　人事訴訟

第1項　条文の沿革

Ⅰ　明治31年人事訴訟手続法

人訴法は，「人事訴訟の確定判決は，民事訴訟法第115条第1項の規定にかかわらず，第三者に対してもその効力を有する」（人訴24条1項）として，認容判決，棄却判決[88]を問わず，対世効を規定している。他方で，再審に関する特別の規定は存在しない[89]。この建付けは，明治31年の人事訴訟手続法に由来する。同法18条[90]は現行法の24条と同旨[91]であり，同様に再審に関する特則は存在しなかった。

旧人訴法の立法過程では，明治31年5月4日の法典調査会会議において，この18条に相当する草案23条をめぐって，対世効の内容について議論がなされている[92]。具体的には，「判決は第三者に対しても其効力を有す」という規定の意味として，以下の二点が確認されている。すなわち，①当事者適格の根拠が異なる者も（例えば，婚姻取消しの訴えにおいて検事が原告になって認容または棄却の確定判決を得た場合には，婚姻当事者も，その親族も）「最早同一の原因に依

---

88)　ただし，重婚禁止違反を理由とする婚姻取消請求の棄却判決は，その請求に係る訴訟に参加しなかった前婚の配偶者に対しては効力を及ぼさない（人訴24条2項）。

89)　立法過程における議論について参照，杉山［2014］985-986頁。

90)　当初は相続権廃除の訴えの判決の対世効規定も存在した（39条1項）が，相続権廃除の手続が昭和22年法律第153号による改正により家事審判手続に移ったことに伴い，削除された。参照，岡垣学「人事訴訟手続法の制定と改正──帝国議会，国会における審議を中心として」同『人事訴訟の研究』399頁（第一法規，1980）〔初出：1974〕。

91)　ただし，人事訴訟手続法18条自体は婚姻無効，婚姻取消し，離婚，離婚の取消しの各訴えの判決に関する規定であり，それが他の人事訴訟に準用または類推されていたが，人事訴訟法は「人事訴訟の確定判決」一般を24条で処理することとしている。

92)　岡垣学「立法過程に現われた人事訴訟手続法の諸問題──法典調査会における草案の審議を通して」同『人事訴訟の研究』337頁，380頁以下（第一法規，1980）〔初出：1973〕。

73

第1部　形成概念と第三者効　　第1章　第三者効と第三者再審

りて訴えは起せぬ」こととなること（法務大臣官房司法法制調査部監修［1986-1］
33頁〔高木豊三，梅謙次郎発言〕），②対世効は婚姻の存否を前提問題とする他の
訴訟についても作用する（例えば，離婚判決があった場合，子や親族は扶養請求の前
提として当該婚姻の存在を主張することができなくなる）こと（同33-34頁〔河村譲三
郎，梅謙次郎，高木豊三，横田國臣，長谷川喬発言〕），である。ここでは，人事訴
訟の認容判決について，当初から判決効の訴訟法的側面の拡張までもが予定さ
れていたと言える。

Ⅱ　判決効の実体的側面と訴訟法的側面との未分化

　しかしながら，この帰結が実体的側面の問題と明瞭に区別されていたのかに
は疑問がある。この規定の導入に拘ったのは，現行民法の起草委員の梅謙次郎
であり（法務大臣官房司法法制調査部監修［1986-1］29-30頁〔梅謙次郎発言〕），た
しかに梅もこの規定によって判決効の訴訟法的側面を第三者に拡張することを
認めていたように見受けられる（同34頁〔梅謙次郎発言〕）。しかし，後に梅が
商法改正の際にこの規定に言及した際には，明らかに判決効の実体的側面の問
題を意識している（第2款第1項Ⅰ参照）。逆に言えば，この対世効規定の主眼
は，あくまで，係争身分関係が関係者ごとに区々になることを避けるという，
判決効の実体的側面の問題の解決にあったと言える（第2項参照）。より踏み込
んで言えば，判決効の実体的側面と訴訟法的側面とが明確に区別されずに議論
された結果，前者の問題の解決のために，本来であれば過剰であるはずの後者
の側面の拡張までもが，無自覚に導入されたと見る余地がある。

　こうした見方は，「離婚に関する部分の一番初めの原案」では対世効規定[93]
が民法典上に掲げられていたが，民事訴訟法典に移すべきだということで民法
典から削除されたという経緯（法務大臣官房司法法制調査部監修［1986-1］29-30頁
〔梅謙次郎発言〕）[94]によっても傍証されよう。この経緯は，同時期に判決効の主
体的範囲の条文が民法典から民事訴訟法典へと移された[95]のと平仄を合わせた
ものと解されるが，このような経緯は，当時ドイツにおいて隆盛し始めた既判

---

93)　当時のフランス民法典には，離婚判決や親子関係訴訟の判決が第三者に「対抗可能（oppos-
　　able）」だとする明文規定は未だ存在しておらず，判例も分かれていた（池尻［1983］87頁以下；
　　高田裕成［1987］1534頁以下，1550頁以下）ため，この対世効規定はドイツ法に倣ったものと見
　　るのが素直であろう（Motive［1888-1］S. 380f.）。

74

力訴訟法説（第3章第1節第1款第2項I参照）の受容と相まって，判決効が訴訟法上の問題であるということが強調される原因となり，判決効の実体的側面の問題の所在が不明確となったことを推察させる[96]。

第2項　学説状況

　学説は，当初から上記の法典調査会会議で確認された点を踏襲しており，旧人訴法18条を判決効の訴訟法的側面を拡張する規定だと解してきた（岩田［1917］951頁；松岡［1918］281頁）。多くの論者は，婚姻取消訴訟や離婚訴訟を形成訴訟の典型とし（仁井田［1913］505頁；岩田［1917］372頁；雉本口述［出版年不明］299頁），この規定を形成判決の効力として理解していた[97]。

　しかし他方で，対世効の必要性は，必ずしも判決効の訴訟法的側面ではなく，実体的側面の問題に求められているようにも見える。例えば，「婚姻が或一方に対しては成立し且有効にして又他の一方に対して無効にして成立せずと云うが如きは，婚姻の本質（身分関係）並に公益に反する」ため，対世効が必要だ

94）　旧民法の施行延期を受けて法典調査会で審議された現行民法草案のうち，現在容易に参照することのできる「修正原案」ないし「甲号議案」の該当箇所（甲第53号議案（明治29年1月7日））には，既に対世効規定は見当たらない（法務大臣官房司法法制調査部監修「民法第一議案」同『日本近代立法資料叢書13』299頁以下（商事法務研究会，1988））。東京大学法制史資料室所蔵の箕作麟祥文書（マイクロフィルム）中の「甲第53号議案」（参照，広中俊雄「箕作麟祥民法修正関係文書一覧」民法研究2号143頁，158頁（2000））も同様であった。梅の言う「原案」は「修正原案」による修正が加えられる前の草案であると推察されるが，当該「原案」は参照できなかった。なお，離婚に関する規定は富井政章の起草に係るようである（参照，梅文書研究会編『法政大学図書館所蔵梅謙次郎文書目録』43頁（法政大学ボアソナード記念現代法研究所，2000））。

95）　旧民法はフランス民法典に倣って証拠編を設け，「法律上の推定」（présomptions établies par la loi）の一種として既判力（autorité de la chose jugée）を挙げており（旧民証拠編76条1号），既判力の主体的範囲の問題（2016年改正前 C. civ., alt. 1351にいう当事者（partie）の同一性）も民法に規定されていた（旧民証拠編81条3号）。既判力の主体的範囲に関する条文が民事訴訟法典に置かれたのは，大正民訴法以降である。

96）　こうした議論状況は，梅が知悉していた当時のフランス法においても同様であった。フランスにおいて両者が明瞭に区別されたのは，対抗性（opposabilité）の概念が用いられるようになった1960年代以降である（高田裕成［1987］1571頁以下；伊藤洋一［1993］133頁以下）。

97）　ただし，形成判決の対世効の内容については，当時から議論が錯綜している。大別して，①形成判決は既判力を当然に第三者に拡張するものであるとの理解（松岡［1918］281頁），②形成判決は形成力を当然に第三者に拡張するものであるとの理解（雉本口述［出版年不明］297頁），③対世効規定の存在によって初めて形成力が第三者に拡張されるとの理解（仁井田［1913］572頁）が存在した。

第1部　形成概念と第三者効　　第1章　第三者効と第三者再審

という説明がある（松岡［1918］281頁）。この説明においては，婚姻関係がある者に対しては有効であり他の者に対しては無効であるという事態を避けることが念頭に置かれており，むしろ判決効の実体的側面の問題が対世効規定の主眼であったことが窺われる[98]。このような，対世効の内容（判決効の訴訟法的側面）と目的（判決効の実体的側面）とのずれは，兼子一の問題提起を受けて形成判決の効力論について議論がなされるようになってからも（第1節第2款第2項Ⅱ4参照），同様に存在している。例えば，「身分関係は相対的確定に適しない性質の法律関係である」（山木戸［1958］137頁）ことが対世効の必要性として説かれるとき，念頭に置かれているのは，やはり判決効の実体的側面の問題であろう。

第3項　判例状況

　判例も，理論的な基礎づけには踏み込まず，結論的に対世効規定を判決効の訴訟法的側面の拡張として理解してきた[99]。具体的には，最判昭和28年6月26日民集7巻6号787頁は，死後認知の訴えの認容判決の確定後に認知者の配偶者が前訴原告を被告として提起した当該認知の無効を確認する旨の訴えについて，「再審の手続で争うのは格別」[100]としつつも，それを却下した。換言すれば，再審手続により前訴判決を取り消すことなくしては前訴判決により確定された身分関係を争い直すことはできないということであり，これは翻って，前訴判決に判決効の訴訟法的側面としての対世効を認めていることになる。同

---

98)　その他に同様の論述を行うものとして，柳川勝二『人事訴訟手続法論（改訂再版）』100頁（巌松堂書店，1926）；大森洪太『人事訴訟手続法』99頁（日本評論社，1929）。

99)　参照，池尻郁夫「身分判決の第三者に対する効力──裁判例を通しての検討」法教46号63頁（1984）；池尻郁夫「人事訴訟についてなされる判決の第三者に対する効力(1)──我が国の裁判例を中心として」愛媛法学会雑誌12巻1号93頁（1985）；同「(2・完)」愛媛法学18号1頁（1985）；三代川俊一郎「判決の効力及び判決に対する不服申立ての取り扱い」野田愛子＝安倍嘉人監修『人事訴訟法概説』323頁，330頁以下（日本加除出版，2004）。

100)　なお，この「再審」について，最判平成元年11月10日民集43巻10号1085頁は，戸籍上の子の再審原告適格を認知訴訟の当事者適格の欠如を理由に否定した。また，最決平成26年7月10日判時2237号42頁（後掲註113参照）も，第三者が提起する再審について第三者が自ら請求を立てて独立当事者参加の方法をとることが必要と判示したため，こうした第三者に事後救済を認めるには立法措置が必要であると解されている（高田裕成「死後認知の相手方」水野紀子＝大村敦志編『民法判例百選Ⅲ──親族・相続』64頁，65頁（2015））。

76

旨は，認知の訴えの認容判決の確定後に民法786条に基づいて認知の取消しを求めることはできないとした，最判昭和37年5月8日家月14巻9号88頁にも当てはまるし，夙に，養子たる地位に基づいて遺産分割を受けたBに対して，実子Aが当該養子縁組の無効確認訴訟を提起して認容判決を得，さらにAがBからの転得者であるDに対して遺産の返還を求めた事例において，縁組無効確認判決の対世効によってDはBの養子縁組の無効を争い得なくなることを前提とした，大判明治38年12月5日民録11輯1629頁にも当てはまる[101]。

第2款　会社関係訴訟

第1項　条文の沿革

　会社法は，「会社の組織に関する訴えに係る請求を認容する確定判決は，第三者に対してもその効力を有する」として，株主総会決議取消しの訴え，同無効の訴え等の「会社の組織に関する訴え」（会社834条柱書括弧書参照）の認容判決に対世効を認めている（同838条）[102]。人訴法とは異なり，棄却判決には対世効は認められていない。他方で，人訴法と同じく，この対世効を被る第三者の事後的救済手段については何ら特則がない。

　こうした建前は，平成17年改正前商法，ならびにその下での解釈論を引き継いだものであるが，人事訴訟とは異なり，会社関係訴訟においては当初からこうした建前が採用されていたわけではない（岩原［1979］674頁）。具体的には，そもそも会社の組織に関する訴えに関する規定がなかった明治23年旧商法はもちろんのこと，株主総会決議無効の訴えを新設した明治32年現行商法においても当初は対世効規定が存在しなかった。対世効規定が導入されたのは明治44年改正によってであるが，ここではなお「当事者に非ざる社員」に限って効力を及ぼすこととされていた（合名会社設立無効の訴えについて明治44年改正後

---

101)　なお，大審院判決の中には，詐害的に追行された隠居無効訴訟の認容判決の効力が第三者（相続財産の転得者）に及ばないとしたものがある（大判昭和10年12月28日判例集未登載）ことが報告されている。参照，中川善之助「看過された二つの新判例」法学5巻6号68頁，69頁以下（1936）。
102)　これに対して，役員の解任の訴え（会社854条）等には対世効規定が存在しない。そのことから生じる諸問題について参照，垣内［2014］377頁以下。

第 1 部　形成概念と第三者効　　第 1 章　第三者効と第三者再審

商 99 条の 4，株主総会決議無効の訴え等について同 163 条 3 項）。社員に限定されな
い一般的な対世効規定が導入されたのは，昭和 13 年改正によってである（合
名会社の合併無効の訴えの認容判決について昭和 13 年改正後商 109 条 1 項，合名会社
の設立無効の訴えについて同 136 条 3 項，株主総会決議取消しの訴えについて同 247 条
2 項，株主総会決議無効確認の訴えについて同 252 条）。

　その後，こうした一般的な対世効規定は，昭和 25 年改正において制度化さ
れた新株発行無効の訴えについても導入され（商 280 条の 16），平成 17 年会社
法において，最判平成 9 年 1 月 28 日民集 51 巻 1 号 40 頁が認めた新株発行不
存在確認請求訴訟を含め，「会社の組織に関する訴え」一般に妥当するものと
して整理され，現在に至っている[103]。なお，組織に関する訴え等の制度は，
判例により他の類型の法人に類推が認められた例があり[104]，現在では一般社
団法人について明文で導入されている（一般法人 264 条以下）。また，役員たる
地位や社員たる地位に関する訴訟について，判例が解釈論上の対世効を認めた
例も多く存在する[105]。

I　明治 44 年改正──「他の社員」に限った判決効の拡張

　明治 44 年改正で導入された対世効については，第二次法律取調委員会にお

---

103)　他方で，会社法は役員等の責任追及等の訴え（会社 847 条ないし 847 条の 3）について，第三
　　者たる株式会社または株主に，特別の再審事由に基づく詐害再審を認めている（同 853 条）。この
　　責任追及等の訴えについては，対世効の規定は存在しないが，当該訴えに係る請求の棄却判決は，
　　①株主が原告である場合には民訴法 115 条 1 項 2 号により株式会社にも既判力が及び，その結果と
　　して他の株主もその効力を争い得なくなり（最判平成 12 年 7 月 7 日民集 54 巻 6 号 1767 頁），②株
　　式会社が原告である場合には，株式会社自身に既判力が及ぶ結果として他の株主もその効力を争い
　　得なくなるという形で，第三者たる株式会社または株主にも効力を及ぼすこととなる（三木ほか
　　[2015] 459-460 頁［垣内秀介］曰く「広義の反射効」）。会社法 853 条の再審の訴えは，原告と同
　　種の利害を有する第三者（会社および他の株主）に対する不利益に応じて設けられたものであり，
　　行訴法上の第三者効が想定していたような，原告と反対の利害を有する第三者が利用する第三者再
　　審とは異なる（第 3 節第 2 款第 2 項参照）。
104)　学校法人の理事会決議および評議員会決議の無効確認訴訟を認めた例として，最判昭和 47 年
　　11 月 9 日民集 26 巻 9 号 1513 頁。
105)　他の社員が合資会社の無限責任社員でないこと等の確認請求（最判昭和 42 年 2 月 10 日民集
　　21 巻 1 号 112 頁），自身が宗教法人の役員たる地位にあることの確認請求（最判昭和 44 年 7 月 10
　　日民集 23 巻 8 号 1423 頁）。なお，組合関係の存否の確認請求訴訟を固有必要的共同訴訟とした例
　　もある（大判昭和 3 年 6 月 21 日民集 7 巻 493 頁）。

ける法案の審理過程においてなされた，この規定に関する梅謙次郎提出の修正案をめぐる議論が示唆的である。梅は，「他の社員」に限らず社外の第三者にも一般的に判決の効力を及ぼすべき旨の修正案を提出していた。梅によれば，設立無効の訴えの認容判決は登記される（明治44年改正後商99条の5）のであり，登記は第三者に対する公示のためにされるのであるから，当然判決は第三者にもその効力を及ぼしているのでなければならない（法務大臣官房司法法制調査部監修［1985］164頁上段〔梅謙次郎発言〕）。他方で，対世効によって不利益を被る社外第三者の保護は，判決前の第三者であれば「設立を無効とする判決は会社と第三者との間に成立したる行為の効力に影響を及ぼさず」という規定（同改正後商99条の6第2項）の解釈の問題として（同177頁下段〔梅謙次郎発言〕），判決後登記前の第三者であれば登記なくして対抗することのできない「善意の第三者」（同改正後商12条）の解釈の問題（同165頁下段〔梅謙次郎発言〕）として，それぞれ処理することができるとされた。

　これに対して，岡松参太郎委員は，「判決の効力を生ずると云うこととそれから判決に依て確定したる事実を対抗すると云う間に区別をしなければならぬ」（法務大臣官房司法法制調査部監修［1985］173頁〔岡松参太郎発言〕）と述べて，当時において既に，判決効の訴訟法的側面と実体的側面とを明確に区別していた。要するに，この条文が定めている「判決の効力を生ずると云うこと」は既判力のような訴訟法的側面の問題であり，「判決に依て確定したる事実を対抗すると云う」こと，すなわち判決効の実体的側面はこの条文の問題ではない。換言すれば，原案通り「他の社員」に対してのみ判決の効力が生ずるという規定であっても，それは「他の社員」が前訴判決の内容を争い得なくなるという事態，すなわち判決効の訴訟法的側面を述べたものに留まり，会社外の第三者に対して判決の実体的側面が及ぶことはなお肯定することができる。このように解釈すれば，梅の懸念は社外第三者に対しては「対世効」が及ばないとする原案の下でも当たらないことになる。

　しかし梅は，人事訴訟では既に例があると述べ，「此会社の設立が無効であると云うことは何人に対しても之が主張し得らるるようでなければ，或る者からは会社が無効と見る或る者からは無効でないと云うことになる，斯様に考えますから飽まで前記を主張いたします」と譲らなかった（法務大臣官房司法法制調査部監修［1985］177頁上段〔梅謙次郎発言〕）。ここで梅が想定している対世効

が，判決効の実体的側面の問題であることは明白である（第1款第1項Ⅱ参照）。

梅の提案には，原案のままであれば「無効の判決が確定して居るかも知れぬが私は羈束されぬから私は判決の効力の登記があっても尚此設立は有効であると主張して清算人の資格を否認すると云うようなことが出て来はせぬか」（法務大臣官房司法法制調査部監修［1985］171頁下段〔原嘉道発言〕）との懸念から，むしろ社員以外の第三者に対しても判決効の訴訟法的側面の拡張を認めるべきとの賛同もあった。しかし結果的に，上記のような「対世効」の概念に関する理解のすれ違いもあって，梅の提案は挫折することになった。そして，結論的にこの対世効規定が判決効の訴訟法的側面の拡張を意味するのかどうかも，人事訴訟とは異なって，明確にされないままであった。

Ⅱ　昭和13年改正──「第三者」一般への判決効の拡張

後に，昭和13年商法改正により，株主総会決議を争う訴訟等の認容判決の効力が「社員」に限られない第三者一般にも及ぶ旨が規定された。すなわち，ここに至ってかつての梅謙次郎の提案が容れられたことになる。しかしここでも，必ずしも判決効の訴訟法的側面の拡張までが意図されていたわけではないように見受けられる。立法に深く関与した松本烝治は，「凡そ会社の設立，解散其他之に準ずべき重大事項（例えば株式会社の資本の増加又は減少）に付ては，其効力の有無は何人に対しても画一的に決定せらるべきものである」と述べる（松本烝治［1931-32］63頁以下）。すなわち，仮に株主と会社との間で単なる決議無効確認の訴えが提起されるならば，その認容判決は当事者を拘束するのみであり，それ以外の者との間では効力を有さない。例えば取締役選任決議の無効が宣言されたとしても，原告との関係でのみ取締役がその地位を失うに過ぎず，他の者との関係では未だ取締役たる地位を維持するという結果になる。それではおかしいので，判決に対世的な効力を付与した特別の訴えを認めたのだ，というのである（同112頁）。この考え方に依れば，改正法が「当事者に非ざる社員」を「第三者」に改めたのは，会社外第三者との関係でも法関係は画一的に変動しているはずだという梅謙次郎の問題意識を容れて，判決効の実体的側面に関する疑義を解消したに留まるのであって，訴訟法的側面の問題は別論だと解する余地もある[106]。

第2項　学説状況

　人事訴訟と同様，多くの学説は，商法上の対世効規定を判決効の訴訟法的側面の拡張と理解してきた。明治44年改正法に関する理解としては，総会決議無効の訴えなどを形成訴訟と位置づける見解があり（仁井田［1913］506頁；雉本口述［出版年不明］300頁）[107]，これらの認容判決は当然に対世効を有すると理解されている（雉本［1918］1065頁）[108]。昭和13年改正法の司法省による説明も，合併無効の訴えを形成訴訟としており[109]，同法を前提とする体系書もこの訴えを形成訴訟と理解したうえで[110]，この規定を判決効の訴訟法的側面の拡張と理解するものが多い[111]。戦後も状況は同様である[112]。

　しかし他方で，これまた人事訴訟と同様に，対世効の必要性は必ずしも判決効の訴訟法的側面にではなく，実体的側面に焦点を当てて論じられているように見受けられる。例えば，合併無効判決や株主総会決議無効判決について対世効が必要となるのは，その「事実が全ての利害関係人に対する関係に於て画一的に決定せらるべき事項であるから」とされている（田中耕太郎［1939］149頁）。

---

106)　梅と同様に松本も登記の問題を引き合いに出す（松本烝治［1931-32］132頁）。また，松本烝治『改正商法大意』99頁，176頁以下（岩波書店，1939）でも，「何人に対しても無効」，「何人に対しても初より無効と看做される」ということが述べられるに留まり，第三者が当該法変動を争い得なくなるとの叙述はない。

107)　会社法学説として，松本烝治「会社法上の訴」同『商法解釈の諸問題』247頁，251頁（有斐閣，1955）〔初出：1933〕。

108)　雉本はドイツでヴァッハの講義を聴講したほか，ヘルヴィヒのゼミナールに出席しており（鈴木正裕「民事訴訟法の学説史」ジュリ971号11頁，13頁（1991）；堀﨑嘉明『評伝雉本朗造──地域と知の形成』232頁（風媒社，2006）），単一要件説に基づいて（擬似的）排除効としての「形成力」を観念するヘルヴィヒの理解（第3章第1節第1款第2項I2参照）に全面的に依拠している（雉本［1918］1065頁）。

109)　司法省民事局編纂『商法中改正法律案理由書（総則会社）』60頁（清水書店，1937）。

110)　田中耕太郎［1939］557頁は，「利害関係人は訴訟上の抗弁として決議の無効を主張することを得なくなった」として，排他性を肯定する。

111)　田中誠二『改正会社法提要（改正第11版）』149頁（有斐閣，1940）は既判力を拡張する規定だと述べる。

112)　例えば，松田二郎『新会社法概論』190頁（岩波書店，1957）。

第1部　形成概念と第三者効　　第1章　第三者効と第三者再審

第3項　判例状況

旧人訴法上の対世効規定とは異なり，最高裁が商法上の対世効規定を正面から問題にすることはなかったが，近時になって最高裁は，会社法838条の対世効が訴訟法的側面の拡張である旨を示唆する決定を下した。すなわち最高裁は，新株発行無効判決が確定した後，当該新株発行による新株の割当を受けた者は，独立当事者参加の申出を行うとともに，民訴法338条1項3号を再審事由とする再審の訴えを提起することができるとしたのである（最決平成25年11月21日民集67巻8号1686頁）[113]。本書の関心からして重要なのは，最高裁が再審という手段を認めたことが，翻って，新株発行無効判決が確定した場合に，新株の割当を受けた者はもはや再審手続を用いずには株主たる地位を主張することができないことを意味する可能性がある点である。このような解釈が想定されているのだとすれば，それは翻って，会社法上の対世効規定を訴訟法的側面の拡張と解することを意味する。

第3款　倒産関係訴訟

破産法上および民事再生法上の破産債権者または再生債権者全員に対する判決効の拡張（破産131条，民再111条），ならびに会社更生法上の更生債権者，更生担保権者および株主全員に対する判決効の拡張（会更161条）については，人事訴訟や会社関係訴訟とは異なって形成訴訟論と関連づけられてこなかった[114]こともあってか，さほど議論がなされていない。しかし，この対世効規定も，行訴法上の第三者効と同様，原告の反対利害関係人に参加なくして判決効を及ぼす機能を有している。具体的には，自身の届け出た倒産債権について，管財人もしくは再生債務者または他の倒産債権者から異議を述べられた倒産債権者が，査定申立てを棄却された後，異議を述べた者全員を被告として（参照，破産126条4項，民再106条4項，会更152条4項）提起する訴訟については，異

---

113)　その後最高裁は，株式会社の解散の訴え（会社833条）の認容判決の確定後，解散に対立する株主が提起した再審訴訟についても同様の判断を下したが，そこでは独立当事者参加の申出における請求定立の必要性を理由に訴えが却下された（最決平成26年7月10日判時2237号42頁）。

114)　参照，兼子一『新版強制執行法・破産法』239頁（弘文堂，1964）。

82

議を述べなかった他の倒産債権者は被告とならない。すなわち，この場面においては，潜在的に原告と対立する利害を有する者（異議を述べなかった他の倒産債権者）に対して，参加なくして判決効が及ぼされるという事態が生じる[115]。

第1項　条文の沿革──大正11年旧破産法

各種倒産法上の対世効規定は，旧破産法により導入されたものである。それ以前においては，全5条に過ぎない家資分散法（明治23年法律第69号）はもちろんのこと，旧商法破産編においても類似の規定は存在しなかった[116]。

旧破産法は，「債権の確定に関する訴訟に付為したる判決は破産債権者の全員に対して其の効力を有す」と規定しており（旧破産250条），この規定は同様の債権確定訴訟の制度を導入した旧会社更生法にも導入された（旧会更154条）[117]。その後，民事再生法が導入した査定異議訴訟に同旨の規定が採用され（民再111条）[118]，現行会社更生法および現行破産法もそれに倣うこととなった（会更161条，破産131条）。

第2項　条文の趣旨

旧破産法における判決効拡張の趣旨については，これまた梅謙次郎の解説が存在する。曰く，「御承知の通り普通の判決は当事者間にのみ効力を有しますが破産に於ては破産と云うものは団体的のもので一人一個の行為でありませぬ

---

115)　他方で，査定申立てが認容された後に，異議者が原告となって，査定申立てをした倒産債権者を被告として提起する訴訟については，同種利害関係人（異議を述べたが訴訟提起または訴訟参加しなかった他の倒産債権者，および異議を述べなかった他の倒産債権者）に対する判決効の拡張が問題となる（第3節第2款第2項参照）。

116)　旧商法1027条は「異議を受けたる各債権は若し其債権者之を取消さざるときは破産裁判所公廷に於て破産主任官の演述を聴き成る可く合併して其判決を為す可し」と規定している反面，判決効の拡張に関する規定はなかった。概略として参照，園尾隆司『民事訴訟・執行・破産の近現代史』248頁以下（弘文堂，2009）。

117)　立法時にこの条文の実質的内容について議論がされたかは定かではない。参照，位野木益雄編著『会社更生法：昭和27年(1)（日本立法資料全集47)』192頁（信山社，1994）；同『会社更生法：昭和27年(2)（日本立法資料全集48)』440頁（信山社，1995）。

118)　和議法においては，異議に対する和議裁判所の決定（和議48条2項，旧破産182条2項ないし4項）について対世効規定は存在しないが，発効した和議の効力としては，強制和議の効力に関する旧破産326条1項（「強制和議は破産債権者の全員の為且其の全員に対して効力を有す」）が準用されていた（和議57条）。

第1部　形成概念と第三者効　　第1章　第三者効と第三者再審

から単に当事者間に於てのみ判決の効力があっても何にもならぬ，直ぐそれ以外のものから問題を提起すると又訴訟が起って来ますから異議に関する判決の効力と云うものはそれは絶対であると云うことに極めました」[119]。

　この梅の提案理由では，まずもって，破産債権者ごとに破産債権の存否が区々になることを避けるという，判決効の実体的側面の問題が意識されているように見受けられる（「破産と云うものは団体的のもので……単に当事者間に於てのみ判決の効力があっても何にもならぬ」という点）。具体的には，債権確定訴訟の被告となった破産管財人または他の倒産債権者に対してのみ認容判決の効力が及ぶというのでは，被告とならなかった他の倒産債権者との関係では倒産債権は未だ認められていないこととなるため，そうした事態を避けることが念頭に置かれているように見える。

　他方で，ここではそれに留まらず，度重なる訴訟を封じるための判決効の訴訟法的側面の拡張も，明確に念頭に置かれているように見える（「直ぐそれ以外のものから問題を提起すると又訴訟が起って来ます」という点）。ここでの対世効の意義は，債権確定訴訟が認容された結果，他の倒産債権者との関係でも原告が自身の倒産債権の存在を主張できるようになる（判決効の実体的側面が及ぶ）ことを前提に，当該他の倒産債権者からの当該判決に対する不服申立てを制限するという点にある。この点は，司法省による解説では，債権表の記載が破産債権者の全員に対して確定判決と同一の効力を有するとしている（旧破産242条）ことの趣旨として，「債権の確定は総債権者間の配当の基準を定むるを目的とするものなるを以て其の確定力は総債権者に対抗することを得べきものたらざるべからず」という点（判決効の実体的側面の問題），「其の確定力は訴を以てしても之を争うことを許すべきに非ざるを以て判決の確定力と同一にするの必要あり」という点（判決効の訴訟法的側面の問題）との「二義を明にす」と明瞭に解説されている[120]。

　ただし，倒産手続内では定められた手続によってのみ異議の申出ができるという建前がある以上，ここで判決効の訴訟法的側面の拡張の意義が本当に存在

---

119)　梅謙次郎口述『破産法案概説』80-81頁（法学協会，1903）。

120)　司法省編纂『改正破産法理由附和議理由』126頁（中央社，1922）。同130頁は，旧破産250条が判決の対世効を規定したのは，242条と同じ趣旨に基づくものであるとしている。

84

第2節 民事法分野における対世効規定の沿革と内容

するのかは，なお問題となろう。すなわち，例えば，破産債権者が管財人を被告として債権確定訴訟を提起して，それが認容された場合に，他の破産債権者がさらに原告の破産債権の額について異議を述べる手続はそもそも存在しない[121]。また，破産管財人が破産債権者を被告として債権確定訴訟を提起したが棄却された場合に，他の破産債権者が同様の訴訟を提起しようとしても，債権調査期日が過ぎているのが通例であろう。すなわち，債権確定訴訟の認容判決または棄却判決の訴訟法的側面を破産債権者一般に及ぼすまでもなく，段階的に手続を仕組み，各段階について期間制限を設けることで，既に訴訟の繰り返しは防止されているのである（第2部第2章第3節第2款第2項参照）。倒産手続外での作用を認めない限りは[122]，当該対世効規定の主たる機能は実体的側面の問題の解決にあることになる[123]。

第4款 小括と検討

以上概観したところから，いずれの分野においても，対世効規定の意義は主として判決効の実体的側面の問題の解決に見出されることが分かった。その旨が最も明確であったのは会社関係訴訟であった（第2款）。これに対して人事訴訟については，結論的には訴訟法的側面としての対世効である旨が当初から確認されていたが，両側面の区別が明瞭になされておらず，実体的側面の問題の解決のためには必ずしも必要ない訴訟法的側面の拡張が無自覚に導入されたと見る余地がある（第1款）。同様に，倒産関係訴訟における対世効規定も，既に段階的な制度設計によって訴えの繰り返しが防止されている以上，対世効規定

---

121) 異議は調査期日において述べなければならない（旧破産240条1項）が，債権確定訴訟の終結後に再度調査期日を設けることは想定されていない。現在の破産債権査定異議の訴えの制度においても同様である（破産124条1項）。

122) この点は争いがある（伊藤眞ほか編［2014］922頁，878頁）。なお，特定適格消費者団体による共通義務確認訴訟の認容判決の効力は届出消費者にのみ及ぶとされており（消費被害回復9条），簡易確定手続外に判決効が及ばないことが条文上明確にされている（消費者庁消費者制度課編［2014］50頁，85頁）。

123) 他方で，この対世効規定の存在は，複数の異議者が当事者となる場合にそれが（類似）必要的共同訴訟となるという帰結と結びつけられている（伊藤眞ほか編［2014］893頁）。ただし，必要的共同訴訟の規律は，判決効の実体的側面としての対世効のみが及ぶ場合にも必要となり得る（高田裕成［1989］192頁）。

第1部　形成概念と第三者効　　第1章　第三者効と第三者再審

の主眼はやはり判決効の実体的側面の問題の解決にある（第3款）。

　しかし，判決効の実体的側面としての対世効は明文無くして生じ得るものであり，これを導入するというだけであれば，対世効規定は不要なのではないかという疑問がありえよう。例えば，破産債権者が提起する査定申立棄却決定に対する異議の訴訟に相当する，強制執行手続において配当要求を却下する決定に対する執行抗告（民執105条2項）については，倒産関係訴訟と問題状況は同じであるが，認容裁判の対世効規定は存在しない。具体的には，一方で，この場合，抗告人（配当要求者）と対立利害関係を有する第三者（差押債権者および他の配当要求者）は抗告の相手方とならない[124]。他方で，当該執行抗告を認容する決定（要するに，配当要求は適法であるとの決定）については対世効規定は存在しないため，当該決定を経てもなお，第三者たる差押債権者やその他の配当要求者は，執行異議ないしは配当異議を申し立て，抗告人のした配当要求が不適法である旨を主張することが可能である（判決効の訴訟法的側面の拡張の否定）。ここで，当該執行抗告を認容する決定が上記の第三者に対して判決効の実体的側面も及ぼさないとなると，そもそも抗告人は差押債権者や他の配当要求者に対して自身の配当要求の効力を主張できないことになってしまう。これでは，執行抗告を認めた意味がなくなるため，対世効規定がなくとも判決効の実体的側面としての対世効は当然に肯定されているものと解されるのである。換言すれば，敢えて対世効規定が導入されている以上，これは判決効の訴訟法的側面の拡張であると解釈するのが，むしろ素直であるともいえ，対世効規定を既判力の拡張を意味するものと解釈してきた民事訴訟法学説が不適切とまでは言えないであろう。

　他方で，行訴法が訴訟要件の限定された第三者再審の制度を導入した反面として，第三者効を判決効の訴訟法的側面と解さざるを得ない（第1節第2款第3項Ⅰ3参照）のとは異なって，これらの民事法分野においては第三者再審の制度は導入されていない。そのため，対世効規定を実体的側面の拡張に関する確認規定であると理解することは，これらの分野においては不可能ではない。対世効規定に判決効の訴訟法的側面を読み込むべきか否か，さらにはそれを既判力の拡張として理解すべきか否かは，今なお議論の余地があろう[125]。換言す

---

124)　審尋の機会が職権で与えられる可能性があるに留まる（民執20条，民訴335条）。

86

れば，これらの分野における対世効既定の解釈としては，第三者再審制度の反射としてではない形で判決効の訴訟法的側面の問題としての「形成力」が導出され得るかが，決定的な問題として立ち現れる（第3章第2節第2款参照）。

　いずれにせよ，民事法分野における対世効既定の解釈が，行訴法の第三者効の解釈論において，確固たる拠り所としては機能し得ないことが確認された。したがって，第三者効の内容理解のためには，対世効そのものの理解，とりわけ形成訴訟と対世効との結びつき（第2章）および形成力の概念の意義（第3章）を，根本から確認する必要がある。

・

第3節　第1章のまとめ

　本章ではまず，第三者効と第三者再審の沿革を辿ることを通じて，「第三者効は形成力であり，既判力ではない」という通説的理解の成立過程と問題点を確認した。具体的には，第三者効の立法趣旨は判決効の実体的側面の拡張にあったにもかかわらず，第三者再審制度の導入により実際には第三者効が判決効の訴訟法的側面の拡張を意味する結果となったこと，「第三者効は形成力である」という理解はこの点に無自覚である点に問題が存在すること，とはいえ「第三者効は既判力ではない」という理解はなお独自の意義があり得ることが明らかとなった（第1節）。また他方で，民事法分野における対世効規定も，その立法趣旨としてはやはり判決効の実体的側面の問題を主眼としており，判決効の訴訟法的側面の拡張の是非についてはなお議論の余地があり得，第三者効の理解の拠り所を民事法分野における対世効規定の解釈に求めることも難しい旨が確認された（第2節）。

　以下では，以上の検討を振り返りつつ，次章以下で検討すべき論点を再確認しよう。

---

125)　近時の意識的な分析として参照，垣内［2014］365頁以下。人事訴訟についてこの点に自覚的に既判力説を採用するものとして参照，松川正毅ほか編『新基本法コンメンタール人事訴訟法・家事事件手続法』61-62頁〔本間靖規〕（日本評論社，2013）。

第1部　形成概念と第三者効　　第1章　第三者効と第三者再審

第1款　第三者効の性質論──判決効の訴訟法的側面としての「形成力」

　繰り返し確認した通り，「第三者効は形成力である」という通説的な説明は，判決効の実体的側面の問題の解決という第三者効の立法趣旨と，第三者再審制度の反射として規定された判決効の訴訟法的側面の拡張という実際の機能との間の齟齬に自覚的でない点で，問題がある。しかし，「第三者効は既判力ではない」という理解まで放棄すべきかどうかは別論である。

　必ずしも明瞭に議論されてきたわけではないが，「形成力」としての第三者効は，なお既判力の拡張とは区別され得る。すなわち，第三者効が取消判決の不当性を理由とする損害賠償請求を排除しないのだとすれば，第三者効はなお既判力の拡張とは質的に異なるものとして把握され得る（第1節第2款第3項Ⅱ2参照）。また，行訴法は執行停止決定にも第三者効を認めており（行訴32条2項），保全の裁判について既判力を否定する理解が通説的であることに鑑みれば[126]，これは訴訟法的側面としての「形成力」として理解されるほかない。

　この点は，判決効の訴訟法的側面の拡張を既判力によらない形で説明することは可能なのか，可能であるとしてそのことの実践的な意義はどこに求められるかという問題として，民事訴訟法理論に遡った検討を必要とする（第2章および第3章）。

第2款　第三者効の範囲

　他方で，こうした第三者効の性質論とは別の問題として，第三者効の妥当範囲に関する議論も，従来から展開されていた。この議論は，より広く紛争の画一的解決という視点において示唆を導くものであり，のちの考察（第2部第2章，同第3章第3節参照）の前提としていったんここで整理をしておく。

---

126)　瀬木比呂志『民事保全法（新訂版）』258-259頁（日本評論社，2014）。ただし，反対説として，松本博之『民事執行保全法』508-509頁（弘文堂，2011）。なお，類似の問題として，非訟の裁判の既判力の議論がある（第3章註70参照）。

88

第3節　第1章のまとめ

第1項　反対利害関係人に対する第三者効

　行訴法は，争われる処分ないし法関係の性質を問わず，全ての取消判決に第三者効が備わるものとしている。具体的には，第三者再審に一般的な出訴期間制限が課され，そのことが第三者再審の一般的な排他性を基礎づけ，第三者効の訴訟法的側面を一般的に規定することにつながっている。

　しかしこの点は，必ずしも明確な決着がつけられたわけではない。具体的には，行訴法立法過程において当初は相対効説が優勢であり，その後しばらくは対世効が必要な場合と不要な場合とが両方あり得るとされており（第1節第2款第3項 I 1 参照），第三者効の導入も，特定の実体法状態ないし参照領域における問題の回避（田中二郎の言う「第二の訴訟の回避」）を念頭に置いたものに過ぎなかった（山本隆司［2014］52頁）（第1節第2款第3項 I 2 参照）。この旨は，取消判決は本来的に対世効を必要とするわけではなく（市原ほか［1960-2］30頁〔市原昌三郎発言〕）[127]，その必要性は実体法上の利害関係に照らして個別に考察されるべきである（木村［1984］269頁）として，かねてから指摘されてきたところであった。こうした発想は，現在でも行政紛争の解決のあり方に関して有意義な示唆をもたらす（第2部第3章第3節第1款参照）。

　この建前は，一方で，公法関係においては一般的に紛争の画一的解決および一回的解決の必要性が存在するという形で[128]，また他方で，形成判決には常に対世効が備わるのだという形で基礎づけられている（第1節第2款第3項Ⅲ参照）。このうち後者の基礎づけの当否は，民事訴訟法理論に遡った検討を要する（第2章第3節第1款参照）。

　また逆に，行訴法は取消判決のみに第三者効を認め，他の判決類型には第三者効を準用していない（行訴38条，41条，43条参照）。その理由も，形成判決の対世効のコロラリーとして論じられる。例えば，特例法下での無効確認判決に第三者効を認めた判決（最判昭和42年3月14日民集21巻2号312頁）に関係して，

---

127)　晩年の指摘として，市原昌三郎『行政法講義（改訂第2版）』352頁（法学書院，1996）。

128)　取消訴訟への補助参加が共同訴訟的補助参加となる旨を認めた最判昭和40年6月24日民集19巻4号1001頁は，取消訴訟が「公権力の行使に関する法律関係を対象とするものであって，右法律関係は画一的に規制する必要があるものである」という理由で，特例法下における取消判決の対世効を導いている。

第1部 形成概念と第三者効 第1章 第三者効と第三者再審

無効確認訴訟は形成訴訟ではなく確認訴訟であることから，無効確認判決に対世効は不要であるとの説明がなされていた（杉本［1963］548頁）。ここでも，民事訴訟法理論，とりわけ形成訴訟論の検討が必要となる（第2章第3節第2款参照）。

第2項 同種利害関係人に対する第三者効

他方で，取消判決の「対世効」をめぐる議論の中には，ここまで検討してきた原告と反対の利害を有する第三者に対する作用とは異なり，原告と同種の利害を有する第三者に対する判決の作用も，折に触れて登場している。

例えば，特例法の逐条検討（第1節第2款第2項Ⅲ参照）において，兼子が行政事件の判決であっても当然に対世効を有することにはならない旨を繰り返し説くのに対して，豊水は，兼子の立場であっても事柄の性質上対世効を認めざるを得ないものがあるはずだと指摘し，議員が提起した議会の解散処分の取消訴訟[129]が認容された場合には，原告たる議員のみならず他の議員も全て議員の職に復することになるとの例を挙げた。ここで豊水は，この現象を指して取消判決の「対世的効力」を語っている（雄川ほか編［1954-55］438頁〔豊水道祐発言〕）。ここで問題となっているのは，解散処分の効力を否定して議員たる地位の回復を望んでいるという意味で原告と同種の利害関係に立つ他の議員に対しても，原告の得た取消判決によって解散処分が取り消されたことになるかという問題である。

また，行訴法立法過程においても，第14回小委員会会議（第1節第2款第3項Ⅰ1(1)参照）では，杉本幹事が，「一般的に効力を及ぼすということが，処分の性格になっているのだという場合」，例えば「都市計画の処分が一部争われ

---

129) なお，地方自治法上は，住民の直接請求に基づく議会の解散を承けて議員が提起する訴訟は予定されている（同85条）が，不信任決議を受けた長の解散処分に対して議員が提起する訴訟は予定されていない。当時の下級審裁判所はこの解散処分の取消訴訟をおおむね適法としていたようである（雄川ほか編［1954-55］102頁〔田中二郎発言〕）が，最高裁がこれを適法とするかは今なお自明でない。当時の研究会では不適法とすべきとの意見が目立っている（同102頁〔兼子一発言，雄川一郎発言〕）が，現在では当時の下級審判例を支持して適法と解する説もある（参照，成田頼明ほか編『注釈地方自治法1〈全訂〉』3121頁〔植村栄治＝山下淳〕（第一法規，2000）〔最終加除：2016〕）。機関訴訟の適法性に関する当時の判例学説の状況に関して参照，西上［2014］64頁以下，93頁以下。

ている場合」については，「不可分的な処分だから，或る一部分について既判
力があって他の部分については既判力がないのだということは，処分の性質か
らいって考えられない」と述べたのに対して，新村義広委員がそれは相対効と
は「全然矛盾しないで考えられるというのですね」と確認したところ，杉本は
「そうです」と応じている（塩野編著［1992-1］407頁）。ここで問題となってい
るのも，例えば土地区画整理事業計画の取消判決によって，原告と同種の利害
関係に立つ他の施行地内土地所有者との関係でも，当該計画が取り消されたこ
とになるのかという問題と考えられる。

　この，原告の同種利害関係に対する取消判決の効力の問題は，行訴法で決着
がつけられたわけではないとされている（雄川［1983］200-201頁）[130]。この点も，
後に紛争の画一的解決という視点から再考する（第2部第2章第2節第3款参照）。

---

130)　初期の指摘として，位野木益雄ほか「［研究会］行政訴訟の実務と理論」ジュリ527号16頁，
　　28頁（1973）〔雄川一郎発言〕。

第2章　形成訴訟論と対世効

　前章では，「第三者効は形成力であり，既判力ではない」という通説的な第三者効の性質理解の成立過程を明らかにし，分析すべき課題を提示した。本章および次章では，そのうち，民事訴訟法理論に関わる部分について，我が国の訴訟法体系を規定しているドイツの法理論に遡った考察を行う。まず本章では，形成訴訟と対世効との結びつきについて考察を加え，次章では形成力の意義に関する分析を行う。

　とりわけ行政法学においては，形成訴訟の仕組みと認容判決の対世効とは，「形成力」の概念を媒介として必然的に結びつくと理解され，逆に確認判決の対世効が否定されることもあった（第1章第3節第2款第1項参照）。しかし，本章では結論的に，形成訴訟のメルクマールは，給付訴訟との区別のための執行不要性，および確認訴訟との区別のための排他性に求められ，この二つの要素は，判決効の実体的側面，訴訟法的側面のいずれについても，対世効に必然的に結びつくわけではないこと，また形成判決におけるのと同様の考慮に基づいて，給付判決や確認判決についても対世効が（場合によっては解釈論上）肯定され得ることが確認される。より具体的には，第三者効の必要性および範囲の問題は形成訴訟論それ自体から結論が導き出されるものではなく，いかなる実体法関係の処理について対世効という法技術が必要とされてきたのかという問題の考察に正面から取り組む必要があることが判明する。

　以下では，まず形成訴訟の沿革を辿ることによって，法定主義を理由に形成訴訟を特別視することに根拠がないことを確認し（第1節），形成訴訟を給付訴訟および確認訴訟から区別するメルクマールを執行不要性および排他性に求める現在の通説的理解を確認したうえで（第2節），そのメルクマールが対世効を必然的に要請するわけではないことを論証する（第3節）。

93

第1部 形成概念と第三者効　第2章 形成訴訟論と対世効

第1節　形成訴訟の沿革と法定主義の含意

本書の主題である判決の対世効に関して，行政訴訟において形成判決（取消判決）の対世効が一律に正当化される傾向，また逆に形成判決以外の判決（典型は無効確認判決）の対世効が一律に否定される傾向が存在したことは，先に見た通りである（第1章第3節第2款第1項参照）。すなわち，当時の行政法学説には，対世効の導出に際して，形成訴訟の特殊性を強調する発想が伏在していた。

こうした形成訴訟の特殊性としてまず挙げられるのは，形成訴訟法定主義である。以下では，形成訴訟が訴訟として承認される過程（第1款），および形成訴訟の基礎となる原告の実体権の構成をめぐる議論（第2款）を概観し，形成訴訟法定主義はアクチオ体系の残滓として評価されるべきでないことを論証する（第3款）。この基本的な視点の転換は，形成訴訟のメルクマールの意味するところを再確認し（第2節），形成訴訟と対世効との結びつきのあり方を見直すことにつながる（第3節）。

第1款　形成訴訟の承認——訴訟法上の基礎

形成訴訟ないし形成判決に明確な名称を与えたのは，ローマ法学者のゼッケルだとされる（鈴木 [1958] 134頁）。ゼッケルは，1903年の著作において，形成権（Gestaltungsrecht）を命名するとともに，当時構成的判決（konstitutives Urteil）ないし法形成的判決（rechtsgestaltendes Urteil）と呼ばれていたものを，形成判決（Gestaltungsurteil）と命名し（Seckel [1903] S. 210）[1]，同時に，後の訴訟法学説に大きな影響を与える理論を構築した（第2款第2項II 1参照）。

他方で，給付訴訟や確認訴訟から区別された第三の訴訟類型が認識され始めたのは，さらに以前である[2]。ヴァッハは，1885年の著作『ドイツ民事訴訟法

---

1) ただし，"Rechtsgestaltungs-Klage(n)" という用語自体はそれ以前にも用いられていた。Vgl., *Emil von Schrutka-Rechtenstamm*, Buchbesprechung: "Der Feststellungsanspruch" von Adolf Wach, Zeitschrift für das Privat- und öffentliche Recht der Gegenwart 16, 1889, S. 617 (619).

94

ハンドブック第 1 巻』の訴訟目的（Prozesszweck）に関する叙述において，確認訴訟，給付訴訟の説明に次いで，「求められている結果を，執行手続なしに，確定とともに直ちに生み出す」判決に言及している（Wach [1885] S. 12）。そして，ここで例として挙げられていたものには，後に形成訴訟の代表例とされるところの，離婚訴訟や団体の解散を求める訴訟等が含まれていた（a.a.O., S. 12）。

第 1 項 「訴訟 = 確認」論

形成訴訟を第三の訴えの類型として認めるに当たってまず問題となったのは，そもそも裁判所の行う法関係の形成が訴訟の範疇に入るのか，むしろそれは非訟事件として訴訟からは除かれるべきではないかという点であった[3]。

訴訟を裁判所による権利義務ないし法関係の確認に限定し，裁判所によるそれらの形成を全て非訟事件に分類したのは，他ならぬヴァッハであった。権利保護請求権（Rechtsschutzanspruch）理論の祖として名高いヴァッハは，訴訟について以下のように述べている。「訴訟は権利保護秩序である。訴訟は客観法を創出するのではなく，法を確証するものであるべきである。判決は法律ではなく，法律の適用である。具体的法状態が客観法の基準に従って認識され，妥当せしめられることが重要である。新たな客観法を創出することが重要なのではない」（Wach [1885] S. 6）。すなわちヴァッハは，訴訟を徹底して権利義務ないし法関係の確認作用として捉えていた（「訴訟 = 確認」論）。そして彼はこれを敷衍し，「具体的な私法秩序を保護し，確証するのが訴訟であり，それを発生させ，発展させるのが非訟である」（a.a.O., S. 47）と述べて，裁判による権利義務ないし法関係の形成作用を全て非訟事件に位置づけるのである。こうして

---

2) 参照，高瀬暢彦「離婚請求権の構造〈その三〉──離婚事件訴訟序説」日本大学法学紀要 6 巻 226 頁，234 頁以下（1964）；田頭章一「形成訴訟および訴訟類型論の歴史と展望」鈴木正裕古稀『民事訴訟法の史的展開』243 頁，245 頁以下（有斐閣，2002）。

3) 訴訟（Prozess）と非訟（freiwillige Gerichtsbarkeit）の区別に関する議論は，「〈争訟裁決〉モデル」としての伝統的な「司法」概念（参照，宍戸常寿「司法権と裁判所」山内敏弘編『新現代憲法入門（第 2 版）』335 頁，336 頁（法律文化社，2009））の形成過程と密接に関わっている。また，当時の「司法」（Rechtspflege, Justiz）の概念がボン基本法上の司法（Rechtsprechung）の概念にどう接続されたのか（参照，宍戸常寿『憲法裁判権の動態』121 頁以下，特に 124 頁註 24（弘文堂，2005）），関連して，非訟と関連の深い「行政」（Verwaltung）はいかなる形で「司法」と関連づけられていたか（塩野 [1962] 110 頁以下，特に 122 頁以下）といった問題群も，公法学にとって今なお重要であるが，立ち入らない。

ヴァッハは、「形成（Gestaltung）」の語を専ら非訟事件の特色を叙述するために用いた（a.a.O., S. 53ff.）。

同様の発想として、コーラーは、婚姻無効の訴えおよび離婚の訴えについて、それは新しい効果を創出するのではなく、既存の法状態を確認するものであり、婚姻の無効または離婚という法効果は判決それ自体がもたらすのではなく、民事実体法上の帰結であることを強調した（Kohler［1889］S. 103f.）。後の論文ではこれを一般化して、構成的判決を語ることはそもそも不適切であると述べ（Kohler［1901］S. 9）、形成訴訟を含めた訴えの三類型を体系化したゼッケル、ヘルヴィヒの著作（本款第2項、第2款第2項II参照）を見てなお、法変動を目的ないし任務とする訴訟としての形成訴訟は「全く理由がなく、皮相的な観念」であり、非訟事件と混同されたものであると断じている[4]。そしてコーラーは、訴えの類型として請求権訴訟（Anspruchsklage）[5]と承認訴訟（Anerkennungsklage）ないし確認訴訟（Feststellungsklage）との二種のみを認めている[6]。同様の発想は、ヴァイズマンの体系にも見出される（Weismann［1903］S. 57ff., S. 231 Anm. 2）。

第2項 「訴訟＝確認」論の再構成

とはいえ、ヴァッハもコーラーも、現在の形成訴訟に相当するものを非訟ではなく訴訟として捉えている。このことからわかるように、「訴訟＝確認」論は、既に訴訟としての形成作用を認める素地を有していた[7]。

ここで、まさにヴァッハが用いた権利保護請求権の概念を梃子に、「訴訟＝確認」論を再構成して、形成訴訟を給付訴訟および確認訴訟と並ぶ第三の類型の訴訟として位置づけたのが、ヘルヴィヒやシュタインであった。ヘルヴィヒは、ゼッケルが形成権概念の創出によって示した構想（第2款第2項II 1参照）

---

4) *Josef Kohler*, Die sogenannten Gestaltungsurteile, Rheinische Zeitschrift für Zivil- und Prozessrecht, 1. Jahrgang, Heft 1, 1908, S. 39（39f.）.

5) 請求権訴訟は、給付を求める給付訴訟に加えて、私権の実効化を求める訴訟をも含めた概念だとされ、この概念構成の実益は、取消しを求める訴訟や解除を求める訴訟などを請求権訴訟として把握する点に求められている（Kohler［1901］S. 4 Anm. 3）。

6) *Josef Kohler*, Grundriß des Zivilprozesses mit Einschluß des Konkursrechts, 2. Aufl., 1909, S. 63f.

を引き継ぎ，形成権を訴訟物に据えることによって，「訴訟＝確認」論を再構成する方向性を示した。すなわち，訴訟をあくまで実体権の確認に限定しながら，法関係の変動という結果を訴訟によって確認される形成権の作用だと整理することで，判決による法関係の変動という現象を「訴訟＝確認」論の下で説明する糸口を後世に残した（第2款第2項Ⅱ2参照）。また，シュタインは，ヘルヴィヒが形成権を訴訟物に据えたことには反対したが，形成訴訟においては国家に対する「形成を求める権利」の存否が問題となるとして，なお「訴訟＝確認」論を維持したまま，形成訴訟を訴訟として承認した（第2款第2項Ⅲ1参照）。要するに彼らは，形成判決による形成は裁判所の行為それ自体によるものではなく，裁判所によって確認ないし宣言される形成権または「形成を求める権利」の作用であると理解することで，裁判所の営む作用を既存の形成権の確認に限定しながら，すなわち「訴訟＝確認」論を維持しながら，裁判による実体法関係の形成という現象を説明したのである。

第3項　「訴訟＝確認」論の定着

　ところで，形成訴訟を認めない立場（コーラー）と認める立場（ヘルヴィヒ，シュタイン）との間には，訴訟というものの捉え方において実質的な対立は存在しない。というのも，判決によって初めて法関係が変動するという意味での，ヘルヴィヒらの言うところの形成判決は，コーラーも特殊な確認訴訟の認容判決として認めているからである（第2款第1項Ⅱ2参照）。すなわち，コーラーとヘルヴィヒらの対立点は，訴訟の捉え方にではなく，①非訟と訴訟の区別とは異なる新しい文脈に形成の概念を持ち込むことの適否や，②判決によって初めて法関係が変動するという現象（手続の排他性。第2節第3款参照）を確認判決から括り出す必要性に関する認識の相違にあった。

---

7)　ほぼ同時代に，キップは，意思表示を求める訴えの基礎には請求権が存在することを重視して，それを非訟事件から区別し給付判決に位置づけたが，その際に，ヴァッハの言う構成的判決を「問題の判決類型が給付，確認判決から独立の，それらと同等のものとして存在することを想起させるに十分である」と評しており，ヴァッハの体系における形成訴訟の成立可能性を既に認識していた（*Theodor Kipp*, Die Verurtheilung zur Abgabe von Willenserklärungen und zu Rechtshandlungen, in: Festgabe der Kieler Juristen-Fakultät zu Rudolf v. Jherings fünfzigjährigem Doktor-Jubiläum, 1892, S. 41 (58f.)）。

結論だけ確認するならば，①②いずれの点についても，ヘルヴィヒらの態度が支配的となった。一方で①の点は，従来の形成概念が対象としていた訴訟と非訟の区別の問題が，徐々に形成概念を用いない形で議論されるようになるにつれて[8]，もはや問題として認識されなくなっていった。他方で②の点についてヘルヴィヒの態度が通説化したのは，民法，商法といった実体法に従った縦割りの分析ではなく，人事訴訟や会社関係訴訟を横断的に分析することが，訴訟法学の学問領域としての独自性，有用性を主張する格好の方法であったためだと推察される。

いずれにせよ，「訴訟＝確認」論の再構成の方向性は，権利保護請求権理論とともに民事訴訟法学を席巻し，形成訴訟という範疇を否定する見解は見られなくなった。その後も，形成判決の法変動的効力は裁判官の法創造的な力に由来するものではなく，裁判官の活動は他の訴訟におけるのと同様の包摂（Subsumtion）作用であるとして，「訴訟＝確認」論の再構成の方向性の下で，形成訴訟という範疇は疑いなく肯定されるようになった（Rosenberg [1927] S. 234）。

第2款　形成訴訟の定位──実体法上の基礎

前款で見たように，「訴訟＝確認」論を維持したままで形成訴訟という範疇を認めるためには，法関係の変動を担う実体法上の権利を観念する必要があった。本款では，形成訴訟の基礎となる実体法の構成をめぐるこの論争を概観して，形成訴訟一般にアクチオ体系の残滓を見出す理解が正当でないことを確認する[9]。

---

8)　そもそも，形成概念によって非訟事件と訴訟事件とを区別することに対しては，そこで用いられる私権の「形成」の意義が不明瞭であることから，当初から批判があった（中島 [1941] 298 頁以下）。戦後は，非訟事件と訴訟事件とを区別する理論的なメルクマールを一義的に特定することは不可能とされ（vgl. *Fritz Baur*, Freiwillige Gerichtsbarkeit, Bd. 1, 1955, S. 30），その探究にはもはや意味が見出されていない（*Rainer Hüßtege*, in: Thomas/Putzo (Hrsg.) [2016] §1 FamFG Rn. 2)。

9)　本款全体に関する古典的業績として参照，中田淳一「請求の同一性」同『訴訟及び仲裁の法理』1 頁，1 頁以下（有信堂，1953）〔初出：1936〕；同「『アクチオ法的思惟』と『具体的思惟』について」同『訴訟及び仲裁の法理』33 頁，55 頁以下（有信堂，1953）〔初出：1943〕；中村宗雄 [1961] 3 頁以下。

第1節　形成訴訟の沿革と法定主義の含意

　ドイツにおいて実体法と訴訟法が概念上明瞭に区別される嚆矢となったのは，ヴィントシャイトの確立した請求権（Anspruch）の概念であった[10]。訴訟法学は，この実体法上の請求権に照応させて給付訴訟を構成し，まずは確認訴訟を，給付訴訟との偏差を意識してその体系にとり込んだ。この段階では，形成訴訟は給付訴訟または確認訴訟の特殊形態として理解されていた（第1項）が，形成訴訟に特有の実体法上の権利，すなわち形成権が確立することによって，形成訴訟は給付訴訟および確認訴訟と並び立つ第三の訴訟類型として体系化されることになる（第2項）。

　なお，本款の主題は，いわゆる訴権論と密接に関わるが，それとはあくまで異なる論点である。訴権論とは，当事者が国家ないし裁判所に対して有する権利ないし地位の内容の問題（兼子一［1957］101頁以下；小野木［1959]）[11]であるが，以下で概観するのは，こうした訴権そのものの構成の問題ではなく，訴権と当事者の有する実体法上の権利ないし地位との関係性の問題である。また，後者の問題領域に属する論争として従来注目されてきたのが，いわゆる「権利既存の観念」をめぐる論争（中島［1941］54頁以下）[12]であるが，本款で扱うの

---

10)　アクチオ（actio）を訴権と私権とに分化させ，ひいては訴訟法と実体法とを明瞭に区別するに至った19世紀ドイツ民事法学の基本枠組み（参照，末川博『権利侵害論（第2版)』24頁以下（日本評論社，1949)；奥田昌道「ヴィントシャイトの『アクチオ論』」同『請求権概念の生成と展開』3頁，3頁以下（創文社，1979）〔初出：1957]；児玉寛「サヴィニーにおける古典的民法理論」九州大学法政研究50巻3＝4合併号375頁，384頁以下（1984)）は，我が国の法体系を強く規定しており，本書はこれを考察の出発点に置く。ただし，そこで「克服」されたアクチオの概念が過度に平板化されていなかったかという点（木庭［2010］65頁以下，205頁以下）や，「克服」の立役者であるヴィントシャイトの業績がもたらした影響の功罪に関しては，立ち入った考察の必要性が示されている。後者について例えば，私法における権利論と公権論との微妙な影響関係（山本隆司［2000］77-78頁），請求権概念に括り付けられた給付訴訟という範疇が民事訴訟の「多元的立体的構成」を隠蔽したという文脈（木庭［2010］216頁註2；木庭［2011］212頁以下），民事法において客観法と主観法の区別および相互連関の忘却（石川［2002］18頁註10）などが挙げられる。

11)　そのほか古典的業績として参照，喜頭兵一「権利保護請求権説の批評(1)～(5・完)」司法協会雑誌9巻11号36頁，同12号42頁，同10巻1号38頁，同2号24頁，同3号26頁（1930-31)；斎藤秀夫「公法学理論の訴権理論への影響──権利保護請求権説の公法的側面」同『民事訴訟法理論の生成と展開』24頁（有斐閣，1985）〔初出：1940]；富樫貞夫「ドイツ訴権論の成立過程──とくにその前提条件を中心として」民訴雑誌11号98頁（1965)；同「権利保護請求権説の形成」熊本法学4号1頁（1965)；山本弘「権利保護の利益概念の研究(1)～(3・完)」法協106巻2号157頁，106巻3号396頁，106巻9号1549頁（1989)。

12)　著名なビューロー・ヴァッハ論争が訴権論からこちらへと議論の軸足を移していった点に関して参照，山木戸［1953］6頁；海老原［1991］70頁。

99

第1部　形成概念と第三者効　　第2章　形成訴訟論と対世効

は訴訟の対象ないし訴訟物に包摂されるべき実体法の形態をめぐる議論であり，それとも異なる。

第1項　請求権概念と訴えの三類型

I　給付訴訟と形成訴訟

　形成訴訟は，当初は給付訴訟の特殊形態として理解されていた。この理解を直裁に示したのが，先に見たヴァッハである（第1款第1項参照）。ヴァッハの叙述を繰り返そう。構成的判決とは，「求められている結果を，執行手続なしに，確定とともに直ちに生み出す」判決である（Wach [1885] S. 12）。すなわちヴァッハは，給付判決が原告の求める法状態ないし事実状態の達成のためになお強制執行手続を必要とするのに対し，それをもはや必要としない点に，構成的判決の特色を見出していたのである。

　同様の発想は，後に見るゼッケル＝ヘルヴィヒ理論（第2項II参照）により形成権および形成訴権の概念が定着して以降も，散見される。リヒャルト・シュミットは，その体系書の初版において，訴えの類型としては給付訴訟と確認訴訟の2種類しか認めていなかった（R. Schmidt [1898] S. 682ff.）が，判決の効力としては，判決自体が状況の変動をもたらす構成的（konstitutiv）な作用を認め，外的状況の変動を承認する執行力との関連性を指摘していた（a.a.O., S. 527）。彼は，ゼッケル＝ヘルヴィヒ理論の登場後も，大幅な改訂を施した体系書の第2版において，形成訴訟をなお給付訴訟の特殊類型として把握している（R. Schmidt [1906] S. 700f., 742f.）。また，クットナーも，ゼッケル＝ヘルヴィヒ理論の登場後の著作においてなお，判決の機能を確定力（Rechtskraft）と執行（Vollstreckung）の二つに整理し，ZPO第8章（強制執行）の通常の手続と対比して，「さらなる強制執行を必要とせずに，判決自体が直接に状況の変化を引き起こす場合に，構成的判決が語られる」と述べる（Kuttner [1908] S. 2）。

II　確認訴訟と形成訴訟

　他方で，請求権概念の確立は，確認訴訟の体系化に関して重要な論争を引き起こした。すなわち，確認訴訟において何らかの実体法上の権利が貫徹される

第1節　形成訴訟の沿革と法定主義の含意

ことになるのか，という問題である。この論争は，後に形成権と形成訴権をめ
ぐる争いにおいて再燃することとなる（第2項ⅡおよびⅢ参照）。

1　確認請求権構想の挫折

1877年に制定された帝国民事訴訟法典（CPO）[13]は，その231条（現行ZPO
の256条1項と同内容）において，従来から各ラント法上承認されてきていた確
認訴訟を，明文で承認した[14]。そして，法文が確認の対象を請求権ではなく法
関係（Rechtsverhältnis）の存否と規定していることとの関連で，確認訴訟にお
いて貫徹される実体法上の権利を観念し，給付訴訟の論理で確認訴訟を捉えよ
うとすることの適否について，議論が起こった[15]。

まず，確認訴訟においても何らかの実体法上の請求権が貫徹されるものとい
う前提から出発し，そのような請求権の構成に腐心したのが，保全請求権（Si-
cherungsanspruch）[16]，承認請求権（Anerkennungsanspruch）（Plósz [1880] S.
161ff.）[17]といった，いわゆる確認請求権（Feststellungsanspruch）の諸構想で
あった。

このような権利を請求権と構成するには，典型的な請求権の対象である金銭
の支払いや物の引渡しと同様の「給付」が観念されねばならない。保全請求権
を説いたデーゲンコルプはその内容を明瞭には語らなかった（中村宗雄 [1961]
88-89頁；小野木 [1959] 217頁）が，承認請求権を説いたプロースはそれを相手

---

13)　同法典の成立過程の克明な描写として参照，鈴木正裕「A・レオンハルトの生涯——ドイツ帝
　　国民事訴訟法（CPO）の成立史」同『近代民事訴訟法史・ドイツ』1頁，215頁以下（信山社，
　　2011）。

14)　その背景について参照，河野正憲「民事裁判の種類と機能」新堂幸司監修『実務民事訴訟講座
　　〔第3期〕第3巻』231頁，246頁（日本評論社，2013）。

15)　Vgl., *Horst Kadel*, Zur Geschichte und Dogmengeschichte der Feststellungsklage nach §
　　256 der Zivilprozeßordnung, 1967, S. 47ff., 52ff.; *Bruno Rimmelspacher*, Materiellrechtlicher An-
　　spruch und Streitgegenstandsprobleme im Zivilprozess, 1970, S. 4ff.

16)　*Heinrich Degenkolb*, Die Anerkennungs- oder Feststellungsklagen, in: *ders.*, Einlassungs-
　　zwang und Urteilsnorm – Beiträge zur materiellen Theorie der Klagen insbesondere der Aner-
　　kennungsklagen, 1877, S. 129 (168ff.).

17)　ただし，プロースはかつてこのような方向性を否定し，確認訴訟において請求権が貫徹される
　　ことはないとの立場を採っていたようである（Plósz [1880] S. 161f.）。プロースの改説前の立場は
　　ハンガリー語で公表されており，資料の制約および筆者の能力の限界から参照し得なかった。

101

第1部 形成概念と第三者効 第2章 形成訴訟論と対世効

方による法関係の「継続的で状況適合的な承認（dauernde, zustandsmässige An-erkennung）」だと考えた（Plósz [1880] S. 169）。しかし，法関係の継続的な承認を，金銭の支払いや物の引渡しのように，裁判外で実現することは不可能である。というのも，金銭の支払いや物の引渡しに関しては，当該金銭または物の占有を原告に移すことで，自力救済禁止を梃子にして被告による取り戻しが防止されるため，継続的な状態の変化を裁判に拠らずして確保することができる（占有の「事実力」（木庭 [2011] 212頁））のに対して，そのような現実の支配の移転が伴わない観念的な法関係の承認については，相手方の「継続的な承認」を確保するものが，裁判以外には存在しないからである。換言すれば，承認の撤回（承認の事実の否認）を阻止するための実体法上の制度は存在し得ない。プロース自身はなおも裁判外で実現される承認請求権を肯定し，「承認権は判決によってのみ満足させられ得ると言うべきでは決してない。他の，具体的には第一義的に存在する満足手段を構築するのは私法の役割である」として，この点に関する解決を民法学に委ねた（Plósz [1880] S. 170f.）のであったが，承認請求権を充足させる手段，すなわち相手方の「継続的な」承認を確保する制度は，民法学において発展し（得）なかった[18]。

その後の学説は，私権としての確認請求権を放棄した。ヴァイズマンは，デーゲンコルプのいう確認請求権は「本質的に訴訟法上のものである」と批判し[19]，後に批判を若干緩和させつつも，「確認請求権は——訴訟内外における——承認（Anerkennung）を求める給付請求権であるとの立場」は依然としてとらないことを宣言した[20]。ヴァッハも同様に，「デーゲンコルプの確認請求権は，全くもって公法的性質のものである」と断じた（Wach [1888] S. 81）。そ

---

18) *Otto Bähr*, Die Anerkennung als Verpflichtungsgrund: civilistische Abhandlung, 1. Aufl., 1855, S. 279ff. は，確認訴訟としての相手方に対して承認を求める（auf）訴訟の実体法的基礎をローマ法に遡って検討しており，この論争においてしばしば引用されるが，この問題には言及していない。この問題が盛んに議論された以降に補足された部分においても同様である（*ders.*, 3. Aufl., 1894, S. 243ff.）。ベールの問題意識は，カウサ（causa）ないしコーズ（cause）の概念をめぐる実体法上の問題に限定されており（この側面について参照，小川浩三「普通法学における causa 論の一考察」法協96巻6号721頁，739頁以下（1979）），訴訟法理論との接合は関心外であった。

19) *Jacob Weismann*, Die Feststellungsklage der Reichscivilprocessordnung, in: *ders.*, Die Feststellungsklage – Zwei Abhandlungen, 1879, S. 111 (151).

20) *Jakob Weismann*, Hauptintervention und Streitgenossenschaft – Ein Beitrag zu den Grundlehren des Aktionen- und Processrechts, 1884, S. 78f. Anm. 10.

102

れ以降は，確認訴訟を原告の有する実体法上の権利から切り離すコンセプトが支配的となっていった。実体法上の請求権と訴訟上の請求を体系上明確に区別したヘルヴィヒ（Hellwig [1900] S. 153ff.）においては，確認訴訟に対応する実体権の記述はもはや見出されない（Hellwig [1912] S. 280f.）し，シュタインはこの論争を概観したうえで，確認請求権構想を明確に排斥した（Stein [1921] S. 17）。さらに時代を下れば，確認請求権構想は「完全に克服された」と評されるに至る（Nikisch [1950] S. 151)[21]。

2　確認訴訟と形成訴訟の区別

給付訴訟と確認訴訟との差異は，給付判決が債務名義になるのに対し，確認判決は債務名義にならないこと，換言すれば給付判決には既判力に加えて執行力が備わるのに対し，確認判決の効力は既判力に尽きることに見出されるのが通例であった（Weismann [1903] S. 57）。さらに言えば，確認訴訟は強制執行なくして訴えの目的を達成するのであり，強制執行が不可能であるというよりも，むしろ強制執行を必要としない判決である。そうすると，確認訴訟と形成訴訟とはともに強制執行が不要であるということになり，給付訴訟の延長で形成訴訟を捉える見解の用いた執行不要性というメルクマール（Ⅰ参照）のみでは，確認訴訟と形成訴訟との区別がつかないことになる。

この点に関して当時の学説は，以下のような理論的説明を加えた。例えば，BGB第一草案理由書は，第一草案が無効の婚姻および取り消し得る婚姻について，「それが解消され，または効力を有さない（ungültig）と宣言されるまでは，有効なものとみなされる」（1252条1項，1260条1項）と定めていることを，以下のように説明している。法律行為の無効および取消しは，通常は付随的に（incident），すなわち訴訟外または訴訟における前提問題として主張すること

---

21)　なお，この確認請求権構想の克服過程は，形式的当事者概念の確立過程（福永有利「ドイツにおける当事者理論の変遷」同『民事訴訟当事者論』2頁，47頁以下（有斐閣，2004）〔初出：1967-68〕；松原弘信「民事訴訟法における当事者概念の成立とその展開(1)——ドイツにおける学説の変遷を中心に」熊本法学51号85頁，113頁以下（1987））と並行している（Henckel [1961] S. 24ff.）。すなわち，他人間の権利の確認であっても確認の利益があれば適法に提起することができる確認訴訟は，原告の実体法上の権利に馴染まないばかりでなく，実体法上の法関係の主体を当事者とする実質的当事者概念にも馴染まないのである。

第1部　形成概念と第三者効　　第2章　形成訴訟論と対世効

ができるが，婚姻の取消しおよび無効は，例外的に付随的な主張が禁止され，
無効の訴え（Nichtigkeitsklage）および取消しの訴え（Anfechtungsklage）による
主張が強制される。この無効の訴えおよび取消しの訴えは，いずれも確認訴訟
の性質をもつ。しかし，通常の確認訴訟であれば，その訴訟物となる法関係を
他の訴訟の前提問題として付随的に主張することを妨げないが，婚姻の取消し
および無効の訴えは，そのような付随的主張を禁止するものである点に特殊性
がある（Motive [1888-2] S. 56, 85）。形成訴訟を独自の類型として認めないコー
ラー（第1款第1項参照）も，同様に，婚姻無効確認訴訟は，訴えの提起によっ
てのみそのような法効果を発生させる特殊な確認訴訟であるとする（Kohler
[1889] S. 105）。

　上記のいずれの見解も，婚姻無効確認訴訟等について，問題となる婚姻の無
効等の法関係を他の訴訟の前提問題として主張することを禁止する点，すなわ
ち手続の排他性に特殊性を見出す点で，共通している。このように考えること
で，婚姻無効確認訴訟等は，執行不要である点で給付訴訟から区別されるだけ
でなく，手続の排他性によって通常の確認訴訟から区別されるのである。

第2項　形成（訴）権をめぐる議論

　このように，給付訴訟の基礎として実体法上の請求権概念が確立する一方で，
確認訴訟の基礎となる実体法上の権利の探求は難航し，最終的には放棄された。
その中で，形成訴訟は給付訴訟または確認訴訟の特殊形態として徐々に体系的
独自性を獲得しつつあった。しかし，形成訴訟も，確認訴訟と同様に，その基
礎となる実体法上の権利の探究という課題において困難を抱えることとなった。

I　形成権概念確立以前

　形成権の概念が確立する以前においても，形成訴訟を給付訴訟または確認訴
訟の特殊形態として理解するのではなく，それらに並ぶ第三類型として理解し
ていた論者は存在した。しかし，当時の見解は，形成訴訟において問題とされ
る実体法を構造化することに対しては無関心または懐疑的であった。

　一方でラングハイネケンは，給付判決，確認判決に並ぶ判決の第三類型とし
て実現判決（Bewirkungsurteil）を体系化した（Langheineken [1899] S. 82ff.）。し
かし彼は，国家に対して実現判決の発布を求める実現請求権（Bewirkungsan-

104

spruch），すなわち公権としての訴権を考察の中心に置き，被告に対する実体
法上の権利の概念には意義を認めなかった（a.a.O., S. 220ff.）。

　他方でキッシュは，給付判決と狭義の確認判決を包括する広義の確認判決に
対比されるものとして，構成的判決（konstitutives Urteil）を体系化した（Kisch
[1903] S. 10ff., 45ff.）。キッシュは，ラングハイネケンとは異なって実体法の構
造にも関心を向けたが，その結果，構成的判決を求める訴訟において貫徹され
る被告に対する実体権の存在を否定するに至った。曰く，一方で，判決によっ
て初めて法関係が変動するのであるから，ここでは取消しや解除のような原告
の行為は観念できず，他方で，被告は訴訟の対象について処分権を持ち得ない
のであるから，被告に対する請求権は問題となり得ない。むしろ，そのような
訴訟で問題となるのは国家に対する公法上の請求権（öffentlich-rechtlicher An-
spruch des Klägers gegen den Staat），すなわち公権（subjektives öffentliches
Recht）である（a.a.O., S. 70ff.）。

Ⅱ　形成権概念の確立

　以上のような状況を覆し，形成訴訟における実体法を原告の権利として構成
するための基礎を提供したのが，形成権（Gestaltungsrecht）の概念であった。

1　ゼッケル――形成権概念の構築

　民法上の形成権概念を構築したゼッケル[22]は，同時に，判決によって法状態
が変動する現象についても考察し，形成判決（Gestaltungsurteil）の名称を提唱
した。ゼッケルは，「形成権は一方的意思表示によって法的効果をもたらす権
利である。意思表示では全ての要件を満たさない場合には，補足的な要件，と
りわけ，例えば確定判決のような国家行為を付け加えなければならない。それ
ゆえ，形成権の行使の理論は，常に存在する私法上の基盤に加えて，場合によ
り公法の基盤上で展開される」（Seckel [1903] S. 236）と述べて，形成権の概念

---

22)　形成権概念の発生史について参照，*Harald Helmreich*, Das Selbsthilfeverbot des franzö-
　sischen Rechts und sein Einfluss auf Gestaltungs- und Gestaltungsklagerecht, 1967, S. 17ff.；永田
　真三郎「形成権概念の成立過程」関西大学法学論集 23 巻 4 = 5 = 6 号 185 頁（1974）；本田純一「近
　世ドイツ立法史における形成権の基礎」一橋論叢 74 巻 2 号 64 頁（1975）。我が国における受容史
　について参照，高瀬暢彦「『形成権』概念の再検討」日本法学 71 巻 1 号 103 頁（2005）。

105

第1部　形成概念と第三者効　　第2章　形成訴訟論と対世効

を訴訟法理論に接続する。

　以上のような発想から，ゼッケルは，形成判決に関して，「二重の要件（法律行為と国家行為）（Doppeltatbestand（Rechtsgeschäft und Staatsakt））」による形成を説く（Seckel [1903] S. 239）。すなわち，ゼッケルは一方で，「実体法上の形成権を行使するための実体法上の法律行為は，訴え提起に結びつく，もしくは結びつかねばならない場合であっても，または訴え提起や形成判決の背後に隠れてしまうように見える場合であっても，欠けるわけではない」と述べ，形成訴訟の基礎には原告の法律行為，すなわち形成権の行使の意思表示が存在することを強調する（a.a.O., S. 238）。他方で，有効な形成のために判決の確定が必要とされる場合には，形成権の行使と形成判決とが重なることによってのみ形成がもたらされると述べ，ここに形成判決という国家行為の重要性を見出すのである（a.a.O., S. 239）。

　ゼッケル自身の関心の中心は，あくまで実体法の理論構成にある。彼は，形成判決について判決が専ら形成作用を担うとする反対説に対して，その理屈を貫くと，例えばアウフラッスングは，法律行為ではなく譲渡の結果の登記に結びついていることになり，養子縁組契約は，法律行為ではなく裁判上の許可によって効力を発することになり，いずれも法律行為のリストから除かれてしまうという危惧を表明する（Seckel [1903] S. 240f.）。しかしながら彼は，訴訟法理論にも十分な配慮を行っていた。曰く，「訴えと判決の必要性は，実体法上のマイナスではなく，訴訟法上のプラスである。この訴訟法上のプラスは，まずは私法上の行為の訴訟上の定式化に存在し，その後判決の発布の必要性に存在する」（a.a.O., S. 241f.）。「形成判決にとりわけ備わるのは，形成行為としての意義のみではなく，確認行為としての意義もそうである。確定した形成判決は，原告の被告に対する形成権が口頭弁論終結時において存在し，その時点までに有効な形で暫定的に行使されていたことを，将来に向けて確認する」（a.a.O., S. 243）。ここにおいて，「訴訟＝確認」論の再構成の方向性（第1款第2項参照）の礎が築かれたのである。

2　ヘルヴィヒ——形成訴訟の体系化

　このゼッケルの理論を摂取して形成訴訟の体系化を図ったのが，ヘルヴィヒであった。

106

第1節　形成訴訟の沿革と法定主義の含意

　ヘルヴィヒは，形成権概念を打ち立てたゼッケルの前記著作より以前におい
て既に，「構成的判決（konstitutive Urteile）の発布を求める訴え」，「裁判官に
よる法変動（Rechtsänderung）を求める訴え」を，給付訴訟，確認訴訟に並ぶ
第三の訴えの類型として認めていた（Hellwig［1900］S. 443ff.; Hellwig［1903］S.
47ff., 393ff.）。その際，そうした訴えにおいて貫徹される実体権，すなわち「形
成を求める権利」についても既に言及がなされており，この権利は「BGBに
おける意味での請求権では決してあり得ない」（Hellwig［1900］S. 466），「法的
可能（rechtliches Können）の権利」（Hellwig［1903］S. 232ff.）であるとされてい
る。そして構成的判決は「形成を求める権利」の存否を確認する限りで既判力
を有するとして，「構成的判決の確認的内容」が主張されていた（Hellwig
［1901］S. 4）。まさにそうした実体権を，ゼッケルが自覚的に提案したのである
（Seckel［1903］S. 208）。ゼッケルの著作の公表後に公刊されたヘルヴィヒの教
科書の第2巻以下では，「法的可能の権利」は「形成権（Gestaltungsrecht）」に，
構成的判決を求める訴訟は「形成訴訟（Gestaltungsklage）」に，それぞれ言い
換えられている[23]。

　ゼッケルの上記著作の公表後に改めてまとめられた，ヘルヴィヒの体系の集
大成とも言える『ドイツ民事訴訟法体系』においては，形成訴訟の対象は「法
関係の変動を求める権利」（形成権）であると明確に述べられるに至った（Hell-
wig［1912］S. 275）。従来特殊な形態の確認訴訟として問題とされてきた婚姻無
効確認訴訟（第1項Ⅱ2参照）は，純粋な確認訴訟ではなく，訴えの形態での
み主張される「"無効（Nichtigkeit）"を理由に婚姻が取り消されるべき旨を主
張する権利」を貫徹するもの，すなわち形成訴訟として体系に包摂された[24]。
訴訟において問題とされる実体法上の基礎の差異化（給付訴訟に対応する請求権，
確認訴訟に対応する法関係，形成訴訟に対応する形成権）により訴訟類型を範疇化
する体系（三ケ月［1959］39頁）が，ここに完成したのである。

23）　*Konrad Hellwig*, Lehrbuch des deutschen Zivilprozeßrechts, Bd. 2, 1907, S. 532f.; *Konrad
　　Hellwig, Lehrbuch des deutschen Zivilprozeßrechts, Bd. 3, Abt. 1, 1909, S. Ⅲ.
24）　*Konrad Hellwig*, System des deutschen Zivilprozessrechts, Bd. 2, 1919, S. 11f.

第1部 形成概念と第三者効 第2章 形成訴訟論と対世効

Ⅲ 形成訴権の動揺と訴訟法理論の転換

しかしながら，形成訴訟において行使される形成権，すなわち裁判上行使を要する形成権（形成訴権）の概念に対しては，そのような権利はもはや私権ではなく，裁判所に法形成を求める公権であるとの批判がなされるようになった（三ケ月［1959］49頁以下）。いわば，形成権の概念は，夙にキッシュが提示した疑問（Ⅰ参照）に答えを与えていない，との批判である。

1 シュタイン──形成訴権への批判

ヘルヴィヒが形成権を形成訴訟の訴訟物に据えたことに対していち早く批判を起こしたのは，訴権論や既判力論においてヘルヴィヒと共同戦線を張った[25]，シュタインであった。

シュタインは，ヘルヴィヒの著作が発表される以前には，形成訴訟を「法を創出しまたは否定する裁判官の行為の達成に直接向けられた」もの，概念上非訟事件に属するものだとして，「実定法上訴えの方式を指示されている事例は，例外事例として，類推的に拡張するには大いなる注意を要する」と述べていた（Gaupp/Stein［1901］S. 513）。

その後，ゼッケルやヘルヴィヒの著作の公刊を経て，シュタインの立場も変容を被った。すなわち，シュタインも形成訴訟において貫徹される「権利」に言及するようになる。しかしシュタインは，その権利は「（法律に服する者（Gesetzesuntertan）に対する）私権（privates Recht）」ではあり得ない（Stein［1913］S. 582）として，なおゼッケルやヘルヴィヒに向けて以下のような批判を投げかけた。「私法はたしかに，民法典上の取消しや解除のように，法形成をもた・ら・す（zur Rechtsgestaltung）権利を与えている。ここで当事者は形成をもたらす権利を自身の行為によって行使するのである。これに対して，法形成（離婚）を求・め・る（auf die Rechtsgestaltung）権利に関しては，当事者の権利は裁判官による形成を求めるものである。当事者自身は無力であり，その権利は国家に向けられているのであって，他方当事者に向けられているのではない」

---

25) *Friedrich Stein*, Über die Voraussetzungen des Rechtsschutzes, insbesondere bei der Verurteilungsklage, 1903, S. 2.

108

第 1 節　形成訴訟の沿革と法定主義の含意

(Stein [1921] S. 20. 圏点筆者)²⁶⁾。

　シュタインが確認訴訟も事情は同様だとしているように (Stein [1921] S. 20)，この批判は，先に確認訴訟の体系化の過程に際して見た，実体法上の確認請求権に対する批判と軌を一にする（第 1 項 II 1 参照）。すなわちシュタインは，訴訟によってしか行使できない形成（訴）権は，確認請求権と同様，国家に対してある法関係の形成を求める公権としてはまだしも，相手方に対する私権，とりわけ請求権と同質のものとしては存在し得ないというのである。

2　ゴルトシュミット——実体司法法による構造転換

　こうした批判をある意味で逆手にとり，実体法と訴訟法の関係に関する独自の考察をもって応答したのが，ゴルトシュミットであった。

(1)　訴えの三類型の統一的把握

　ゴルトシュミットは，私法とも訴訟法とも区別された範疇として，実体（民事）司法法 (materielles (Zivil-) Justizrecht) を観念する²⁷⁾。実体司法法は，国家（裁判所）に向けられる点で私法と異なる司法法 (Justizrecht) であるが，なお裁判の基準を提供する点で実体法 (materielles Recht) である (Goldschmidt [1905] S. 88ff.)。そして，訴訟の対象はこの実体司法法であるとし，権利保護請求権ないし訴権こそが，実体司法法として訴訟の対象に据えられるという (Goldschmidt [1929] S. 29)。形成訴訟の対象となる形成訴権は，実体司法法に属する権利保護請求権ないし訴権の特殊形態 (Sonderbildungen) であり，それ自体は私権ではない (Goldschmidt [1914] S. 136ff.)。

　ゴルトシュミットは，このように訴訟法と実体法の関係全般を捉え直すことを通じて，形成訴権に対する私権性の疑念を逆手にとった。すなわち彼は，確認訴訟はもちろん，給付訴訟の構成においても，実体法上の請求権と実体司法

---

26)　ただし，少なくともゼッケルは，この問題を意識していた。曰く，「法変動（離婚等）を求める (auf) 私法上の請求権は，私には考えることができない。私法上は形成（婚姻の解除等）をもたらす (zu) 権利，すなわち不確実で，補完的な国家行為を必要とする私法上の形成権行使をもたらす (zu) 権利しか存在しない。後者の私法上の権利に加えて，形成判決を求める (auf) 公法上のいわゆる権利保護請求権が，すなわちいわゆる形成を求める (auf) 訴権が存在する。形成（離婚判決）を求める (auf) 権利は専ら訴訟法規範に服する。形成をもたらす (zu) 権利は，第一義的には，例えば取消しに関する実体法規範に服する」(Seckel [1903] S. 249f.)。

109

法上の命令訴権（Verurteilungsklagrecht）ないし執行訴権（Vollstreckungs-klagrecht）とを分離し（Goldschmidt [1914] S. 129, 137f.），形成訴訟の特殊性を相対化したのである。ゴルトシュミットによれば，給付訴訟において貫徹されるのは，相手方私人に向けられた私法上の請求権そのものではなく，被告に原告への給付および強制執行の受忍を命ずることを裁判所に求める実体司法法上の権利（命令訴権ないし執行訴権）である（Goldschmidt [1929] S. 30ff.）。すなわち，むしろ給付訴訟においても実体法上の請求権そのものが訴訟の対象になるわけではないと考えることによって，確認訴訟および形成訴訟と同様に給付訴訟も，実体法上の請求権から切り離された形で把握されたのである。

　もっとも，周知の通り，訴訟上の請求を実体法上の請求権とは別個に観念するということ自体は，ヘルヴィヒが夙に説くところであった（Hellwig [1900] S. 153ff.）。しかし，ヘルヴィヒは他方で，訴訟上の請求と訴権とを明確に区別し，訴訟の対象（Prozessgegenstand）は国家に向けられた公権としての訴権ではなく，訴えの申立てにより指称され主張される法関係，すなわち訴訟上の請求であると述べ（a.a.O., S. 157），あくまで訴訟の対象から国家に対する主張，すな

---

27)　実体司法法という概念は，以下の本文で見る訴訟の対象に関する考察に典型的に見られるように，私法と訴訟法とを架橋し，実体法的ないし静態的考察と，訴訟法的ないし動態的考察とを併存させるための手がかりとして用いられている（Goldschmidt [1925] S. 228, 236f., 264, 276）。その全体像について参照，木川統一郎「ゴールドシュミットの実体的司法法の概念と内容」法学新報58巻1号60頁（1951）。
　　この実体司法法の概念には批判が多く寄せられているが，ゴルトシュミットがこの概念を用いることで公法学との接続可能性を意識したこと自体は，訴権論における力点のすれ違いを見せ始めていた当時の公法学と訴訟法学の状況（山本隆司 [2000] 123-124頁）に鑑みて，興味深い点である。具体的には，実体司法法の概念は，G. イェリネックおよび A. メルクルに拠ったものとされており（Goldschmidt [1905] S. 85 f.），実際に，私人間の私法関係を私人の国家に対する「地位」を媒介させて把握する G. イェリネックの理論（山本隆司 [2000] 117頁以下）を反映している。ゴルトシュミット曰く，「実体民事司法法の規範は，第一義的には原告適格者に対する国家の権利保護義務を基礎づける。すなわち，それは第一義的には国家，具体的には民事裁判官と執行機関に対する命令（Imperative）であり，第二義的に，国家の権利保護義務を充足するために必要な被告に対する国家の権利保護権力（Rechtsschutzgewalt）を基礎づける。すなわちその限りで，不特定多数の被告に対する，国家の権利保護措置のいかなる妨害をも禁ずる旨の命令である」（Goldschmidt [1925] S. 241）。ゴルトシュミットの民事・刑事法理論と公法理論との関係はそれ自体考究に値する問題であるが，本書ではこれ以上立ち入らない（司法刑法（Justizstrafrecht）と行政刑法（Verwaltungsstrafrecht）との二分法について参照，山本隆司「行政制裁の基礎的考察」高橋和之古稀『現代立憲主義の諸相(上)』253頁，270-271頁（有斐閣，2013））。

110

わち公権の主張を除外していた。換言すれば，ヘルヴィヒは実体法上の権利の
みを訴訟物に据えており，「権利保護の形式を訴訟物のメルクマールとは見て
いない」(Henckel [1961] S. 32)。また同様に，ヘルヴィヒは夙に，給付判決の
執行力（ないし請求権の掴取力）が実体法上の請求権それ自体の内容とは切り離
された訴訟上の存在であると述べていた（Hellwig [1901] S. 6）が，他方で国家
に対する執行請求権は債務名義の成立によって初めて発生するものだとしてい
た[28]（いわゆる抽象的執行請求権説[29]）。ゴルトシュミットの行った理論上の転換
は，国家に対する執行訴権の主張を訴訟上の請求に含めて明確に訴訟の対象な
いし訴訟物とした点にある。

(2) 形成訴訟における実体法

他方で，以上のようなゴルトシュミットの構成においては，形成訴訟と実体
法との関連は，実質的にはなおヘルヴィヒらの体系と同様の形で存在している。
すなわち，訴訟の対象には，判決の要求（Urteilsbegehren）だけでなく，個別
化された実体法上の要件の主張も含まれる（Goldschmidt [1925] S. 270）。換言す
れば，訴訟において現れる実体司法法は，「個人と権利保護義務を負う国家と
の関係についての法的規律の本質として根本的に改められた民法自体である。
実体的民事司法法の主観法，すなわち権利保護請求権は，主として，その私権
からの完全な独立性にもかかわらず，権利保護義務を負う国家に対して私権を
方向づけたものである」(Goldschmidt [1914] S. 120)。

このように，ゴルトシュミットの理解する訴訟の対象は，裁判所に対する訴
権の主張ないし「要求（Begehren）」のみならず，実体法上の「権利主張
(Rechtsbehauptung)」をも包含していた。すなわち，彼が訴訟の対象を私権で
はなく訴権（実体司法法）であるというとき，訴権の概念の中で実体法と司法
法との連関をなお維持していたことは，看過されてはならない。

Ⅳ 訴訟物論への定位

その後の論者は，主に訴訟物ないし訴訟上の請求概念に関する議論[30]に定位

---

28) *Konrad Hellwig*, Klagrecht und Klagmöglichkeit, 1905, S. 19.
29) 参照，兼子一「請求権と債務名義──執行（請求）権の一考察」同『民事法研究Ⅰ』157頁，
163頁以下（酒井書店，1950）〔初出：1931〕。

第 1 部　形成概念と第三者効　　第 2 章　形成訴訟論と対世効

してこの論争を引き継いだ。実体法上の形成権を訴訟物に据える立場を採用する学説（Schönke［1951］S. 175f.）がなお存在する一方で，形成訴権の私権性への疑念には同調者もあった（*Horst Schröder*, in: Schönke/Schröder/Niese［1956］S. 205）。

　ただし，以降の議論の焦点は，訴訟物論の一般的傾向とパラレルに，二重起訴や既判力の客体的範囲等を主とするより技術的な問題に当てられるようになっている[31]。具体的には，形成訴訟の訴訟物は形成権か形成原因かという問題[32]や，いわゆる一分肢説対二分肢説の論争である（中田［1954］101 頁以下；三ケ月［1973］34 頁以下）[33]。この展開を詳述することは本書の目的外である。

　本書にとって重要なのは，形成訴訟ないし形成訴権の概念の理論的基礎の探究である。既存の議論の文脈に即して言えば，これは訴訟上の請求ないし訴訟物概念における，相手方に対する権利主張（Rechtsbehauptung）と裁判所に対する要求（Begehren）の位置づけに関する問題である（三ケ月［1959］72 頁以下）。結論から言えば，この議論は，ゴルトシュミットのなした発想の転換を訴訟物論に定位したものと位置づけることができる。以下ではこの点を意識的に論じた学説に的を絞って概観し，ゴルトシュミットの議論が現在にまで受け継がれていることを確認する。

---

30)　当時の論者による訴訟物（Streitgegenstand）および訴訟上の請求（prozessualer Anspruch）の使い分けはさほど明確でないため（新堂［1958-59］53 頁註 2），以下では両者を基本的に同義のものとして用いる。

31)　レント，ローゼンベルクの論争を契機とする訴訟物理論の展開全般に関して，新堂［1958-59］6 頁以下；三ケ月章「最近のドイツにおける訴訟物理論の一断面――W. J. Habscheid, Der Streitgegenstand im Zivilprozess und im Streitverfahren der freiwilligen Gerichtsbarkeit（1956）の紹介と批評を中心として」同『民事訴訟法研究第 1 巻』101 頁，103 頁以下（有斐閣，1962）〔初出：1958）。日本における紹介がひと段落して以降のドイツの訴訟物論においても，やはりその中心には既判力の客体的範囲の問題が位置づけられている。Vgl., *Dieter Hesselberger*, Die Lehre vom Streitgegenstand – Geschichtliche Entwicklung und gegenwärtiger Stand, 1970, S. 167ff.

32)　ドイツでは既判力が「請求」に関する判断に生ずるものと規定されている（§ 322 Abs. 1 ZPO）ため，形成原因を訴訟物とすることは法文上できないとされることがある（Dölle［1941］S. 284）。日本では「主文に包含するもの」に既判力が生ずる（民訴 114 条 1 項）ため，少なくともそのような論理のみでは形成原因説を否定できない。

33)　比較的近時の業績として，*Helmut Köhler*, Der Streitgegenstand bei Gestaltungsklagen, 1995, S. 7ff.

112

1 ローゼンベルク——形成訴権の維持

　訴訟物（Streitgegenstand）の概念によって訴訟法上の諸論点を体系的に結び
つけたローゼンベルク[34]は，シュタインの見解に対していち早く批判を起こし，
形成訴訟の基礎に私権が存在する旨を説いた。

(1) 訴訟物＝形成権説

　ローゼンベルクは，形成訴訟の訴訟物を「法変動を求める権利（Recht auf
Rechtsänderung)」ないし形成権（Gestaltungsrecht）だとしたうえで，次のよう
に説く。「法変動を求めるこの実体法（私法）上の権利の存在は，幾度となく
争われている。その理由は，この権利によって相手方が何ら義務付けられるわ
けではなく，相手方はその権利を満足させることはできず，せいぜいその権利
の対象を消滅させることができるだけであり，むしろ，法変動を惹起する義務
を負い，また惹起することのできるのは専ら国家であることから，それは公法
上の，国家に向けられた権利であるというものである。しかし，これは誤って
いる。形成権はそもそも特定の行為を義務付けるものでは決してないため，一
方的な意思表示により行使される形成権について争いがないのと同様に，ここ
に請求権は存在しない。解除権も取消権も，それによって相手方はなにも義務
付けられず，相手方はその権利を満足させることはできず，相手方はせいぜい
その権利の対象を消滅させることができるだけである。それゆえ，形成訴訟の
実体法的性質および形成判決の基礎にある法変動を求める権利の存在は，疑い
得ない」(Rosenberg [1927] S. 234)。具体例の若干の変更を除き，同旨はシュ
ヴァープによる補訂がなされる直前の版まで維持された（Rosenberg [1961] S.
411)。

　この論旨は以下のように敷衍できよう。形成権はたしかに相手方の義務を基
礎づけるものではないが，それは請求権とは異なる別種の実体法上の権利であ
ることを意味するに留まり，形成権の私権としての性質を否定することにはな
らない。形成訴訟の訴訟物である「形成を求める権利」も，それが相手方の義
務を基礎づけるわけではなくとも，なお私権として構成可能であり，それを公
権と位置づける学説は正当でない。換言すれば，形成訴権が「何かを求める権

---

34)　Vgl. *Leo Rosenberg*, Die Veränderung des rechtlichen Gesichtspunkts im Zivilprozesse, ZZP
　　49, 1925, S. 38 (42ff.).

第1部　形成概念と第三者効　　第2章　形成訴訟論と対世効

利」であるとすればもはや国家に対して形成を求める公権でしかあり得ないというシュタインらの論旨は、なぜ形成訴訟の基礎となる実体法を「何かを求める権利」と観念しなければならないのかについて説明を欠いている、ということである。

(2)　訴訟物としての要求（Begehren）

　さらにローゼンベルクは、訴訟物を実体法上の権利から切り離し、ゴルトシュミットと足並みをそろえる。曰く、給付訴訟の訴訟物は実体法上の請求権そのものではなく、それとは区別された訴訟上の請求である[35]。具体的には、実体法上の請求権そのものではなく、確定されるべき債務関係に由来する給付の要求（Begehren）である（Rosenberg [1927] S. 237）。これに対応して、形成訴訟の訴訟物も、実体法上の形成権そのものではなく、主張された形成権に基づく裁判官による法変動の要求であるとされる（a.a.O., S. 237）。すなわち、ローゼンベルクにおいても、ゴルトシュミットと同様に、形成訴訟の訴訟物には裁判所に対する形成の要求（Begehren）が含まれるのである[36]。

　しかし、ローゼンベルクは給付訴訟の訴訟物の中に執行訴権を含ませることを拒み、訴権論の文脈ではなおゴルトシュミットと対立する。ローゼンベルクはいわゆる具体的訴権、すなわち裁判所に対して自身に有利な裁判を要求する公権の存在を否定し、国家に対する公権として存在し得るのは、抽象的な裁判を要求する権利である司法作用請求権（Anspruch auf Rechtspflege）のみであるとする（Rosenberg [1927] S. 226, 254ff.）。そのため、実体法上の請求権を強制執行手続において貫徹することを求める権利の存在を明示的に否定し、「執行請求権（Vollstreckungsanspruch）」の語を、債務名義をもとに執行裁判所に対して強制執行手続の開始を求める権利に限定して理解するのである（a.a.O., S. 256f.）[37]。

---

35)　*Leo Rosenberg*, Zur Lehre vom Streitgegenstand, in: Festgabe für Richard Schmidt, 1932, S. 256 (259).

36)　なお、ローゼンベルクの訴訟物ないし訴訟上の請求の定義は、版を重ねるごとに複雑に変遷している（新堂 [1958-59] 18頁。訴訟物の特定の問題に焦点を当ててこの問題を分析するものとして、中田淳一「訴訟上の請求——ドイツにおける訴訟物理論の動向を中心として」同『訴と判決の法理』71頁，78頁以下（有斐閣，1972）〔初出：1957〕）。いずれにせよ本書では、最終的にローゼンベルクが裁判所に対する要求を訴訟物ないし訴訟上の請求に含めた点を確認すれば足る。

37)　この論旨はむしろヘルヴィヒらの抽象的執行請求権に近い（Ⅲ 2(1)参照）。

114

2　シュロッサー——訴訟法からのアプローチ

　訴権論においてなおゴルトシュミットと対立するローゼンベルクとは異なり，訴権論においても足並みをそろえることで，ゴルトシュミットの理論を明確に承継したのが，シュロッサーであった。

(1)　訴訟物としての「権利保護請求権」

　シュロッサーは，訴訟物ないし訴訟上の請求概念を相手方に対する権利主張（Rechtsbehauptung）か裁判所に対する要求（Begehren）かの二者択一で定義しようとする議論の実益を疑い[38]，前者が訴訟物に含まれることは当然視したうえで，それに加えて後者も訴訟物に含まれるのかという問題設定を行う。すなわち，真の問題は「形成訴訟の訴訟物には国家に対する公法上の請求権の主張が含まれるのか，換言すれば，訴えの要求（Klagebegehren）によってそのような権利が主張されるのか」（圏点筆者）にある（Schlosser [1966] S. 367）。そしてシュロッサーは，形成訴訟の訴訟物には「形成行為を求める公法上の請求権」，すなわち広義の執行請求権（Vollstreckungsanspruch）ないし権利保護請求権（Rechtsschutzanspruch）の主張が含まれると解して，この問いに肯定で答えるのである（a.a.O., S. 374）[39]。

　シュロッサーの立論の要旨は以下の通りである。一方で，上記の考え方は，給付訴訟の訴訟物の捉え方と矛盾しない。自力救済禁止の代償として裁判による保護を開いた時点で，原告には国家に対して強制執行を求める権利，すなわち執行請求権が保障されているのであり，給付訴訟の訴訟物にはこの執行請求権が含まれる（Schlosser [1966] S. 374ff.）。形成判決は原告の要求の強制的な実現の一種であり，国家に向けられた形成請求権（Gestaltungsanspruch）は執行請求権の一種に他ならない（a.a.O., S. 367ff.）。他方で，そもそもこうした国家に向けられた権利を訴訟物に含ませたとしても，民事訴訟理論上の問題を引き起

---

38)　夙にゴルトシュミットも，訴訟物が私法上の請求権なのか権利保護請求権なのかという争いは無益であるとしていた（Goldschmidt [1925] S. 270 Anm. 1419）。

39)　なお，シュロッサーの見解は，形成訴訟の訴訟物を被告に対する形成権（私権）ではなく裁判所に対する公権であると見るものと理解されることがある（シュヴァーブ [1968] 329-330 頁；Blomeyer [1969] S. 73; M. Schwab [2005] S. 181f., 182 Anm. 15）。しかし，本文で述べた通り，シュロッサーは形成権の主張（権利主張）に加えて権利保護請求権の主張（要求）も訴訟物になると理解しているのであり，専ら後者が訴訟物であるという理解は採っていない。この点でシュロッサーはゴルトシュミットの理解を忠実に継承している（Ⅲ 2 (2)参照）。

第1部　形成概念と第三者効　　第2章　形成訴訟論と対世効

こすことはない。僭称債権者間での確認訴訟では，実体法上の債権の相手方で
ある債務者は当事者ではなく，主として国家に対する確認の要求が問題となる
のであるし，訴訟上の形成訴訟では，被告は執行債務者であって債務名義ある
債権の債務者ではなく，主として国家に対する執行行為の発布の要求が問題と
なるのであって，こうした場合には訴訟物に国家に対する当該要求が含まれる
と解さざるを得ない（a.a.O., S. 375）。

　ここに至って，確認請求権構成の挫折の経験を形成訴訟に持ち込むのではな
く，むしろ給付訴訟の把握を転換させることによって統一的に訴訟類型を把握
するというゴルトシュミットの理解が，訴訟物論および訴権論に明瞭に定位さ
れたと言えよう。すなわち，給付訴訟においても訴訟物の中には国家に対する
執行訴権の主張が含まれるのであるから，確認訴訟，形成訴訟において国家に
対する権利の主張が訴訟物に含まれると解しても，訴えの三類型の統一的な把
握は妨げられないのである。シュロッサーが後に執筆した教科書においても，
給付判決の内容は私法上の給付請求権の訴訟上の対応物（prozessuale Gegen-
stück）であるという叙述（Schlosser [1983] S. 139）や，訴訟上の意味の請求は
実体法上の請求権とは一致しないという叙述（a.a.O., S. 321f.）に，上記のよう
な思考が覗いている。

(2)　「権利保護請求権」の再生

　その後の学説は，上記のようなシュロッサーの問題意識そのもの[40]にではな
く，シュロッサーが裁判所に対する要求（Begehren）を「権利保護請求権」と
して構成したこと，すなわち具体的訴権として構成したことに関心を向け，こ
の問題を訴権論に再定位することになる。すなわち，これ以降の議論は，ロー
ゼンベルクら通説の司法作用請求権説およびその派生形と，シュロッサーによ
り再生された「権利保護請求権」説との対立として継続することとなる
（Pohle [1967]；シュヴァープ [1968] 324頁以下；Blomeyer [1969] S. 67ff.）[41]。

---

40)　「権利保護請求権」の概念に過度の重みづけを与えている点に疑問はあるが，ゴルトシュミット
　　およびシュロッサーと関心を共有するものとして参照，Mes [1970] S. 12ff., 129。

41)　邦語での紹介として，上北武男「アルヴェード　プロマイヤー『民事訴訟における権利保護請
　　求権』」法学論叢89巻3号73頁（1971）；フリッツ・バウアー（鈴木正裕訳）「ドイツ法における
　　審尋請求権の発展」神戸法学雑誌18巻3＝4号512頁，529頁以下（1969）；福富哲也「権利保護
　　請求権説の再生について」東北福祉大学紀要2号123頁，128頁以下（1977）。

116

第1節　形成訴訟の沿革と法定主義の含意

　しかしこの議論は，ここまで見てきた訴えの三類型の構造の統一的把握のための議論とは，関係しない。ゴルトシュミットやシュロッサーの議論に即して本書で確認してきたのは，裁判所に対する要求（Begehren）を審判の対象に含めるか否かという問題であり，この要求が公権としての性質を持ち得るか，持ち得るとしてそれはいかなる性質なのかという，訴権論の問題ではない。そして，裁判所に対する要求が訴訟物に含まれるとする点ではローゼンベルクもシュロッサーも一致しているのであり，いずれの立場に立つにせよ，形成訴訟は給付訴訟および確認訴訟と同様の構造を有するのである[42]。

　さらに言えば，再生された「権利保護請求権」の当否をめぐる議論は，訴権の構成それ自体をめぐる従来の訴権論の問題設定からも，もはや重心を移すに至っている。具体的には，ボン基本法103条1項によって保障される審問請求権や，同19条4項によって保障される公権力による権利侵害に対する救済手段，ひいては国家責任制度や憲法裁判制度による訴訟制度のあり方の統制といった諸問題が比重を有するに至っており（Pohle［1967］S. 99ff.; Blomeyer［1969］S. 71ff.; Mes［1970］S. 37ff., 89ff.）[43]，これらの諸問題は従来の訴権論とは関心を異にしている[44]。

---

42)　なお，ドイツでの要求説と権利主張説の対立は，我が国で言ういわゆる「新訴訟物理論」の構成と密接に関わっており，かなり複雑な様相を呈している。しかし結局，訴訟物ないし訴訟上の請求に，裁判所に対する要求が含まれると考えること自体に対しては，有効な反論は提示されていないと言えよう（三ケ月［1959］72頁以下）。現在の日本の通説は，被告に対する権利主張（狭義の請求ないし訴訟物）と裁判所に対する要求の区別を認識しつつも，両者を「広義の請求」に包括し，場合に応じて狭義広義の請求概念を使い分けることとしている（新堂［2011］308頁）。

43)　嚆矢として，*Fritz Baur*, Der Anspruch auf rechtliches Gehör, AcP 153, 1954, S. 393（401ff.）; *Karl August Bettermann*, Der Schutz der Grundrechte in der ordentlichen Gerichtsbarkeit, in: *ders. et al.*（Hrsg.）, Die Grundrechte, Bd. Ⅲ-2, 1959, S. 779（784ff.）。我が国の議論として参照，斎藤秀夫「訴権と憲法との架橋」同『民事訴訟法理論の生成と展開』67頁（有斐閣，1985）〔初出：1962〕；笹田栄司「『訴権』の憲法的理解」同『司法の変容と憲法』307頁，313頁以下（有斐閣，2008）〔初出：1993〕；松本博之「民事訴訟法ドグマーティクにおける実体法と訴訟法」同『民事訴訟法の立法史と解釈学』180頁，230頁以下（信山社，2015）〔初出：2011〕。

44)　参照，三ケ月章「裁判を受ける権利」同『民事訴訟法研究第7巻』1頁，16頁以下（有斐閣，1978）〔初出：1973〕。なお，初期における類似の問題関心として夙に，*Richard Schmidt*, Prozeßrecht und Staatsrecht - Betrachtungen zur Systematik und zur Gesetzesreform des modernen Zivilprozeßrechts, 1904, S. 51ff.

第1部 形成概念と第三者効 第2章 形成訴訟論と対世効

3 ベティヒャー，デレ——実体法からのアプローチ

他方で，シュロッサーとは異なる視点から訴えの形成訴訟の特殊性を相対化したのが，ベティヒャーである。

ベティヒャーは，形成訴権と形成権の実体法上の作用の共通性を強調する一方，訴訟でのみ行使可能な形成権という定義によって形成訴権を特別視することを批判する（Bötticher [1963] S. 54f.）。曰く，①その実現のために裁判所の関与が必要である点を重視すると，形成訴権は形成権とは区別されることになるが，②相手方の協力が不要である点に着目すれば，形成訴権も形成権も同様となる（a.a.O., S. 45）。本書の整理に即して敷衍すれば，①は国家に向けられた公権ないし訴権としての側面に関わるのであるから，この点を重視すれば（公権としての）形成訴権と（私権としての）形成権との異質性が際立つことになるが，②は公権ないし訴権としての側面に無関係であるから，この点を重視すれば形成訴権と形成権との同質性が見出される。見方を変えれば，シュタインらの問題提起（Ⅲ1参照）とゴルトシュミットらによる視座の転換（Ⅲ2参照）は①に関わるものであったのに対して，ローゼンベルクの問題意識（1参照）は②に関わるものであったのであり，ベティヒャーは後者を適切に引き継いだのだとも言えよう[45]。こうしたベティヒャーの見解には，デレが賛同し[46]，デレはより率直に，形成訴権は公権であるが，形成訴訟において形成権の存否が問題となるということは，そのことと矛盾しないと説いた（Dölle [1969] S. 96f.）。

他方で，ベティヒャーにおいては，形成訴訟の訴訟物の問題は，既判力の客体的範囲などの法技術的な側面からの検討を要する事柄であることが，強調されるようになっている（中田 [1954] 103頁以下）。ベティヒャーは，形成訴訟の訴訟物を形成権だとするローゼンベルクの見解を排斥する（Bötticher [1949] S. 81ff.）が，かといってゴルトシュミットやシュロッサーのように形成原因が訴訟物になると述べるわけでもなく，既判力の客体的範囲の問題の処理にも目配りをして，離婚訴訟や婚姻取消訴訟の訴訟物は，離婚や婚姻の取消しそれ自体

---

45) なお，ベティヒャーは別稿で，①形成権の私権性に関する疑念そのものの払拭にも努めている。*Eduard Bötticher*, Gestaltungsrecht und Unterwerfung im Privatrecht, 1963, S. 2ff.

46) そのほかにも，*Gerhard Jooss*, Gestaltungshindernisse und Gestaltungsgegenrechte – Ein Beitrag zur Lehre von den Gestaltungsrechten und den Gestaltungsklagerechten, 1967, S. 22ff. が，ベティヒャーの理解を基礎に据えている。

118

だとする（a.a.O., S. 84）。

V　小　括

　形成訴訟は，形成権概念によって実体法上の基礎を獲得し，他の訴えの類型から独立した（I，II）が，形成訴権の概念に対しては，裁判によってのみ行使できるという特殊性を捉えてその私権性に疑念が呈されることとなった（III 1）。しかし，その疑念はひとり形成訴訟ないし形成訴権についてのみ当てはまるものではなく，かえって給付訴訟の構造の転換につながり，訴えの三類型の構造の統一的把握へとつながった（III 2，IV）。その後は，形成訴訟において問題となる実体法をいかに構成するかの問題は，既判力の客体的範囲等の技術的問題に収斂していった（IV 3）。

第3項　形成訴訟におけるアクチオ体系の残滓？

　このように，訴えの三類型の構造を統一的に把握するならば，給付訴訟と確認訴訟とがアクチオ体系を脱したものであるのに対して，形成訴訟はアクチオ体系の残滓を孕むとする議論に関しても，見直しが必要となる。

　形成訴訟とアクチオ体系との関係性は，行政訴訟を支配してきた形成訴訟のドグマの克服に正面から取り組んだ小早川光郎の次の叙述に端的に示されている。「一般に，形成訴訟の背後に実体法上の権利として形成権なるものを構成することの当否について争いの存することは周知の通りである。そして，かりにこの問題を肯定するとしても，(i)そこでの『形成権』には『国家に対して権利形成を要求する権利』としての側面が濃厚であると言わなければならない。形成権概念のこの側面を強調する場合には，したがってそれは形成訴権の概念に近接し，同時に，形成訴権から区別された実体権としての内容を希薄にしてしまう。(ii)あるいは別の観点から見るならば，裁判上の行使を要する形成権なるものは，①法律関係の当事者が本来ならばもちうべき形成権の行使を何らかの理由にもとづいて裁判の形式に留保したものであるか，または②法が創設的に形成訴権の形で賦与したものか，そのいずれかであると考えられる。前者の場合には『実体法上の形成権』なるものが一応観念され得るのであるが，しかしそのような権利の訴求可能性は，後者の場合と同じく法による形成訴訟の個別的許容に依存する。結局，実体的形成権概念の定立にもかかわらず，民事

第1部　形成概念と第三者効　　第2章　形成訴訟論と対世効

上の形成訴訟制度からアクチオ的色彩を拭い去ることは困難である」（小早川
[1973] 66頁。括弧数字，丸数字筆者）。

　一方で，(i)の指摘は，既に確認した通り，必ずしも形成訴訟の特殊性に結
びつくわけではない。確認訴訟においても，問題となるのは法関係そのもので
あり，原告が被告に対して有する（確認）請求権ではない。確認訴訟と給付訴
訟の構造の同質性を語る以上は，この点のみをもって形成訴訟のアクチオ体系
の残滓を語ることはできない（第2項Ⅳ参照）。他方で，(ii)の指摘は，形成訴権
はいずれにせよ実定法上の個別的許容により付与されるのだという，いわゆる
形成訴訟法定主義を意味している。小早川がここで依拠している三ケ月章の叙
述は，「実体法上個別的に明文で認められた場合に限って存在する」という点，
すなわち法定主義を，端的に形成訴訟におけるアクチオ体系の残滓と位置づけ
ている（三ケ月 [1959] 48頁）。しかし，ここまで論じてきたことに鑑みると，
そもそもこの法定主義の含意自体を問い直すことが必要であるように思われる。
款を改めて考察する。

第3款　形成訴訟法定主義とアクチオ体系

　形成訴訟の特色を表す命題として，現在では，形成訴訟法定主義，すなわち，
形成訴訟は法がそれを認めた場合にのみ提起することが可能であるとの命題が
挙げられるのが常である。形成訴訟法定主義をアクチオ体系の残滓と評価する
見解は，アクチオ体系を，法が個別に認めることによって初めて私人の救済手
段が用意される建前と理解し，形成訴訟法定主義はこれと同義の命題であると
見ている。

　こうして形成訴訟の特殊性を肯定することが，形成判決と対世効との必然的
な関係づけを導き，確認判決の対世効を否定するという固定的な解釈論に結び
ついたことは，本章冒頭で確認した通りである。こうした固定的な解釈論は，
会社関係訴訟や行政訴訟について，原告の主観法を見出しづらくし，概括主義
のポテンシャルを妨げる形でも機能してきた。会社関係訴訟については，株主
総会決議を争う訴訟が形成訴訟と性質決定されたことにより，株主総会決議を
取り消すことを求める株主の実体法上の権利に関する議論の蓄積が隠蔽されて
しまった（岩原 [1980] 385頁以下，423頁以下）。行政訴訟については，戦後の概

120

括主義の下では，取消訴訟の要件を満たさないならば他の訴訟類型によって救済が与えられる可能性を考慮しなければならないはずであるのに，取消訴訟が形成訴訟と理解されたことによってそれがなお列記主義的に把握され，取消訴訟の要件を満たさない場合には即座に訴えが却下されるという事態が起こった（小早川［1973］66-67頁）。

　しかし，前款までの検討を踏まえるならば，法定主義によって形成訴訟の構造上の異質性を強調することが，そもそも理論的に正当でない。換言すれば，上記のような固定的な解釈論は，ある訴訟を形成訴訟と性質決定したことそれ自体というよりは，性質決定に用いられた形成訴訟の理解が正当でなかったことに起因する。以下では，形成訴訟法定主義の理論的含意を問い直し（第1項），形成訴訟法定主義の当初の理解を洗い直すことで（第2項），このことを論証する。

第1項　法定主義の含意

　ここで整理が必要なのは，訴訟には性質の異なる二つのものがあり，それぞれについて法定主義の意味合いが異なるという点である。

　この点でも先に見た小早川の論述（第2款第3項参照）が示唆的である。小早川は形成訴訟を，(ii)①「法律関係の当事者が本来ならばもちうべき形成権の行使を何らかの理由にもとづいて裁判の形式に留保したもの」と，②「法が創設的に形成訴権の形で賦与したもの」とに分類している[47]。具体的には，①は，既存の主観法（典型的には私権）を基礎として訴権が当然に発生しており，したがって特別の訴訟形式を法定することなくしても提起することが可能なものであり，「主観法訴訟」と呼ぶことができる。これに対して②は，特別の法規定

---

47)　類似の分類として，Kisch［1903］S. 67ff. そのほか，ドイツでしばしばなされる分類として，本来私的自治に委ねられている法効果を形成する不真正形成訴訟（unechte Gestaltungsklage）（会社の解散など）と，私的自治に委ねられていない法効果を形成する真正形成訴訟（echte Gestaltungsklage）（協議離婚が禁じられているドイツやスイスにおける離婚訴訟など）との区別がある（*Helmut Staab*, Gestaltungsklage und Gestaltungsklagerecht im Zivilprozess, 1967, S. 124ff.; *Gerhard Lüke*, Zum zivilprozessualen Klagensystem, JuS 1969, S. 301（305f.）；ゲルハルト・リュケ「民事訴訟上の訴の体系についての覚書」中田淳一還暦『民事訴訟の理論（上）』341頁，356頁（有斐閣，1969）；Sogo［2007］S. 47ff.）が，具体的な内容には不明確な点があり，本書ではこの分類は重視しない。

第1部　形成概念と第三者効　　第2章　形成訴訟論と対世効

（客観法）の定めによって初めて訴権[48]ないし訴権を基礎づける主観法[49]が与えられるものであり，「客観法訴訟」と呼ぶことができる[50]。以下で見る通り，それぞれについて法定主義の意義は異なっている。

I　主観法訴訟としての形成訴訟——形成訴訟「法定主義」？

まず，主観法訴訟に関して法定主義がアクチオ体系と同義であると評価できないことは，既に正当に指摘されている。特別の形式による訴えが法定されていなくとも私人に訴権が認められる場合に形成訴訟が法定されることの意味は，通常の給付訴訟または確認訴訟には認められない特殊の規律を導入する点に求められる。換言すれば，ここでの法定主義の含意は，給付訴訟または確認訴訟に対する訴訟法上の特則の適用に尽きており[51]，ここでは形成訴訟が法定されて初めて私人に救済手段が与えられるわけではない（小早川 [1973] 70頁）[52]。裏面から言えば，形成訴訟が法定されていない場合に，当該法関係の存否を争う訴訟についてアプリオリに訴えの利益が否定されるわけではない[53]。したがって，主観法訴訟について語られる法定主義に，アクチオ体系の残滓を見出

---

48)　特定適格消費者団体の提起する共通義務確認訴訟（消費被害回復3条）が典型である。

49)　適格消費者団体の差止請求権（消契12条等）が典型である。この差止請求権が既存の実体法から直接導くことのできない権利である（当該規定が「創設的規定」である）と見るものとして参照，森田修「差止請求と民法——団体訴訟の実体法的構成」総合研究開発機構＝高橋宏志共編『差止請求権の基本構造』111頁，127頁（商事法務研究会，2001）。情報不開示決定の取消訴訟も，法律または条例によって初めて具体的な開示請求権が認められる以上，客観法訴訟に当たると解される。

50)　①②の対比からは，公法学上の主観訴訟／客観訴訟の対比が即座に想起されよう。しかし，我が国における主観訴訟および客観訴訟の定義は，私人の権利利益の保護か行政活動の適法性の確保かという訴訟の目的に注目してなされてきたものであり（その問題点について参照，村上裕章「越権訴訟の性質に関する理論的考察」同『行政訴訟の基礎理論』102頁，249頁（有斐閣，2007）〔初出：1989〕），ここでの問題である，ある訴訟が「法律に定める場合において，法律に定める者に限り，提起することができる」（行訴42条）ものか否かという問題には，「法律上の争訟」（裁判所法3条1項）概念を媒介することで間接的に関わるに過ぎない。なお，「法律上の争訟」概念と主観訴訟／客観訴訟の概念とが結びつく過程について参照，西上 [2014] 36頁以下；村上裕章「日本における客観訴訟論の導入と定着」九州大学法政研究82巻2＝3号263頁，293頁以下（2015）；杉井俊介「日本における主観訴訟と客観訴訟の概念の系譜(2)」自治研究92巻3号105頁，113頁以下（2016）。

51)　参照，田頭章一「権利保護形式としての形成訴訟の特質(2・完)——会社法上の形成訴訟を中心として」六甲台論集34巻4号177頁，178頁（1988）。

52)　会社関係訴訟について，谷口安平「会社訴訟における訴えの利益」同『多数当事者訴訟・会社訴訟——民事手続法論集第2巻』157頁，161頁（信山社，2013）〔初出：1968〕。

第 1 節　形成訴訟の沿革と法定主義の含意

すことはできない。

　なお，ここに言う訴訟法上の特則の内容は，形成訴訟の定義ないしメルクマールと密接に関連している。後に見る通り，形成訴訟の法技術的な特色は，執行不要性と排他性に見出される（第 2 節参照）。このうち，執行不要性の要素は法定主義とは無関係である。執行不要性の要素は，結局のところ意思表示の強制執行の規定の適用の有無という解釈問題であり，当該訴訟が法定されていなければ執行不要性が備わらないという関係にはない（第 2 節第 2 款参照）。他方，排他性の要素は，たしかに法定主義に関係する。排他性の要素は，前提問題としての主張が可能である事項についてそれを禁止することを意味し，そのような事態を認めるには，少なくとも特別の訴訟要件が法定されているなどの法律上の手がかりが必要である（第 4 節第 2 款第 3 項参照）。しかしこれは要するに，主観法訴訟についての法定主義は，排他性という特則を導入するためにはそれを導き出すための法律上の規定を用意するほかないことの裏面に過ぎないのであり，法定されて初めて救済手段が与えられるという意味でのアクチオ体系の残滓はここには見出されない[54]。

---

53)　ある議案を否決する株主総会の決議の取消しを求めた訴訟を却下した最判平成 28 年 3 月 4 日民集 70 巻 3 号 827 頁は，「一般に，ある議案を否決する株主総会等の決議によって新たな法律関係が生ずることはないし，当該決議を取り消すことによって新たな法律関係が生ずるものでもない……。このことは，当該議案が役員を解任する旨のものであった場合でも異なるものではない」と述べている。これは，否決決議の取消訴訟が法定されていないことを理由としたのではなく，あくまで原告の求める請求に照らした訴えの利益の判断を行ったものと解される。千葉勝美補足意見は，「否決の決議の取消しを求める訴訟なるものは，同法（筆者註：会社法）が想定しておらず，許容されないものであって，不適法とされることになる」と述べるものの，「否決の決議がされたことが何らかの法律効果の発生の要件とされているような事例は，想定されないではな」いとする。ただし，それでもなお否決決議の取消しの必要性がないことが論証されている。

54)　なお，ドイツの行政訴訟理論では，外部効果の不存在ゆえに行政行為と性質決定することのできない行為について，一般的形成訴訟（allgemeine Gestaltungsklage）を承認すべきとの主張がある（Strahl［1987］S. 86ff.）。これは，主観法訴訟としての形成訴訟の存在を主張するものと解されるが，そこでは排他性というメルクマールが十分に意識されておらず（a.a.O., S. 11f.），確認訴訟ではなく形成訴訟だという性質決定を敢えて行う意図が不明瞭である。逆に，一般的形成訴訟を否定する見解においても，排他性のメルクマールとの関係は触れられていない（*Klaus Grupp*, Zur allgemeinen Gestaltungsklage im Verwaltungsprozessrecht, Festschrift für Gerhard Lüke, 1997, S. 207（214 ff.））。連邦行政裁判所は，一般的形成訴訟（当該事件では「準取消訴訟（Quasianfechtungsklage）」という名称で議論されている）の存在を認めず，（一般的）給付訴訟および確認訴訟によって完全な権利保護が図られるとした（BVerwG Urt. v. 20. 7. 1962, BVerwGE 14, 323）。

123

第1部　形成概念と第三者効　　第2章　形成訴訟論と対世効

Ⅱ　客観法訴訟としての形成訴訟──「形成訴訟」法定主義？

他方で，客観法訴訟についてはなお，法定されなければ私人に救済手段が与えられないという意味で，アクチオ体系の残滓を語り得る。そして，客観法訴訟には必然的に排他性が備わることになると解されるため，客観法訴訟であることは必然的に形成訴訟であることを意味し，結果として形成訴訟のアクチオ体系の残滓を否定し得ないようにも見える。

しかし，客観法訴訟が，常に形成訴訟であるとは限らない。例えば，法律が「一つの新らしいアクチオを追加したもの」と評される，株主や社員が提起する役員等の責任追及の訴え（会社847条，一般法人278条）[55]は，給付訴訟としての客観法訴訟である。この給付訴訟を他の団体に類推することができるかという問題[56]は，形成訴訟，例えば株主総会決議取消訴訟を他の団体に類推可能であるかという問題（Schlosser [1966] S. 276ff.）とパラレルであり[57]，ここでは給付訴訟か形成訴訟かによって問題の実質が異なることはない。換言すれば，実定法によって直接に訴権が付与される場合に，当該訴権が形成訴権であるという必然性は無く，客観法訴訟としての形成訴訟について殊更に法定主義を語ることもやはり不適切である。

第2項　法定主義の沿革

そもそも，形成訴訟法定主義という観念が明確に説かれるようになるのは，比較的近時になってからである。20世紀前半に形成訴訟の理解に関する重要な思考の転換を果たしたゴルトシュミット（第2款第2項Ⅲ2参照）は，未だ形成訴訟法定主義を語っていない（Goldschmidt [1929] S. 34ff.）。形成訴訟法定主義が明確に語られるのは，例えばゴルトシュミットの体系を訴訟物論に定位したシュロッサー（第2款第2項Ⅳ2参照）など，20世紀の後半に入ってからで

---

55)　谷口安平「株主の代表訴訟」同『多数当事者訴訟・会社訴訟──民事手続法論集第2巻』181頁，189頁（信山社，2013）〔初出：1969〕。

56)　権利能力なき社団への類推適用を否定した裁判例として，東京地判平成24年6月8日判時2163号58頁；東京地判平成27年12月17日判時2293号67頁。

57)　日本においても，各種協同組合法の解釈論として問題とされてきた（上柳克郎『協同組合法（復刻版）』106頁以下（有斐閣，1994））。

ある（Schlosser［1966］S. 276ff.; Schlosser［1983］S. 150ff.）。

　さらに，シュロッサーがそこで具体的に説いている内容は，必ずしも形成訴訟におけるアクチオ体系の残滓を指摘するものではない。一方でシュロッサーは，法定主義があるからといって形成訴訟の類推が不可能であるわけではないと説いている（Schlosser［1966］S. 279ff.）。ここでは形成訴訟が法定されていないからといって主観法訴訟が排除されるわけではないことが論じられているのであり，先に見た通りここでは法定主義はアクチオ体系とは関係しない（第1項 I 参照）。他方でシュロッサーは，合意による「形成訴訟」は，裁判所による裁量的な紛争解決を目的とする場合には排除されることを説いているが，彼自身の指摘する通り，これはもはや本書で取り扱っている形成訴訟の問題ではない（a.a.O., S. 292ff.）。換言すれば，ここで挙げられている「形成訴訟」は，ここまで扱ってきた意味でのそれではなく，非訟事件や我が国の形式的形成訴訟に近い意味合いを持つ[58]（Sogo［2007］S. 163ff.）。

第4款　小括と補論——権利既存の観念

　本節では，形成訴訟を支える訴訟法上（第1款）および実体法上（第2款）の理論的基礎の構築過程を概観し，アクチオ体系の残滓ないし法定主義という観点から形成訴訟を特徴づけることが適切でないことを明らかにした（第3款）。それゆえ，形成訴訟が他の訴えの類型からいかなる点で区別されるのかという点，すなわち，形成訴訟のメルクマールは，法定主義とは別の観点から探究する必要がある。次節では，形成訴訟のメルクマールを掘り下げて考察し，形成訴訟の機能を具体的に明らかにする。

　ところで，法規範への事実の包摂により主観法ないし権利を「確認」するのではなく，自ら法を創造するという意味での「形成」概念は，形成訴訟の理解や訴訟と非訟の区別においては意味を失ったものの（第1款第3項参照），いわゆる「権利既存の観念」をめぐる周知の論争において，なお訴訟法学に影響を与え続けた。「権利既存の観念」とは，「審判の対象たるかかる権利または法律

---

58)　Vgl., *Barbara Grunewald*, Numerus clausus der Gestaltungsklagen und Vertragsfreiheit, ZZP 101, 1988, S. 152（152ff.）.

第 1 部　形成概念と第三者効　　第 2 章　形成訴訟論と対世効

関係の存否が訴訟前にまた訴訟外において存在すること，すなわち権利・私権
は訴訟によってまた訴訟において形成せられるものではなく，権利・私権の存
否は訴訟に依存しない，ということ」（山木戸［1953］3 頁）を示す標語である。
この観念をめぐる論争は，我が国においてはいわゆる「ビューロー・ヴァッハ
論争」（海老原［1991］58 頁以下）として紹介され，民事訴訟の目的論を舞台
に[59]，訴訟法学に多くの論点を提供してきた[60]。

　しかし，「権利既存の観念」を否定する論者は，訴訟の対象ないし訴訟物に
包摂されるべき実体法の形態をめぐる論争（第 2 款参照）や，形成訴訟のメル
クマールについては，特段の関心を示さなかった（Sauer［1929］S. 187ff., 524ff.）。
また，形成訴訟のメルクマールをどこに求めるのかは，「権利既存の観念」を
肯定するか否かとは無関係の問題である。たしかに，「権利既存の観念」を否
定する場合，確認判決によっても法が創造ないし「形成」されると言いやすく
（中島［1941］244 頁以下），形成判決の概念規定が通常よりも意識的に問題とさ
れることになるが，「権利既存の観念」を否定しても，執行不要性と排他性と
をメルクマールとする第三の訴訟類型としての形成訴訟（第 2 節参照）を認め
ることは同様に可能である（兼子一［1957］163 頁以下）。そのため，この論争は
本書の主題からは外れる。

第 2 節　形成訴訟の意義と機能

　形成訴訟のメルクマールは，とりわけかつては，新たな法状態を形成するも
のが形成訴訟であるという漠然としたものに留まっていた（第 1 款）。とはいえ，
過去の議論を紐解けば，大まかに二つの方向があったことがわかる。すなわち，
給付判決との区別の観点から，形成判決が強制執行手続を必要としない点（執

---

59)　新堂幸司「民事訴訟の目的論からなにを学ぶか」同『民事訴訟制度の役割』101 頁，104 頁以下
　　（有斐閣，1993）〔初出：1980-82〕。近時の検討として参照，垣内秀介「民事訴訟制度の目的と
　　ADR」伊藤眞古稀『民事手続の現代的使命』127 頁，130 頁以下，143 頁以下（有斐閣，2015）。
60)　近時ではとりわけ，裁判官による事実認定および法解釈のプロセスの構造化を志向するものが
　　注目される。原竹裕『裁判による法創造と事実審理』8 頁以下（弘文堂，2000）；Maultzsch［2010］
　　S. 55ff.

行不要性）にメルクマールを求める方向性（第2款）と，確認判決との区別の観点から，形成訴訟以外で当該権利変動を主張できない点（主張禁止ないし排他性）にメルクマールを求める方向性（第3款）とである。この二つの方向性は，併せて現在の通説的理解を形成している。

第1款　新たな法状態の「形成」？

　かねてから形成訴訟の説明においてよく見られ，現在でも散見されるのは，「形成判決は新たな法状態を創設するものであり，既存の法状態を確認するものである確認判決とは区別される」というものである（Lüke [2011] Rn. 135）。いわば，形成訴訟を積極的に定義するやり方である。

　しかし，これだけでは判決効をはじめとする諸論点を分析するに際して有用性に乏しい。というのも，このような積極的定義によるのでは，形成訴訟は給付訴訟および確認訴訟から明瞭に区別されないからである（三ケ月 [1955] 60頁）。すなわち，一方で，給付判決も，実体法上の請求権の掴取力を発現させるという意味では形成的効力を有すると言える（Schlosser [1966] S. 104）[61]。他方で，ある判決が，既に存在する法関係を確認しているのか，新しく法関係を形成しているのかは，必ずしも明瞭に区別できない（高田裕成 [1987] 1570頁註93）。

　これに対して，形成判決が給付判決および確認判決からいかなる点において区別されるのかという点を基準に，形成訴訟を消極的ないし控除的に把握することでその定義を明確化するならば，訴えの三類型を重複なく整理することができ，かつ判決効をはじめとする諸論点を分析するための一定の有用性を認めることができる。この発想は，形成訴訟の黎明期において存在した，それを給付訴訟，確認訴訟それぞれのコロラリーとして構想する見解（第1節第2款第1項参照）の着眼点に立ち戻るものと言える（鈴木 [1958] 114頁以下）[62]。

---

61)　そのほか参照，*Karl August Bettermann*, Über Klage- und Urteilsarten, in: Miscellany in honor of Charalambos N. Fragistas, Part 2, 1967, S. 45 (50f.).

第2款　執行不要性

　先述の通り，給付訴訟の延長として形成訴訟を捉えていたヴァッハやクット
ナーは，形成判決は，給付判決とは異なり，強制執行手続を経ることなく，判
決の確定と同時に求められた法効果を発生させる点に特色があると考えていた
（第1節第2款第1項I参照）。こうした執行不要性の要素は，ドイツでは現在で
も形成判決の特色として言及される（Lüke [2011] Rn. 135）し，日本の議論で
も当然の前提とされているように見受けられる。この要素からすると，形成判
決は，強制執行を必要とせずに，確定判決によって直接に判決主文の内容を実
現するという意味で，「新たな法状態を創出する」ものであると理解されるこ
とになる。

　このメルクマールが問題とされてきたのは，具体的には，意思表示を求める
判決の性質決定においてであった。というのも，ZPO は，「債務者が意思表示
をなすように命じられた場合，判決の確定と同時に意思表示がなされたものと
みなす」（§894 S. 1）として，強制執行の特則を規定しており（日本でも同様で
ある。民執 174 条 1 項），同条項が強制執行に関する第 8 章に配置されている以
上は，そこで言及されている「判決」は形式的には給付判決と見ざるを得ない
が，執行開始の申立てから始まる具体的な強制執行手続を経る必要がないため，

---

62)　なお，2011 年に施行されたスイス連邦民事訴訟法（参照，笹邉将甫「スイス民事訴訟法典の試
　　訳(1)〜(2・完)」志学館法学 13 号 273 頁，14 号 263 頁（2012-13））には，次のような形成訴訟の
　　定義規定がある。「原告当事者は，形成の訴えをもって，一定の権利または法関係の発生，変更ま
　　たは消滅を求める」（Art. 87 Schweizerische ZPO）。スイスではこうした積極的な定義が従来から
　　なされてきたようである（例えば *Max Guldener*, Schweizerisches Zivilprozessrecht, 3. Aufl.,
　　1979, S. 212 Anm. 26 は，抗弁の形で特許や商標の無効を主張することができること，すなわち排
　　他性がないことは，特許無効の訴え，商標無効の訴えを形成訴訟と解する妨げにはならないする）。
　　しかしながら，近時ではスイスにおいても形成概念の消極的把握による形成訴訟の定義の明確化が
　　図られており，この法文は批判をうけている（Sogo [2007] S. 39; *Paul Oberhammer*, in: *ders.*
　　(*Hrsg.*), Kurzkommentar ZPO, 2010, Vorbemerkungen zu Art. 84-90 Rn. 1, Art. 87 Rn. 1）。なお，
　　スイスの民事訴訟法典の制定が遅れた背景には，憲法によって訴訟法の立法権限が連邦ではなく邦
　　(Kanton) に割り振られていたという事情がある。参照，ヴァルター・J・ハープシャイト（中村
　　英郎＝小松良正共訳）「スイスの民事訴訟法──統一か多様か」早稲田法学 58 巻 3 号 347 頁，347
　　頁以下（1983）；林道晴「スイスの民事訴訟(上)──連邦裁判所，チューリッヒ州及びベルン州の
　　実務を中心として」法曹時報 46 巻 12 号 2463 頁，2468 頁以下（1994）。

その実質は執行が不要の判決，すなわち形成判決なのではないかが問題となったのである[63]。

しかし結局，この特則が適用される訴訟を形成訴訟と呼ぶか給付訴訟と呼ぶかは「体系的嗜好の問題（eine Frage des systematischen Geschmacks）」に過ぎない（Schlosser［1966］S. 35）。すなわち，問題とすべきはむしろ，いかなる場合に上記の特則が適用され，いかなる場合に通常の強制執行規定が適用されるのかである。この点に関しては，少なくとも，判決主文の内容が，実力行使を伴う被告の現実の支配の排除を必要とするもの（金銭の支払い，物の引渡し等）ではなく，観念的支配の排除で足るもの（意思表示等）である必要があること（中野＝下村［2016］827頁）や，主文の内容が被告の現実の履行を要請するものでなく，意思表示の擬制という形式をとることが許容されることが必要となる[64]。こうした規律の意義は，判決の確定により直截に原告の求める法状態を実現することで，被告の現実の履行を間接強制により担保するよりも，強制執行の実効性を高める点に求められる。

第3款　前提問題としての主張の禁止（排他性）

他方で，BGB第一草案理由書やコーラーは，確認訴訟との差異を前提問題としての主張の禁止ないし排他性の要素によって認識していた（第1節第2款第1項Ⅱ2参照）。この排他性の要素は，古くから構成的判決ないし形成判決のメルクマールとされることがあったし（Kisch［1903］S. 45, 48），とりわけシュロッサーが明瞭に打ち出して以降（Schlosser［1966］S. 37），我が国でも支配的

---

[63]　邦語での紹介として，中野貞一郎「意思表示義務の強制執行」阪大法学13号43頁，44頁以下（1955）；同「作為・不作為債権の強制執行」同『訴訟関係と訴訟行為』262頁，288頁以下（弘文堂，1961）〔初出：1955〕。

[64]　この点は代替債務と非代替債務の区別に関わる（参照，森田寛二「法律学一般の根本概念としての法行為と事実行為」同『行政機関と内閣府』133頁，146頁（良書普及会，2000）〔初出：1994〕）。義務者の人格の尊重と義務の非代替性とを結びつける見解として参照，太田［2009］120頁。なお，ドイツの義務付け訴訟の認容判決について間接強制手続が別途用意されている（§172 VwGO）のもこの点に関わる。例えば，行政行為の発布という「特別に高権的な規律（spezifisch hoheitliche Regelungen）」には，意思表示の擬制という執行方法は適切ではないとされることがある（Kopp/Schenke［2016］§172 Rn. 1）。

第1部　形成概念と第三者効　　第2章　形成訴訟論と対世効

なメルクマールとなっている（新堂［2011］208頁；高橋宏志［2013］71-72頁）。このメルクマールからすると，形成判決は，訴訟内外の私人の形成権の行使によって変動した状態を確認するのではなく，確定判決によって初めて法関係の変動を惹起するという意味で，「新たな法状態を創出する」ものであると理解されることになる。

　排他性が第一に意味するのは，形成訴訟の対象となるべき法関係の発生，変更または消滅を請求原因または再抗弁とする他の訴訟において，当該法関係の発生，変更または消滅を審理することができないということである。換言すれば，当該他の訴訟では当該法関係の発生，変更または消滅は生じていないことを前提に審理がなされるため，当該請求原因または再抗弁の存在は認められず，他の主張がなされない限りは，請求は棄却されることになる。例えば，婚姻無効の訴えを形成訴訟と解するならば，亡父の先妻の子は，亡父の後妻が亡父の遺産に属する不動産を単独で占有している場合，その明渡請求訴訟において亡父と後妻の間の婚姻が無効であるとの再抗弁を提出することはできず，他の主張がなされない限り請求は棄却されることになる。他方で，排他性は，ある訴訟における抗弁として，形成訴訟の対象となるべき法関係の発生，変更または消滅を主張することができないことも意味している[65]。例として，株主総会決議無効の訴えを形成訴訟と解する場合，株主から会社に対して提起された配当金支払請求訴訟において，当該会社は当該配当金支払請求権の根拠となった剰余金配当決議が分配規制に違反して無効であるとの抗弁を提出することはできない。

　こうした排他性の機能は，取引安全ないし法的安定性の確保にあるとされてきた（Kisch［1903］S. 52f.）。すなわち，排他性により，訴訟外の意思表示により法関係の変動が惹起されることを防ぐことによって，いかなる者も，当該法関係の変動を主文で宣言する判決が確定するまでは当該法関係が変動していないことを前提に，判決が確定して以降は当該法関係が変動したことを前提に行動することができる（Sogo［2007］S. 100ff.）。先の例に引きつけて言えば，後妻は，婚姻取消訴訟または無効確認訴訟の認容判決が確定しない限りは相続人た

---

65)　形成訴訟の訴訟要件に加えて反訴の要件を満たしていれば，反訴として形成訴訟を提起することは許されると解される（雉本［1918］1020頁）。

130

る地位を失うことはないのであり，配当金支払請求権を有する株主は，剰余金配当決議の取消訴訟または無効確認訴訟の認容判決が確定しない限りは自身の配当金支払請求権を失うことはないのである。

第4款　小　　括

　形成訴訟のメルクマールを法関係の変動に求めるという積極的な把握の仕方では，給付訴訟および確認訴訟から形成訴訟を明瞭に区別することができない（第1款）。そこで，形成訴訟のメルクマールは，給付訴訟との区別のための執行不要性と，確認訴訟との区別のための排他性という二点に求められる。換言すれば，確定判決によって直接に（執行不要性），かつ初めて（排他性）法関係が変動するという形で，消極的ないし控除的に把握することによって初めて，形成訴訟を明瞭に把握することができる。このように把握した場合，形成訴訟の特色は執行不要性と排他性に求められることになるが，前者の意義は執行の実効性の確保に，後者の意義は法関係の安定性の確保に，それぞれ見出される（第2款，第3款）。

第3節　形成訴訟と対世効

　前節まででは，形成訴訟法定主義をアクチオ体系の残滓と位置づけることで形成訴訟を他の訴訟類型から特別視することはできないこと（第1節），形成訴訟のメルクマールは，給付訴訟と確認訴訟との区別の観点から，執行不要性と排他性の要素に見出されること（第2節）を確認した。本節では，前節までの考察を踏まえて，形成訴訟と対世効とがいかなる関係に立つかを考察する。具体的には，執行不要性および排他性という形成訴訟のメルクマールが形成判決の対世効に必然的に結びつくのか（第1款），また逆に，対世効が備わる判決は形成判決でなければならないのか（第2款）を考察する。結論から言えば，いずれの意味においても，形成訴訟のメルクマールと対世効との結びつきは必然ではないことが確認される。

第1部　形成概念と第三者効　　第2章　形成訴訟論と対世効

第1款　形成判決は常に対世効を有するか？

　形成判決が常に対世効を有するわけではないという理解は，夙に説かれてき
た（三ケ月［1959］46頁）し，現在はむしろこのような理解が通説的である（新
堂［2011］208頁）。以下ではこの理解が正当であることを，判決効の訴訟法的
側面と実体的側面とのそれぞれについて，形成訴訟のメルクマールを出発点に
裏付ける。

　判決効の実体的側面とは，判決により宣言された実体法状態を（いったん）
通用させるというものであり，訴訟法的側面とは，判決効の実体的側面を争う
ことができなくなるというものである（序論Ⅱ1参照）。結論から言えば，判決
効の訴訟法的側面としての対世効（第1項）も，実体的側面としての対世効（第
2項）も，形成訴訟のメルクマールから必然的に要請されるものではない。

第1項　判決効の訴訟法的側面

　先に確認した通り，形成訴訟のメルクマールは，執行不要性と排他性に求め
られる（第2節参照）。まずは，それぞれの要素から判決効の訴訟法的側面とし
ての対世効が必然的に要請されるかを検討する。

Ⅰ　執行不要性と判決効の訴訟法的側面

　まず，執行不要性の意義は，被告の意思表示義務の履行方法を現実の履行に
限定せず，意思表示の擬制という形式をとることで，判決の実効性を高めるこ
とにある（第2節第2款参照）。この観点からは，ある判決により宣言された実
体法関係の実現を直截に行うというところまでは要請されても，それを第三者
が争い直すことを禁止すべきであるというところまでは要請されない。すなわ
ち，このような執行不要性の機能は，判決効の訴訟法的側面としての対世効と
は結びつかない。

　以下の例を題材に考察しよう[66]。一方でG_1がSに対して売買代金支払いを
求める訴訟を提起し，他方でG_2が同じくSに対して，被担保債権が弁済に
よって消滅したことを理由に，G_2所有の土地甲についてのSの抵当権設定登
記の抹消を求める訴訟を提起した。いずれについても請求認容の判決が下され，

132

双方とも確定した（以下，G_1 の得た判決を確定判決①，G_2 の得た判決を確定判決②
とする）。G_1 は S から代金の支払いを受け，G_2 は確定判決②を用いて単独で抵
当権設定登記抹消登記手続を完了した（不登 63 条 1 項）。ここで，S に対する金
銭債権を有する X は，いずれの訴訟も詐害的に追行されたものであるとして，
G_1 および G_2 に対して詐害行為取消訴訟を提起し，併せて G_1 に金銭支払いを
求める訴訟を（以下後訴①とする），G_2 に抵当権設定登記抹消登記の抹消を求め
る訴訟を（以下後訴②とする），それぞれ提起したとする。

　この場合，代金支払いを命ずる確定判決①は，意思表示の擬制（民執 174 条）
が適用されない，すなわち強制執行が必要なものであり，抵当権設定登記抹消
登記に関する意思表示を命ずる確定判決②は，同条が適用される，すなわち強
制執行が不要なものである。ここで問題となる確定判決①および②の判決効の
訴訟法的側面とは，確定判決①がその存在を確認した G_1 の売買代金支払請求
権，または確定判決②がその存在を確認した G_2 の抵当権設定登記抹消登記請
求権が不存在であるとの認定が，後訴①②において禁じられるという作用であ
る。ここで，仮に執行不要性が判決効の訴訟法的側面としての対世効を必然的
に要請するとすれば，執行が必要な確定判決①に関わる後訴①は G_1 の S に対
して有する売買代金支払請求権の存在を前提に審理されることにはならず，前
訴の基準時において G_1 は S に対して当該請求権を有していなかったという理
由で詐害行為が肯定されることがあり得るのに対して，執行不要の確定判決②
に関わる後訴②は，前訴の基準時において G_2 が S に対して抵当権設定登記抹
消登記請求権を有するということを前提に審理がなされることとなる。しかし，
このような帰結の違いが執行不要性の趣旨のみから正当化されるとは考えられ
ない。

Ⅱ　排他性と判決効の訴訟法的側面

　これに対して，排他性の要素は，しばしば対世効に密接に関わるものとして

---

66)　Sogo [2007] S. 237 では，所有権の移転が合意と登記によって生じるとされているスイスの法
　　制（Vgl., § 656 Abs. 1 ZGB）において認められている，移転登記が得られない場合に所有権を自
　　己に帰属させるための形成訴訟（§ 665 Abs. 1, § 656 Abs. 2 ZGB. Vgl., *Heinz Rey*, Die Grundla-
　　gen des Sachenrechts und das Eigentum; Grundriss des Schweizerischen Sachenrechts Bd. 1,
　　1991, Rn. 1659）が題材とされている。

第1部　形成概念と第三者効　　第2章　形成訴訟論と対世効

意識されてきた。しかし，排他性の要素から，判決効の訴訟法的側面としての対世効が必然的に要請されるわけでもない。

排他性の機能は，先に見た通り，何人も，当該法関係の変動を主文で宣言する判決が確定するまでは，当該法関係が変動していないことを前提に，判決が確定して以降は，当該法関係が変動したことを前提に行動することができるという点にある（第2節第3款参照）。ここで問題となっているのは，法関係の変動が専ら判決の確定に係っており，当該判決の確定の有無という事実が全ての者にとって法関係の変動の有無の判断の基準となるという事態である。しかし，これは判決効の実体的側面の問題（第2項参照）に留まっており，そうした法関係の変動を否認する主張をなし得ないという意味での判決効の訴訟法的側面の問題ではない。

例えば，株主総会決議を争う訴訟に排他性がある限り，ある選任決議によって選任された取締役は，当該選任決議の無効確認の訴えや取消しの訴え（ここでは当該取締役は被告とならない。会社834条16号および17号参照）の認容判決が確定しない限りは，取締役たる地位を失うことはない。これは判決効の実体的側面の問題である。このことと，当該認容判決によって遡って（会社839条参照）取締役たる地位を失った当該取締役が，当該判決の不当性を理由に取締役たる地位の確認を求める訴訟を提起することができるか否か，すなわち判決効の訴訟法的側面の拡張の有無は別の問題である。既に説かれているように，判決効の訴訟法的側面としての対世効は，前訴当事者の利害関係と第三者の手続保障との衡量を経て問題状況ごとに決されるべき問題であり，執行不要性や排他性の要素から一律に結論が定まる問題ではないのである（伊藤眞［2016］576頁以下）。

第2項　判決効の実体的側面

次に，判決効の実体的側面としての対世効も，やはり執行不要性や排他性の要素から必然的に要請されるわけではない。

執行不要性の機能である判決の強制執行の実効化の観点からは，ある判決により宣言された実体法関係の実現を直截に行うというところまでは要請されても，それが第三者に対しても画一的に通用させられるべきであるというところまでは要請されない。これに対して，排他性のメルクマールは，判決効の実体

的側面としての対世効と密接に関わっているように見える。というのも，そもそも排他性による法的安定性の内容が，判決が確定するまでは当該法変動がないものとして行動してよいというもの（第2節第3款参照）だとすれば，逆に言えば，そこでは判決が確定すれば当該法変動が第三者に対しても及ぶことが前提とされているからである。例えば，排他性に関連して先に見た例（第1項Ⅱ参照）では，そもそも選任決議の取消判決の確定によって第三者たる取締役が遡って取締役たる地位を失うのは，当該認容判決の効力の実体的側面が第三者たる当該取締役に及んでいるからである。

しかし，排他性と判決効の実体的側面としての対世効との関係も，やはり必然的ではない。例えば，形成訴訟と解されている詐害行為取消訴訟[67]の認容判決は，判決効の実体的側面としての対世効を持つとは解されていない。具体的には，債権者A，債務者B，動産の代物弁済による受益者C，当該動産の転得者Dがいる場合に，AがDに対して提起した詐害行為取消訴訟の認容判決は，BC間の代物弁済が取り消されたという結果をAD間（およびAと他の債権者との間。民425条参照）で通用させるに留まり，CD間ではなおBC間の代物弁済は有効であるとされている[68]。すなわち，ここでは，詐害行為取消訴訟の認容判決の実体的側面が当然に第三者に及ぶとはされていない。結局のところ，判決効の実体的側面がいかなる者に対して及ぶかという問題は，当該判決において宣言された実体法関係の性質に鑑みて決定される問題であり，判決効の訴訟法的側面の問題と同様に，執行不要性や排他性の要素によって必然的に定まる問題ではないのである。

第3項 小 括

以上見た通り，判決効の訴訟法的側面，実体的側面ともに，執行不要性，排他性いずれの要素からも，対世効が必然的に要請されるものではない。対世効の問題は，当事者の利害関係と第三者の手続保障との衡量の問題（訴訟法的側面）として，また判決によって宣言される実体法関係の性質の問題（実体的側

---

67) その根拠も含め参照，中田裕康『債権総論（第3版）』258-259頁（岩波書店，2013）。
68) 債権法改正案においては，Bには判決効の実体的側面が及ぶこととされた（新425条）が，Cについては同旨が維持されている（潮見［2015］87-88頁）。

第1部　形成概念と第三者効　　第2章　形成訴訟論と対世効

面）として，それぞれ正面から論ずる必要がある。

第2款　対世効ある判決は全て形成判決か？

　前款では，形成判決であれば常に対世効が備わるとは言えないことを確認した。では逆に，対世効が備わる判決が常に形成判決であると言えるだろうか。

　このような考え方は，BGB 第一草案理由書が，形成訴訟の排他性の目的として対世効による画一的な（einheitlich）確定を挙げている点に示唆されていた（Motive [1888-2] S. 57, 85）[69]。日本においても，かつての会社関係訴訟の理論構成において，明文の規定によって判決に対世効が付与されていることを理由に，株主総会決議無効確認訴訟に排他性を付与する説が存在した（田中耕太郎 [1939] 557頁）。これに対して，実体法学者の多くは，対世効は形成判決だけに伴うものではなく，確認判決にも備わり得るのだという考え方を採用してきた[70]。訴訟法学説においても，とりわけ現在では[71]，対世効は排他性と必然的に結びつくわけではなく，確認判決にも対世効を認める見解が支配的である（新堂 [2011] 208頁）。

　理論的には，確認判決に対世効が認められないという考え方は正当でない。例えば，株主総会決議の無効を前提問題として主張することを許容し，株主総会決議無効確認の訴えを確認訴訟であると解するとしても，実際に認容判決が下された場合に当該株主総会決議の効力が遡及的に失われるという結果を会社内関係者に通用させる必要性は，決議取消訴訟の場合と何ら変わりがない。換言すれば，前提問題として決議の瑕疵を主張できるか否かという排他性の問題

---

69)　BGB 第一草案には判決の効力の相対性に関する規定が存在し（192条），婚姻無効の訴え，婚姻取消しの訴えの効力は例外的に対世的に及ぶものとされていた（1256条，1269条）。この対世効は，問題となる法関係の不可分性（Untheilbarkeit）および客観的性質（objektive Natur）により，公的秩序（öffentiche Ordnung）の利益のために要請されるものとされている（Motive [1888-2] S. 62）。

70)　会社関係訴訟について参照，大藤潔夫「株主総会決議無効確認の訴──その性質について」法学論叢73巻3号58頁，90-91頁（1963）；岩原 [1979] 683頁。人事訴訟について参照，我妻栄『親族法』54-55頁（有斐閣，1961）；内田貴『民法Ⅳ（補訂版）』82-83頁（東京大学出版会，2004）。

71)　比較的初期の指摘として，*Karl August Bettermann*, Die Vollstreckung des Zivilurteils in den Grenzen seiner Rechtskraft, 1949, S. 98f.

136

は，前提問題ではなく主問題として決議の瑕疵が主張された訴訟の認容判決の効力の主体的範囲を左右する問題であるとは考えられない。

第3款　小括および考察

　以上を要するに，形成訴訟と対世効との結びつきは，確認訴訟とそれとの結びつきと質的に異なるわけではない。換言すれば，対世効の有無は，判決の性質決定それ自体からではなく，種々の訴訟法および実体法上の考慮に基づいて決せられるべき事柄である。

　とはいえ，形成訴訟と対世効とが密接に関連づけられてきたことに理由がないわけではない。というのも，形成訴訟のメルクマールである排他性の意義は，排他性を付与する手続に係る他の訴訟法上の特則の適用を強制するという点に見出される（第4節第2款第1項参照）ところ，判決の対世効が確保しようとしている紛争の画一的解決および一回的解決は，他の手続を利用することによるその潜脱を防ぐべきことまでを要請する場合が多いと考えられるからである（本間靖規［1984］157頁）。すなわち，対世効が備わる判決の，全てではないものの多くが，形成訴訟の認容判決であるという形で，形成訴訟と対世効とのある程度の結びつきを語ることはなお可能であろう。しかし，繰り返しになるが，形成訴訟に必然的に対世効が備わるわけではないし，確認訴訟に対世効が備わり得ないわけではないため，対世効を形成訴訟の特色として捉えることには注意が必要である。

第4節　第2章のまとめ

　前節まででは，形成訴訟の沿革および意義に関して，以下のことが確認された。まず，法定主義をアクチオ体系の残滓と見て，形成訴訟を他の訴えの二類型とは異質なものと理解することは，正当でない（第1節）。形成訴訟の定義は法定主義以外の点でなされる必要があり，給付訴訟との区別のための執行不要性，確認訴訟との区別のための排他性の要素が形成訴訟のメルクマールとなる（第2節）。執行不要性および排他性の要素は，いずれも，判決効の訴訟法的側

第1部 形成概念と第三者効 第2章 形成訴訟論と対世効

面としても実体的側面としても，対世効を必然的に要請するものではないし，形成判決以外に対世効が備わり得ないわけでもない（第3節）。

とはいえ，形成判決には特有の「対世効」が備わるとの理解は広く受け入れられてきたのであり，その内実の解明をさらに進める必要がある。この点は次章の課題として，以下では訴えの類型論の意義と，形成訴訟の特徴である排他性について，後の考察の便宜のために一定の整理を施しておく。

第1款 訴えの類型論の意義

民事訴訟法理論においては，形成訴訟は「法がそれとしてカズイスティックに認めたものの総称でしかなく」（新堂［2011］208頁），「分類のための分類」に過ぎない（高橋宏志［2013］71頁）と評価される。しかし，民事訴訟以上に訴訟物の設定や判決形式に多様性を有し，「カズイスティック」を積み重ねる側である行政法理論からすれば，この「分類のための分類」の仕方を吟味する[72]ことが，訴訟類型の体系化のための手がかりとなる[73]。

本書のように，形成訴訟を給付訴訟および確認訴訟との相違点から控除的に定義するならば，形成訴訟は，給付訴訟という訴えの類型[74]に執行不要性という要素が加わったもの，また確認訴訟という訴えの類型に排他性という要素が加わったものとして分析的に把握されることになる。このような分析的把握は，実体法の特殊性に応じてそれぞれの要素の合理性を個別に問い直すという発想につながる（第2款参照）。また，形成訴訟のメルクマールである執行不要性や排他性以外の要素に焦点を当てることも容易になる（岩原［1979］690頁以下）。

---

72) 民事訴訟法学からの一つの解答として参照，堤龍弥「訴えの分類」新堂幸司監修『実務民事訴訟講座〔第3期〕第2巻』179頁，186頁（日本評論社，2014）。

73) 類似の問題関心から形成訴訟論に遡って憲法訴訟論を分析するものとして，鵜澤剛「憲法訴訟における訴訟物概念の役割（2・完）──憲法訴訟法学の方法論をめぐる一考察」立教大学大学院法学研究34号33頁，55頁以下（2005）。ドイツではむしろ，一般訴訟法理論（allgemeine Prozeß-rechtslehre）の構築のために，積極的に行政訴訟を民事訴訟法理論に包摂しようとする動向が見られた。Vgl., z.B., *Gerhard Lüke*, Grundsätze des Verwaltungsprozesses – Ein Beitrag zur allgemeinen Prozeßrechtslehre, JuS 1961, S. 41; *ders.*, Von der Notwendigkeit einer Allgemeinen Prozeßrechtslehre, ZZP 107, 1994, S. 145.

74) なお，給付訴訟を，確認訴訟に認容判決の執行力（執行可能性）という要素が付け加わったものとして把握することも可能である（いわゆる確認訴訟原型観）。

138

要するに，訴えの類型論として扱われるべき問題は，執行不要性および排他性という要素を備えた訴訟を，給付訴訟や確認訴訟と並ぶ一つの訴えの類型として位置づけることが必要ないし妥当であるか否か，というものだと把握することができる。執行不要性および排他性という要素以外の要素を備えた訴訟を一つの類型に格上げするという問題設定は，いわゆる救済訴訟（三ケ月［1955］69頁，72頁註2；三ケ月［1973］69頁以下）に見られるし，我が国の行政法理論が採用し，現行法に結実している抗告訴訟（行訴3条）と当事者訴訟（同4条）の二分論[75]も，この文脈に位置づけ直すことで，より見通しを付けやすくなるものと考えられる。

第2款　排他性の意義

　訴えの類型論から行政事件訴訟の建前を分析することは，本書の主題から外れる。以下では，現在の訴えの類型論において形成訴訟のメルクマールとされている排他性の要素が，いかなる機能と限界を持つのかを整理することで，後の行政事件訴訟の考察の準備を行う。

第1項　排他性の機能——他の訴訟上の規律の貫徹

　排他性の合理性は，民事法学においてもたびたび問われてきた（岩原［1980］1104頁以下；新堂［2011］209-210頁）。たしかに，排他性は法的安定性の確保に役立つとされてきた（第2節第3款参照）が，実際にいかなる実体法関係において，またいかなる意味での法的安定性の確保が必要であるのかは，さほど明確にされていない。翻って見ると，排他性の機能は，特定の手続の利用を強制することによって当該手続が達成しようとしている他の目的を貫徹するという点にある。排他性の第三者の法的安定性を図るという機能は，認容判決の効力の実体的側面を第三者に及ぼす手続の利用を強制することによって，法関係の画一的な変動を漏れなく生ぜしめることに他ならない（第3節第1款第2項参照）。

---

75)　参照，小早川光郎「抗告訴訟の本質と体系」雄川一郎ほか編『現代行政法大系第4巻』135頁，141頁以下（有斐閣，1983）；高木光「メンガー＝雄川理論の意義」同『行政訴訟論』143頁，149頁以下（有斐閣，2005）〔初出：1990〕。

第1部 形成概念と第三者効 第2章 形成訴訟論と対世効

しかし他方で，いかなる場合に法関係の画一的な変動を漏れなく生ぜしめるべきなのかは，さらに詳細な考察を必要とする（第2部第2章第2節第2款参照）。

なお，この法的安定性を第三者の法的地位の安定性と理解する場合でも，それを真に確保するためには，訴えの係属や判決を当該第三者が知り得る状態におかなければならないが，そうした制度上の手当ては不十分である。訴えの係属を関係者に通知する規定として，適格消費者団体による差止請求訴訟（消契23条4項），株主代表訴訟（会社849条5項），人事に関する訴え（人訴28条）の例がある[76]が，会社法の例を除いて一般第三者に向けた公告はなされない。判決を公示ないし公告する制度も，適格消費者団体による差止請求訴訟の判決や和解調書等が他の団体に通知される（消契23条4項）ほかには，公示送達しか存在しない[77]。

第2項 対世効の貫徹

対世効の仕組みと排他性との関係について言えば，問題は，①ある法律関係を前提問題として主張することを禁止して常に対世効を及ぼすべき事例（対世効ある形成訴訟），②そこまでの必要はないが，当該法律関係を訴訟物に据えた訴えに訴えの利益が認められる場合には対世効を認めるべき事例（対世効ある確認訴訟[78]），③ある法律関係を訴訟物に据えた訴えに訴えの利益が認められる場合であっても，対世効を認める必要のない事例（対世効なき確認訴訟[79]），お

---

76) かつては合併無効の訴え等についても「訴の提起ありたるときは会社は遅滞なく其の旨を公告することを要す」との規定があった（平成16年改正前商105条4項）が，現在では削除されている（批判として，平田和夫「新株発行の無効の訴えに係る詐害再審についての一考察」LEC会計大学院紀要10号113頁，125頁註12（2012））。なお，住民監査請求については勧告内容の公表がなされる（地自242条3項および4項）が，住民訴訟について類似の手続は存在しない（参照，巽智彦「住民訴訟における共同訴訟参加の申出が申出人を当事者とする別件住民訴訟の却下判決の既判力により不適法とされた事例」自治研究88巻5号125頁，130頁（2012））。

77) ドイツでは，消費者法分野の差止請求訴訟の認容判決について，勧誘（Empfehlung）が周知されたのと同様の形で公示されなければならないとされている（§9 Nr. 4 UKlaG）ほか，行政裁判所法上の規範統制手続の認容判決についても，当該法規定が公布されたのと同様の形で告示されねばならないとされている（§47 Abs. 5 S. 3 VwGO）。なお，我が国でも事務監査請求については監査請求の要旨の公表がなされる（地自75条2項）。

78) これを特殊（合一）型確認訴訟として範疇化する見解として，中田淳一「確認訴訟の二つの類型」同『訴と判決の法理』29頁，38頁（有斐閣，1972）〔初出：1954〕。

140

および④ある法律関係を前提問題として主張することを禁止しながらも対世効を認めない事例（対世効なき形成訴訟[80]）を区別する基準を、どこに見出すかにある。

判決の対世効を認める①②について言えば、一方で、対世効が原告の救済の便宜という目的（第2部第2章第2節第2款第1項参照）のみから必要とされているだけであれば、排他性をかける必要は存在しない。というのも、この場合、対世効の目的が原告以外の者の利益を保護する点にはないため、原告には、敢えてある法関係を前提問題として主張するに留め、当該法関係について第三者を判決の効力に服させるという便宜を放棄することも認められると解されるからである。換言すれば、この場合は必ずしも①の建前をとる必要はなく、②の建前が許容されることになる。対世効の備わる訴訟について排他性を原則とする見解においても、対世効の必要性よりも権利救済の必要性が上回る場合には排他性を外してよいことは当然の前提とされていたことが注目されよう[81]。

他方で、紛争の画一的解決の必要性の中には、それ以外の目的、典型的にはある法関係についての裁判所の判断が分かれることで被告が板挟みの状況に陥る危険を避けるという目的（第2部第2章第2節第2款第2項Ⅱ参照）が含まれることがある。対世効がこの目的のために必要とされる場合には、原告に当該法問題を前提問題として主張することを許してしまうと、当該原告以外の法主体に不利益が及ぶこととなるため、排他性を導入する必要性が生じる。換言すれば、この場合は②の建前は許容されず、①の建前を採用する必要が生じると言える（第2部第2章第2節第2款第3項Ⅱ参照）。

第3項　排他性の限界

ところで、対世効の強制その他の理由により排他性が合理性を有する場面が

---

79)　この場面では、紛争の画一的および一回的解決のために固有必要的共同訴訟の成否がさらに問題となる。例えば遺産確認の訴えについて参照、最判平成元年3月28日民集43巻3号167頁。

80)　先に見た通り、詐害行為取消請求訴訟がこれに該当する（第3節第1款第2項参照）。

81)　石井照久「株主総会決議の瑕疵その二」同『株主総会の研究』205頁、240頁以下（有斐閣、1958）〔初出：1956〕；松田二郎「いわゆる株主総会決議無効確認の訴について──その形成訴訟的性格を中心として」同『株式会社法研究』205頁、220頁、224頁以下（弘文堂、1959）〔初出：1956〕。

第1部　形成概念と第三者効　　第2章　形成訴訟論と対世効

あるとして，そこで排他性を導入するためにいかなる方法をとるべきかという
点は，公法学の問題関心からは重要な問題である。とりわけ，法律の留保の観
点から排他性の法律上の根拠が要求されるのではないかが問題となる。主観法
訴訟に排他性を導入することは，本来ならば可能であるはずの前提問題として
の主張を排除することを意味しており，裁判を受ける権利（憲 32 条）を制約す
ることになる[82]。一方で，実質的正当化[83]の問題としては，排他性が裁判を受
ける権利の侵害になるという評価を避けるためには，紛争の画一的解決および
一回的解決のために対世効を貫徹する必要性など，ある訴訟に排他性を認める
必要性が具体的に論証される必要がある。他方で，形式的正当化の問題として
は，法律の留保の観点から，排他性を認めるにはある程度の密度を伴った法律
上の根拠が必要であろう[84]。換言すれば，主観法訴訟に関する形成訴訟法定主
義（第1節第3款第1項Ⅰ参照）には，私人の出訴可能性を制限することに対す
る法律の留保原則の表れであるという，積極的な意味を付与することができる。

　以上のうち形式的正当化の文脈，すなわち，法律の根拠の程度ないし規律密
度の問題としては，具体的には，排他性を導出できる要素が法律上に現れてい
れば足るのか，前提問題としての主張を排除する旨の明文の規定（例えば，あ
る法変動を「訴えをもってのみ」主張することができるという規定）までを必要とす
るかが問題となる。少なくとも我が国の現行法上の形成訴訟は，そのような明
文の規定を有しているわけではない。学説上もこのことは特段問題視されてお
らず，訴えの類型が特別に設けられており，そこに排他性を認める合理性を他
の規定から導出できるならば，解釈論上当該訴えに排他性を認めることができ
ると解されている（新堂［2011］209 頁）。

82）　ここでは権利保護の実効性を超えて出訴保障が問題となっていると解する余地があり，ボン基
　　本法 19 条4 項のような規定が存在しない我が国においても，憲法問題として構成することが可能
　　と考えられる。参照，笹田栄司『実効的基本権保障論』334 頁以下，342 頁註 39（信山社，
　　1993）；片山智彦『裁判を受ける権利と司法制度』44 頁以下（大阪大学出版会，2007）。
83）　形式的正当化の概念とあわせて参照，松本和彦『基本権保障の憲法理論』33 頁以下（大阪大学
　　出版会，2001）。
84）　ここでの「法律の留保」は，古典的な侵害留保に言う「侵害」の前提となっている自由を拡大
　　するならば，なお侵害留保の枠内で捉えられるものであろうが，立法による制度形成のあり方に焦
　　点を当てており，本質性留保の問題関心に近い（参照，大橋洋一「法律の留保学説の現代的課題
　　──本質性理論（Wesentlichkeitstheorie）を中心として」同『現代行政の行為形式論』1 頁，
　　43-44 頁（弘文堂，1993）〔初出：1985〕）。

第4節　第2章のまとめ

　そこでさらに問題となるのは，解釈論上排他性を導出するために必要な「他の規定」とは何かであるが，対世効による紛争の画一的解決ないし一回的解決の強制の観点（第2部第2章第1節第3款参照）に加え，典型は出訴期間制限であろう（中川［2015］15頁）。ある法関係の存否の「確認」ないし「形成」を訴訟物とする訴えに出訴期間制限がかかっているならば，出訴期間制限のない他の訴訟において当該法関係の存否を前提問題として主張することを認めてしまうと，当該出訴期間制限の趣旨が無に帰することになりかねないため，比較的容易に排他性を正当化することができる（第1章第1節第2款第3項Ⅰ3(2)参照）。そして，出訴期間制限については，排他性以上に裁判を受ける権利を制約するものであり，基本的にはそれ自体について明確な法律の根拠を必要とすると解される[85]ため，法律上の根拠が明確な形で出訴期間制限が存在する場合には，排他性を解釈論上導くことに支障はないと言える。

---

85)　山本隆司［2012］384頁は，「手続保障のために処分性を承認するための法律上の根拠よりも，明確な法律の根拠を要する」とする。なお，最判平成24年11月20日民集66巻11号3521頁は，土地収用法133条1項の短期出訴期間制限の特則を，明文なくして審査請求に対する裁決の取消訴訟に及ぼすことを否定している。また最高裁は，法改正により遡及的に出訴期間を短縮した事例について，「その期間が著しく不合理で実質上裁判の拒否と認められるような場合でない限り憲法第32条に違反するということはできない」（圏点筆者）としており（最大判昭和24年5月18日民集3巻6号199頁），解釈論により出訴期間制限を解除する余地をごく例外的に認めているようにも見える。

第3章　形成力の意義

　前章では，形成訴訟の沿革から形成訴訟と対世効との関係を検討し，その結びつきが必然的なものではないことを論証した。続いて本章では，判決効の訴訟法的側面の拡張であるが既判力ではないとされる取消判決の第三者効（第1章第1節第3款参照）が，果たしていかなる内容のものなのかという点について，形成力の概念史を踏まえた考察を行う。既に見た通り，形成判決と対世効との結びつきは必然ではない（第2章第3節参照）。それにもかかわらず，形成判決に特有の対世効は多くの論者によって承認され，「形成力」の語がそうした対世効を表現するものとして理解されてきた。

　以下では，まず既判力論の推移と形成力の分化の過程を概観し（第1節），続いて形成判決の対世効の内容に関して踏み込んだ分析を行う（第2節）。そのうえで，「第三者は形成力であり既判力ではない」とする我が国の行政法学の通説的理解がいかなる意味を持ち得るのかを考察する（第3節）。結論から言えば，ドイツ民事訴訟法学では判決効の訴訟法的側面としての「形成力」の概念が語られてきたのであり，それには既判力とは異なる独自の解釈論上の意義が認められる。

第1節　形成力の沿革

第1款　「形成力」の分化

　実体法関係の変動を担う形成力が他の判決効から区別されるに当たっては，既判力との関係が重要であった。いわゆる既判力実体法説は，実体法関係の変動をも既判力の内容に含めるため，形成力と既判力との差異を認識することができなかった。他方で，既判力を実体法関係の変動から切り離し，後訴裁判所

第1部　形成概念と第三者効　　第3章　形成力の意義

の拘束に純化する既判力訴訟法説によれば，形成力は明瞭に既判力から区別される（兼子一［1957］142頁）[1]。

こうした既判力理論の発展過程について注目に値するのは，訴訟法説から実体法説に向けられた批判の内容である。すなわち，実体法説が既判力により生ずるとする実体法関係の変動は，事柄の性質上対世的に作用するはずであるが，それは既判力が当事者間にのみ生ずるという動かし得ない前提を覆すものである，という批判である（Stein［1921］S. 190; Kuttner［1914］S. 18）。また他方で，実体法上の依存関係を基礎に第三者への既判力の拡張が肯定されるとする理論動向（吉村［1960-61］10頁以下）や，いわゆる反射効理論（鈴木［1960-2］70頁以下）[2]も，既判力本質論と密接にかかわっていた[3]。形成判決の効力，とりわけその「対世効」をめぐる議論は，この議論のコロラリーでもある[4]。

第1項　形成訴訟黎明期

まずは，形成訴訟が明瞭な体系を獲得するに至るまでの時期，すなわちゼッケル＝ヘルヴィヒ理論以前の段階（第2章第1節第2款第1項，同第2項Ⅰ参照）において，判決の実体法関係への作用と既判力理論とがいかに接合されていたかを概観する[5]。

---

1)　なお，訴訟法説が登場する以前の既判力論を単純に「実体法説」と一括りにすることには問題があるが，本書では立ち入らない。参照，中村英郎「民事訴訟におけるローマ法理とゲルマン法理」同『民事訴訟におけるローマ法理とゲルマン法理』1頁，43頁以下（成文堂，1977）。

2)　フランス法も含めた研究として，木川統一郎「判決の第三者に及ぼす影響——主として反射効の理論(1)～(3・完)」法学新報64巻12号903頁，同65巻1号17頁，同68巻3号159頁（1957-61）。

3)　補助参加の利益の観点からの近時の分析として参照，福本知行「ドイツ民事訴訟法における補助参加の利益論の形成——既判力の主観的拡張の純化」金沢法学46巻1号1頁，6頁以下（2003）。

4)　なお，本書は，既判力の本質論的側面ではなく解釈論的側面に焦点を当てるものである（鈴木［1970］26頁）。既判力の本質論的側面に関する近時の業績として，玉田大『国際裁判の判決効論』27頁以下（有斐閣，2012）。

5)　本書の検討対象以前も含め，既判力の相対性の原理の確立過程の分析として，水谷［1973-74］489頁以下。

I　既判力と形成力

1　ヴァッハ

(1)　既判力と構成的効力

　形成訴訟の体系化の嚆矢と目されているヴァッハ（第2章第1節第1款第1項参照）は，確定力（Rechtskraft）とは，「判断された法関係の争われ得ず，取り消され得ず，変更され得ない確認，同一事件に関するその当事者と国家の裁判所にとっての判断の拘束力（bindende Kraft）である」（Wach [1885] S. 75）と述べた。そのうち形式的確定力（formelle Rechtskraft）は，「取消不能性の承認」を意味し，実質的確定力（materielle Rechtskraft）は，「当該対象に関する当該当事者の全ての訴訟における，全ての裁判所にとっての拘束的な力，換言すれば法関係の不変の規範化（Normirung）」を意味するものとされる（a.a.O., S. 224）。また，実質的確定力は，「確定判決が判断した事件，すなわち当事者ないし第三者の間の請求権に関して存在するところの，民法上の関係の流出物（Ausfluss）である」（a.a.O., S. 128）。こうした叙述からは，ヴァッハが既判力を実体法との関係において理解していることが看取され，形成判決の効力の位置づけは未だ不明瞭である。

　その後，1899年に出版された鉱山開発に関する特権の有無をめぐる私人間紛争に関する鑑定書において，判決の構成的効力（konstitutive Kraft）への言及が現れる。ヴァッハは，承継関係や代表関係に由来する既判力の拡張を説明したのち，それとは別個のものとして，この構成的効力を解説する。曰く，「判決の構成的効力の下では，それがそもそも独立の意義を有すべきとすれば，全ての事実が全ての者から，すなわち第三利害関係者からも承認されなければならないのと同様に，事実として承認されなければならないところの，"法創造的な"効力（rechtschöpfende Wirkung）を把握すべきである」（Wach [1899] S. 15f.）。「判決は当事者の法関係の規律についての独立の因果事象である。この判決の特徴において，判決確定の時点から，もともと当事者が法律行為によって第三者の関係を左右し得るという限りで，判決は一般的に効力を有する。このことは論理的に決して避けることができない（logisch ganz unabweisbar）。というのも，当事者関係の規律の影響が，相手方の意思に対応するのか，判決に対応するのかは，判決の存在とその効力の拡張に関しては同じことだからであ

第 1 部　形成概念と第三者効　　第 3 章　形成力の意義

る」(a.a.O., S. 16f.)。

(2)　「独立の因果事象」としての判決の効力？

　しかし，ヴァッハの説く「独立の因果事象」としての判決の作用という説明には，なお不明瞭な点が残る。確認判決もこの「独立の因果事象」として第三者に対して作用するというのがヴァッハの鑑定書の骨子である[6]が，それは翻って，構成的効力の位置づけを不明瞭にする。たしかにヴァッハは，形成判決に固有の「構成的効力」にも言及する。曰く，「判決の真の"構成的効力"は，既に示唆されている通り，その内容と目的が"新しい"法状態を創出することに向けられている場合にの・み・，語られる」(Wach [1899] S. 17. 圏点筆者)。ここで彼が新しい法状態を創出する判決として挙げるのは，法律行為を取り消す判決，離婚判決，婚姻無効判決等であり，これが彼の訴訟目的の第三類型，すなわち構成的判決に対応することは明らかである（第 2 章第 1 節第 1 款第 1 項参照）。しかしながら，この「"真の"法創造的効力」も，結局は判決一般に備わり得るとされる「独立の因果事象」としての判決の作用と異ならないのではないか。

　要するに，ヴァッハは判決の対世効を「独立の因果事象」や構成的効力といった概念で説明したものの，こうした諸概念の内実や相互関係を精査するには至らなかった。翻って見れば，こうした「独立の因果事象」としての判決の作用や構成的効力は，既判力の拡張として論じられている承継関係，依存関係等に基づく第三者への判決効の作用（Wach [1885] S. 621ff.; Wach [1899] S. 11ff., S. 14f., S. 18ff., S. 20ff.）と異ならないのではないか，という疑問も湧く（Heim [1912] S. 199ff.; 鈴木 [1960-1] 30 頁註 9；吉村 [1960-61] 40 頁註 15)[7]。この疑問は，実体法上の依存関係に基づく既判力拡張の理論や，反射効理論，ひいては近時の「相対的確定の絶対的妥当の理論」（第 2 款第 2 項 I 参照）をめぐって，後世

---

6)　当該鑑定書では，自称特権者を原告，国家（国庫（Fiskus））を被告とする鉱山の開発特権を確認する前訴判決が，当該特権に係る鉱山の所有者を原告，当該自称特権者を被告とする当該特権の不存在の確認を求める後訴に作用することが論証されている。曰く，「国庫に対する訴訟における私的特権の既判力ある確定は，開発特権に服する全ての鉱山関係者に対して通用しなければならない」(Wach [1899] S. 25)。ヴァッハは当該前訴判決が構成的判決ではないとしたうえで，この作用を認めている（a.a.O., S. 17)。

7)　ヴァッハの説明の全体としての整合性に対する疑問として，鈴木 [1960-2] 52-53 頁。

148

まで尾を引くこととなる。

2　コーラー，ヴァイズマン

　形成判決の独自性を否定し，それを確認訴訟の亜種として理解していたコーラーやヴァイズマン（第2章第1節第1款第1項，同第2款第1項Ⅱ2参照）も，しばしば実体法説の支持者に数えられる。これは，形成判決は給付判決または確認判決に吸収されることになるとの彼らの論旨が，既判力の中に法変動の要素を含ませる実体法説を徹底したものと理解し得ることによるのであろう[8]。本書において重要なのは，そうした彼らが確定判決の第三者に対する効力をどう構成していたかである。

　コーラーは，婚姻無効判決について，その効力が将来に関係する限り，第三者に対しても当事者間の関係を確定する既判事項（res judicata）となるとする（Kohler [1901] S. 11）。「既判事項」という表現からは，第三者に及ぶ判決効として既判力（materielle Rechtskraft）が想定されていることが推察されるが，必ずしも明確でない。

　これに対してヴァイズマンは，コーラーよりも詳細に判決効の第三者に対する作用を論じている。まず，既判力が特定第三者に拡張される場合と，対世的に拡張される場合とが観念される。前者の例として，第三者が当事者による係争法関係の処分に依存する関係にある場合（依存関係の事例）や，権利承継の事例が挙げられ，後者の例として，コーラーの挙げた婚姻無効確認判決を含む，婚姻関係訴訟の判決が挙げられる（Weismann [1903] S. 241ff., 246）。他方で，こうした第三者に対する既判力の拡張とは別に，「判決によって当事者相互の対立関係が将来第三者にとっても基準となる（maßgebend）形で規律され，今やそのように規律されたことを，当事者が第三者に対しても主張できるのと同様に，第三者も当事者に対して主張できる」という関係に言及する。これに当たるのは，僭称債権者同士の訴訟で一方の者が真の債権者であることが確認された場合，当該債権の債務者は将来において当該一方の者が債権者ではない旨を

---

8)　「〔実体法説によれば〕あらゆる民事裁判がもつことになる実体法上の形成力は，給付判決，確認判決および形成判決の区別を消滅させざるをえないであろう」（アレクサンダー・ブルンス（松本博之訳）「ドイツ民事訴訟のドグマーティクにおける実体法と手続法」松本博之ほか編『法発展における法ドグマーティクの意義』243頁，251頁（信山社，2011））。

149

主張できないという事態などであるが，これはあくまで「判決の当事者間の既判力の帰結」であるとされる（a.a.O., S. 245）。この点は，コーラーがあくまで「当事者間の関係を確定する」既判事項を想定していたことと類似する。さらに構成的判決については，「当該判決が全ての者に対して効力を有することは自明である」と述べる（a.a.O., S. 246）。

ヴァイズマンが上記のように①既判力の第三者への拡張，②当事者間の既判力の第三者に対する作用，③構成的判決の第三者に対する作用をそれぞれ区別していることに関しては，ヴァッハの見解に対するのと同様に（1(2)参照），①ないし③がいかなる意味で区別されるのかという疑問がわく。しかし，残念ながらヴァイズマンもこの点に明瞭な説明を与えていない。すなわち，一方で，②当事者間の「基準」が第三者に対して作用することはやはり①既判力の拡張に他ならないのではないかという疑問が残り，他方で，③構成的判決の第三者に対する作用が，給付判決や確認判決にも備わり得る②当事者間の既判力の第三者に対する作用と異なるものだと認識されている点には，「真の」構成的効力と「独立の因果事象」としての判決の効力との差異を説明しなかったヴァッハに対するのと同様の疑問が残るのである。

Ⅱ　小　　括

以上を要するに，既判力訴訟法説の登場前においては，構成的判決の第三者に対する効力が既判力から一応区別された効力として把握されていたとはいえ，それがいかなる意味で既判力から区別されるのかはさほど明瞭ではなかった。また，構成的判決の効力と，給付判決および確認判決に備わり得る「独立の因果事象」（ヴァッハ）ないし「当事者間の既判力の第三者に対する作用」（ヴァイズマン）との区別も，同様に不明瞭であった。

第2項　形成訴訟確立期

Ⅰ　訴訟法説と単一要件説

以上の二つの不明瞭さのうち第一点目，すなわち既判力から区別された構成的効力の内容の不明瞭さは，いわゆる既判力訴訟法説を確立したシュタイン，ヘルヴィヒにより克服される。また，第二点目，すなわち第三者に対する作用

における構成的判決と給付判決および確認判決との区別の問題は，判決の内容的効力と付随的効力とを区別したヘルヴィヒおよびクットナーにより筋道が与えられることとなる。

1　シュタイン

　既判力を実体法状態の変動から切り離し，いわゆる訴訟法説の礎を築いたのは，シュタインである。シュタインはいち早く，既判力の本質を真実擬制に見出す見解を排し，「既判力の真の本質は，第二の訴訟の裁判官が先の訴訟において出された判断に拘束される（gebunden）ことにある」と述べ（Stein［1897］S. 6），その後もこの見解を一貫して維持した（Gaupp/Stein［1901］S. 713; Stein［1913］S. 803; Stein［1921］S. 190）。

(1)　判決の発布という事実に基づく効力

　他方で，形成判決の効力が第三者に及ぶということは，当初からシュタインも認識しており，当初はそれは既判力の作用であるとされていた。曰く，「法創造的な判決は，それによって創出された法状態の存在によって効果を発揮し，またそれに伴って，判決の既判力が全ての第三者に対して妥当しなければならないような，わずかではあるが確実に存在する事例を構築する。夫に対してその妻の債務に関する責任を負わせようとする者，または合名会社の社員に他の社員の行為により生じた債務に関する責任を負わせようとする者は，その契約の締結の前に生じた，離婚または合名会社解散の判決の既判力を，その判断がその者にとっては他人間の行為に関する事件（res inter alios acta）であるにもかかわらず，妥当されなければならない」（Stein［1897］S. 20. 圏点筆者）。

　しかし，その後の著作では，形成判決の第三者に対する効力は，既判力の拡張とは区別されるに至る。曰く，形成判決が全ての者に対して拘束的であるのは，「この判決によって，どの方面からも，またどの審級においても争うことのできない客観的な法状態が創出されるからである。無効と宣言された婚姻，取り消された死亡宣告，解散された合名会社は，当事者のみならず第三者にとってももはや全く存在しないのであり，裁判官によって縮小されまたは特定された給付義務は，全ての者に対して，それに裁判官が与えた内容を有するのである」（Gaupp/Stein［1901］S. 736）。

151

第1部　形成概念と第三者効　　第3章　形成力の意義

(2)　既判力との関係

　他方で，シュタインは形成判決の第三者に対する効力を既判力から区別する
見方を，必ずしも徹底していなかった。シュタインは別の著作では，形成力が
狭義の既判力の拡張とは区別されるものなのか疑わしいと述べている（Stein
[1913] S. 833f.）。次の叙述からはむしろ，やはり形成判決の第三者への効力は
既判力であるとの見方が窺われる。「法形成的判決も，既に述べたように，そ
の内容ゆえに対世的な効力を有する。それゆえに，ここでは既判力とは特別に
区別された効力が問題なのだと考えられている。ここでは法効果が創出されま
たは否定されており，その存否という厳然たる事実は誰からも無視され得ない。
しかし，我々の法律がこの判決の効力を人的範囲を度外視して要件および態様
において完全に既判力として扱っていること，他方でその結果いわゆる権利の
創造が比喩的な表現に過ぎないことに鑑みれば，我々はここでも真の既判力を
取り扱っているのだと思われる」(Stein [1912] S. 93)。

　結局のところ，シュタインは形成判決の第三者への効力を形成力と見るか既
判力と見るかは「何ら実際上の意義がない」と考え（Stein [1913] S. 834），こ
の問題を棚上げにした。換言すれば，シュタインは形成力と既判力との差を実
践的な結論の差に結びつくものとしては理解していなかった[9]。この点におい
てシュタインと意見を違えたのが，次に見るヘルヴィヒであった。

2　ヘルヴィヒ

　ゼッケルの形成権概念を摂取して，形成訴訟を訴えの三類型の一つとして明
確に体系化したヘルヴィヒ（第2章第1節第2款第2項II2参照）は，シュタイ
ンの提唱した既判力訴訟法説を引き継ぐ一方で，判決効の訴訟法的側面として
の「形成力」の構造を明確化した。

---

9)　なお，シュタインの関心は，形成的な国家作用全般の効力の解明に向けられており，形成判決の
　効力論は，形成的な非訟事件の裁判や行政行為による民事訴訟の裁判官の「拘束（Bindung）」と
　関連づけて考察されている（Stein [1912] S. 99, 104ff.）。ここで，シュタインはむしろ，「拘束」
　の語が既判力に取って代わることを望んでいた（a.a.O., S. 87）。このシュタインの態度は，構成要
　件的効力の概念規定との関係で，民事訴訟法学のみならず（Kuttner [1914] S. 5 Anm. 14），行政
　法学においても論争の対象となった（*Karl Kormann*, Besprechung: Friedrich Stein, Grenzen und
　Beziehungen zwischen Justiz und Verwaltung (Tübingen, J. C. B. Mohr (Paul Siebeck) 1912,
　2.80 Mk.), AöR 30, 1913, S. 253 (255, 257))。

第1節 形成力の沿革

(1) 既判力訴訟法説と形成力の基礎づけ

ヘルヴィヒは，一方で，現行法において判決の効力が民法典ではなく民事訴訟法典に定められているという事実を重視する[10]。他方で，自身の訴権の理解（第2章第1節第2款第2項Ⅱ2参照）に呼応して，既判力も訴訟法上ないし公法上の性質をもつものとして把握されると主張する（Hellwig [1901] S. 8ff.）。そして，「判決の確認的効力は，当事者に法的安定性を創出する点にのみ存する。訴えにより（より正確には訴えの申立てにより）判断を求められる“請求”が基礎づけられるか否かの確認は，係属手続においてもはや争い得なくなったのならば，全ての裁判官に対して争い得なくなるのである」と述べて，後訴裁判所が既判力ある裁判の「確認に」「拘束される」のだとする（a.a.O., S. 11f.）。このようなヘルヴィヒの理解は，既判力は「判決に沿った確認の拘束力（die bindende Kraft der urteilsmäßigen Feststellung）」であるという定義に集約されている（Hellwig [1912] S. 764）。このような理解からすれば，実体法関係を変動させる効力は既判力から完全に切り離されることとなる。先に見た形成力と既判力の区別という問題（第1項Ⅱ参照）は，ここで一つの解決を見たことになる。

さらにヘルヴィヒは，形成判決の形成力と既判力以外の効力との区別の問題（第1項Ⅱ参照）も，判決の付随的効力というカテゴリーを用いることで解決しようとした。一方でヘルヴィヒは，私法規範が特定の確定判決に特定の法効果を認めることを私法上の付随的効力ないし構成要件的効力として体系化し，給付判決や確認判決の反射効をこの文脈で把握する。曰く，これらの効力は判決の内容的効力ではなく，判決の存在に関わる構成要件的効力である（Hellwig [1912] S. 803）。他方でヘルヴィヒは，この反射効ないし構成要件的効力を，形成力から区別した（a.a.O., S. 779f.）。その理由は，ヘルヴィヒが形成力を執行力とパラレルなものとして理解しようとする（Hellwig [1901] S. 7）ことにも示されているように，形成力をあくまで執行力と同様の判決の内容的効力として理解していたことに求められる。この点は，クットナーによってより明確化されることとなる（3(1)参照）。

---

10) 1877年制定のドイツ帝国民事訴訟法典（CPO）上には，既判力の主体的範囲に関する条文が無く，むしろ当時は民法典（BGB）上の規定が予定されていた（Motive [1888-1] S. 376ff.）。しかし，1896年制定の民法典には判決効の規定は設けられず，1898年改正により民事訴訟法典（ZPO）上に既判力の主体的範囲の規定が設けられた。参照，後掲註48。

第1部 形成概念と第三者効 第3章 形成力の意義

(2) 判決効の訴訟法的側面としての「形成力」の理論的基礎

　ヘルヴィヒは，シュタインとは異なり（1(2)参照），形成力と既判力の質的な差異を，具体的な結論の違いに敷衍した。すなわち，ヘルヴィヒは一貫して，形成判決の既判力は当事者間にのみ生ずるが，形成力は私法上の法律行為と同様に全ての者に対して及ぶという立場をとり（Hellwig [1900] S. 480, 487; Hellwig [1901] S. 3f.），形成力のみを受け既判力を受けない第三者は，もはや法変動の発生を争うことはできないが，それが正当に発生したか否かはなお争うことができるとするのである（Hellwig [1912] S. 275, 774）。このことの具体的な意義は，第三者からの不当判決を理由とする損害賠償請求を認めるという帰結を導くことができる点にあった（Hellwig [1901] S. 4 Anm. 13）。

　ここで，形成力を受ける第三者は法変動の発生を争うことができないと明確に述べられている通り，ヘルヴィヒは「形成力」に判決効の訴訟法的側面を読み込んでいる。このような「形成力」は，いったいどのような仕組みで正当化できるのだろうか。

　この点の手がかりとなるのは，ヘルヴィヒの執行力の説明である。ヘルヴィヒは一方で，執行力の本質を国家に対する執行請求権（Vollstreckungsanspruch）に見出し，この執行請求権の存否は，原告が被告に対して実体法上の請求権を本当に有しているのかどうか，すなわち給付判決の正当性には関わらないものだとする。また他方で，給付判決も強制執行のための権利を創出する点では法形成を行うのだとして，この権利の存在は誰からも（von jedermann）「承認」されなければならない（anzuerkennen ist）と説く（Hellwig [1901] S. 7）。執行力に関するこの理解は，形成判決の当不当に関わらず形成力が生じ，形成の結果それ自体は誰も否定できないという形で，「形成力」にも同様に敷衍することができる。

　問題は，この「承認」の意味内容である。具体的にヘルヴィヒが挙げるのは，強制執行における配当手続において，債権者 G_1 は，他の債権者 G_2 が先に給付判決に基づいて取得した差押質権（Pfändungspfandrecht）[11]について，当該給付

---

11)　ドイツの強制執行手続では，差押えの先後に沿って順位づけされた差押質権が差押者に付与され，先順位の差押質権者から順に優先的な配当を受けることになる（いわゆる優先主義）。参照，神戸大学外国法研究会編『独逸民事訴訟法〔Ⅲ〕強制執行乃至仲裁手続（復刊版）』147頁以下，154頁以下（有斐閣，1955）。

154

判決の不当性を主張して争うことができない，というものである（Hellwig [1900] S. 504f.; Hellwig [1901] S. 7 Anm. 17）。G_1 は G_2 の提起した給付訴訟の当事者ではなく，G_2 の得た給付判決の既判力を受けないため，その判決の当否を争うことが既判力によって妨げられるわけではない。しかし，G_2 の受けた給付判決の正当性が G_2 の差押質権の有効要件ではないと解するならば，G_1 が給付判決の不当性を主張しても G_2 の差押質権の有効性を争うことにならないため，結果的に G_1 は G_2 の差押質権の存否を争うことができなくなるのである[12]。この意味で G_1 が G_2 の得た差押質権の存在を「承認」しなければならないとすれば，ここでの「承認」は，第三者が前訴判決の当否を争っても前訴判決に起因する自身への不利益を覆すことができないことを意味しており，これは第三者に対する判決効の訴訟法的側面の拡張の一種に他ならない。第三者に対する判決効の訴訟法的側面としての「形成力」も，このような給付判決の有する第三者に対する判決効の訴訟法的側面の拡張とパラレルに観念されているものと考えられる[13]。

　他方で，このように判決効の訴訟法的側面の問題として「形成力」を理解することとなると，訴訟法説によって判決効の訴訟法的側面の問題に純化された

---

12)　これに対応させてか，ヘルヴィヒは配当異議訴訟における異議事由を，請求異議訴訟における異議事由と同様に，基準時（事実審の口頭弁論終結時）後の請求権の消滅に限定する（Hellwig [1900] S. 504 Anm. 86）。そのため，基準時前の請求権の消滅等を理由とする給付判決の不当性は，ヘルヴィヒによれば配当異議事由にならない。このヘルヴィヒの解釈は当時のドイツにおいて有力であり（鈴木 [1960-2] 515頁以下），現在も有力のようである（松本博之 [2001] 300頁註96）が，現在では既判力が及ばない場合には配当異議事由を限定しない見解もある（*Christian Seiler*, in: Thomas/Putzo (Hrsg.) [2016] §878 Rn. 5）。他方で，日本においては，ヘルヴィヒと同様の理解をとる見解も存在する（兼子一『強制執行法（増補版）』226-227頁〔弘文堂，1951〕；松本博之 [2001] 299頁以下）が，既判力が及ばないことを理由に，配当異議事由を限定しない見解も多い（鈴木正裕＝青山善充編『注釈民事訴訟法(4)裁判』456-457頁〔伊藤眞〕（有斐閣，1997）；中野＝下村 [2016] 557頁）。

13)　やや異なるニュアンスの説明として，リヒャルト・シュミットは，形成力を既判力から明確に区別したうえで，形成判決が執行を内在するという理解（第2章第1節第2款第1項Ⅰ参照）から，法変動的判決が第三者に作用するのは，執行の結果（Vollstreckungserfolg）が第三者に影響を与えるのと同様だとした（R. Schmidt [1906] S. 770f.）。ヘルヴィヒが執行開始のための執行請求権の創出を形成力とパラレルに見ているのに対し，シュミットは執行請求権を行使した後の執行手続の完了による事実状態の変動（換価財産の配当や第三債務者からの弁済など）を形成力とパラレルに見ているのである。シュミットの説明によれば，ヘルヴィヒが挙げた配当手続の例は，形成判決とパラレルには説明されない可能性がある。

既判力との差異が翻って問題となる。この点をヘルヴィヒは，訴訟法的側面と
しての「形成力」の客体的範囲を既判力とは異にすることによって，すなわち，
先に見たように，形成力によっては不当判決を理由とする損害賠償請求は遮断
されないと解することによって，解決したのである。ここに，現在の行訴法の
通説が採用しているのと同様の構造の「形成力」，すなわち「既判力ではない
第三者効」（第1章第1節第3款参照）の理論的基盤が，民事訴訟法学説上に登
場することとなったのである。

(3) 単一要件説の確立

他方で，先に見た通り，ヘルヴィヒは形成訴訟の基礎をゼッケルに倣って形
成権として構成した（第2章第1節第2款第2項Ⅱ2参照）が，形成力の根拠に
関しては，ゼッケルと意見を違えている。すなわち，ゼッケルは形成権の存在
と形成判決の存在をともに形成力の要件として捉えるのであるが，ヘルヴィヒ
は形成力の根拠をあくまで（確定）形成判決の存在の・み・に求めたのである。曰
く，「法変動は訴えおよび判決により生ずる；ゼッケルはこれを明確にしてい
る（"二重要件"，すなわち法律行為と国家行為）。行使の意思表示を含む訴えが提
起されていない場合に，判決を出すことができないという点は正しい。しかし，
この定式は，訴えが法律行為に関する規定に合致し，法変動を求める権利が存
在する場合にのみ法変動が生じるという考えを導く点では，誤っている。これ
は正当でない。法変動は，例えば訴訟能力のない者が訴えた場合にも生じるし，
裁判所が法変動を求める権利を不・当・に存在すると述べた場合にも生じる」
(Hellwig [1912] S. 275. 圏点筆者)。このように，形成力の要件に確定形成判決の
存在のみを数え，形成判決の不当性を形成力の発生から切り離し，判決の不当
性を争うことによっては形成の結果が覆されないとする理解（単一要件説（垣内
[2014] 370頁））は，その後ゴルトシュミットの反対（Ⅱ2参照）を受けながら
も，ドイツの学説を席巻することとなる。

3 クットナー

判決の付随的効力（Nebenwirkung）の概念を体系化したクットナーは，単一
要件説に基づく「形成力」の内容をさらに明確にした。

(1) 付随的効力と既判力，形成力

まず，クットナーは，判決の付随的効力と形成力とを以下のように区別した。

第 1 節　形成力の沿革

曰く，判決の付随的効力とは，ヴァッハが構成要件的効力と呼び，ヘルヴィヒが反射効と呼んだところの，判決の存在を実体法上の要件事実として生ずる実体法上の効力である。この付随的効力は，訴訟の本質的な目的ないし判決の内容的効力である既判力および執行力とは異なり，判決の単なる二次的な効果である（Kuttner [1908] S. 3ff.）。形成力も実体法関係の変動を惹起する効力なのであるから，形成力と付随的効力とは効力面において類似する（Kuttner [1910] S. 186）。ただし，付随的効力が訴訟の対象となる請求の内容とは関係がないのに対して，形成力は訴訟の対象となる請求の内容に係るという点で，両者はなお区別される（Kuttner [1914] S. 20）。

(2)　実体法の次元における判決効の訴訟法的側面

他方で，クットナーは，ヘルヴィヒらの既判力訴訟法説に与し，既判力は公法上ないし訴訟法上の効力であって，実体法上の法関係の変動には関わらないと述べる（Kuttner [1908] S. 5f.; Kuttner [1914] S. 18）。そして，こうした後訴裁判所の拘束としての既判力とは異なり，内容的効力としての形成力も，付随的効力としての反射効も，私法関係を変動させる効力であるという性質上，対世的に作用すると述べている（Kuttner [1914] S. 19f.）。クットナー曰く，反射効が対世的に作用するのは，「他の全ての私法上の要件事実それ自体が，その存在および実体法上の構成力（Konstitutivkraft）において全ての者から承認されなければならない（anerkannt werden muß）のと同様」であり（Kuttner [1908] S. 178），この説明は，形成力にも同様に当てはまると解される。そして，この「承認」は，判決効の訴訟法的側面を意味する。具体的には，形成力や付随的効力は判決の判断内容の正当性とは無関係に法状態の変動をもたらすものであるため，後訴裁判所は判決の正当性を再審理する必要がなくなる（Kuttner [1910] S. 180）。ここには，ヘルヴィヒと同じく単一要件説によって対世効の訴訟法的側面を基礎づける発想が，判決の付随的効力と形成力とを問わず同様に現れている。

そしてクットナーは，判決による法変動それ自体を争うことを封じるという，ヘルヴィヒが説いていた「形成力」の作用（2(2)参照）を，さらに詳細に敷衍した。曰く，付随的効力を被る第三者は，単なる判決の不当性を主張して判決による法変動を争うことはできない（Kuttner [1908] S. 185ff.）が，当該付随的効力の要件となる判決が当事者間の共謀等により信義誠実の原則に反すること

157

第1部 形成概念と第三者効 第3章 形成力の意義

（いわゆる悪意の抗弁。a.a.O., S. 198ff.）を主張するならば，判決による法変動を争うことが可能である。クットナーは明示的には述べていないが，上記の通り形成力と付随的効力の主体的範囲および判決効の訴訟法的側面の基礎づけが共通している以上，この理は形成力を被る第三者にも及ぶものと考えられる。換言すれば，ここでは，判決による法変動それ自体を争うことができないという「形成力」の作用が，再審によらない限りは覆すことができない既判力よりは弱いものであることが説かれている。

4 ハイム

　ヘルヴィヒが提唱しクットナーが引き継いだ，判決効の訴訟法的側面としての「形成力」は，同じ既判力訴訟法説に立つハイムの論述の中にその定着を見ることができる。

　ハイム曰く，形成判決のような構成的命令（konstitutives Dekret）は，「それ自体が，適切な方法で再度除去されるまで継続し，その継続によって効力それ自体を常に新しいものとしてはっきり示すような，法状態の変動（rechtliche Zustandsveränderung）をもたらす」（Heim [1912] S. 54）。ハイムは，このように理解した形成判決の効力を，あくまで判決効の訴訟法的側面として捉えたうえで，既判力とは異なるものとして構成した。曰く，法変動の直接の発生原因は，形成判決の存在のみである。換言すれば，実体法上の形成原因の存在は，原告の法変動を求める権利の直接の要件ではない。したがって，形成判決の存在の事実のみで法関係の変動は生じるのであり，既判力の及ばない第三者は形成原因の不存在を主張することが妨げられないとはいえ，そもそもそのような主張をしても法関係の変動を争うことができない。この意味で，法関係の変動を不可争とする作用を，既判力の作用として語ることはできない（a.a.O., S. 72f.）。ここに，単一要件説によって判決効の訴訟法的側面としての「形成力」を既判力とは独立に基礎づける見方は，明瞭な説明をもって定着したと見ることができる。

5 小括および検討

　既判力訴訟法説の嚆矢であるシュタインによって既判力から明瞭に区別された形成力は，訴訟法説の完成者であるヘルヴィヒによって，執行力との類比に

158

第1節　形成力の沿革

よりゼッケルの二重要件説を明確に排斥して確立された単一要件説の裏付けの下，判決効の訴訟法的側面としての意義を獲得した。この単一要件説に基づく「形成力」は，クットナーおよびハイムによりその内容を明確化された。すなわち，形成判決による法変動は，確定形成判決の存在のみを要件事実としている（単一要件）がために，既判力を受けない第三者が当該確定形成判決の単なる不当性を主張したとしても，それでは当該法変動を争うことにはならず，結果的に当該第三者は法関係の変動の事実を争うことができなくなるのであり，この事態を判決効の観点に引き直したものが，判決効の訴訟法的側面としての「形成力」である。

　しかしながら，このような単一要件説に基づく形成判決の「形成力」に対しては，そもそもなぜ形成判決の存在の事実のみで法関係の変動が生じると言えるのか，換言すれば，なぜ形成判決の有効性をその不当性から切り離すことが可能なのか，すなわちなぜ単一要件説が正当化されるのか，という説明に欠けているとの憾みがある。翻ってヘルヴィヒの論旨を見れば，ヘルヴィヒはこれを判決の執行力の発生が判決の不当性から切り離されることとパラレルに説明しようとしていた（2(2)）。したがって，ヘルヴィヒの説明に即して言えば，単一要件説の正当化可能性は，執行力の発生が給付判決の不当性から切り離されることがいかにして正当化されるか，またそれを形成判決一般についてパラレルに理解することが妥当か，という問題に他ならない。この問題についての単一要件説の問題点を正面から指摘したのが，後に見るゴルトシュミットであった（Ⅱ2）。

Ⅱ　実体法説と訴訟法説の応酬

　シュタイン，ヘルヴィヒらの既判力訴訟法説は即座に学界を席巻したわけではなく，実体法説と訴訟法説の対立は，20世紀初頭においてなお継続していた[14]。以下では実体法説の論者の中で形成力に関する明示的な言及をなしたパーゲンステヒャーと，それに対して批判を繰り返したゴルトシュミットの論

---

14)　とりわけ，メンデルスゾーン＝バルトルディの出色の著作は，既判力の相対性の原則に対して豊富な比較法素材をもとに批判を加え，当事者間の既判力が対世的に妥当するという理論を説いている（Mendelssohn-Bartholdy［1900］S. 509）が，形成力の概念には言及がないため，本書では検討の対象から除外する。参照，鈴木［1960-2］54頁以下；水谷［1973-74］515頁以下。

159

第1部　形成概念と第三者効　　第3章　形成力の意義

争を軸に，形成力の概念の発展過程を追う。

1　パーゲンステヒャー

パーゲンステヒャーは，既判力実体法説と訴訟法説との対立を「既判力の作用が実体法領域に存するのか純粋訴訟法上の領域に存するのか」に関するものだと整理し（Pagenstecher [1908] S. 1），後者（訴訟法説）と見るならば，実体法上不当な判決に後訴裁判所が拘束されることを認めることになる点を問題視する（a.a.O., S. 13ff.）。そこで彼は，判決によって実体法上の法状態が変更されることを肯定し，それによって不当判決という現象の存立余地自体を排除し，後訴裁判所の拘束をこの実体法上の法状態の変動そのものに求める。曰く，「何が真実であるかが全ての者にとって基準となる。留意されるべきは，それが考慮されるためには特別の命令は必要ないことである」（Pagenstecher [1904] S. 302）。

(1)　実体法説と形成力

既判力の本質論的側面に関わるこうしたパーゲンステヒャーの論旨それ自体は，本書の関心ではない[15]。本書において問題とすべきは，彼のように既判力の作用に法関係の変動を含ませるとなると，それは形成力，反射効，構成要件的効力の作用といかなる関係に立つことになるのかという点である。これは，かつてヴァッハ，コーラー，ヴァイズマンが十分明らかにしなかった問題であり，ヘルヴィヒが訴訟法説に立つことで一定の回答を与えた問題であった（I 2⑴参照）。訴訟法説を否定するパーゲンステヒャーにおいては，再びこの問題に相対する必要が生じるのである。しかし，結論から言えば，パーゲンステヒャーもやはり，この問題に対する回答を満足に与えていない。

パーゲンステヒャーは，執行力を度外視すれば，確定判決には次の三つの効力があると言う。すなわち，①「既判力に関係する者の実体法関係への（直接の）効力」としての既判力，②「そこから導き出される，既判力の及ばない者

---

15)　とりわけ既判力の相対性との整合性が問題となるが，パーゲンステヒャーは判決の確定対象を「当事者間の法関係」に縮減することによって，実体法上の効力と既判力の相対性とを調和しようとした（喜頭 [1932] 343頁；中島 [1941] 28頁以下；鈴木 [1960-2] 58頁以下）。しかし，彼の議論には，サヴィニー以来の問題意識を放棄する既判力の「自己放棄」である（ガウル [1978] 83頁）といった厳しい批判も向けられている。

160

の実体法状態への（間接的な）効力」としての反射効，③「それ以外の効力」，例えば判決を受けた保証人の求償権の発生といった付随的効力，である（Pagenstecher [1914] S. 520f.）。そして，既判力に実体法関係を変動させる効力を見出す彼は，形成力を形成判決の既判力の作用（①）に位置づけた（Pagenstecher [1919] S. 141f. Anm. 10）。パーゲンステヒャーにおいては，形成力を既判力から切り離そうとするこれまでの見解とは逆に，むしろ形成力が既判力の一つの表れとして整理されることになったのである。

　その結果，パーゲンステヒャーにおいては，①同一当事者間の後訴における裁判所の拘束と，②第三者との間の後訴におけるそれとは，ともに実体法への拘束という同内容をもって語られることとなった。したがって，この構成では，やはり翻って既判力の作用が不明瞭となると言わざるを得ない。すなわち，後訴裁判官の実体法上の拘束が既判力の内容であるのならば，それは③付随的効力と効果の面において差異がないことになる。要するに，パーゲンステヒャーの体系においては，①ないし③は全て同質の効力として理解されざるを得ないのである。

(2)　単一要件説の採用

　他方でパーゲンステヒャーは，単一要件説の理論的正当化に関しては，新たな説明を付け加えている。

　形成力を既判力の作用（①）として理解していることから分かる通り，パーゲンステヒャーも形成力を判決効の訴訟法的側面として理解している。その根拠は，形成判決の有効性が判決の正当性に左右されないことに求められている（Pagenstecher [1919] S. 141）。これは，ヘルヴィヒらと同様に形成判決の有効要件から形成判決の不当性を切り離す立場，すなわち単一要件説であり，ゼッケルの二重要件説に対立する立場である。

　そして，二重要件説を採用して形成判決の不当性を形成力の要件とすることは，以下の理由から妥当でないとする。例えば，妻が自身の持参財産に関する夫の管理用益権限の取消しを請求する訴訟（§1418 BGB）[16]が不当に認容された場合，二重要件説によれば，当事者および既判力の拡張される第三者に対しては夫の管理用益権限が消滅したことになるが，その他の第三者に対しては依然として夫の管理用益権限が存続することになる。そして，当該訴訟の認容判決について対世効規定が存在しないため，妻は全ての者に対して通用する判決

第1部　形成概念と第三者効　　第3章　形成力の意義

を得る手段がなく，常に第三者から夫の管理用益権限を争われることとなる
（Pagenstecher［1919］S. 141f. Anm. 10）。

　この指摘の前半部分，すなわち，当事者と第三者とで実体法状態が異なるこ
とになるとの批判は，二重要件説の論者に対して必ずしも当たらない。後に見
る通り，二重要件説を採用するゴルトシュミットも，既判力の及ばない第三者
にいったんは判決効の実体的側面が及ぶことを承認しているからである（2(3)
参照）。重要なのは，指摘の後半部分，すなわち，対世効規定が備わらない場
合には常に第三者から判決の不当性を争われることとなるという点である。ゴ
ルトシュミットは上記の例においてはその帰結に問題はないと応答するに留ま
り（Goldschmidt［1925］S. 205 Anm. 1138），他の事例において生じ得る同様の問
題については，正面から論争されることはなかった。しかし，この問題は現在
でもなお検討に値するものである（第2款第2項I参照）。

　(3)　補論：形成判決の効力論から見たパーゲンステヒャーの理論

　　パーゲンステヒャーはヘルヴィヒら訴訟法説へのアンチテーゼの提示に拘っ
ている（Pagenstecher［1904］S. 72ff.; Pagenstecher［1908］S. 13ff.）が，少なくとも
本書の主題に関しては，有効な反論をなし得ていない。例えば，パーゲンステ
ヒャーは，ヘルヴィヒ通説とは異なって，形成判決における既判力の作用は
確認判決におけるそれとは全く区別され，形成判決には確認判決におけるよう
な確認的効力としての既判力は備わらず，形成判決の既判力の作用は（判決効
の訴訟法的側面を含む）「形成力」に尽きると考える。曰く，例えば離婚判決に
ついては，通説によれば，判決は離婚を求める権利が離婚の時点（判決確定時）
においてなお存在することを確定するのではなく，それより早い時点（事実審
の口頭弁論終結時）において存在することを確認することになる。しかし，事実
審の口頭弁論の終結は，判決確定の1ヶ月前や1年前であり得る（Pagenstecher
［1914］S. 521 Anm. 8）。要するに，「形成力」は離婚を求める権利の判決確定時

---

16)　この訴訟は形成訴訟であると解されていた。Vgl., *Emil Strohal* (*Hrsg.*), Planck's Kommentar
　　zum Bürgerlichen Gesetzbuch nebst Einführungsgesetz, Bd. 4, 4. Aufl., 1924, S. 296. なお，妻の
　　財産に対する夫の管理用益権は，後に基本法の下の両性の平等（§3 Abs. 2 GG）に反するとされ，
　　遅くとも1953年3月31日までに廃止されることが予告され（§117 Abs. 1 GG），実際にBGBが
　　改正されて廃止された（参照，神戸大学外国法研究会編『独逸民法〔IV〕親族法（復刊版）』506
　　頁（有斐閣，1955））。

162

の存否とは関わらずに発生すると考えなければ，不当判決に基づく「形成力」を肯定する羽目になるということであろうが，それだけでは形成判決が確認的作用を有しないということまでは基礎づけられない。というのも，形成力の発生とは別に，既判力によって口頭弁論終結時における形成を求める権利の存否を確認することには，なお意義があるからである（第2款第1項Ⅲ参照）。

2 ゴルトシュミット

ゴルトシュミットは，パーゲンステヒャーに自説を誤解されたこともあってか（Goldschmidt［1919］S. 10 Anm. 28），実体法説を詳細に批判し，その関連で形成力に関する独自の理論を展開するに至った。この見解は兼子一に受け継がれ，行訴法立法過程の第三者効に関する論争において立ち現れることとなる（第1章第1節第2款第2項Ⅱ参照）。

(1) 既判力，形成力，構成要件的効力

ゴルトシュミット曰く，自身の立つ既判力訴訟法説とは異なって，実体法説の論理では既判力と構成要件的効力および形成力との境界がぼやけさせられてしまう」（Goldschmidt［1925］S. 187）。コーラーは形成判決というカテゴリーを否定せざるを得なかった（第2章第1節第2款第1項Ⅱ2参照）し，パーゲンステヒャーは形成力と構成要件的効力とをそれぞれ既判力の異なる現れの一つだと整理してしまった（Goldschmidt［1919］S. 9f. 1 (1)参照）。

ゴルトシュミット自身は，既判力，形成力および構成要件的効力を，それぞれ以下のように定義する。すなわち，①既判力は「確認的効力（Feststellungswirkung）」であり，②形成力は「形成判決を含む "構成的国家行為（konstitutive Staatsakte）" が属するところの法律行為一般の効力，すなわち意思表示に由来する法変動的効力」であり，③構成要件的効力は，「司法事実に直接に法律によって認められるところの法変動的効力」であるとされる。離婚判決についてこれを例示すると，①既判力は，その存在理由によって個別化された離婚訴権の存在が口頭弁論終結時において確定される点に生じ，②形成力は，婚姻法関係が将来に向かって解消される点に生じ，③構成要件的効力は，扶養請求権等々が発生する点に生ずる（Goldschmidt［1919］S. 7f.）。

このゴルトシュミットの理解は，①既判力を後訴裁判所の拘束力に純化し，実体法関係の変動から切り離す点で，ヘルヴィヒらの訴訟法説を継承したもの

であると言える。他方でこの理解は，ヘルヴィヒらよりも一歩進んで，法律行為の効力とパラレルに理解することで，②形成力が内容的効力であり③構成要件的効力が付随的効力であることを理論的に基礎づけている。すなわち，形成判決の主文において宣言される法変動（上記の例で言えば離婚）を，形成判決に顕現した国家の意思表示の効力としての「内容的効力」と把握し，形成判決の主文において宣言されているわけではなく，法規範が判決を当該法変動に結びつけたことによって生じる効力（上記の例で言えば扶養請求権の発生）を，国家の意思表示の効力とは区別された「付随的効力」として把握するのである[17]。

(2) 形成力の二重要件説

他方で，このゴルトシュミットの形成力の理解は，ゼッケルの二重要件説に結びつけられている（Goldschmidt [1910] S. 27 Anm. 17; Goldschmidt [1919] S. 16 Anm. 52, S. 20 Anm. 68）。形成力が国家の意思表示に由来する効力，すなわち国家の法律行為の効力であるという先述の定義は，換言すれば，形成力は国家の形成権の行使の法効果であるということを意味している。したがって，形成力の発生は国家の形成権が存在しているかどうかに依存し，「形成力は，国家の形成行為が適法であり，形成判決が正当であった場合にのみ発生する」（Goldschmidt [1919] S. 16）。すなわち，私人の解除権や取消権の行使が解除原因ないし取消原因が備わらない場合には効力を発揮しないのと同様に，形成原因が備わらない場合には形成力は生じない（a.a.O., S. 17）。したがって，ゴルトシュミットの理解によれば，「形成判決に含まれる確認が形成の適法性に及ぶ限りで，形成の有効性も全ての再審理（Nachprüfung）を免れることになる。しかし，それはあくまでその限りでのことに過ぎない（aber nur soweit!）」（a.a.O., S. 20）。換言すれば，確認的効力である既判力の及ばない第三者は，形成判決による法関係の変動の再審理を求めることができることになる。

このようにゴルトシュミットは，ヘルヴィヒが袂を分かったゼッケルの二重要件説に与することで，形成力の概念を判決効の実体的側面に限定し，ヘル

---

17) ただし，国家の意思表示の内容的効力を観念することは，同時代の公法学説において必ずしも受け入れられていたわけではない。むしろ当時の公法学説は，行政行為の効力の淵源を国家の意思表示それ自体に求めるのではなく，要件事実たる行政行為が法規へと包摂されることによって生ずる法効果として説明する形に転換していた（人見 [1993] 154頁，226頁以下；人見 [2012] 76頁以下）。

ヴィヒのような訴訟法的側面としての「形成力」を否定したのである。

(3) 二重要件説と形成力の範囲

　このようなゴルトシュミットの所説は，兼子一の見解について既に見たのと同様に，形成力の範囲を既判力の範囲に一致させるものだと紹介されることが多い。しかし，それが第三者に対してそもそも実体法上の法変動が生じない，すなわち形成判決の実体法的側面すら第三者に及ばないという趣旨での紹介なのであれば，それは兼子に対する評価と同様に適切でない（第1章第1節第2款第2項II 3参照）。ゴルトシュミットは形成判決を国家の法律行為であると解するのであるから，私人の解除権行使の効果がいったんは第三者に対しても生じるように，形成判決が確定すればいったんは第三者に対しても実体法上の変動が惹起されることになる。ゴルトシュミットはたしかに，先に見た通り，「形成力は，国家の形成行為が適法であり，形成判決が正当化された場合にのみ発生する」と述べているが，私人の解除権の行使であっても，それが適法であり，形成原因が備わっている場合にのみ効力を生ずることには変わりがない。ゴルトシュミット説の意義は，形成判決によっていったん生じた法変動を，既判力の及ばない第三者が再び争うことができる点にあるのである。先の引用部でゴルトシュミットが再審理（Nachprüfung）の可否を問題としていることに注意せねばならない。

　ところで，兼子一の見解は，二重要件説という限りではゴルトシュミットと共通しているが，形成判決を国家の意思表示ないし法律行為として把握することを拒む点では異なっている（第1章第1節第2款第2項II 1参照）。とはいえ，形成力を国家の法律行為の効力と説くゴルトシュミットが，まさに兼子と結論を同じくしているように，この点は形成判決の効力の主体的範囲の理解に直結する問題ではない。法律行為についても，その存在自体が唯一の要件事実とされる場合には，単一要件説の下での「形成力」と同様の現象が生ずるのであり，判決を法律行為になぞらえるか否かはこの問題の結論に影響しない。問題は，法関係の変動の要件として，ある行為の存在のみが要求されている（単一要件）か，それに加えて当該行為の有効要件（形成判決について言えば形成原因）等の存在も要求されている（二重要件）かであり，行為の性質如何（判決か法律行為か）ではない（垣内［2014］369頁註23）。

第1部 形成概念と第三者効 第3章 形成力の意義

(4) 配当異議訴訟における二重要件

さらに進んで，ゴルトシュミットは，単一要件説が十分な理論的根拠に基づいていないことを，正面から指摘している。具体的には，配当異議訴訟の例を用いて執行力に関して単一要件説を導き出したヘルヴィヒの立論（Ⅰ2(2)参照）に，そもそも問題があることを指摘している。一般債権者が配当異議訴訟において他の債権者の差押質権の存在を争うことができないとするヘルヴィヒに反対し，ゴルトシュミットは，差押質権の基礎となる給付判決の既判力を受けない債権者は差押質権の存在を争うことができるとする。その理由は，差押質権は質権である以上被担保債権に対して付従性を有することに求められている（Goldschmidt [1910] S. 36）。要するに，配当異議訴訟において他の債権者が給付判決中で宣言された債権（差押質権の被担保債権）の不存在等を主張するならば，それは差押質権の有効性を否定する主張として意味を持ち得るのであるから，この例を単一要件としては構成し得ないということである[18]。この場合に差押質権の有効性を否定する主張を排除するのは，給付原因の存在を確定する給付判決の既判力であり，それが第三者たる他の債権者に及んでいない限りは，当該他の債権者はそれを主張して差押質権の有効性を否定することができるのである（Goldschmidt [1925] S. 192）[19]。すなわち，ゴルトシュミットによれば，差押質権の有効性は二重要件（給付判決の存在および被担保債権の存在）であり，既判力の拡張によって被担保債権の不存在の認定が妨げられない限りは，第三者は差押質権の有効性を争うことが可能になるとするのが，質権の付従性という実体法理論上の素直な帰結だということになる[20]。

要するに，ヘルヴィヒが打ち立てた形成判決の単一要件説は，その大本にあ

---

18) ただし，差押質権を介在させない我が国においてもヘルヴィヒ説は受容されなかったことについて，前掲註12参照。

19) 念のため付言するならば，判決の不当性は，国家に対する執行請求権の成立要件，すなわち強制執行手続の適法性には関係しない。すなわち，国家に対する執行請求権は，債務名義の存在を単一要件とするものといってよい。しかし，このことが差押質権の有効性に関してまで単一要件説を当然に導くわけではない。

20) ゴルトシュミット以降に単一要件説を支持する論者は，この配当異議訴訟の事例についてまで単一要件説を貫いているわけではない。例えば，形成判決について単一要件説を採用するレント（第2款第1項Ⅱ2参照）は，配当異議訴訟の事例に関しては，単一要件説と二重要件説とを併記したうえで，「既判力の拡張がないことは一般的に承認されている」とだけ述べる（*Friedrich Lent*, Zwangsvollstreckungs- und Konkursrecht; ein Studienbuch, 7. Aufl., 1958, S. 66）。

166

る配当異議訴訟の例において既に，差押質権の付従性との不整合という問題を胚胎している。このことは翻って，形成訴訟における単一要件説の問題点を浮き彫りにする。すなわち，形成訴訟における単一要件説は，その理論的基礎づけを執行力が判決の不当性に関わらない点との類比に求めていた（I 2(2)参照）が，そもそも，「執行力が判決の不当性に関わらない」という命題自体が，自明のものではない。換言すれば，形成判決により実現される法関係の変動が形成判決の存在を単一要件とするものであるということがいかにして基礎づけられるのかについて，単一要件説それ自体の中には答えを見出すことができないのである[21]。

第3項　小　括

ここまでの検討の結果を，既判力本質論との関係を軸に今一度整理しておこう。

一方で，実体法説に属するとされている論者（ヴァッハ，コーラー，ヴァイズマン，パーゲンステヒャー）も，既判力の相対性と形成力の対世性との理論的整合性を無視していたわけではなかった。しかし，構成的判決の第三者に対する効力がいかなる意味で既判力から区別されるのかは，やはりさほど明瞭ではなかった。また，構成的判決の効力と，給付判決および確認判決にも備わり得る第三者に対する効力との区別も，同様に不明瞭であった（第1項および第2項II 1）。

他方で，訴訟法説の論者（シュタイン，ヘルヴィヒ，クットナー，ハイム）は，既判力の内容を後訴裁判所の拘束に限定し，判決の実体法状態への作用を既判力から明瞭に切り離すことによって，形成力および付随的効力を析出した。しかし彼らにおいても，この形成力や付随的効力は純然たる実体的側面の問題としては把握されておらず，第三者に対する判決効の訴訟法的側面の一種として観念されていた（第2項I）。この既判力とは区別された「形成力」の存否は，判決の正当性と判決の有効性の関係の理解に関わっている。すなわち，形成判決の正当性を形成力の要件に位置づける二重要件説（ゼッケル，ゴルトシュミッ

---

[21]　垣内［2014］372頁は，「民事訴訟法の一般的な理論との親和性」から，二重要件説が原則的に妥当とする。

第1部　形成概念と第三者効　　第3章　形成力の意義

ト）からは，判決効の訴訟法的側面としての「形成力」は生じないが，執行力
とパラレルに理解して形成判決の正当性を形成力の要件から外す単一要件説
（ヘルヴィヒ，ハイム）からは，それが生じることになる。この点に関しては，
単一要件の理論的根拠が十分には示されていない点が問題とされるに至った
（第2項II 2）。

第2款　「形成力」の確立

第1項　既判力否定説の台頭と衰退

　判決効の訴訟法的側面としての「形成力」の理論的基礎に関するより踏み込
んだ説明は，形成判決の既判力を否定する議論と表裏一体となって展開された。
既判力否定説は，判決効の訴訟法的側面としての「形成力」が認められる以上，
それに加えて既判力を形成判決に認めることの実益があるのかを問題とした
（中田［1940］193頁以下）。しかし，ほどなくして，形成判決の既判力には不当
判決を理由とする損害賠償請求を遮断するという独自の意義があることが
（再）認識され，既判力否定説はたちまち衰退することとなる[22]。本書の関心
から興味深いのは，既判力否定説はもちろんのこと，既判力肯定説の多くも，
形成判決の対世効が既判力の拡張ではないと考えていた点である。すなわち，
既判力肯定説も，ゴルトシュミットらの二重要件説ではなく，ヘルヴィヒらの
単一要件説を支持していたのである。以下ではこの点に重点を置いて，この議
論を概観する。

I　既判力否定説の台頭

1　ベティヒャー

　既判力論に関する浩瀚なハビリタツィオンを著し（Bötticher［1930］）[23]，権

---

22)　参照，森勇「形成判決の既判力——その理論」新堂幸司監修『実務民事訴訟講座〔第3期〕第
　3巻』343頁（日本評論社，2013）。

23)　邦訳として，小木貞一＝渡邉綱吉訳「エドアルト・ベッチヒェル：民事訴訟における既判力論
　への批判的寄与(1)～(8)」愛知学院大学論叢法学研究13巻2号27頁，同14巻1号21頁，同2号
　69頁，同3号21頁，同15巻1号15頁，同3号55頁，同16巻1号75頁，同16巻2＝3号25頁
　（1969-73）。

第 1 節　形成力の沿革

利既存の観念を否定する潮流（第 3 項参照）の隆盛に対して「訴訟法理論の方法論的統一」の観点から徹底した反論を行ったベティヒャー（三ケ月 [1958] 282 頁註 4) は，形成判決に関しても重要な分析を行っている。彼はゴルトシュミットの見解を紹介したのち，以下のように述べて，単一要件説を突き詰め，形成判決の既判力の実益を否定した。

　「形成力はまずはまさに当事者に生ずる。当事者の婚姻が離婚判決により解消され，この，直接には夫婦にのみ関係する法効果を，全ての者が，とりわけ裁判所もが考慮しなければならないのである。通例形成判決の特別の法効果とみなされている，“誰に対しても生ずる効力”は，それが当事者間にのみ作用する既判力との対照をなすがために，誤解へ誘惑するものであってはならない。AB 間で締結された売買契約それ自体が当事者のみを“拘束し”，当事者に法効果を及ぼすことは，誰も否定することができない。売買契約が“全ての者に作用する”のは，契約締結の事実と契約から当事者に対して生じる法効果を無視できない，誰もそれを“争う”ことができない限りにおいてである。──したがって形成力が既に当事者に直接作用するのであれば，実際には当事者間における既判力すら必要としないのである」（Bötticher [1930] S. 25f.)[24]。

2　ローゼンベルク

　ベティヒャーは，形成判決に既判力を認める実益ないし必要がないと述べるに留まっていたが，これを一歩進めて，形成判決に既判力を認める余地がないとしたのは，ローゼンベルクである。

　ローゼンベルクは，当初は，形成判決には法変動を求める実体法上の権利の存否を確定する点で既判力が生ずるとしていた（Rosenberg [1927] S. 234）が，ベティヒャーの前記の所論に触れて，既判力否定説に転じた。曰く，形成判決はその確定によって法変動を求める実体法上の権利を実現し，それを消滅させるため，この権利を既判力によって確定する余地はない（Rosenberg [1931] S. 268)。要するに，既判力が発生する判決確定時には，同時に形成力の発生によって既判力の対象となるべき法変動を求める権利が消滅してしまうので，確

---

24)　この立場はその後も維持された。Bötticher [1938] S. 52.

認する対象がないということであろう。この見解は，後のデレの反論（Ⅲ1参照）を受けてもなお，ローゼンベルクが最後まで維持するところとなった（Rosenberg［1961］S. 412）。

　他方で，ローゼンベルクは一貫して二重要件説に反対している。曰く，「たとえ法変動を求める権利が本当は存在しなかったのだとしても，形成力は判決の不可争性の帰結である。形成力の要件は，正当な当事者の下で訴訟が追行されたことのみである」（Rosenberg［1931］S. 268）[25]。この旨は後に敷衍され[26]，判決の不可争性はすなわち形式的確定力の発生を指し，不当判決にも形成力が生じるのは，「形成判決の承認（Anerkennung）は，確認判決のように民事訴訟法322条に基づくのではなく，形成判決をその要件としている実体法（すなわち民法）規範に基づく」からだとされた（Rosenberg［1961］S. 412）。

Ⅱ　承認義務と既判力

　形成判決の判決効の訴訟法的側面を既判力に拠らないものとする理論構成は，クルシュとレントによって，さらに精緻化された。

1　クルシュ

　クルシュは，実体法の平面において，法律行為の「効力（Wirkung）」それ自体と，その承認義務（Anerkennenmüssen）とを明瞭に区別した。曰く，前者は相対権，絶対権の別のように妥当する人的範囲がさまざまであるのに対して，後者は基本的に当該実体法に服する者全てに妥当する。なぜなら，全ての「効力」は客観法に基づいて生ずるのであり，客観法の妥当範囲内にある者は，等しくその効果の発生の事実を承認しなければならないからである（Krusch［1933］S. 17f.）。

　そして，クルシュによれば，既判力が相対的に生じるのに対して形成力は絶対的に生ずるとする見解は，「効力」とその承認義務との区別を混同したものである。例えば，婚姻無効判決の確定によって，ある夫婦の妻と当該夫婦の日

25）　なお，Rosenberg［1927］S. 234f. では同旨が既判力についても語られていたが，第3版では本文の通り形成力に限った記述に修正されている。

26）　最初の補足は，おそらくレントの論文（Ⅱ2参照）に触発された，*Leo Rosenberg*, Lehrbuch des deutschen Zivilprozessrechts, 4. Aufl., 1949, S. 363f. である。

第1節　形成力の沿革

常家事行為に属する売買契約を締結した第三者は，当該売買契約の効果が夫に帰属すること（§1357 Abs. 1 BGB）を主張することができなくなるが，これは決して婚姻無効判決の形成力そのものの作用ではない。当該判決の形成力は，当事者間の婚姻を解消することに尽きており，その主体的範囲はいわば当事者間に限られている。他方，その形成力についての承認義務は，第三者にも及んでいる。その結果，婚姻の解消という相対的な法関係の存在が，第三者の法的地位に関わる別の効力，すなわち日常家事行為に関する代理の法関係発生の要件として機能する（婚姻解消の「効力の効力（Wirkung der Wirkung)」）。いわば，婚姻無効判決の承認義務により間接的に第三者の法的地位が変動するのであって，これは形成力そのものの作用ではない（Krusch [1933] S. 58f.)。

クルシュの語る承認義務は，ある法規範において要件とされている事実が存在する以上は，その法規範が適用される者に対しては当然にその法規範に規定されている法効果が生じたことになるという現象である。これはすなわち判決効の実体的側面の問題であり，この「ある法規範において要件とされている事実」の存否を訴訟において争うことができるか否か，すなわち訴訟法的側面の問題とは区別される。しかしクルシュ自身は，上記の例で夫に対する効果帰属を主張できなくなる第三者が婚姻無効確認判決の不当性を主張してなお夫に対して売買契約に基づく債権を請求することができるのかについては，明確に述べなかった。

2 レント

クルシュが用いた承認義務の概念と形式的確定力とを結びつけて，単一要件説の下での第三者に対する「形成力」の理論的な基礎づけを完成したのは，レントである[27]。

---

27)　なお，しばしば誤解されているが，レントはベティヒャーとは異なり，形成判決の既判力を不要とまでは断じていなかった。すなわち彼は，「既判力は決してその大きな意義を失うことはない」としたうえで，後の訴訟で，先に既判力を持って確認されたものと同一の対象が問題とされた場合に，その存否の判断を前提とすることができると述べている（Lent [1939] S. 300f.)。また，後に執筆した教科書においても，形成判決の既判力は「実際上重要な意味を持たない」と述べてはいるが，同一の形成権の主張に基づく新しい形成訴訟はなお既判力によって遮断されるという点に，辛うじて既判力の意義を認めている（*Friedrich Lent*, Zivilprozessrecht, 9. Aufl., 1959, S. 188)。

171

第1部 形成概念と第三者効 第3章 形成力の意義

レントは、形式的確定力が判決の存在への攻撃を、既判力が判決の内容への攻撃をそれぞれ阻止する効力だというベティヒャーの見解（Bötticher [1930] S. 66ff.）[28]を手がかりに、「判決の特定の事実からの抽離（Loslösung）は判決の有効性要件（Voraussetzungen für die Wirksamkeit）の規律に属し、既判力は判決効（Urteilswirkungen）の規律に属する。したがって抽離と既判力は必然的にかつ根本的に区別される」（Lent [1939] S. 285）と述べる。そして、形成判決が形成の結果を争うことを遮断する効力を有するのは、形成判決の既判力の作用ではなく、再審制度と相まった形式的確定力の作用によるものであるとする（a.a.O., S. 302f.）。レントはこれを「形成の承認義務（Anerkennenmüssen）」（a.a.O., S. 303）と呼び、以下のように敷衍している。すなわちこれは、「全ての裁判所と行政庁が、当事者を考慮せずに、すなわち特定の関係者に限定されることなく拘束され、法効果の承認、形成を強制される、実体法規範の作用である。単に実体法への拘束、実体法規範の適用が問題となるがゆえに、拘束は一般的で無限定なのである」（a.a.O., S. 306）。

　このレントの叙述は、判決効の訴訟法的側面としての「形成力」の理論的説明を完成させたものと位置づけられよう。具体的には、ヘルヴィヒ以来の単一要件説は、判決の正当性（レントの言う「判決の内容」）を形成力の要件から「抽離」することで、形成判決の存在のみが形成力の要件であると理解する。そうすると、判決の内容に関する既判力ではなく、判決の存在に関する形式的確定力こそが、形成判決の効力の訴訟法的側面としての「形成力」を基礎づけることになる。換言すれば、単一要件説の下で生ずる「形成力」は、レントの言う承認義務の根拠となる「実体法規範」の要件として形成判決の存在のみが数えられる場合に、形式的確定力によって当該要件の充足の不可争性が確保されることで、当該「実体法規範」における効果の発生の不可争性も確保される、という構造をもつ。ここでは、この「形成力」が、既判力による後訴裁判所の拘束とは質的に異なり、実体法の要件効果構造の反射において生じる効力であることが明確にされているのである[29]。

---

28) この点は、破棄禁止要請と逸脱禁止要請（第1章第1節第2款第3項Ⅰ3(2)参照）として、ドイツの行政行為論にも引き継がれている。Vgl., *Max-Jürgen Seibert*, Die Bindungswirkung von Verwaltungsakten, 1989, S. 63.

172

第1節　形成力の沿革

Ⅲ　既判力否定説の衰退

既判力否定説はある程度の支持を得た（Schönke [1951] S. 316）[30]が，判決効の訴訟法的側面としての「形成力」ではカバーされない既判力の独自の機能が再確認[31]されるにつれて，当初の支持者が次々と改説し，急速に衰退していった[32]。

1　デ　レ

既判力否定説に対して，形成判決の既判力には不当判決を理由とする損害賠償請求を遮断する実益があるとして最初に反駁したのは，彼の国ではデレであると言われる（Schlosser [1966] S. 406）[33]。デレ曰く，形成判決の既判力は，原告が法変動を求める権利を基準時において有していたことを拘束的に確定する。さもなくば，相手方が，「形成はたしかに行われたが，それは正当ではなかった」と主張することが可能となり，完全な法的安定性が脅かされることになる（Dölle [1941] S. 285）。そのような主張として想定されているのは，形成判決の不当性を理由とする，第三者から前訴原告に対する損害賠償請求である（a.a.O., S. 289）。

しかし，実益があると言うだけでは，形成判決に既判力を認める余地がない

---

29)　なお，形成判決の有効性が形成要件から抽離され（loslösen），抽象化される（abstrahieren）（Krusch [1933] S. 44）とするクルシュも，既に同旨を述べていたと解することができる。しかし，クルシュはこれを形式的確定力ではなく既判力（sachliche Rechtskraft）の作用と考えた（a.a.O., S. 64f.）がために，既判力の及ばない第三者に対して排除効が及ぶことを説明することができなかった。これに対してレントは，抽離を既判力ではなく形式的確定力の作用と考えることによって，この問題を克服し，形式的確定力と承認義務とを媒介とした判決効の訴訟法的側面としての「形成力」を基礎づけることに成功したのである。

30)　我が国においても，中島 [1941] 293頁以下；三ケ月 [1959] 48頁；遠藤 [1989] 384頁などが既判力否定説を支持した。

31)　既判力には口頭弁論終結時における形成権の存在を確認する作用があるということ自体は，ヘルヴィヒが既に説いていたことであった（第1款第2項Ⅰ2参照）。ハイムも，形成判決については形成の結果を確認する効力は不要であるが，法変動を求める権利の存否を確定する点に既判力の意義があるとしており（Heim [1912] S. 73f.），ヘルヴィヒの理解を忠実に敷衍していた。

32)　日本においても，有力な支持者が改説するに至った（三ケ月 [1973] 69頁註1；三ケ月 [1992] 53頁）。

33)　他方で日本では，デレの論文に先んじて，中田 [1940] 215頁が同旨を指摘している。

173

第1部　形成概念と第三者効　　第3章　形成力の意義

とするローゼンベルク（Ⅰ2参照）に反論したことにはならない。この点に関してもデレは，以下のように述べている。ローゼンベルクが述べる，形成判決は法変動を求める権利を実現すると同時に消滅させるという事態は，「たしかにそれ自体は正しいが，実現されそれによって消滅した法変動を求める権利の拘束的確定の可能性を妨げるものではない。というのも，形成判決が包含する確認は，形成を求める権利が最終口頭弁論終結時において原告に帰属していたことを宣言するのみであり，そのことは形成を求める権利が後に判決の確定によって実現し消滅することと問題なく両立するからである」（Dölle [1941] S. 286）。たしかに，ローゼンベルクは既判力の発生時点（判決確定時）と既判力の基準時（事実審の口頭弁論終結時）とを混同していたのであり，デレの説明は正しい。

　このデレの既判力肯定説は学界を席巻していった（Nikisch [1950] S. 157）。既判力否定説の先陣を切ったベティヒャーも，もともと形成判決の既判力が形成の結果の惹起以外の部分で機能し得ることは示唆していた（Bötticher [1949] S. 82 Anm. 8）し，後にはデレの示唆した不当判決を理由とする損害賠償請求の排除に加えて，形成対象の繰返し防止を形成判決の既判力の機能として認め，形成判決の既判力を肯定するに至った（Bötticher [1960] S. 517 Anm. 7, S. 539）。ローゼンベルクやレントの教科書も，後の補訂者によって修正を加えられることとなった。シュヴァープの補訂が加わった前者では，形成判決の効力に関する部分が，デレの所説に沿って全面的に書き改められている[34]。ヤウエルニッヒの補訂が加わった後者では，形成判決の既判力は「通常は（in der Regel）」大きな実際上の意義を持たないが，「意味がないわけではない（nicht bedeutungslos）」として，不当判決に基づく損害賠償請求の遮断が例として挙げられている（Lent/Jauernig [1966] S. 195）[35]。

2　単一要件説の通説的地位

　本書の関心からして注目すべきは，既判力否定説は勿論のこと，既判力肯定

---

34)　*Leo Rosenberg/Karl Heinz Schwab*, Zivilprozessrecht, 10. Aufl., 1969, S. 455.

35)　そのほか，*Kurt Kuchinke*, Zivilprozessrecht - Ein Lehrbuch (9. Aufl. des Lehrbuch von Schönke/Schröder/Niese), 1969, S.355 も，既判力否定説に立つ前版の叙述（*Schröder*, in: Schönke/Schröder/Niese [1956] S. 348）を修正している。

第1節　形成力の沿革

説もそのほとんどが単一要件説に立ち，形成の結果については既判力とは区別された「形成力」による不可争性を認めている点である（Bötticher [1960] S. 516f.）。デレ曰く，「我々の立法はその望む法効果を形成それ自体に結びつけており，法変動が正当にもたらされたか否かには結びつけていない」（Dölle [1941] S. 288），「形成が"専ら"（確定）判決に基づくことは，今や争われすらしない」（Dölle [1969] S. 94）。他方で，二重要件説の復興に力を注いだゴルトシュミット（第1款第2項Ⅱ2参照）は，単一要件説を明確に支持したベティヒャーの所説（Ⅰ1参照）に触れてなお，二重要件説を維持した[36]のであるが，その他に二重要件説の支持者は当面現れなかった。換言すれば，既判力否定説と肯定説との論争に関わらず，単一要件説は一貫して通説的地位を保ち続けたのである。

第2項　その後の展開

Ⅰ　対世効論

以降の議論は，既判力にせよ形成力にせよ，形成判決に訴訟法的側面としての対世効を認めることが妥当かどうかを論ずる前提として，ボン基本法上の審問請求権（Art. 103 Abs. 1 GG）[37]との関連で第三者にいかなる手続保障が与えられるべきかという点に重心を移している（Schlosser [1966] S. 164ff.; Calavros [1978] S. 134ff.; Dimaras [1987] S. 82ff.; Marotzke [1987] S. 164ff.; Häsemeyer [1988] S. 398ff.）[38]。第三者に及ぶ既判力以外の効力を主題化した論考においても，形成力の第三者への作用は「法形成の本質」から生ずるものとされるに留まり，

---

36) *James Goldschmidt*, Zivilprozessrecht, 2. Aufl., 1932, S. 205, 211.

37) 概観として，本間靖規 [1986-1] 195頁以下；本間靖規 [1986-2] 279頁以下；河野 [1992-93] 437頁以下。近時の包括的研究として，*Wolfram Waldner*, Der Anspruch auf rechtliches Gehör, 2. Aufl., 2000, S. 122ff.

38) そのほか，*Albrecht Zeuner*, Rechtliches Gehör, materielles Recht und Urteilswirkungen, 1974, S. 34ff., 54f.; *Karsten Schmidt*, Grundfälle zum Gestaltungsprozeß – Schwerpunktprobleme der Gestaltungsklagen und Gestaltungsurteile, JuS 1986, S. 35 (40f.); *Wolfgang Lüke*, Die Beteiligung Dritter im Zivilprozeß – Eine rechtsvergleichende Untersuchung zu Grundfragen der subjektiven Verfahrenskonzentration, 1993, S. 122ff., 178ff.; *Paul Oberhammer*, Richterliche Rechtsgestaltung und rechtliches Gehör, 1994, S. 31ff. 固有必要的共同訴訟論からの接近例として，*Karsten Schmidt*, Mehrseitige Gestaltungsprozesse bei Personengesellschaften, 1992, S. 32 ff.

第1部　形成概念と第三者効　　第3章　形成力の意義

判決効の訴訟法的側面としての「形成力」に関する具体的な考察はなされてい
ない（K. H. Schwab [1964] S. 132; Koussoulis [1986] S. 141; K. H. Schwab [1994] S.
261 ff.)[39)]。現在でもなお，第三者に及ぶ判決効が既判力であるか形成力である
かは実務上は重要でない（praktisch belanglos）とされることがある[40)]。

　とはいえ，ドイツにおいては，例えば会社関係訴訟の対世効規定は会社外第
三者への判決効の拡張を予定していない（§248 Abs. 1 S. 1, §249 Abs. 1 S. 1
AktG; §75 Abs. 2 GmbHG）など[41)]，なお形成判決の対世効の性質論が結論を左
右し得るという事情もあって（M. Schwab [2005] S. 272f.)，以降も議論が途絶え
たわけではない。依然としてこれを既判力ではない「形成力」として説明する
見解も多い（Schlosser [1966] S. 162ff.; Calavros [1978] S. 121, 124, 128f.)が，これ
を既判力として理解する見解も少なくない（Grunsky [1974] S. 553f.; Dimaras

---

39)　これらの論者は，いわゆる「相対的確定の絶対的妥当」の理論，「既判力の第三者効の理論」を
　　説く（邦訳等として参照，坂口裕英「シュワブ『第三者に対する既判力拡張と既判力の第三（者）
　　効』(1)～(3・完)」名城法学14巻2号68頁，同15巻3＝4号35頁，同16巻1＝2号120頁
　　(1964-66)；ステリオス・クスリース（本間靖規訳）「既判力の第三者効」龍谷法学29巻2号101
　　頁 (1996))。この理論は，とりわけ他の法分野において，判決効拡張の理論的正当化や相対効によ
　　る不都合の解消のために注目を集めている（Zieglmeier [2006] S. 521)。
　　　しかしこの理論は，本来であれば関係者の実体法上の利害状況ないし第三者の手続保障の必要性
　　を綿密に検証する必要がある判決効の主体的範囲の問題，とりわけ第三者に対する不利な判決効拡
　　張の問題（K. H. Schwab [1994] S. 262）を，「当事者が互いにのみ基準性に依拠することができ，
　　第三者に対しては自身らの間に存在する基準性を主張できないのだとすれば，当事者間に存在する
　　裁判の内容の基準性は中途半端なものでしかない（nur eine halbe Sache)」(K. H. Schwab [1964]
　　S. 138）といった抽象論で乗り越えようとした点に大きな問題があり（参照，上村明広「確定判決
　　の反射効と既判力拡張」中村宗雄古稀『民事訴訟の法理』381頁，401頁以下（敬文堂，1965))，
　　民事訴訟法学説において必ずしも支持を得なかった（Calavros [1978] S. 173ff.; *Rolf L. Jox*, Die
　　Bindung an Gerichtsentscheidungen über präjudizielle Rechtsverhältnisse – Dargestellt am Bei-
　　spiel des §116 AFG, 1991, S. 67ff.)。また他方で，19世紀末に既に，「当事者間の既判力ある裁判
　　それ自体は絶対的に妥当する」という類似の結論に達していたメンデルスゾーン＝バルトルディの
　　モノグラフィーが，イタリア法，フランス法，英米法，ドイツ法という，類を見ない広範な比較法
　　的考察の所産であった（Mendelssohn-Bartholdy [1900] S. 49ff., 199ff., 303ff.）ことからすれば，論
　　者がその比較法作業を検証していないことにも問題があろう。
40)　*Adolf Baumbach et al. (Hrsg.)*, Zivilprozessordnung mit Gerichtsverfassungsgesetz und an-
　　deren Nebengesetzen, 74. Aufl., 2016, §325 Rn. 15.
41)　ただし，会社外第三者への判決効拡張に関する議論は，判決効拡張規定が設けられた1884年商
　　法改正当初から存在する（参照，中島弘雅「ドイツにおける株主総会決議を争う訴訟手続の変遷」
　　岩手県立盛岡短期大学法経論叢1号69頁，86頁以下（1980)；中島弘雅「ドイツにおける株主総
　　会決議を争う訴訟の生成と発展(一)」東北法学4号33頁，66頁以下（1980))。

176

第1節　形成力の沿革

[1987] S. 61, 68; Häsemeyer [1988] S. 398f.; Sogo [2007] S. 201ff.)[42]。

　この理論的な対立に決着をつけることは，もとより本書の目的ではないが，少なくとも以下のことは確認しておくべきであろう。単一要件説それ自体には判決効の訴訟法的側面の拡張を基礎づける論理が欠けているという本章の分析結果（第1款第3項参照）は，形成判決に常に対世効が備わるわけではないという前章の検討結果（第2章第3節第1款参照）と符合している。すなわち，形成判決の対世効の問題は，判決効の拡張を認める必要性があるか否か（対世効の必要性），あるとして対応する手続保障が第三者に与えられているかどうか（対世効の許容性ないし正当性）を，実体法の特色に照らして個別に検討したうえで決せられるべき問題であり，形成力の性質論も，この文脈を離れて議論することはできないのである。

II　国家行為論

　他方で，ドイツでは，両説の対立が「違法でも取り消されるまでは有効」という国家行為の一般的性質をめぐって展開されることがある。

　例えばベティヒャーは，自身の見解とゴルトシュミットの見解との相違点を，国家の行為と私人の行為とに質的な差を認めるか否かに見出している。曰く，そこでは「まさにオットー・マイヤーが明確に打ち立てた，"公権力の意思表示の法的価値と個人の法律行為の法的価値との区別"」を考慮するか否かが問題とされている（Bötticher [1930] S. 23）。要するにベティヒャーは，単一要件説の正当化根拠を，形成判決は「違法でも取り消されるまでは有効」であるという公法学説の国家行為のドグマに求め，逆に二重要件説は形成判決について「違法でも取り消されるまでは有効」のドグマを無視するものと捉えるのである。また，レントの教科書に対するヤウエルニッヒの補訂においては，形成力の対世的妥当の根拠として，形成的国家行為は「裁判所が考慮しなければならないような法状態の変動をもたらす」ことが追加され（Lent/Jauernig [1966] S.

---

42)　そのほか，*Jürgen Rödig*, Die Theorie des gerichtlichen Erkenntnisverfahrens – Die Grundlinien des zivil-, straf- und verwaltungsgerichtlichen Prozesses, 1973, S. 102. とりわけブロマイヤーは，二重要件説を支持し，既判力の拡張の理論に倣い，形成判決の対世効を基礎づける実質的な論拠を類型ごとに探究している。*Arwed Blomeyer*, Zivilprozessrecht – Erkenntnisverfahren, 1963, S. 497ff.; *ders.*, 2. Aufl., 1985, S. 524ff.

177

第1部　形成概念と第三者効　　第3章　形成力の意義

195），さらにヤウエルニッヒの単独執筆となると，レントが私人の形成権の行
使の対世的妥当との対比で形成判決の対世効を説明していた部分の記述が削除
されている[43]。その後も二重要件説は「違法でも取り消されるまでは有効」と
いう国家行為の一般的性質に反するという批判がなされており[44]，二重要件説
からの反論も，「違法でも取り消されるまでは有効」という命題は判決につい
ては当てはまらないという形で，この命題を軸にしてなされる場合がある
(Grunsky [1974] S. 552f.)。

　しかし，この「違法でも取り消されるまでは有効」のドグマも，それ自体か
ら何らかの解釈論上の帰結を引き出すことができるような内容を含んでいるの
か疑わしい[45]。単一要件説は，このドグマにその基礎を求めたとしても，やは
り自身の理論的正当性を明らかにすることができないのである。

第3項　補論：「権利既存の観念」の否定？

　本章の目的である形成判決の第三者に対する効力の考察については，学説史
の概観は以上で必要十分と考えられるが，以上の概観において取り扱わなかっ
た理論的潮流についてもここで一言しておく。

　既判力本質論には，実体法説と訴訟法説の対立とは次元を異にする論争，す
なわち「権利既存の観念」を否定する理論 (Bülow [1903] S. 247ff.) と，確定力
(Rechtskraft) の概念の下で「法の妥当 (Rechtsgeltung)」の構造を探究する動
向[46]とを引き継いだ，もう一つの理論動向 (Sauer [1929] S. 13ff.; Sauer [1932] S.
324ff.)[47]との間の論争がある（喜頭 [1932]）。そして，この動向に属する論者に

---

43)　*Othmar Jauernig*, Zivilprozessrecht, 28. Aufl., 2003, S. 269.

44)　*Fritz Nicklisch*, Die Bindung der Gerichte an gestaltende Gerichtsentscheidungen und Ver-
waltungsakte, 1965, S. 46ff.

45)　さしあたり参照，巽智彦「規律 (Regelung) と取消原理──行政行為の効力論における実体と
手続の分化」成蹊法学84号167頁，197頁 (2016)。我が国の公定力理論について参照，山本隆司
[2004] 646頁以下。

46)　*Adolf Merkl*, Die Lehre von der Rechtskraft entwickelt aus dem Rechtsbegriff – eine
Rechtstheoretische Untersuchung, 1923; *Gerhart Husserl*, Rechtskraft und Rechtsgeltung : eine
rechtsdogmatische Untersuchung, 1925.

47)　そのほかに参照，*Julius Binder*, Prozeß und Recht - Ein Beitrag zur Lehre vom Rechtsschutz-
anspruch, 1927. なお，ビンダーの初期の著作（*Julius Binder*, Die subjektiven Grenzen der
Rechtskraft, 1895）には，こうした理論動向はまだ見られない。

178

対しては，既判力による実在性の形成は必然的に全ての者に対して妥当するはずであり，それは既判力の相対性を認める実定法の建前に相容れないという，実体法説に向けられるのと同様の批判があった（Stein [1921] S. 191）[48]。

しかし，ここで問題としている諸論者は，必ずしも既判力の相対性を否定しているわけではない（Sauer [1929] S. 274ff.; Sauer [1932] S. 323ff.）[49]。また，これらの諸論者の立場と既判力の相対性との関係にも，一応の説明がつけられている。具体的には，これらの論者は，後訴裁判所の拘束を単純に実体法の作用に求めるわけではなく，確定判決によって創出されるのは抽象的に（in abstructo）妥当する法ではなく具体的に（in concreto）妥当する法である（Bülow [1903] S. 267），また，既判力の作用は実体法上ではなく訴訟法上の法形成力（prozessuale Rechtsgestaltungskraft）である（Sauer [1932] S. 326）などとして，後訴裁判所を拘束するこの「具体法」ないし「訴訟法上の法形成」が実体法そのものとは区別されたものであることを前提としている（兼子一 [1957] 162頁）。

とはいえ，こうした「具体法」ないし「訴訟法上の法形成」がいかなる意味で実体法そのものと区別されるのかはさほど明瞭でなく[50]，こうした「具体法」ないし「訴訟法上の法形成」を，安易に判決の反射的効力の肯定に結びつけることがあるとすれば，やはり妥当でない。換言すれば，「権利既存の観念」をめぐる議論は，形成訴訟の概念と同様に（第2章第3節第3款参照），判決効の主体的範囲の問題に関して特定の方向づけを与えるものではない[51]。したがって，本書ではこの理論動向にはこれ以上立ち入らない。

---

48) なお，*Oskar Bülow*, Absolute Rechtskraft des Urtheils, AcP 83, 1894, S. 1ff. は，当事者による放棄（Verzicht）を許さない，職権調査事項としての既判力の位置づけをローマ法に遡って論証することを主題としたものであり（絶対的既判力（absolute Rechtskraft）の語もその意味で用いられている。a.a.O., S. 12），既判力の主体的範囲の問題は論じられていない。この論文を機に既判力の条文がBGB草案からZPOに移される経緯については，水谷 [1973-74] 503-504頁。

49) そのほかに，*Otto Bachmann*, Das rechtskräftige Zivilurteil als konkrete Rechtsnorm mit beschränkter Rechtsgeltung, 1931, S. 29ff., 42ff.

50) 参照，中田淳一「判決の形成的作用について——中島弘道氏著『裁判の創造性原理』を読む」同『訴訟及び仲裁の法理』111頁，132頁以下（有信堂，1953）〔初出：1941-42〕。

第3款　小　　括

　以上で，形成判決の効力に関するドイツの学説の展開の概観を終える。最後に，これまでの検討の結果を今一度整理し，次節以降の考察の方向性を確定しよう。

　形成判決の判決効の訴訟法的側面としての対世効に関しては，ヘルヴィヒ以来の単一要件説に基づき，明文なくして生ずる既判力とは区別された「形成力」として理解する見解と，ゼッケル・ゴルトシュミットの二重要件説に基づき，明文なくしては第三者に拡張されない既判力として理解する見解とが対立している。ただし，前者は十分な理論的基礎を欠いており，後者によってその点が糾弾された（第1款）。

　後の単一要件説の支持者は，一方で，形成権ないし形成原因の存在を形成力の有効要件から除外することによって，形成判決の存在が形式的確定力によって不可争となる結果，その構成要件的効力として生ずる形成力も不可争となるという形で，「形成力」の構造を説明し（レント），他方で形成判決の国家行為としての性質に着目し，「取り消されるまでは有効」という国家行為のドグマを形成判決に当てはめることで，付加的な論拠により自説を基礎づけた（ベティヒャー）。しかし，やはりいずれも，単一要件説の理論的正当性をそれ自体として基礎づけるものではなかった（第2款）。

　とはいえ，単一要件説がこれだけ支持されてきた理由は，明文の対世効規定の存在しない場合においてなお対世効を肯定すべき場合があると認識されてきたからだと推察される。この点は，紛争の画一的解決および一回的解決の要請の問題として，問題となる実体法状態ごとに具体的に考察する必要がある（第

51）　なお，我が国において兼子一が，この理論動向を背景としていわゆる「権利実在説」を説き，判決の反射的効力の承認を導いたことはよく知られている。兼子の議論の特徴は，いわゆる法段階説に代表される法秩序の体系化を志向するドイツの論者とは異なり，訴訟目的論における「紛争解決説」に基づいて，判決に当事者に対する命令としての機能を見出した点にあろう（兼子一［1957］162-163頁）。ただし，そうだとしてもやはり，判決における「権利の実在性」や訴訟目的としての紛争の解決といった観念が，既判力論において解釈論を嚮導する意義を持つのかに関しては，疑問が呈されよう（三ケ月［1958］268-269頁；鈴木正裕「兼子博士の既判力論（権利実在説）について」兼子一還暦『裁判法の諸問題（上）』315頁，337頁以下（有斐閣，1969））。

2部第2章第2節および第3節参照)。この点はいったん措き，以下では，単一要件の要件構造に基づく「形成力」が，いかなる点において既判力と区別されるのかという点を考察しよう（第2節）。これはすなわち，第三者効の通説的説明である判決効の訴訟法的側面としての「形成力」（第1章第3節第1款参照）の内容を，具体的に明らかにする作業である。

第2節　形成判決の効力

　前節では，形成判決の効力に関する学説を概観して，形成判決の対世効の訴訟法的側面に関する二つの理論構成を抽出した。具体的には，判決効の拡張に関する明文の規定なくして，実体法上の要件効果構造の反射として訴訟法的側面としての対世効を導く構成（単一要件説）と，判決効の拡張に関する明文の規定を根拠に，既判力の拡張として対世効を基礎づける構成（二重要件説）とを抽出した。以下では，形成判決の効力の実体的側面の意味内容を整理し（第1款），そのうえで判決効の訴訟法的側面に関する二つの構成に関するより踏み込んだ分析を行う（第2款）。

　それに先立ち，ここで，判決効の実体的側面と訴訟法的側面とについて，それぞれ「基準性」[52]と「排除効」[53]という名称を与えることとする。判決効の訴訟法的側面には，実体法の単一要件構造に由来する実体法上の現象（第2款第1項Ⅱ1参照）が含まれるため，「実体的」または「訴訟法的」という用語は正確さを欠くからである。

---

52)　「実体法上の基準性」という表現（高田裕成［1988］364頁）を参考にした。

53)　判決効の訴訟法的側面の典型である既判力は，「確定判決の判断に与えられる通用性ないし拘束力」と説明されるのが一般的である（新堂［2011］679頁）が，「通用性」という言葉は判決効の実体的側面と混同されやすく，「拘束力」という言葉は行訴法33条の拘束力と混同されやすいため，本書ではこれらの言葉を用いない。また，既判力の消極的作用を指して遮断効という用語が用いられることがあるが，既判力とは異なる実体法上の現象を包含するために，敢えて遮断効という用語も用いていない。

第1部　形成概念と第三者効　　第3章　形成力の意義

第1款　狭義の形成力と基準性

まずは，形成力の概念を形成訴訟の概念との関係でより正確に整理し（第1項），基準性の概念との関係を検討する（第2項）。

第1項　狭義の形成力

最もよく見られる説明は，形成力とは実体法関係を変動させる効力であるというものである。しかし，このような定義は，形成訴訟の定義について述べたのと同様のあいまいさを残している（第2章第2節第1款参照）。そこで，形成力の概念は，形成訴訟のメルクマールであるところの執行不要性，排他性それぞれの観点から，より正確に定義される必要がある。

まず，形成判決の執行不要性という要素からは，形成力は以下のように説明される。すなわち，主文に記載された内容を実現するためには強制執行が必要である給付判決が，自らが債務名義になることによって間接的に事実状態の変動を導くに留まるのと対照的に，強制執行が不要である形成判決は，判決の確定によって直接に法状態の変動をもたらす（第2章第2節第2款参照）。

次に，形成訴訟の排他性という要素からは，形成力は以下のように説明される。すなわち，私人が形成権を訴訟外で行使することが可能である場合には，当該形成権行使の有効性の確認を含む判決は，形成権の行使によって既に変動した法関係を改めて宣言するに留まるのに対して，私人が形成の結果を主張するためには当該形成の惹起を目的とした訴訟を提起しなければならない場合には，その認容判決（形成判決）によって初めて当該形成が惹起される。排他性という側面を強調するならば，形成力は形成訴訟の排他性によって課された訴訟外における主張禁止の規律を解除する効力（鈴木［1958］116頁）だと定義することができる（第2章第2節第3款参照）。

以上のように，形成訴訟のメルクマールの裏面として規定される，「判決の確定により直接に，かつ初めて法関係が変動する」という命題を，判決効の形に引き直したものを，形成判決に固有の内容ないし効力を示すものとして，狭義の形成力と定義することができる。

第2項　基　準　性

　以上のような狭義の形成力は，ここまで問題としてきた判決効の実体的側面ないし基準性とは異なる内容を有する。この点を明らかにするためには，続いて，これまで判決効の実体的側面と呼んできたものの内容を，より正確に明らかにし，基準性という概念を明確化する必要がある。

　本書が基準性の語で呼ぶこととした判決効の実体的側面は，以下のように説明されている。すなわち，それは「当事者および第三者に紛争解決のための実体的地位を与える効果」（高田裕成［1988］365頁）であり，それが第三者に及ぶということは，判決により形成，確認された法律関係が，後に第三者により覆滅されるまで，当事者以外の第三者との関係でも実体法上の通用力を持ち，その結果何人もその関係を前提にして自己の法律関係を定めなければならないことを意味する（同367頁）。これまでも確認してきたように，この「実体法上の通用力」は，判決効の訴訟法的側面ないし排除効とは異なり，判決により形成ないし確認された法関係を争い得なくさせるものではない。換言すれば，第三者はこの「実体法上の通用力」を受けてなお，当該法関係を争い直すことができる。

I　基準性の内容

　問題は，ここで「何人もその身分関係を前提にして自己の法律関係を定めなければならない」とされている，「実体法上の通用力」の意味である。換言すれば，当該法関係を争い直す前提として，判決によって当事者と第三者との間に同一の実体法状態が通用することになるということは，いかなることを意味するのか。

　このことの意味は，いわゆる対抗不能の処理がなされる場合との比較で理解することができよう。例えば，取締役Zの選任決議について，株主Xが会社Yを被告として（会社834条17号）取消訴訟を提起し，それが認容された場合，①第三者であるZが前訴被告Yに対して未払報酬の支払いを求める後訴を提起し，または②前訴被告Yが第三者であるZに対して既払報酬の返還を求める後訴を提起することがあり得る。また，③Zが会社外のGと取引をしていた場合，GがZG間でなされた取引の効果が有効にYに帰属している旨を主張

第 1 部　形成概念と第三者効　　第 3 章　形成力の意義

して，例えば売買代金の支払いを求める訴訟を提起することがあり得る。株主
総会決議の取消判決は遡及効を有する（会社 839 条第 1 括弧書参照）ので，上記
の例で Z は，自らの選任決議が有効だと主張しなければ，①②の訴訟におい
て敗訴せざるを得ない。しかし他方で，会社外第三者 G との関係では，表見
法理が適用され，G が善意無過失である場合には取消判決の効力を対抗できな
いと解されている（江頭［2015］368 頁註 5）ため，G は自身の善意無過失を立
証すれば，③の訴訟において Z の選任決議が有効だと主張することなくして
勝訴することが可能である。他にも，債権者 A，債務者 B，動産の代物弁済に
よる受益者 C，当該動産の転得者 D の事例において A が D に対して提起した
詐害行為取消訴訟の認容判決は，BC 間の代物弁済が取り消されたという結果
を AD 間（および A と他の債権者との間）で通用させるに留まり，CD 間ではな
お BC 間の代物弁済は有効であるとされており（第 2 章第 3 節第 1 款第 2 項参照），
ここで D が C に対して反対給付返還請求訴訟を提起しても，C は BC 間の代
物弁済の有効性を主張することなくして請求棄却の判決を得ることができる。

　換言すれば，基準性の内容である「実体法上の通用力」とは，判決によって
宣言された法状態（株主総会決議や代物弁済の遡及的失効）の存否ないし有効性を
争い直すことなくしては当該法状態に反する主張をすることができない状況
（上記の Z の状況）を意味しており，基準性が第三者に対して及ばない状態とは，
当該法状態の存否ないし有効性を争い直すことなくして当該法状態に反する主
張をすることができる状況（上記の G や C の状況）を意味している。フランス
において判決の「対抗性（opposabilité）」の概念が，第三者が相対性の抗弁を
提出できないことを意味する（高田裕成［1987］1571-72 頁）のも，この実体法
状態の通用性の問題を言い表したものと理解することができる。

II　実体法上の帰結としての基準性

　ところで，こうした状況は私人の法律行為についても妥当し，判決に特有の
状況というわけではない。実体法関係の変動は，原則として当該法変動を規定
する実体法規が適用される者全てに妥当し，第三者に対して法関係が対抗不能
となる場合はあくまで例外である。これは，実体法関係の変動が，ある法効果
を規定する実体法規の要件の充足により生ずるということの論理的な帰結であ
り（Henckel［1961］S. 207; 興津［2015］213 頁），当該要件を充足するのが判決で

184

第2節　形成判決の効力

あるか法律行為であるか，はたまた単なる事実の発生であるのかによって異なるわけではない[54]。さらに言えば，ここで要件として把握される判決が形成判決である必然性もない。すなわち，確認判決および給付判決にも同様に基準性が備わるのである。通常は基準性の意味内容を含めて形成力の語が用いられており，これを狭義の形成力との対比で広義の形成力と呼ぶことができるが，これが形成判決に固有の効力，すなわち，狭義の形成力の意味内容ではない点には注意を要する[55]。

　他方で，このように基準性を実体法規範の作用として説明するならば，基準性を第三者に及ぼすために，判決の対世効の明文規定は必要ないことが明確になる。換言すれば，対世効規定は，基準性に関する限りでは確認規定であると解される。ただし，基準性は判決の内容的効力であることから，問題となる実体法関係の変動ないし存否そのものが主文において宣言される必要がある[56]。

　このように考えるならば，基準性は，いわゆる判決の構成要件的効力と同様に，実体法規範の作用として生じた法効果であり，当事者および第三者がそれに服することになる根拠も，同様に実体法規範に求められることになる（太田

---

54)　したがって，ゴルトシュミットや兼子一が，二重要件説を採用しながら第三者への基準性の作用を認めていたことも，何ら背理ではない。また，兼子一が判決を国家の意思表示ないし法律行為とするゴルトシュミットに反発し，判決は判断作用であると理解した点も，この文脈において結論を左右するわけではない（第1節第1款第2項Ⅱ2(3)参照）。兼子が判決を判断作用としたのは，当時の行政行為論の文脈から取消判決の効力論を解放するためであり，それ以上の含意はなかったというべきであろう。

55)　なお，この点は，既判力訴訟法説の問題意識とは矛盾しない。訴訟法説と実体法説との対立は，後訴裁判所が前訴裁判所の判断に拘束されることの説明の仕方にあったのであり（ガウル［1978］20頁；Koussoulis［1986］S. 22ff.），この問題は，確定判決が実体法状態に働きかけるのか否かという問題を規定するものではない（vgl., *Rudolf Pohle*, Gedanken über das Wesen der Rechtskraft, Scritti Giuridici in Memoria di Piero Calamandrei, vol. 2, 1958, S. 377 (383)）。敷衍すれば，当事者の法状態が確定判決によって規律されることを認めることは，既判力訴訟法説にとって背理ではない（Nikisch［1950］S. 403f.）。近時の小論として参照，ディーター・ライポルド（松本博之訳）「既判力についての考察」松本博之古稀『民事手続法制の展開と手続原則』435頁，437-438頁（弘文堂，2016）。

56)　この点は，商法上の対世効規定の導入に当たって問題とされていた，登記制度との整合性にも関わる（第1章第2節第2款第1項参照）。確定判決が登記原因となるのは，当該判決の主文において問題の法関係の変動がある場合に限られている（会社937条1項1号参照）。これは他の公証制度についても同様である（戸籍法116条について，谷口知平『戸籍法（第3版）』328頁（有斐閣，1986））。

第1部　形成概念と第三者効　　第3章　形成力の意義

[2005] 249 頁註 28)。違いがあるとすれば，判決の基準性が判決主文において宣言された法関係について，他の特別の要件効果規範なくして生ずるのに対して，判決の構成要件的効力は，ある国家行為の主文において宣言されていない法関係が，他の要件効果規範において当該国家行為の存在が要件と位置づけられることによって初めて発生する点である（本間義信 [1968] 71 頁)[57]。換言すれば，判決の構成要件的効力を生じさせる実体法規範は，判決の基準性を基礎づけるそれよりも明確に実定法化されている必要がある。

第3項　第三者の立証負担の加重？

　他方で，判決効の実体的側面ないし基準性には以上の内容を超えた含意があり得る。例えば，フランスで基準性を表す「対抗性（opposabilité）」の概念（第2項 I 参照）は，判決に書証としての証拠能力を与えるという含意をも持ち，書証の優越性の原則（principe de primauté de la preuve écrite)[58]と結合することで，判決において確認または形成された法関係は反証されない限り存在するものとして扱われることになる[59]。これは我が国およびドイツの訴訟法理においては，一種の事実上の推定を言うものとして理解することができる。さらには，その場合に第三者が取り得る手段としての tierce opposition においては，前訴判決において確認または形成された法関係の不存在について，当該第三者が証明責任を負うものとする理解がある[60]。これは証明責任の転換に近い規律である。すなわち，判決の基準性は，事実上の推定または証明責任の転換を通じて，第三者の立証負担を増加させる機能を有し得る。

---

57)　仲野武志『国家作用の本質と体系 I ——総則・物権編』15 頁註 56（有斐閣，2014）は，内容的効力との比較における構成要件的効力の特色を，職権取消しおよび撤回，ならびに附款の余地がない点に求める。

58)　これは具体的には，証人等の証拠方法を制限することで書証を原則的な証拠方法とし，書証による証明に対する他の証拠方法による反証も原則的に制限するものである。v. François Terré et al., *Droit civil - Les obligations, 11ᵉ éd.*, Dalloz, 2013, pp. 179-183; Philippe Malinvaud et al., *Droit des obligations, 13ᵉ éd.*, LexisNexis, 2014, pp. 277-281. 邦語文献として参照，若林安雄「フランス法における立証責任（序説）」判タ 334 号 19 頁，20 頁（1976）；町村泰貴「フランスにおける Le droit à la preuve の観念」北大法学論集 38 巻 1 号 93 頁，133 頁以下（1987）；徳田和幸「書証優先主義」同『フランス民事訴訟法の基礎理論』129 頁，136 頁以下（信山社，1994）。

59)　安見ゆかり「フランスにおける第三者への判決効拡張についての一考察」龍谷法学 27 巻 3 号 76 頁，152 頁（1994）。

第 2 節　形成判決の効力

　取締役の選任決議の取消訴訟を再び例にとろう（第 2 項 I 参照）。取締役 Z の選任決議について，株主 X が会社 Y を被告として取消訴訟を提起し，それが認容された場合，①Z が Y に対して未払報酬の支払いを求める後訴を提起し，または②Y が Z に対して既払報酬の返還を求める後訴を提起することがあり得る。ここで前訴取消判決が先に見た意味での実体法状態の通用性しか発揮していないとすれば，①Z が Y に対して未払報酬の支払いを求める訴訟においては，報酬請求権の消滅原因に属する選任決議の失効については Y が証明責任を負うこととなり，Y は一から選任決議の失効の立証を行わなければならないこととなる。また，②Y が Z に対して既払報酬の返還を求める訴訟においても，不当利得返還請求権の発生原因に属する選任決議の失効について Y が証明責任を負うことになり，同様に Y は一から選任決議の失効の立証を行わなければならないこととなる[61]。

　これに対して，取消判決に事実上の推定を伴わせるならば，YZ 間の後訴①②において，Y が取消判決の存在を主張した場合，Z が自身の選任決議の取消事由の存在について，すなわち取消判決の内容の正当性について反証を行わない限り，選任決議は不存在として扱われることとなる。また，取消判決によって証明責任の転換が起こるとするならば，Z は自身の選任決議が有効に存在していることについて，すなわち形成原因が不存在であることについて証明責任を負うことになる。

　先に見た通り，取消判決の第三者効が必要とされたのは，原告の救済の貫徹

---

60)　1972 年に C. civ., art. 311-10 に立法化された身分訴訟における tierce opposition（現在は C. pr. civ., art. 582）について，Claude COLOMBET et al., *La filiation légitime et naturelle - Etude de la Loi du 3 janvier 1972*, Dalloz, 1973, pp. 63-64 曰く，「第三者は判決を攻撃することができるが，その際には積極的地位につく必要があり，もはや受動的態度に甘んじることはできない。すなわち，当該第三者は，法廷で，判決が作り出した単純推定（la présomption simple）を覆すために，異議のある既成の親子関係の不正確さ（inexactitude）の積極的証明（la preuve positive）を行わなければならない」。フランス法における単純推定という概念は，我が国に言う法律上の推定であり（参照，山口俊夫編『フランス法辞典』452 頁（東京大学出版会，2002）），これは証明責任の転換に近い理解であると言える。ただし，身分訴訟における tierce opposition の証明責任（charge de la preuve）について，必ずしも破棄院判例が一致していなかったという指摘もある（高田裕成 [1987] 1588 頁註 147）。

61)　なお，この後訴で Y が選任決議の効力を前提問題として争うことができるのは，狭義の形成力としての「主張禁止の解除」によるものである（第 1 項参照）。

第1部 形成概念と第三者効 第3章 形成力の意義

の観点からであった（第1章第1節第2款第3項I2参照）。この原告の救済の貫徹という観点からは，実体法状態の通用性の確保のみならず，第三者の立証負担の増加が必要との結論に至り得る。しかし，仮に第三者の立証負担の増加を肯定する場合には，いかにしてそれが正当化されるのかが問われなければならない。というのも，判決の証明効[62]について特に指摘されている通り，証拠裁判主義や第三者の手続保障の必要性に鑑みるに，前訴判決中の裁判所の認定が当然に後訴裁判所の審理に影響を与えるものとは考えられないからである（三木ほか［2015］412頁〔垣内秀介〕）。実際には，第三者の立証負担の増加は，ドイツおよび我が国ではそもそも想定されてこなかったように見受けられる[63]。

第2款 排除効としての「形成力」

先に見た通り，形成判決に排除効としての対世効が当然に備わるわけではない（第2章第3節第1款第1項参照）。それゆえ，形成力が当然に排除効を含意するわけではない。しかし，形成訴訟に関する民事訴訟法学説の多くが，「形成力」の名の下に排除効の拡張を語ってきたことは，先に見た通りである（第1節参照）。こうした理解は，「形成力」の語の意味内容を拡張している点に問題があるが，理論的に誤りというわけではない。というのも，これまた先に見た通り，形成判決の排除効の構造は，既判力の拡張として構成する方向性（二重

---

62) 参照，山木戸克己「判決の証明効」同『民事訴訟法論集』145頁，151頁以下（有斐閣，1990）〔初出：1978〕。同論文は証明効の作用を「係争事実につき客観的挙証責任を負わない当事者について，すでに前訴で不利に事実認定されていると，後訴においてその主観的挙証責任が加重される」（同153頁）ものだと理解しており，一種の事実上の推定を言うものと解される。

63) 行訴法上の第三者再審については，再審決定後の再審理において，処分の適法性に関する主張立証責任が前訴被告および第三者にあるといった議論は存在しない。他にも例えば，再審事由（民訴338条1項各号）の存在については再審原告が主張立証責任を負う（大江忠『要件事実民事訴訟法（下）』352頁（第一法規，2000））が，再審開始決定後の本案の再審理における主張立証責任に変更はなく，必ずしも再審原告が主張立証責任を負うわけではない（同360-361頁）。この点は，詐害的な責任追及等の訴えの棄却判決について第三者が提起する詐害再審（会社853条）についても同様と解されている（大江忠『要件事実会社法(3)』1165頁（商事法務，2013））。請求異議訴訟においても，債務名義に表示された債権の存否に関する主張立証責任には変更がないと解されている（井上稔「執行関係訴訟の証明責任・要件事実」新堂幸司監修『実務民事訴訟講座〔第3期〕第5巻』319頁，335頁以下（日本評論社，2012））。

要件説）のほかに，実体法上の要件効果構造の反射として理論構成する方向性（単一要件説）もあり得たからである。本節では，単一要件説に基づいて構成される排除効の内容をより詳細に検討し（第1項），それが既判力の拡張といかなる差異を持つのかを確認する（第2項）。

第1項 擬似的排除効としての「形成力」

形成力の対世性についてよく見られる説明は，端的に第三者が新たな法状態を「甘受しなければならない」というものである（Nikisch [1950] S. 157）。より詳しい説明としては，私人の形成権による法関係の変動の事実自体は第三者も甘受しなければならないのであるから，判決による法関係の変動も同様であるというものがある（*Winfried Kralik*, in: Rapports [1972] S. 22f.）。こうした説明は，ある実体法状態の変動は，当該実体法の妥当範囲内にある者全てに妥当するということを述べているものと解されるが，これだけでは，当然ながら排除効を意味せず，私人の法律行為にも備わるところの実体法状態の通用性，すなわち基準性（第1款第2項参照）を意味するに過ぎない（上村 [1967] 516-517頁；本間靖規 [1984] 178-179頁）[64]。

他方で，形成力を語るドイツの論者は，単一要件説を採用することによって，実際には実体法状態の通用性を超えて，形式的確定力を媒介としたある種の排除効を観念していた（第1節第2款第1項Ⅱ2参照）。これは，排除効の典型である既判力とは質的に異なるものである。以下では，この実体法上の現象として生じる排除効の構造をより具体的に分析する。

Ⅰ 「形成力」の構造

判決の排除効は，判決の内容に反する主張を行うには判決それ自体を取り消

---

[64] 鈴木正裕は「一般的承認義務」（第1節第2款第1項Ⅱ2参照）について，「国家法の存立それじたい」を根拠とする効力，「国家法のもつ拘束性の特殊な表現」（鈴木 [1960-1] 32頁），「実定法のもつ拘束力を特殊に表現したもの」（鈴木 [1970] 34頁註12），「国家法が権利変動に関してその権力に服する何人に対しても及ぼす拘束力」（鈴木正裕「紹介：Schlosser, Peter; Gestaltungsklagen und Gestaltungsurteile, 1966」民訴雑誌13号309頁，315頁（1967））と分析したうえで，それが排除効を意味しないことを繰り返し論じている（鈴木 [1960-1] 32頁；鈴木 [1960-2] 510頁，51頁）。

第1部 形成概念と第三者効 第3章 形成力の意義

す必要があり（逸脱禁止），かつ判決それ自体を取り消すための手段が何らかの形で限定される（破棄禁止）場合に肯定される（第1章第1節第2款第3項I 3⑵参照）。以下では，単一要件説が想定する「形成力」がいかなる意味でこの排除効たり得るのかを確認する。

1 二重要件の帰結

　法関係の変動は，ある法規範において当該変動が効果（Wirkung）として規定されている場合に，それに対応する要件（Tatbestand）が充足されることによって発生する。当該要件として特定の行為の存在が要求されている場合，通常は，①その行為が有効に存在することに加えて，②その行為の基礎となる権利等が実際に存在することが，併せて要件として要求される。例えば，契約の解除については，①解除権の行使の意思表示（という行為）が有効になされたことのみで生じるわけではなく，当然ながら，加えて②当該解除権の成立要件が満たされていることが必要である。

　この場合，契約の解除という効果を争うには，①②のいずれかを否定すれば足りることになる。具体的には，①解除権の行使の意思表示が存在しないこと，または存在するが有効ではないこと（例えば，当該意思表示が相手方に到達していないこと（民97条1項））を主張することでも足りるし，②解除権の成立要件が満たされていないことを主張することでも足りる。ここで，法効果の発生を争うことが制限される場合，それは①②のいずれについても主張が制限されることを意味する。これを確定判決について語ったのが，①確定判決（という国家行為）の存在または有効性を否定する主張を排除する形式的確定力（破棄禁止）と，②当該確定判決において確認された訴訟物たる形成権ないし形成原因の存在を否定する主張を排除する既判力（逸脱禁止）であると整理できる。

　そして，形成判決に関する二重要件説は，この理を前提に形成力を考察するものと理解することができる。すなわち，形式的確定力が発生している限り，①判決の存在または有効性を否定する主張（判決それ自体を取り消す主張）をするためには，再審の手続を取らなければならないが，既判力が第三者に拡張されることがない限り，当該第三者は別訴において②形成権ないし形成原因の不存在の主張（判決の内容に反する主張）が許されるため，法律行為に関する場合と同様に法効果の発生を争うことができると考えるのである。

190

2 単一要件の帰結──擬似的排除効

他方で例外的に，ある規範において要件とされている事実が，①ある行為が有効に存在することに尽きている場合，換言すれば，②当該行為の基礎となる権利等の存在は要件として要求されない場合がある。この場合には，②当該行為の基礎となる権利等の不存在を主張しても要件の不充足を主張したことにはならず，①当該行為の不存在，無効または消滅を主張しない限り，当該法効果の発生を妨げることができない。例えば，第三債務者は，執行債権者からの取立訴訟に対して，自身が執行債務者に対して有する実体法上および訴訟法上の抗弁を執行債権者に対抗することはできるものの，執行債権の存否を争うことによって執行債権者の取立権を否定することはできない[65]。この現象は，執行債権者の取立権が①差押命令の有効性のみに依存し，②差押命令の基礎となる執行債権の存否に依存しないことから生ずるものと解されている（三ケ月[1981] 392頁）[66]。

形成判決に関する単一要件説は，形成判決一般についてこの理を述べるものである。すなわち，単一要件説は，第三者に対する形成力の発生という法効果を規定している諸規範において要件とされているのが，①形成判決の有効な存在に尽きていると解することで，第三者は①形成判決の存在または有効性を否定しない限り，そもそも法効果の発生を妨げることができないこととするのである。したがって，ここでは当該行為に②形成権ないし形成原因の不存在の主張を排除する既判力が備わっているか否かは結論に影響しない。ここで①の主張可能性を限定するのは，既にレントらが説いていた通り（第1節第2款第1項Ⅱ2），判決の形式的確定力である（本間義信 [1968] 68-69頁；興津 [2015] 220-221頁）。

こうした単一要件の構造の反射としての「排除効」は，ある行為が要件事実として位置づけられている法規範の要件効果構造の反射として生ずる現象を，当該行為の効力として言い換えたものである。換言すれば，この「排除効」は，ある法効果の発生により自身の法的地位に影響を被る第三者が，実体法の構造

---

65) 「執行手続である取立訴訟においては，債務名義の内容である執行債権の存否またはその行使の違法性の有無を争うことはできない」（最判昭和45年6月11日民集24巻6号509頁）。

66) さらに言えば，①差押命令の有効性を争う手続は請求異議訴訟（民執35条）であるが，第三債務者はその原告適格を有しない。

第1部　形成概念と第三者効　　第3章　形成力の意義

上当該法効果の発生の要件を争う手段を有しないという状況を指すものに他ならない（上村［1967］524頁；仲野［2007］306頁）。ここでは，当該行為が後訴裁判所の判断を直接に拘束しているわけではなく，単一要件の構造が後訴裁判所の審理構造を規定しているに過ぎない。こうした，実体法の特殊な構造を判決の効力に引き直したに過ぎない「排除効」は，いわば「擬似的排除効」とでも呼ぶべき現象である[67]。判決について換言すれば，②既判力に変わって単一要件の実体法構造が逸脱禁止を担保し，併せて①形式的確定力が破棄禁止を担保することによって基礎づけられるのが，擬似的排除効であると言えよう。

Ⅱ　単一要件説の評価

以上を踏まえると，形成判決に関する単一要件説は，形成判決一般について単一要件の法構造を措定し，擬似的排除効の発生を一律に肯定する理論構成であると解することができる。次の問題は，このような単一要件説の理解の当否である。結論から言えば，これまで見てきた民事訴訟法学説のように，実体法上の帰結として一般的に単一要件構造を措定することはできないが（1），我が国の行訴法のように，第三者再審の制度の反射としてであれば，一般的に単一要件構造を措定することは可能であり，その場合の問題はそのような第三者再審制度の合理性ないし正当性として立ち現れることとなる（2）。

1　実体法解釈の帰結としての単一要件構造

まず，単一要件構造を実体法上の帰結として一般的に措定することには，以下のような問題がある。ある実体法規範において要件とされている事実がある行為の存在それ自体に尽きている場合は実際には少なく，当該行為の基礎となる権利等の存在が同時に要件として想定されていることがほとんどである。換言すれば，大半の実体法の要件効果構造は二重要件として理解されている。この旨は，判決が法変動の要件とされる場合についても同様であり，単一要件として判決の存在が位置づけられているとして一致がある例はほとんどない。例

67）　近時，河野正憲「会社事件手続法の総論的考察──手続法からの分析」川嶋四郎＝中東正文編『会社事件手続法の現代的展開』19頁，29頁（日本評論社，2013）〔初出：2012〕は，会社法838条の対世効を「特殊な『実体的な効果』」として説明しているが，これはこの擬似的排除効を言うものとも解される。

192

えば，判決の構成要件的効力の例として通常あげられる，委託を受けた保証人の求償権（民 459 条 1 項）の例[68]や，判決の確定による消滅時効期間の変更（民 174 条の 2 第 1 項）の例[69]も，二重要件として捉える見解が存在する。

　また，仮に問題となる実体法を単一要件と理解し，擬似的排除効が生じると解しても，適切な解決のために実体法上の調整がなされていることが多い。先に挙げた「判決の言渡し」による求償権の発生の例では，「判決の言渡し」による求償権の発生は保証人が「過失なく」判決の言渡しを受けたこと（民 459 条 1 項）が要件となっている。換言すれば，実体法規範における利害関係の調整なくして，要件事実たる行為の性質から擬似的排除効を一律に肯定することには問題がある（本間靖規［1984］178-179 頁）。先に確認した通り，排除効の拡張の問題は，実体法による利害調整も含めて捉える必要があるのであり（第 2 章第 3 節第 1 款第 1 項Ⅱ参照），この点は，擬似的排除効についても同様である。翻ってみれば，兼子一が行政法学者の構成要件的効力の用語法を批判したのは，行政法学者が構成要件的効力の名の下に実体法上の利益衡量を封殺しようとした点に，単一要件説と同様の問題を見出したからだと言えよう（第 1 章第 1 節第 2 款第 2 項Ⅲ参照）。

　ただし，これは形成判決に常に単一要件の構造を当てはめる単一要件説が不適切であることを意味するに留まり，実体法の要件効果規範に単一要件の構造を見出すこと自体が不適切であることを意味しない。すなわち，二重要件説の

68）　債権者 X，主債務者 Z，Z から委託を受けた保証人 Y がおり，X が Y に対して保証債務履行請求訴訟を提起し，Y の過失なくして当該請求が認容されたとして，Z がこの場合に発生する Y の Z に対する求償権（民 459 条 1 項）の存在を争う場合には，主債務がそもそも存在しないことを理由とすることができると解されている。例えば，中田淳一「保証人に対する判決と主債務者」同『訴と判決の法理』159 頁，165 頁以下（有斐閣，1972）〔初出：1958〕は，保証人 Y が事後求償を確実に行うためには主債務者 Z に対して訴訟告知をしておく必要があると解しており，そこから逆に考えるならば，主債務者が求償請求訴訟において主債務の不存在を主張することができると解していることが窺われる。なお，債権法改正案は，「保証人が過失なく債権者に弁済をすべき旨の裁判の言渡しを受けた」ことを要件として発生する保証人の求償権を，事前求償権の条文に移している（新 460 条 3 号）が，規律の実質に変更はない（潮見［2015］115 頁）。

69）　例えば，「既判力は訴訟当事者間にとどまるから，主たる債務者は判決の存在は争いえないとしても，その判決の内容は不当であるとして，自己に消滅時効期間延長の効果が及んでくることを争いうる」とされている（鈴木［1978］159 頁）。この例は債権法改正案においても判決の構成要件的効力として維持されている（新 169 条 1 項。潮見［2015］46 頁）。

第1部　形成概念と第三者効　　第3章　形成力の意義

下で場合により形成判決に単一要件の構造を見出し，対世効規定なくして第三者に擬似的排除効を及ぼすことは可能である。とりわけ，対世効規定が存在しない場合には，関係者の具体的な利害状況を踏まえたうえで，単一要件の構造を見出すことで擬似的排除効の拡張を肯定する余地はなお残されている[70]。二重要件説に立つ兼子一が，形成判決の「構成要件的効力」ないし「反射効」によって第三者に排除効が生ずる事態を想定していたこと（第1章第1節第1款第3項IV2参照）も，抽象論としてはこの観点から首肯できる。

2　第三者再審の制度の反射としての単一要件構造

他方で，本書が主題とする行訴法上の取消判決に関しては，この擬似的排除効が第三者再審の制度によって規定されたという点に特殊性がある（第1章第1節第2款第3項I3(2)参照）。換言すれば，ここでは実体法の構造それ自体によってではなく，第三者再審の制度の反射として，取消判決を法関係変動の単一要件とする法構造が規定されていることになる。そうすると問題は，このように第三者再審の制度を設計すること，より具体的には，第三者再審の訴訟要件を限定し，排他性を認めることの合理性ないし正当性だということになる（第2章第4節第2款参照）。この点は，紛争の画一的解決ないし一回的解決の観点から，独立した考察を必要とする（第2部第3章第2節および第3節参照）。

また逆に，第三者再審の制度の反射から生ずる擬似的排除効は，やはり形成判決に特有の効力というわけでもなく，確認判決や給付判決にも，第三者再審制度を設けるならば同様に備わり得るものであると言える。換言すれば，第三者再審制度を設計することに合理性が見出される場合においては，確認判決や

---

70)　垣内［2014］384頁は，対世効規定の存在しない会社法上の役員解任の訴えについて，単一要件の下での擬似的排除効のメリットを認識している。また，そもそも既判力の存否について争いがある非訟事件の裁判や家事審判については，擬似的排除効の存否はより重要性を持つ（高田裕成編著［2014］268頁以下）。鈴木正裕「非訟事件の裁判の既判力」鈴木忠一＝三ケ月章監修『実務民事訴訟講座7』95頁，107頁（日本評論社，1969）は，家庭裁判所の職分管轄から排除効を肯定しようとするが，そこには第三者再審制度の反射として擬似的排除効を導く論理（2参照）との類似性が看取される。検討の必要性を指摘する近時の論考として参照，本間靖規「非訟裁判の既判力に関する一考察」河野正憲古稀『民事手続法の比較法的・歴史的研究』127頁，151-152頁（慈学社，2014）。最決平成26年4月14日民集68巻4号279頁は，「審判による親権者の変更は，その届出によって親権者変更の効力が生ずるのではなく，審判の確定によって形成的に親権者変更の効力が生ずる」と述べるが，ここでも審判の擬似的排除効の有無が問題となり得る。

194

給付判決についても，第三者再審制度を導入することによって擬似的排除効を付与することが可能である。この点は，行政事件訴訟の他の類型に第三者効を導入するための重要な手がかりとなる（第2部第3章第3節第2款参照）。

第2項 既判力との差異

前項では，擬似的排除効としての「形成力」の構造を確認した。次に問題となるのは，形成判決の排除効の拡張を，擬似的排除効としての「形成力」と解するか，それとも既判力と解するかによって，いかなる差異が生まれるかという点である。この問題は，対世効規定が存在しない場合にも肯定する余地のある擬似的排除効の具体的内容に関わるのはもちろん，既存の対世効規定の解釈としてもなお問題となり，とりわけ行訴法上の第三者効については，既判力ではない排除効であるという通説の理解の内容解明にとって決定的に重要な問題である（第1章第3節第1款参照）。

I 擬似的排除効の特色

擬似的排除効の作用は，第三者が後訴において前訴判決の不当性を主張することによっては自身に及ぶ法効果の発生を妨げることができないという限りでは，既判力の拡張の作用と同一である。そのため，擬似的排除効にしても，既判力にしても，それを第三者に拡張するためには，関係する実体法状態の分析と当事者および第三者の手続法上の地位ないし利害関係の分析とを合わせ見て，その必要性と正当性とを吟味する必要があることも，先に確認した通りである（第1項II 1参照）。

しかし他方で，擬似的排除効は，実体法上の現象である判決の付随的効力と同様に，①抗弁事項であり，②第三者からの悪意の抗弁を許すという形で，なお既判力から類型的に区別され得るかが問題となる（第1節第1款第2項I 3(2)参照）。また，形成判決の効力の学説史からは，③不当判決を理由とする前訴原告に対する損害賠償請求の問題の処理が異なる可能性（第1節第1款第2項I 2(2)，同第2款第1項III参照）や，④形成対象の繰返し防止の可能性（第1節第2款第1項III 1参照）が示唆されている。

第 1 部　形成概念と第三者効　　第 3 章　形成力の意義

Ⅱ　両者の接近

　まず想起されるべきは，反射効に関する議論の中で既に，反射効が①抗弁事項であり②悪意の抗弁を許すという点で既判力と区別されることには懐疑的な見解が示されていることである。この見解によるならば，少なくとも効力面においては，既判力と区別された反射効，ひいては形成判決の排除効という概念を立てる必要性が疑われることになる[71]。

　具体的には，まず，①擬似的排除効が抗弁事項であり，既判力が職権調査事項であるという点に関しては，一方で反射効を抗弁事項と位置づける必然性はないという形で（鈴木［1971］9 頁），他方で既判力が職権調査事項として貫徹されているかに疑問があるという形で（鈴木［1978］151 頁）[72]，既判力と反射効との差異は相対的であるとの指摘がなされている。抗弁事項と職権調査事項の振り分けの問題は，なお十分には論じられておらず（高橋宏志［2014］8 頁），こうした見解の当否を論ずることは本書でなし得ることではないが，少なくとも擬似的排除効と既判力とをこの点で類型的に区別することに十分な理由はないように思われる[73]。次に，②擬似的排除効は悪意の抗弁により破られるが，既判力はそうではないという点に関しても，既判力が生じている場面でも詐害再審を認めるべきであって[74]，悪意の抗弁を許すことは必ずしも反射効固有の特徴ではないという指摘（鈴木［1971］10 頁以下）があり，この点をもって擬似的排除効と既判力とを類型的に区別することにも同様に問題があろう。

Ⅲ　両者の差異？

　他方で，形成判決の既判力の機能として重要視されてきたのは，③不当判決

---

71)　高田裕成「反射効──主債務者勝訴の判決を保証人は有利に援用することができる」法教 168
　号 41 頁，42 頁（1994）。

72)　ドイツの近時の議論として参照，*Arne Homfeldt*, Die Beachtung der Rechtskraft im Zivilpro-
　zess von Amts wegen, 2001, S. 85ff.

73)　近時の指摘として参照，野村秀敏「判決の反射的効力」新堂幸司監修『実務民事訴訟講座〔第
　3 期〕第 3 巻』363 頁，377 頁（日本評論社，2013）。

74)　責任追及等の訴えの棄却判決の効力が株主ないし会社に拡張されることを，法定訴訟担当にお
　ける既判力拡張の論理で説明するならば，会社法 853 条は，既判力の拡張を受ける第三者が提起す
　る詐害再審を認めたものとなろう。

196

を理由とする損害賠償請求の問題と，④形成対象の繰り返しの問題である。順に見よう。

1　不当判決を理由とする損害賠償請求

擬似的排除効は，前訴判決により変動した法状態を否定する主張を排除するに過ぎず，擬似的排除効が及ぶ第三者は，形成権または形成原因の不存在，すなわち前訴判決の不当性を前提とした主張をすることがなお許される。これに対して，既判力は前訴判決の基礎となった形成権または形成原因の存在についての排除効であるため，既判力の及ぶ第三者は形成権または形成原因の不存在を前提とした主張をすることができなくなる。したがって，既判力の拡張ではなく，擬似的排除効に留めるのであれば，第三者は前訴当事者に対して不当判決を理由とする損害賠償請求訴訟を提起することが可能であるとされている。しかし，このような解釈についても異論の余地がある。

一方で，日本の判例は，ある判決の既判力が及んでいる者がその判決の不当性を理由に損害賠償請求訴訟を提起した場合に，例外的ながらそれを認める余地を残している[75]。具体的には，「判決の成立過程において，訴訟当事者が，相手方の権利を害する意図のもとに，作為または不作為によって相手方が訴訟手続に関与することを妨げ，あるいは虚偽の事実を主張して裁判所を欺罔する等の不正な行為を行ない，その結果本来ありうべからざる内容の確定判決を取得し，かつこれを執行した場合」には，再審手続により前訴判決の効力を否定することなく，損害賠償請求が認容され得る（最判昭和44年7月8日民集23巻8号1407頁）。たしかに，このような損害賠償請求は「確定判決の既判力による法的安定を著しく害する結果となるから，原則として許されるべきではな」く，「その行為が著しく正義に反し，確定判決の既判力による法的安定の要請を考慮してもなお容認し得ないような特別の事情がある場合に限って，許される」ことは，後の判例が繰り返し確認するところである（最判平成10年9月10日判時1661号89頁；最判平成22年4月13日集民234号31頁）が，判決の不当性を理

---

75)　近時の論考として参照，本間靖規「判決の不当取得」新堂幸司監修『実務民事訴訟講座〔第3期〕第6巻』219頁，224頁以下（日本評論社，2013）。ドイツの法状況を含めた詳細な検討として参照，岡田幸宏「判決の不当取得について(1)〜(4・完)」名古屋大学法政論集133号71頁，同134号385頁，同136号381頁，137号437頁（1990-91）。

第1部　形成概念と第三者効　　第3章　形成力の意義

由とする損害賠償請求の可能性を一切奪われることにはならない。

　他方で，前訴判決が認定した形成原因が実は存在しなかった（すなわち前訴判決が不当である）ということだけで，形成判決により不利益を被った第三者に損害賠償請求権が生ずるわけではない。立ち入った検討をなす余裕はないが，この場合に第三者に損害賠償請求権が生ずるには，第三者の契約的介入による債権侵害の事例[76]におけるのと同様に，前訴当事者の害意が必要なのではないか。仮にそうだとすれば，既判力が及んでいない第三者の損害賠償請求権の成立要件は，既判力が及んでいる第三者の損害賠償請求訴訟が認容される前記の要件と大幅に重なり[77]，既判力の有無が結論を分けることにならないのではないか。

　ただし，以上は民事訴訟を念頭に置いた場合の結論であって，行政訴訟に関しては事情が異なる。具体的には，第三者効を擬似的排除効と解するか既判力と解するかは，前訴被告たる行政主体に対する国家賠償請求訴訟において主張し得る損害の範囲に影響し得る（第3節第2款参照）。

2　反復禁止

　他方で，形成判決の既判力の意義は，形成対象の反復を禁止する点にも見出されてきた。例えば，株主総会決議取消しの訴えが認容されて当該総会決議が取り消された後，再び同内容の決議がなされるような場合に，再度の決議取消しの訴えにおいて何らかの形で審理が短縮されるか否かが問題となる（高橋宏志［2013］662頁以下）。ベティヒャーが形成判決の既判力がこの問題に関わることを認めて以来（第1節第2款第1項Ⅲ1参照），ドイツの学説は，やはり特に会社関係訴訟について，既判力が反復禁止の機能を有することを前提に，訴訟物ないし既判力の客体的範囲の問題を考察してきた[78]。したがって，ここに

76）　参照，内田貴『民法Ⅲ（第3版）』185頁以下（東京大学出版会，2005）。

77）　前掲最判平成10年9月10日および前掲最判平成22年4月13日は，既判力の及ぶ者からの損害賠償請求は，「当事者の一方が，相手方の権利を害する意図の下に，作為又は不作為によって相手方が訴訟手続に関与することを妨げ，あるいは虚偽の事実を主張して裁判所を欺罔するなどの不正な行為を行い，その結果本来あり得べからざる内容の確定判決を取得し，かつ，これを執行したなど，その行為が著しく正義に反し，確定判決の既判力による法的安定の要請を考慮してもなお容認し得ないような特別の事情」（圏点筆者）がある場合に認容されるとしている。

第2節　形成判決の効力

も既判力の独自の機能が見出され得る（興津［2010］30頁以下）。現に，行政法学においては，第三者効を既判力の拡張と解することの意義として，反復禁止の問題が意識されている（山本隆司［2007］171頁；興津［2015］241頁以下）。

　ただし，民事訴訟法学では，結論として反復禁止を認めるべきことを前提に，それに適した理論構成を考案するという形で議論がなされているように見受けられる（本間靖規［1984］169-171頁；高橋宏志［2013］662-664頁）[79]。これに対して，行政法の問題状況においては，結論として反復禁止を認めるべきか否かについて，そもそも見解が分かれている（第2部第3章第1節第1款第2項参照）。

第3款　小　　括

　以上の考察を踏まえると，形成判決の効力は以下のように整理することが可能である。

　まず，形成判決に特有の効力としての狭義の形成力は，形成訴訟のメルクマールと表裏の現象としての，主張禁止の解除を意味する（第1款第1項）。次に，形成判決の効力には，実体法状態の通用性の意味での基準性が含まれる。この意味での基準性は，形成判決固有の効力ではない。換言すれば，給付判決にも確認判決にも生じ得る効力である（第1款第2項）。これに対して，原告の救済の貫徹という観点からは，形成判決の効力には第三者の立証負担の増加が含意され得るが，これは従来必ずしも想定されてこなかった（第1款第3項）。

　さらに，形成判決には既判力とは異なる構造の排除効が備わり得る。それはすなわち，単一要件の要件効果構造の帰結として生ずる擬似的排除効である（第2款第1項Ⅰ）。この擬似的排除効には，実体法構造それ自体から生ずる純粋に実体法上のものと，第三者再審制度の反射として生ずるものとが存在し，とりわけ前者に関して，関係者の具体的な利害関係の分析を通じて個別的に決

---

78)　Vgl., *Peter Arens*, Streitgegenstand und Rechtskraft im Aktienrechtlichen Anfechtungsver-fahren, 1960, S. 51ff.

79)　初期の業績として，上村明広「形成対象の繰返しと既判力」民商55巻1号28頁，34頁以下（1966）。小山昇「行政処分取消判決の効力について」同『判決効の研究（小山昇著作集第2巻）』139頁，139頁（信山社，1990）〔初出：1976〕は，端的に，「拘束肯定論は結論として正当である。だがそれはいかなる拘束であるべきか」と問う。

199

第1部　形成概念と第三者効　　第3章　形成力の意義

せられるべき問題を一般化してしまう単一要件説には問題があると言える（同
Ⅱ）。そして，擬似的排除効は，損害賠償請求訴訟と反復禁止の問題について，
既判力とは異なる帰結を導きうる（第2款第2項）。

第3節　擬似的排除効としての第三者効

　以上の検討をもとに，本節では，行訴法上の第三者効が「形成力」であるこ
との具体的意味を解明する。

　既に確認した通り，第三者効を「形成力」とする通説的理解は，第三者再審
制度との関係から第三者効に排除効が含まれると解さざるを得ない点を主題化
していない点に問題があった（第1章第3節第1款参照）。他方で，同じく通説
的である，第三者効は既判力ではないという理解は，取消判決について単一要
件構造を措定し，第三者効を擬似的排除効と理解するものと捉えることで，解
釈論上の独自性をもつ（第2節第2款第2項参照）。具体的には，第三者効の性
質の問題は，民事訴訟法学の検討から示唆されているように，第三者からの前
訴当事者に対する損害賠償請求に影響する可能性があり（第1款，第2款），第
三者に対する同内容の処分の反復禁止の問題にも関わる（第3款）。そのほか，
同種利害関係人に対する判決効の作用の局面でも，この問題は重要性を持つ
（第4款）。

第1款　前訴原告に対する損害賠償請求

　まず，行政法関係においても，第三者が前訴原告に対して不当判決を理由に
損害賠償請求訴訟を提起することが考えられる。例えば，ⅩとＺの競願的な
許可申請に対して，ＹがⅩに対しては拒否処分を，Ｚに対しては許可処分を
したところ，ⅩがＹを被告にＺの許可処分の取消訴訟を提起し，Ｚの参加な
くして取消判決が下されたが，Ｚは，Ⅹが自身への許可を基礎づける事情につ
いての証拠資料を偽造したのではないか，当該資料が請求の認容にとって決定
的な役割を果たしていたのではないかとの疑念をもったとする。こうした場合
にＺは，Ｙに対して自身の許可処分の復活を求めるほかに，Ⅹに対して損害

200

賠償請求訴訟を提起することがありえよう。

しかしながら，この論点の解決は，第三者効の性質決定に必ずしも依存しない。具体的には，ここで仮に第三者効が既判力の拡張を意味するとしても，例外的な要件の下でなおＺの損害賠償請求は認容されるし，第三者効が擬似的排除効に留まるとしても，Ｚの損害賠償請求が認容されるには，既判力が拡張される場合と同様の要件が必要と解されるからである（第２節第２款第２項Ⅲ１参照）。

第２款　前訴被告に対する国家賠償請求または損失補償請求

むしろ考察すべきは，第三者が前訴被告たる行政主体に対して国家賠償請求訴訟または損失補償請求訴訟を提起する場面である。例えば，隣人Ｘが行政主体Ｙを被告として建築主Ｚの得た建築確認の取消訴訟を提起し，Ｚの参加なくしてそれが認容された場合，Ｚとしては建築確認の復活を望むのは当然として，中断なく工事が完了していれば得られたであろう事業収益等に係る消極的損害ないし逸失利益や，回収不能となった先行投資等に係る積極的損害の賠償[80]を，Ｙに求めることがあり得る（新山［2006］534頁）。ここでは，第三者効を擬似的排除効と解するか，既判力の拡張と解するかで，帰結が異なる。

第１項　消極的損害の賠償請求

まず，消極的損害ないし逸失利益については，取消判決の既判力が第三者に及んでいるか否か，より具体的には，処分が違法であるとの判断が後訴にも通用するか否かが結論を左右することになる。

取消判決の第三者に対する排除効を擬似的排除効の拡張であると解する場合，Ｚの提起する後訴においては，建築確認が処分時において違法であったことを前提に審理されることにはならず，場合によっては建築確認が処分時において適法であったとの認定がなされる可能性がある。そして，適法であったはずの建築確認がＹの訴訟追行の不備によって取り消されたのであれば，建築確認

---

80)　消極的損害および積極的損害に関して参照，西埜章『国家賠償法コンメンタール（第２版）』661頁（勁草書房，2014）。

第1部　形成概念と第三者効　　第3章　形成力の意義

が取り消されなければ得られたはずの逸失利益に係る消極的損害は，Yの訴訟追行の不備ないし違法性と因果関係を有すると言える。したがって，Zは，自身に対して適法に与えられた建築確認がYの違法な訴訟追行により取り消されるに至ったのだとして，当該消極的損害についての国家賠償を請求することができる[81]。

これに対して，取消判決の第三者効を既判力の拡張であると解する場合，Zの提起する訴訟は，建築確認が処分時から違法であったことを前提に審理されることになる。そして，仮にYの訴訟追行に不備ないし違法性があったとしても，もともと違法な建築確認であったのであれば，上記のような消極的損害は，Yの訴訟追行の不備と因果関係を有するとは言えない。より詳しく言えば，Yの訴訟追行の不備がZの消極的損害と因果関係をもつためには，建築確認が当初から適法である必要があるため，建築確認の違法性について既判力が生じている場合，後訴請求においては因果関係の要件が満たされ得ないこととなる。したがって，既判力がZに及んでいる場合には，Zが上記のような国家賠償請求訴訟を提起しても，必然的に棄却されることとなる[82]。

81）　この旨は，適法な許可を行政庁が誤って職権で取り消した場合に，許可者が損害賠償を請求することができることとパラレルに考えられよう（芝池義一『行政法総論講義（第4版補訂版）』171頁（有斐閣，2006））。ドイツでは，適法な許可を違法に職権で取り消したことについて国家責任が認められる（*Michael Sachs*, in: Stelkens et al. (Hrsg.) [2014] §48 Rn. 188. 建築許可の例として，BGH Urt. v. 7. 2. 1985, NVwZ 1985, 682）。ただし，消極的損害ないし逸失利益としてどの範囲が賠償されるべきかに関しては，個別の検討が必要である（阿部泰隆『国家補償法』257頁（有斐閣，1988））。

　　なお，本文の例では裁判所が誤った内容の取消判決を下したことと消極的損害ないし逸失利益との間にも因果関係が肯定されようが，日本の判例は裁判が違法となる場面をかなり限定的に解しており（最判昭和57年3月12日民集36巻3号329頁），原告にとっては行政の訴訟追行の違法を主張する方が現実的であろう。

82）　ただし，このような帰結と取消判決の既判力の客体的範囲との関係については，なお議論を詰める必要がある。この問題は，国家賠償法上の違法性の理論構成（参照，神橋一彦「行政救済法における違法性」磯部力ほか編『行政法の新構想Ⅲ』237頁，241頁以下（有斐閣，2008）。第2部第1章第3節第1款第2項Ⅱ2も参照），とりわけそれが不法行為理論において占めるべき位置づけの観点から再考する必要がある。参照，中川丈久「国家賠償法1条における違法と過失について──民法709条と統一的に理解できるか」法教385号72頁，74頁以下（2012）；仲野武志「続・法治国原理の進化と退化──行政における違法概念の諸相」小早川光郎古稀『現代行政法の構造と展開』89頁，90頁以下（有斐閣，2016）。

202

第3節　擬似的排除効としての第三者効

第2項　積極的損害の賠償請求

　次に，建築確認を受けて支出した先行投資等の積極的損害についても，第三者効の性質は結論を左右し得る。ここでも消極的損害の場合と同様に，当該建築確認が当初から適法であるか違法であるかは，Ｙの訴訟追行の不備と当該積極的損害との間に因果関係が認められるか否かに関わる。すなわち，当該建築確認が当初から適法であれば，Ｙの訴訟追行の不備と当該積極的損害との間に因果関係が認められるが，当該建築確認が当初から違法であれば，両者間の因果関係は否定される。したがって，第三者効が擬似的排除効であるとすれば，Ｚは後訴において当該建築確認の適法性を前提にＹの訴訟追行の違法性および過失を立証することで，当該積極的損害の賠償を得ることが可能である[83]が，第三者効が既判力であるとすれば，Ｚはそのような立証では当該積極的損害の賠償を得ることはできない[84]。

　ただし，これに加えて，積極的損害に関しては，Ｙの訴訟追行の違法とは別に，Ｙが違法な建築確認を発したことそれ自体との間でも因果関係が肯定され得る。したがって，Ｚが違法な建築確認を信頼して出捐を行っており，かつ違法な建築確認を発したことそれ自体についてＹに過失があると認定されるならば，なおＺの国家賠償請求が認められる余地がある[85]。この帰結は，第三者効を擬似的排除効と解するか既判力と解するかには関わらない。

---

83)　この点は，夙に田中二郎と兼子一の議論に現れていた。田中二郎は，既存の流水占用権者が電力会社の許可を取り消す判決を得たのち，取消訴訟に参加していなかった電力会社が「たとえば電気会社がダムを建設したのによって，それが許可を取消されると何千萬円かの損害になる，その損害を賠償しろということを，国を相手取って訴える」としたらどうなるかという問題を立てた。それに対して兼子一は，「それはできるだろうね……取消しの効力を問題にするのではなく取消すべきでなかったのだというふうなことになるならば，たとえば訴訟を下手にやったからおまえ負けたのではないかということが言えるわけですね」と述べている（司法研修所編［1951］50頁）。

84)　この場合，信頼利益の損失補償の可能性が問題となろう。違法な受益処分を適法に職権で取り消した場合の信頼利益の損失補償の問題について参照，宇賀［2013］360-361頁；遠藤［1989］141頁。そこで言及されているドイツ行政手続法48条3項について参照，乙部哲郎「連邦行政手続法等における行政行為の取消」同『行政行為の取消と撤回』44頁，62頁以下（晃洋書房，2007）〔初出：2005〕。

第1部　形成概念と第三者効　　第3章　形成力の意義

第3款　反復禁止

他方で，形成判決の既判力の作用は，形成対象の反復禁止にも見出されていた（第2節第2款第2項Ⅲ2参照）。第三者効を擬似的排除効と解するか既判力と解するかは，原告に対する反復禁止を原告の反対利害関係人たる第三者との関係でも通用させることができるか否かに関わる。

原告の反対利害関係人たる第三者に対する処分の反復は，例えば，既存の事業者Xが，行政主体Yを被告として，新規参入の競業者Zに対する許可処分の取消訴訟を提起し，その取消判決によってZの許可が取り消されたのち，Zが改めて許可の申請をした場合に，Yが前訴の基準時以降に事情の変更がないにもかかわらず，再度の許可を付与するという事態を指す。ここでの反復禁止とは，基準時後の事情変更がない限り，Zの再申請が当然に拒否され，当該再申請の拒否処分に対してZが取消訴訟を提起したとしても当然に請求が棄却されることになる，という事態を指す。第三者効が既判力であるならば，前訴の基準時において許可処分が違法であったことがZの提起する後訴にも通用することとなるため，前訴の基準時以降の事情の変更がない限りは，YがZに再度の許可をしてもそれは後訴において当然に違法と判断されることとなり，翻ってYはZに対して許可を与えることができなくなる（山本隆司［2007］170-171頁）[86]。これに対して，Zに既判力が及んでおらず，擬似的排除効が及んでいるに留まる場合には，前訴の基準時において許可処分が違法であったことは後訴に通用せず，前訴の基準時以降の事情の変更がなくとも，再度の許可が後訴で必ずしも違法と判断されない[87]。換言すれば，第三者効を既判力と理解するならば，第三者に対する処分の反復は禁止され，擬似的排除効と理解す

---

85)　新山［2006］552頁は，「過失を認定することは困難」とするが，ドイツではこうした局面での国家責任も想定されている（Kopp/Ramsauer［2016］§48 Rn. 132; *Michael Sachs*, in: Stelkens et al.（Hrsg.）［2014］§48 Rn. 188）。違法に出された建築許可の事前決定（Bauvorbescheid）を信頼して建設敷地を購入した例において，敷地購入に係る積極的損害について事前決定の違法に基づく国家責任の成立を認める判例として，BGH Urt. v. 30. 6. 1988, NJW 1988, 2884.

86)　なお，行訴法33条1項の拘束力により第三者の受益処分が職権で取り消される場合に，拘束力の第三者効として反復禁止を説明する見解があるが，これも「既判力に準じて」のものとされている（興津［2015］223頁）。

第3節　擬似的排除効としての第三者効

るならば，それは必ずしも禁止されない。

第4款　同種利害関係人による判決の援用

　そのほか，後の検討の先取りとなるが，第三者効の性質は，原告の同種利害
関係人が原告の得た認容判決を援用する場面でも，結論の違いをもたらす（第
2部第1章第3節第1款第2項Ⅱ参照）。

　まず，原告の同種利害関係人が，前訴被告に対する国家賠償請求訴訟におい
て，原告の得た取消判決を援用する場面が考えられる（伊藤洋一［1993］200頁
以下）。例えば，公立保育所において保育を受けているXが，当該保育所を設
置する行政主体Yを被告として，当該保育所を廃止する条例の取消訴訟を提
起し，当該条例を取り消す判決を得た場合，当該条例が違法であることについ
て既判力が生ずる。そこでXが，違法な条例により被った損害の賠償を請求
する国家賠償請求訴訟を提起した場合，そこでは当該条例の違法性を前提に審
理がなされることになる。これに対して，Xと同じ保育所において保育を受け
ていたZも，同様に国家賠償請求訴訟を提起することがありえよう。ここでは，
第三者効を既判力と理解するのでなければ，当該条例の違法性を前提に審理が
なされることにはならない。換言すれば，第三者効を既判力の拡張であると理
解しなければ，同種利害関係人Zとの関係では，当該条例が適法であったと
の判断が妨げられないことになる（第2款参照）。

---

87)　ただし，場合によっては，第三者再審を経ずしては再度の処分が行えないという場合があり得
　　よう。本文で述べた営業許可のように，将来において特定の活動を可能とする内容の受益処分を求
　　める申請については，取消判決後の「再申請」は，当初の申請時ではなく当該「再申請」時以降に
　　おいて特定の活動を可能とすることを求めるものとなるが，分配総額が限定された金銭給付のよう
　　な，特定時点における具体的な財の配分を内容とする受益処分を求める申請の場合，取消判決後の
　　「再申請」は，当初の申請を契機とした分配決定のやり直しを求めるものとなり得る。後者の場合
　　には，紛争の画一的解決の観点から，第三者再審によって取消判決を取り消すことなくしては再処
　　分が不可能であり，ひいては「再申請」も禁じられると考える余地がある。この点は，ドイツで分
　　配手続ないし競業者訴訟における訴訟類型や必要的参加の射程として論じられている問題に関わる
　　（Vgl., *Peter-Michael Huber*, Konkurrenzschutz im Verwaltungsrecht, 1991, S. 404f., 427f.; *Ferdin-
　　and Wollenschläger*, Verteilungsverfahren, 2010, S. 641, 645）。より一般的に，分配の構造決定と
　　分配のための行政手続との関係について参照，太田匡彦「行政による分配の構造と手続」法律時報
　　87巻1号22頁，25-26頁（2014）。

205

次に，原告の同種利害関係人との関係で処分の反復禁止が問題となる場面も考えられる。例えば，隣人Xが建築主Aの受けた建築確認の取消訴訟を提起してそれが認容されたが，建築確認を行う権限を有する行政庁が帰属する行政主体Yが再度Aに建築確認を付与した場合に，同じく隣人であるZが，当該建築確認の取消訴訟の中で，それがXの得た前訴判決の反復禁止義務に違反するという主張をすることができるか，という問題がある。この場合，Zに取消判決の既判力が拡張されているならば，Zは当該取消判決を援用することでYの反復禁止義務違反の主張をすることができる（伊藤洋一［1993］206頁以下；興津［2015］241頁以下）。これに対して，本書のように第三者効を擬似的排除効に留める場合，それだけでZが反復禁止義務違反の主張を行うことができるわけではない（第3款参照）。

第4節　第3章のまとめ

本章では，形成力の概念に関する学説史を考察し，そこに単一要件説の下での擬似的排除効としての理解が存在したことを確認したうえで（第1節），その意義と問題点を明らかにするとともに，擬似的排除効が既判力とは異なる帰結を導き得ることを示した（第2節）。そのうえで，この擬似的排除効が行政法関係においていかなる意義を有するのかを明らかにした（第3節）。それでは，行訴法上の第三者効を，擬似的排除効と理解することは果たして妥当なのか。この点は，紛争の画一的解決および一回的解決との関係を踏まえて，第2部で論ずる。

第2部　紛争解決と第三者効

第1章　ドイツにおける行政紛争解決
第2章　対世効による紛争解決
第3章　我が国における行政紛争解決

　第2部では，第1部で明らかにした擬似的排除効としての第三者効の仕組み
が，比較法的に見ていかなる特色を持ち，それをいかに評価すべきかという問
題に取り組む。具体的には，紛争解決という視点から，行訴法の採用する第三
者効と第三者再審の制度の意義と限界を分析し，第1部で提示した行訴法の仕
組みの意義を，さらに立体的に解明する。

　紛争の画一的解決および一回的解決を達成するための仕組みとしては，「引
き込み型」と「効力拡張型」とが存在する。前者の典型はドイツ行政訴訟の必
要的参加（notwendige Beiladung）の解釈論であり，後者の典型はフランスや日
本の対世効である（序論Ⅰ2参照）。しかし，近時はドイツも「効力拡張型」を
採用し始めており，比較法的には「引き込み型」から「効力拡張型」への収斂
が見られる。こうしたドイツの議論動向からは，「引き込み型」との対比で
「効力拡張型」の有する特色が浮き彫りとなる（第1章）。続いて，紛争の解決
に際して「効力拡張型」の仕組みが有する意義をさらに具体的に考察する。と
りわけ，紛争の画一的解決を必要とする実体法状態がいかなるものであるのか，
それとの関係で「効力拡張型」がいかなる独自性を発揮するのかが，ここでの
考察の中核となる（第2章）。最後に，日本における行政紛争解決のあり方を，
さらに詳細に考察する。具体的には，比較法的に見て強度な（擬似的）排除効
を含意している第三者効を緩和して，紛争の一回的解決の度合いを後退させる
一方で，紛争の画一的解決が必要とされる問題状況に即した形で第三者効が適
用されるような，解釈論および立法論を展開する（第3章）。

第1章　ドイツにおける行政紛争解決

　ドイツの行政訴訟では，「効力拡張型」をとる我が国やフランスとは対照的に，「引き込み型」による紛争の画一的解決および一回的解決が図られてきた（第1節）。しかし，近時では「効力拡張型」への接近が見られる。一つは必要的参加を懈怠した場合であっても判決を無効とせず，第三者が前訴判決を取り消すまでは有効とする解釈（有効説）の登場であり，いま一つは大量手続の特則による排除効の拡張の導入である（第2節）。また他方で，規範統制手続においては，ドイツでも早くから対世効による「効力拡張型」が導入されており，近時は参加の仕組みについて解釈および立法に動きがある（第3節）。

　本章では，こうしたドイツの動向を分析することを通じて，紛争の画一的解決および一回的解決の仕組みに関する示唆を抽出する。予め結論を示すならば，「引き込み型」に対する「効力拡張型」のメリットは，原告の救済と第三者の手続保障との調和と，不特定多数人間での紛争の画一的解決および一回的解決に見出される（第2節第3款）。また，ドイツにおける「効力拡張型」は，原告の同種利害関係人たる第三者に判決効を及ぼす点にも力点が置かれており，専ら原告の反対利害関係人たる第三者に判決の基準性を及ぼすことを主眼に置いていた我が国の議論（第1部第1章第3節第2款参照）とは対照的であることも判明する（第3節第3款）。

第1節　「引き込み型」の構造──必要的参加の絶対的無効説

　本節では，ドイツの伝統的な「引き込み型」の構造を解明する。ドイツの取消判決の効力は，日本やフランスのそれとは対照的に，相対効である旨が強調される傾向にある。論者によっては，取消判決の既判力の相対性を原則としながらも，形成力の概念と結びつけることによって，取消判決に第三者に対する

209

第2部　紛争解決と第三者効　　第1章　ドイツにおける行政紛争解決

何らかの効力を肯定することもあったが, 我が国のように活発な議論はなされ
ていない (第1款)。

　こうしたドイツの議論状況の背景には, 既判力の相対性に立脚した紛争解決
の手段として, いわゆる必要的参加 (notwendige Beiladung) が発達してきたこ
とがある。通説によれば, 必要的参加を懈怠した場合には判決は無効となると
解されており, そもそも当事者間において取消判決を有効とするために, 必要
的参加人たる第三者を訴訟に関与させねばならない。裏を返せば, 取消判決が
有効となるならば, 第三者には訴訟関係人として既判力が及ぶこととなるため,
取消判決の効力の主体的範囲を論ずる必要に乏しいのである。そこで, この必
要的参加による「引き込み型」の構造を解明することが, ドイツの議論状況を
明らかにするための出発点となる (第2款)。

第1款　取消判決の「対世効」?

第1項　ボン基本法以前

　行政訴訟理論が民事訴訟理論と明確に接合される以前にも, 行政裁判所判決
の既判力の主体的範囲に関する規律は, 民事訴訟法のそれに合わせて理解され
ていた。すなわち, 既判力は原則的に当事者間にのみ及び, 第三者にそれが及
ぶのは, 当該第三者が訴訟に参加していた場合や, 権利承継の場合に限られる
と解されていた (O. Mayer [1895] S. 196ff.; O. Mayer [1924] S. 164ff.)[1]。

　他方で, 行政法関係においては既判力の相対性の原則の持つ意味が民事法関
係とは異なるという指摘も存在した。W. イェリネック曰く, 既判力による当
事者間の拘束は, 「当事者間に存在する法関係が他の法関係の要件を構成する
場合」には, 当事者間に留まらずに作用する。例えば, ある者が国家に対して
自身のドイツ国籍の存在に関する判決を得た場合, その既判力は相対的である
としても, ある権利義務の存否を国籍の有無に係らしめている法律の規定に
よって, 判決は「その性質上 (seiner Natur nach)」当事者間を超えて作用する
(W. Jellinek [1931] S. 311)。また, 紛争類型によっては, 当然に第三者に対して

---

1)　そのほか, *Karl Friedrichs*, Verwaltungsrechtspflege (Streit-, Beschluss-, Untersuchungs- und
　　Zwangsverfahren), 1. Bd., 1920, S. 546ff., 550ff.

210

も裁判が妥当することになるという指摘も存在した（Kunze [1908] S. 58; Schultzenstein [1911] S. 11 ff.)[2]。しかし，当時においては民事訴訟法学において既判力の性質論がなお論争の渦中にあり（第1部第3章第1節第1款参照），行政裁判所判決の既判力をめぐる議論も整理されていなかった[3]ため，こうした「対世効」の性質が何かという分析まではなされていなかった。

第2項　ボン基本法以後

ボン基本法により行政裁判所が司法機関の一つに位置づけられ（Vgl., Art. 92, 95 Abs. 1 GG)[4]，民事訴訟法学とのより密接な連関が意識されるようになると，取消判決の判決効の主体的範囲の問題は，形成判決の効力と密接に関わる問題として論じられるようになる。当時のドイツの行政訴訟理論の関心は，主として行政訴訟の訴訟類型の体系化（Bachof [1951]；Menger [1954]）や，それに応じた訴訟物等の概念の精緻化（Niese [1952]；Bettermann [1953]）にあったが，判決効の主体的範囲の問題についても，並行して発展した民事訴訟法学説（第1部第3章第1節第2款参照）を反映して，単一要件説に基づく説明が散見されるようになる。

一方でニーゼは，形成判決に関する二重要件説（第1部第3章第1節第1款第2項Ⅱ2参照）を批判し，単一要件説に基づく擬似的排除効としての「形成力」（第1部第3章第2節第2款参照）を支持する[5]。そのうえで，取消判決の「既判力は，例えば勝訴原告が行政行為によって受けた損害を理由に職務責任訴訟を提起した場合に初めて作用する」（Niese [1952] S. 354. 圏点筆者）として，既判力を，形成の結果ではなく，形成原因ないし形成権の存否に関する裁判所の判断を不可争とする効力として理解する。

他方でバホフは，「関係人およびその承継人は訴訟物について拘束される」

---

2)　このような場合には，参加（Beiladung）は共同訴訟的補助参加（streitgenössische Nebenintervention）に類似するとの指摘がある（Hüttenhein [1911] S. 105f.）。

3)　さしあたり参照，巽智彦「規律（Regelung）と取消原理——行政行為の効力論における実体と手続の分化」成蹊法学84号167頁，180頁以下（2016）。

4)　南博方『行政裁判制度——ドイツにおける成立と発展』160頁以下（有斐閣，1960）。

5)　*Werner Niese*, Doppelfunktionelle Prozeßhandlungen – Ein Beitrag zur allgemeinen Prozeßrechtslehre, 1950, S. 124f.

とする当時の実定法（§84 VGG, §80 VO）は，訴訟当事者以外の者に「形成的判決に際しての形成的国家行為の対世的な一般的効力」が及ぶことを否定するものではなく，取消判決には民事事件の形成判決と同様に対世的な「形成力」が備わる旨を指摘したうえで，自身は単一要件説を支持する旨を示唆した[6]。また，後にバホフは，1967年の国際民事訴訟法学会のシンポジウム「tierce opposition とその代替物」において，単一要件説に基づく擬似的排除効としての「形成力」を前提とした発言を行っている[7]。

第3項 議論の停滞

1960年に制定された行政裁判所法は，「確定判決は，訴訟物に関する判断に限り，関係人（Beteiligten）およびその承継人を拘束する」と規定し（当時の121条。現在は同 Nr. 1），その後は既判力の相対性は動かし得ない前提として議論されるようになる。他方で，取消判決によって行政行為は「全ての者に対する効力をもって」取り消されるという帰結，すなわち取消判決が基準性を対世的に発揮する点も，もはや疑われなくなる[8]。

しかし，この基準性の作用は，取消判決の形成力によるものであり，既判力とは無関係であると理解された（Ule [1960] S. 169, 174）ものの，なお理論的に明確にされないままであり，ドイツの建前が「相対効」であることが強調され

---

6) 「私はそのような"有利または不利に及ぶ対世的"効力（"pro et contra omnes" Wirkung）の性質に関する論争，とりわけそれが既判力の発露（Ausfluss）であるか否かという——私の考えでは否定の回答を与えるべき——問いについては，ここで触れるつもりはない」（Bachof [1952] S. 28. 圏点筆者）。

7) 「例えばドイツ国籍が行政行為により剥奪され，その名宛人がこの行政行為を攻撃し，判決によって行政行為が取り消された場合，判決によって国家と名宛人との間の法関係が形成される。他のだれも行政行為や判決によって形成された法関係に関係していない。認容判決は，誰も確定判決の形成力を争い得ないという意味で，対世的に作用する。だれも後になって原告がドイツ人ではないことを主張することはできない。これが"形成"力である。それは"既判力"の作用とは何ら関係がない。依然として当事者以外の者は，判決が"不当（unrichtig）"である旨を主張することができる。その者が争うことができないのは，判決が有効（wirksam）である点のみである。原告がドイツ人であること，これは争われ得ない。しかし，彼が"正当に（zu Recht）"ドイツ人として承認されるかどうか，これは全く別の問題である。後の訴訟において問題となる法効果が，形成力ではなく，前訴において"正当に"判断されたか否かに依存する場合には，これは後の訴訟において完全に争われ得るのである」（*Bachof (Äusserungen)*, in: Rapports [1972] S. 489f.）。

8) *Hans Julius Wolff*, Verwaltungsrecht, Bd. 3, 1. Aufl., 1966, S. 410.

続けた[9]。また，ニーゼやバホフが意識していた形成判決の排除効の性質に関する議論にはもはや言及されず，形成判決が第三者に対する擬似的排除効を有すると解されているのか否かも，現在必ずしも明らかでない（Schenke [2014] Rn. 805 ff.; Hufen [2016] §38 Rn. 27）。その理由は，先に見た通り（本節冒頭参照），ドイツでは「引き込み型」がとられ，形成判決の第三者に対する効力が問題になる状況がそもそも生じにくかったことに求められよう。そこで，款を改めて，この「引き込み型」の構造を支える必要的参加の制度を見よう。

第2款　必要的参加の沿革と内容

　行政裁判所法65条は，職権または当事者もしくは第三者の申立てにより第三者を係属中の訴訟に参加させる（beiladen）手続を定めている。同条2項では，「係争法関係に当該第三者が，裁判が第三者に対しても合一にのみ（nur einheitlich）なされ得るという形で関与する場合」に，当該第三者の参加が必要的になる旨が規定されている。これは必要的参加（notwendige Beiladung）と呼ばれている（高橋宏志 [1975] 660頁以下；高田裕成 [1987] 1197頁以下；新山 [2006] 11頁以下）。同様の条文は，行政裁判所法に先立ち社会裁判所法が採用し（§75 Abs. 2 SGG），行政裁判所法に次いで財政裁判所法も採用した（§60 Abs. 3 FGO）。

　以下では，必要的参加の制度の沿革を確認し（第1項），現在のような「引き込み型」が確立される過程を追ったうえで（第2項），取消判決の効力の主体的範囲との関係を整理する（第3項）。

第1項　必要的参加の沿革

　行政訴訟における参加（Beiladung）の制度[10]は古くから存在する（Kunze

9）　典型は，バホフの下記のような発言である。バホフ曰く，フランス法によれば，判断された事件は対世効によって第三者にとってもさしあたり黒か白かに決められ，当該事件は後に第三者再審によって当該第三者にとって黒なのか白なのかが確定されることになる。これに対してドイツ法では，はじめから訴訟当事者についてのみ黒か白かを決める。他の者にとってはさしあたり黒でも白でもなく，むしろ後の訴訟において初めて，新しい当事者にとって黒か白かが決まる（Bachof（Äusserungen), in: Rapports [1972] S. 488）。

第2部 紛争解決と第三者効 第1章 ドイツにおける行政紛争解決

[1893] S. 198ff.; Mohrmann [1910] S. 5ff.; Schultzenstein [1911] S. 3ff.; Hüttenhein [1911] S. 1f.; Ronellenfisch [1983] S. 282ff.) が，本書が問題とする必要的参加に限ってみれば，その由来は1883年プロイセン一般ラント行政法の解釈論に求めることができる。同70条は，「裁判所は，なすべき裁判によってその利益を害される第三者を，申立てまたは職権により参加させることができる。この場合には裁判は参加人に対しても効力を有する」と定めていた[11]。当初は，この条項に基づく参加の許可は裁判所の裁量に係らしめられているとして，必要的参加を認めないように見える見解も多かった[12] (Kunze [1908] S. 54f.; Hatschek [1919] S. 434; Hatschek [1931] S. 414)。しかし，後には一定の場合にこの参加が必要的になるという解釈が有力化し，必要的参加を懈怠した場合には，たとえ裁判をするに熟したとしても裁判所が判決を下すことはできず，必要的参加を欠いたまま下された判決には，上告理由たる「重大な手続瑕疵 (wesentliche Mängel)」(§94 Abs. 2 LVG) があると解されるようになった (Mohrmann [1910] S. 47ff.; Friedrichs [1921] S. 629; Friedrichs [1929] S. 112)[13]。

戦後になると，この参加 (Beiladung) の制度は，各占領区の行政訴訟通則法において定められることになる (§41 VO, §60 VGG)。いずれの法文にも未だ必要的参加は明示されておらず，必要的参加は否定されるとの解釈も当初は存在した[14]。しかし，裁判例[15]や学説 (Hufnagl [1950] S. 252ff.)[16]は，必要的参加を解釈論により認めていた。行政裁判所法は，必要的参加を条文上明記するこ

---

10) 民事訴訟における問題状況について，Rossmann [1967] S. 3ff.

11) この参加人に対する「効力」の詳細については議論がある (Weise [1904] S. 473ff.; Schultzenstein [1911] S. 9ff.; Hatschek [1919] S. 436f.) が，立ち入らない。行政裁判所法の分析として，*Hartmut Lammenett*, Nebenintervention, Streitverkündung und Beiladung – Prozessuale Institute der Drittbeteiligung und die Möglichkeiten ihrer Angleichung im Zivilprozeß und den Verwaltungsstreitverfahren, 1976, S. 162ff.

12) 最初期のものとして，*Conrad Bornhak*, Preussisches Staatsrecht, Bd. 2, 1889, S. 433f.

13) そのほか，*Karl Friedrichs*, Das Landesverwaltungsgesetz vom 30. Juli 1883 nebst den gesamten Nebengesetzen, 1910, S. 151.

14) *Wilhelm Bauer*, Die Beiladung nach dem Gesetz über die Verwaltungsgerichtsbarkeit der amerikanisch besetzten Zone Deutschlands, DÖV 1949, S. 189 (190f.).

15) 初期の例として，Hess. VGH Beschl. v. 9. 12. 1948, DV 1949, 73 は，家主が物価庁 (Preisbehörde) に対して提起した賃貸料決定の取消訴訟に賃借人が参加しなかったことを，上告理由たる重大な手続瑕疵とした。

214

とで，こうした議論に決着をつけたのである（BT-Dr. 3/55 [1957] S. 37）。

第2項　必要的参加の懈怠の場合の判決の効力

本書にとって重要なのは，必要的参加という制度の存在そのものというより
も，必要的参加を懈怠して下された取消判決の効力の問題である。通説によれ
ば，必要的参加を懈怠して出された取消判決は無効になるものと解されている。
この場合，第三者を引き込まなければ当該第三者に排除効はおろか基準性すら
及ばないことになり（「引き込み型」），日本やフランスの対世効（「効力拡張型」）
との明瞭な対照が現れることとなる。

I　絶対的無効説の登場

1　必要的共同訴訟との類比

必要的参加について明文がなかったプロイセン一般ラント法の解釈論におい
ても，必要的参加は必要的共同訴訟（notwendige Streitgenossenschaft）との関係
で議論されることがあった（Hüttenhein [1911] S. 93ff.）。必要的参加を解釈論に
よって認める際，その要件は，必要的共同訴訟のそれに合わせて「係争法関係
が合一にのみ（nur einheitlich）確定され得る場合」（§62 Abs. 1 ZPO）とされて
いた（*Georg Berner*, in: Brauchitsch et al. (Hrsg.) [1930] S. 105f.）[17]。また逆に，
必要的参加は必要的共同訴訟と混同されたものとして批判されることもあった
（Kunze [1893] S. 203 Anm. 2; Weise [1904] S. 458）。

しかしながら，必要的参加を欠いた判決が当事者間でも無効となるという解
釈は，当時においては明確には説かれていなかった。換言すれば，ここで固有
必要的共同訴訟との類比は，必ずしも明確に現れていなかった。必要的参加の
例として引用される一連のプロイセン上級行政裁判所判決（選挙無効訴訟に当選

---

16)　そのほか，*Franz Hufnagl*, Die Reform der Verwaltungsgerichtsbarkeit, DV 1949, S. 60 (61);
Karl August Bettermann, Über die Beiladung im Verwaltungsstreitverfahren oder vom Nutzen
der Prozessvergleichung und einer allgemeinen Prozessrechtslehre, DVBl. 1951, S. 39 u. S. 72
(73ff.).

17)　必要的参加は必要的共同訴訟の代用（Ersatz）であるという占領期の解釈として，*Cristian
Friedrich Menger/Hans J. Wolff*, Fortgeltung verfahrensrechtlicher Grundsätze des Preussischen
Oberverwaltungsgerichts, DVBl., 1950, S. 696 (700f.).

第2部　紛争解決と第三者効　　第1章　ドイツにおける行政紛争解決

者が参加した事例，選挙名簿の正当性に関する訴訟に名簿から名前を抹消される者が参加した事例，市町村の境界確定手続に係争地の所有者が参加した事例など）も，参加を欠いた場合の判決の効力の帰結を述べたものではなかった（*Georg Berner*, in: Brauchitsch et al. (Hrsg.) [1930] S. 105; Friedrichs [1921] S. 629f.; Hatschek [1931] S. 414 Anm. 1）。他方で，取消判決により訴訟当事者以外の第三者の権利ないし地位が左右される事例は，当時の機関訴訟にも見出される[18]が，当時においてこれらはそもそも必要的参加の事例だとは解されていなかった（W. Jellinek [1931] S. 305）。

2　バホフによる絶対的無効説の提唱

　これに対してバホフは，必要的参加を懈怠した場合に当事者間でも判決が無効になるという解釈（「絶対的無効説」と呼ぶ）を打ち出した。曰く，原告と第三者の双方に対する告知によってのみ有効となり得る行政行為は，両者に対して取消しが宣言された場合にのみ有効に除去される[19]。必要的参加の事例において問題となる法形成的処分を一方当事者との関係でのみ取り消すことは，離婚が一方の婚姻当事者に対しては有効であり，他方の婚姻当事者に対しては無効であるというのと同様に，あり得ない（Bachof [1950] S. 376）。ここでは，必要的参加人の参加無くしては行政行為が取り消されない，すなわち，必要的参加を欠いた取消判決は前訴当事者間においても無効であると解されている。同旨は，先に見た国際民事訴訟法学会のシンポジウムにおける発言で，土地収用裁決を例に明確化された。曰く，被収用者 X が収用裁決の取消判決を得ても，起業者 Z の参加を欠いた場合には，判決は無効になる。なぜなら，ここで X に対してのみ収用裁決が取り消されることになれば，同一の土地について X および Z が同時に所有者となってしまう[20]からである（*Otto Bachof (Äusse-*

---

18)　例えば，県知事（Regierungspräsident）が地区委員会（Bezirksausschuss）に対して提起した土地収用決定の取消訴訟の事例（PrOVG Urt. v. 21. 12. 1916, PrOVGE 72, 428）では，収用決定の名宛人たる起業者（ゲマインデ）や収用決定の取消しにより所有権が復帰する被収用者が実際に訴訟に参加している（PrOVGE 72, 433）。

19)　*Otto Bachof*, Die Beiladung nach dem Gesetz über die Verwaltungsgerichtsbarkeit der amerikanisch besetzten Zone Deutschlands (Eine Ergänzung zu dem Aufsatz von Wilhelm Bauer in Heft 10 und 12), DÖV 1949, S. 364 (365).

第1節 「引き込み型」の構造——必要的参加の絶対的無効説

rungen), in: Rapports［1972］S. 490f.)。

このように，絶対的無効説を支えているのは，取消判決ないしそれによって
取り消される行政行為が，ある者（原告）との関係では有効であり，他のある
者（第三者）との関係では無効であるという状況を避けるための考慮であると
言える。換言すれば，ここではある行政行為の効力をめぐる紛争の画一的解決
が，絶対的無効説という「引き込み型」の規律を要請しているのである。

II　絶対的無効説の定着

1　連邦行政裁判所判決

絶対的無効説は行政裁判所法の法案理由説明書で明確に採用されたわけでは
なかった（BT-Dr. 3/55［1957］S. 37）が，各ラントの行政裁判所の多くに受け入
れられ（Eyermann/Fröhler［1960］S. 331），行政裁判所法の解釈論としても支持
された（Redeker/Oertzen［1960］§65 Rn. 18; Rossmann［1967］S. 129）[21]。こうし
た状況を受けて，連邦行政裁判所は，他者に対する行政裁判所長官への任命処
分の取消訴訟において当該任命処分の名宛人が必要的参加人となることの論証
の前提として，当該必要的参加を欠いた取消判決の効力について絶対的無効説
を採用する旨を判示した（BVerwG Urt. v. 10. 3. 1964, BVerwGE 18, 124）。連邦行
政裁判所は，バホフの見解を引用しながら，以下のように述べる。「原告が自
身に対し負担を課すと同時に第三者を受益する行政行為の取消しを求め，裁判
所が請求を認容して行政行為を取り消した場合，通説的見解によれば，判決は
手続に参加していなかった第三者に対して効力を及ぼさず，その結果必然的に，
訴訟当事者間でも効力を生じない。というのも，同一の行政行為が，訴訟当事
者間では取り消され，第三者との関係では残存するというのは，あり得ないか
らである」。ここでは，バホフの見解と同様に，行政行為の効力ないし取消判

---

20)　ただし，この設例そのものに関しては，仮に収用裁決の適法性について二つの矛盾する内容の
判決が出されたとしても，登記制度の存在に鑑みると，同一の土地についてAおよびBが同時に
所有者となる事態が生じるとまでは言えず，紛争の画一的解決を必要とする実体法状況をより特定
する必要があると言える（第2章第2節第2款第3項 II 3(2)参照）。

21)　戦後の行政訴訟法理論を先導することとなるウレも，当初はこの問題に言及していなかったも
のの（Ule［1960］S. 64），すぐに絶対的無効説を支持し，教科書の最終版までそれを維持した。
Carl Hermann Ule, Verwaltungsgerichtsbarkeit, 2. Aufl., 1962, S. 241f.; *Carl Hermann Ule*, Ver-
waltungsprozessrecht, 9. Aufl., 1987, S. 116.

217

第2部 紛争解決と第三者効 第1章 ドイツにおける行政紛争解決

決の基準性が関係人間で区々となることを避けること，すなわちある行政行為の効力をめぐる紛争の画一的解決の必要性が，絶対的無効説の根拠として挙げられているのである。

2 紛争の画一的解決の必要性

他方で，この判決は義務付け判決についても絶対的無効説が適切な場合があると述べている。曰く，「裁判所が行政庁に，原告を受益すると同時に第三者に負担を課する行政行為の発布を義務付ける場合，第三者にとっては，当該第三者がこの手続に参加しておらず，後に当該第三者が自身に負担を課する行政行為の取消しを求める場合に，行政庁はいずれにせよ前訴原告との関係においてはこの受益的行政行為を発布するよう既判力をもって義務付けられているという，訴訟上の困難が生ずる。ここでも場合によっては——個別事案の法状態に応じて——必要的参加なくして出された判決は無効とされねばならないという解釈が導かれ得る」。ここでは，絶対的無効説の意義は，判決効の抵触という「訴訟上の困難」を避けることに求められている。

義務付け判決については，判決によって行政行為の効力が直接に左右されるわけではないため，判決の相対的無効を許容することが，ある行政行為の効力をめぐる紛争の画一的解決を不可能とするわけではない。しかし，義務付け判決に関して相対的無効を許すと，被告行政主体の板挟みという困難をもたらす可能性があり（第2節第1款第2項Ⅱ2参照），これは取消判決について相対的無効を許した場合の典型的な問題でもある（第2章第2節第2款第2項Ⅱ参照）。この判決のいう「訴訟上の困難」も，このように理解することが可能であろう。要するに，義務付け訴訟についても，被告の板挟みの回避という意味で，紛争の画一的解決の必要性が認められる。すなわち，必要的参加を懈怠した場合の絶対的無効説は，取消判決にせよ義務付け判決にせよ，紛争の画一的解決の達成のために必要とされていると理解することができるのである。

第3項 必要的参加の関連制度

Ⅰ 固有必要的共同訴訟との関係

なお，必要的参加人の参加を欠いた場合に判決が無効になるという絶対的無

第1節 「引き込み型」の構造——必要的参加の絶対的無効説

効説を採用する場合，必要的参加は固有必要的共同訴訟に接近することとなる。現に必要的参加の制度は，先に見た通り，その沿革上も必要的共同訴訟と密接に関わっていた（第2項I参照）。

しかし，一般的な理解によれば，絶対的無効説をとる場合でも，必要的参加は固有必要的共同訴訟に完全に代替するわけではない。固有必要的共同訴訟人の欠缺は必要的参加によって補うことはできないと解されており[22]，固有必要的共同訴訟の懈怠は専ら原告が訴え提起の段階で防止しなければならない。そのためもあって，必要的参加は，固有必要的共同訴訟ではない場面で初めて問題となる（Grunsky [1974] S. 294）。そして，職権による参加（Beiladung）が存在することから，必要的参加の懈怠はむしろ裁判所が，上告審の段階に至ってもなお防止しなければならない立場にある（Friedrichs [1929] S. 112)[23]。両者の関係は，必要的参加人の地位ないし権限の範囲（Vgl., §66 S. 2 VwGO）の解釈[24]とも関わっており，我が国における行訴法22条参加人の地位の解釈（第3章第1節第1款第1項II参照）にとっても示唆的であるが，本書ではこれ以上立ち入らない。

II 社会裁判所法上の不真正必要的参加

他方で，社会裁判所法には，「係争法関係に当該第三者が，裁判が第三者に対しても合一にのみなされ得るという形で関与する場合」に加えて，「請求が棄却されるならば，他の保険者，求職者基礎保障の給付者，社会扶助の給付者，難民給付法上の給付者または社会保障法事件におけるラントが，給付義務者として問題となる場合」が要件として規定されている（§75 Abs. 2 SGG）。後者は前者とは異なる「不真正（unechte）」の必要的参加と呼ばれ，当事者の交換ないし訴えの主体的併合と類似する，受給権者の二重負けの防止の制度である

---

22) *Joachim Stettner*, Das Verhältnis der notwendigen Beiladung zur notwendigen Streitgenossenschaft im Verwaltungsprozess – Zugleich eine Untersuchung der Fallgruppen notwendiger Streitgenossenschaft, 1974, S. 29f.; *Karl August Bettermann*, Streitgenossenschaft, Beiladung, Nebenintervention und Streitverkündung, ZZP 90, 1977, S. 121 (124).

23) 連邦行政裁判所も同旨を判示している。BVerwG Urt. 27. 3. 1963, BVerwGE 16, 23.

24) 必要的参加人の地位および権限に関する包括的研究として，*Ulrich Joeres*, Die Rechtsstellung des notwendig Beigeladenen im Verwaltungsstreitverfahren, 1982.

219

第2部　紛争解決と第三者効　第1章　ドイツにおける行政紛争解決

と考えられている[25]。この不真正の必要的参加を懈怠しても，判決が無効となることはない[26]。すなわち，この不真正の必要的参加は，そもそも「引き込み型」として理解されていない。ここでは，こうした二重負けの危険の回避が，「引き込み型」や「効力拡張型」によって後見的に確保されるのではなく，当事者の選択に委ねられていることになる（第2章第2節第2款第2項Ⅱ3参照）。

第3款　小括と補論──オーストリア

　ドイツにおいては，取消判決の既判力の相対性が強調され，取消判決の第三者に対する効力に関する議論は，我が国ほどには活発でない（第1款）。その理由は，ドイツでは必要的参加の絶対的無効説により「引き込み型」が採用されてきたことに求められる。この絶対的無効説による「引き込み型」は，行政紛争の画一的解決の達成のための仕組みとして登場し，定着した（第2款）。

　なお，ドイツがこのように既判力の相対性を前提に議論を組み立ててきたのに対して，オーストリアでは，夙にベルナツィクが行政裁判所判決の原則を対世効としたうえで（Bernatzik [1886] S. 189），1875年行政裁判所法19条および27条（第1部第1章第1節第1款第1項Ⅰ参照）の解釈として，当事者権を行使できなかった法的利害関係人には判決効が及ばないという「相対的無効（relative Nichtigkeit）」を認めることで，第三者の手続保障を図っていた（a.a.O., S. 212ff., 215ff.）。曰く，「行政法において実質的確定力は，全ての事実上の利害関係者を拘束するが，法的利害関係人については，法秩序により保障された当事者権が認められた場合にのみその者を拘束する」（a.a.O., S. 189）。対世効を原則とする理解の根本にあるのは，人的性質（persönliche Qualität）に対比されるところの公法関係の物的性質（sachliche Qualität），全体性（Gesammtheit）といった特色（a.a.O., S. 196）と，「公益が裁判手続において特別の代表者（besondere

---

25)　*Klaus Stern*, Sachlegitimation, Prozessführungsbefugnis und Beiladung unter besonderer Berücksichtigung der Rechtsprechung des Bundessozialgerichts, in: *Werner Weber et al.（Hrsg.）*, Rechtsschutz im Sozialrecht, 1965, S. 223（241）.

26)　*Jörg Littmann*, in: *Peter-Bernd Lüdtke（Hrsg.）*, Sozialgerichtsgesetz Handkommentar, 4. Aufl., 2012, §75 Rn. 9; *Elisabeth Straßfeld*, in: *Elke Roos/Volker Wahrendorf（Hrsg.）*, Sozialgerichtsgesetz Kommentar, 2014, §75 Rn. 314ff.

Commissarien）によって代表されている」（a.a.O., S. 216）という理解である。こうした理解はドイツの学説には全く受け入れられなかった[27]が，当初から「効力拡張型」を前提としてきたフランスの学説（伊藤洋一［1993］71頁以下）との類似性が看取される（仲野［2007］84-85頁）[28]。

　他方で，ドイツの「引き込み型」は，同じく紛争の画一的解決の達成を可能とする仕組みである「効力拡張型」との比較検討のうえで採用されたものではなかった。引き続き次節では，「引き込み型」のデメリットの認識が，「効力拡張型」の採用へとつながってゆく様を概観しよう。

第2節　「効力拡張型」への移行──有効説と大量手続の特則

　前節では，ドイツの伝統的な「引き込み型」の制度の成り立ちと構造を確認した。しかしながら，近時のドイツにおいては，「引き込み型」のデメリットないし限界の認識を契機として，二つの方向で「効力拡張型」への移行が見られる（高田裕成［1987］1203頁，1208頁以下）。一つは必要的参加を懈怠した場合であっても判決を無効とせず，判決の基準性が及ぶ第三者に前訴判決を取り消すことを認めるという解釈（有効説）の登場（第1款）であり，いま一つは大量手続の特則による既判力の拡張の導入である（第2款）。前者は判決の基準性を第三者に及ぼす点に主眼があるのに対して，後者は基準性を超えて排除効をも第三者に及ぼすものである。

---

27)　*Otto Mayer*, Besprechung: Dr. Edmund Bernatzik, Rechtsprechung und materielle Rechtskraft. Verwaltungsrechtliche Studien. Wien 1886（Manz）, Archiv für öffentliches Recht, Bd. 1, 1886, S. 720ff.（724f.）.

28)　ロエスレルも，同法27条の参加制度をフランスの利害関係人への訴状伝達制度（la communication des requêtes）（伊藤洋一［1993］351頁以下，380頁）と対比している（Roesler［1877］S. 341ff.）。そのほか，独仏墺瑞の比較法分析を行ったものとして，*Hans Minnig*, Die Beiladung, 1950がある。

第1款　必要的参加の変容──基準性の拡張

必要的参加を懈怠した場合に判決を無効とする絶対的無効説に対しては，とりわけ民事訴訟法学説から，原告に過剰な不利益を課すものであるとの批判が向けられることとなる。こうした学説は，必要的参加を欠いた判決をいったんは有効とし，むしろ第三者の側に前訴判決を取り消す負担を負わせるべきとの理解を示す。以下では，取消判決（第1項）と義務付け判決（第2項）について，学説の分布と対立点を確認する。

第1項　取消判決

多くの論者は，取消訴訟を念頭に置いて必要的参加の議論を整理しているため，取消判決については学説分布がある程度はっきりしている。以下では，「行政主体Yが建築主Zに対して付与した建築確認について，隣人Xが取消判決を得た」という事例をもとに，各説の内容を敷衍しつつ，その対立点を明確化する。

I　学説状況

まず，先に見た伝統的な理解を維持し，当事者間でも取消判決は効力を有さないとする説（絶対的無効説）がある（*Wolfgang Bier*, in: Schoch et al. (Hrsg.) [1996] §65 Rn. 40 (Stand: April 2006); *Berthold Clausing*, in: Schoch et al. (Hrsg.) [1996] §121 Rn. 99 (Stand: Januar 2012); Kopp/Schenke [2016] §65 Rn. 43; *Jörg Schmidt*, in: Eyermann/Fröhler (Hrsg.) [2014] §65 Rn. 19; *Martin Redeker*, in: Redeker/Oertzen (Hrsg.) [2014] §65 Rn. 30; *Detlef Czybulka*, in: Sodan/Ziekow (Hrsg.) [2014] §65 Rn. 186; Schenke [2014] Rn. 473)[29]。この見解を敷衍すれば，Zの参加を欠いたまま建築確認の取消判決が下された場合，YZ間のみならず，XY間でも建築確認はなお有効だということになる。

次に，当事者間では取消判決は有効であるが，第三者に対しては無効である

---

29)　財政裁判所法の解釈として，*Wolfgang Spindler*, in: Hübschmann et al. (Hrsg.) [1995] §60 Rn. 28 (Stand: Juli 1985).

とする説（「相対的無効説」）がある[30]。敷衍すれば、Zの参加を欠いたまま建築確認の取消判決が下された場合、XY間では建築確認は取り消されたことになるが、YZ間では建築確認はなお有効に存在する。ただし、この考え方では行政行為の効力が関係人間で区々となってしまうため（Schäfer [1983] S. 159f.）、支持する学説は少ない。現在相対的無効説を支持する論者は財政裁判所や社会裁判所の給付判決を念頭に置いており（*Christian Levedag*, in: Gräber（Hrsg.）[2015]§60 Rn. 152; *Stephan Leitherer*, in: Meyer-Ladewig et al.（Hrsg.）[2014]§75 Rn. 13f）、行政行為が取り消される形成判決の場合には、むしろ絶対的無効説が採用されるべきと述べるものもある（*Stephan Leitherer*, in: Meyer-Ladewig et al.（Hrsg.）[2014]§75 Rn. 13g）。

最後に、取消判決はZとの関係でも有効であり、Zに対しても行政行為を取り消す効力を有するが、あくまで既判力はXY間に生ずるに留まると解する見解（「有効説」）がある（Schlosser [1966] S. 195ff.; Martens [1969] S. 257ff.; Stahl [1972] S. 147f.; Grunsky [1974] S. 296; Schäfer [1983] S. 160ff.; Marotzke [1987] S. 173ff.; Nottbusch [1995] S. 122ff.; *Peter Brandis*, in: Tipke/Kruse（Hrsg.）[2007]§60 Rn. 109（Stand: Juli 2007）; Piesche [2010] S. 248ff.）。具体的に言えば、Zの参加を欠いたまま建築確認の取消判決が下された場合、YZ間でもXY間でも建築確認は取り消されたことになるが、Zには既判力が及んでいないため、Zは何らかの手段で前訴判決に対して不服を申し立てることができる。

II　有効説の具体的内容

現在のところ有意な対立をなしているのは、絶対的無効説と有効説である。この両者の対立は、「引き込み型」と「効力拡張型」との対立でもあり、紛争の画一的解決に関する二つの仕組みを比較対照するうえで示唆的である。以下では、「引き込み型」と「効力拡張型」との対照をより明確にすべく、有効説の主張を具体的に見る。

1　絶対的無効説との対立点

有効説と絶対的無効説の対立点は、第三者の手続保障のあり方にある。有効

---

30) *Dietrich Jesch*, Die Bindung des Zivilrichters an Verwaltungsakte, 1956, S. 101f.

第2部　紛争解決と第三者効　第1章　ドイツにおける行政紛争解決

説が絶対的無効説に投げかけるのは，必要的参加を欠いた場合に判決が無効に
なってしまうと，原告の権利救済の貫徹と第三者の手続保障とのバランスを欠
くのではないか，という疑問である。要するに，判決を無効とすることで，前
訴当事者間においてまで判決の効力を否定するのは，原告に過剰な負担をかけ，
むしろ行きすぎた第三者保護になるのではないかとの批判である。

　ここで有効説が立脚するのは，審問請求権（Anspruch auf rechtliches Gehör）
に関する民事訴訟法学説である（新山 [2006] 177頁以下）。必要的参加人の保護
のために判決無効という帰結を採用するのは，第三者の審問請求権の保護に注
力するあまり，原告の地位を不当に悪化させている。第三者の審問請求権を保
護するためには，前訴判決を第三者に対しても有効に通用させたうえで，必要
的参加人には上訴や再審による救済を認めることで十分である[31]。絶対的無効
説をとるならば，必要的参加が懈怠された場合，前訴原告 X は期日指定の申
立てや別訴の提起を行い，そこで改めて Z を参加させるよう裁判所に求める
必要が生ずるが，それでは X の負担が大きすぎるのであり，むしろ第三者 Z
の側にアクションを起こさせるべきである（Marotzke [1987] S. 177ff., 182）。こ
のように，取消判決に関する絶対的無効説と有効説の対立点は，第三者の手続
保障のあり方，具体的には，必要的参加を懈怠した前訴判決を受けて次に行動
すべきものが原告 X であるか第三者 Z であるかという点にある。

2　紛争の画一的解決の達成

　他方で絶対的無効説は，紛争の画一的解決の必要性に支えられたものであっ
た（第1節第2款第2項 II 2参照）。この点について言えば，たしかに有効説を

---

31)　この点に関して，現行法上は第三者に前訴判決を取り消す手段が与えられていないという解釈
を前提に，形成判決の場合には絶対的無効説をとらざるを得ないとする見解がある（*Wolfgang
Bier*, in: Schoch et al. (Hrsg.) [1996] §65 Rn. 40 (Stand: April 2006)）。たしかに，BVerwG
Urt. v. 20. 3. 1997, BVerwGE 104, 182 は，代理権の欠缺を理由とする再審（§153 VwGO i. V.
m. §579 Abs. 1 Nr. 4 ZPO）は，既判力の及ばない第三者が利用できるものではないと述べている。
しかし，この判示は，代理権の欠缺を理由とする再審の趣旨が「当該当事者の有効な引き込みなく
しては手続が全く意味のないものとなる判決において代理されなかった当事者を保護する」点にあ
ることを理由としており，逆に言えば「有効な引き込みなくしては手続が全く意味のないものとな
る」ならば再審適格を肯定する余地を残している。また，第三者に前訴当事者全てを被告とする前
訴判決の無効確認訴訟を認める見解もあり（Bachof [1950] S. 375f.; *Martin Redeker*, in: Redeker/
Oertzen (Hrsg.) [2014] §65 Rn. 33)，上記の見解の前提はさほど確かなものではない。

224

第2節 「効力拡張型」への移行——有効説と大量手続の特則

とるのみでは，紛争の画一的解決が達成されないおそれが残る。有効説に従うならば，Zの参加を懈怠して出されたXY間の取消判決は，XY間のみならずYZ間でも有効である。隣人Xが提起する建築主Zの建築確認の取消訴訟の例で言えば，YZ間でも建築確認は取り消されていることになる。ここで，Zの救済だけを考えるならば，Zは前訴判決を取り消す必要はない。まず，Zは再度建築確認を申請することを妨げられない。当該申請が前訴判決の基準時以降に事情の変更がないことを理由に拒否された場合，前訴取消判決の既判力が及んでいない以上は，Zは建築確認の義務付け訴訟を提起して，その中で前訴判決の基準時前の事情をも主張することができる。また，そもそも再度の申請なくして，Yに対して自らがなお建築確認を有することの確認を請求することも認められよう。これらの請求が認められるのであれば，Zは建築確認を復活させるために前訴判決を取り消す必要はない[32]。そして，これらの請求が認容されることとなれば，前訴判決と後訴判決とで，行政行為の効力に関する判断が食い違い，関係者間で行政行為の効力に関する紛争の画一的解決が図られないこととなる。

　この点に関して，有効説の論者は一様に，Zが自身の利益を守るためにとり得る手段として，前訴判決の効力を否定する手続を想定している。具体的には，上訴，再審や憲法異議が議論され，近時では審問異議（Anhörungsrüge）[33]がそこに加えられている。その理由は，前訴判決の効力を否定する手続をZに強制しなければ，結局相対的無効説と同様に，ある行政行為の効力が関係者間で

---

32) この点に関して，前訴原告Xと前訴被告Yとの間に既判力が生じている以上，YはXに対して行政行為の反復禁止義務を負っているのであるから，第三者Zは行政行為を再度発布する旨の請求を行政庁に対して立てることはできないとする見解がある（Nottbusch［1995］S. 123ff.）。しかし，前訴取消判決のXY間の既判力のみでこのような帰結が導かれるとは考えられない（山本隆司［2014］53頁）。

33) これは，上訴その他の法的救済が許されない場合に，各専門裁判所において審問請求権侵害を理由とする異議を主張する手続であり，連邦憲法裁判所決定（BVerfG Beschl. v. 30. 4. 2003 BVerfGE 55, 1）を受け，2004年審問異議法（Anhörungsrügengesetz）により一般化されたものである。これにより，憲法異議を待たずして審問請求権違反の主張が可能となり，審問請求権の実質的保障や法的安定性が向上される一方で，この審問異議を尽くさない限りは憲法異議の補充性の要件を満たさないこととなるため，連邦憲法裁判所の負担が軽減される。Vgl., *Klaus Schlaich/ Stefan Korioth*, Das Bundesverfassungsgericht, 10. Aufl., 2015, S. 226f. 邦語での紹介として，三浦毅「ドイツ民事訴訟における審尋請求権侵害の法的効果」志学館法学17号49頁, 58頁以下（2016）。

第2部　紛争解決と第三者効　第1章　ドイツにおける行政紛争解決

区々となり，紛争の画一的解決が図られない事態が生じてしまう点にある（Piesche［2010］S. 254）。例えば，仮に上記のようにＺに前訴被告Ｙのみを被告とする訴訟，例えばＺが未だ建築確認を有している旨の確認訴訟を提起することを認め，それに前訴原告Ｘが参加しないまま認容判決が下された場合には，結果的に相対的無効説と同様に，行政行為がＸＹ間では取り消され，ＹＺ間では存続するという事態を認めてしまうことになる。これに対して，後訴の形態を前訴当事者の全てを被告として前訴判決の効力を否定する手続に限定するならば，後訴認容判決によって前訴判決の基準性が対世的に失効することとなるため，そのような事態は生じない。換言すれば，有効説の論者もまた，第三者が提起する後訴を前訴判決の取消手続に限定することの裏面として擬似的排除効を第三者に及ぼし（第1部第3章第2節第2款第1項Ⅱ２参照），紛争の画一的解決を達成しようとしているのである。

第2項　義務付け判決

多くの論者は取消判決を念頭に置いて議論を整理しているが，義務付け判決についても，一定の立場を表明する学説が少なくない。以下では，「隣人Ｘが行政主体Ｙに対して建築主Ｚに対する建築物除却命令の義務付け訴訟を提起し認容判決を得た」という事例[34]を用いて考察する。

Ⅰ　学説状況

義務付け判決については，絶対的無効説，相対的無効説および有効説の差は，Ｘが義務付け判決を債務名義として申し立てた強制執行の帰結として問題となる。絶対的無効説によれば，ＹＺ間のみならずＸＹ間でも義務付け判決は無効となるため，Ｘの強制金決定の申立て（§172 VwGO）は，そもそも有効な債務名義に基づくものではないことになる。これに対して，相対的無効説および有効説によれば，義務付け判決は少なくともＸＹ間では有効である。したがって，Ｘの強制金決定の申立ては，有効な債務名義に基づくものということになる。

他方で，義務付け訴訟の場合には，相対的無効説と有効説との帰結の差は明

34）　通説によればこの場合のＺは必要的参加人である（Kopp/Schenke［2016］§65 Rn. 18a）。

確でない。形成判決が執行不要の給付判決であるという理解（第1部第2章第2節第2款参照）からすれば，XY間の義務付け判決がZに対しても有効である（有効説）というのは，形成力ないし基準性がZに及ぶのと同様に，ZはXのYに対する強制執行をいったんは受忍しなければならない，ということだと考えられる。逆に言えば，XY間の義務付け判決がZに対しては無効である（相対的無効説）というのは，形成力ないし基準性がZに及ばないのと同様に，XのYに対する強制執行をZは受忍する必要がない，ということだと考えられる。したがって，相対的無効説に立つならば，ZはXの強制金決定の申立てに対して，何らかの不服申立手段を有すると解する余地が生まれることとなる。しかし，そうだとしても，Zにいかなる不服申立手段が許容されるのかが定かでない[35]。本書ではこれ以上立ち入らず，義務付け判決については相対的無効説は有効説に吸収されるものとして論述を進めることとする。

II 有効説の具体的内容

1 絶対的無効説との対立点

取消判決については，連邦行政裁判所が採用した絶対的無効説が学説上も多数であった（第1項I参照）が，取消判決について絶対的無効説を採用する見解であっても，義務付け判決については有効説を採用する見解が多い。こうした論者は，取消判決の場合と異なり，義務付け判決の場合は，行政庁の行政行為の発布によって第三者が害されるのであって，取消判決のように判決によって直接第三者が害されるわけではないと述べている（Kopp/Schenke [2016] §65 Rn. 43; *Wolfgang Bier*, in: Schoch et al. (Hrsg.) [1996] §65 Rn. 40 (Stand: April 2006); *Jörg Schmidt*, in: Eyermann/Fröhler (Hrsg.) [2014] §65 Rn. 19; *Detlef Czybulka*, in: Sodan/Ziekow (Hrsg.) [2014] §65 Rn. 187）。

たしかに，義務付け判決に従いYがZに対して除却命令を発した場合でも，Zが当該除却命令の取消訴訟を提起することは妨げられず，Zには既判力が及

---

35) 間接強制にかかる債務の履行が第三者に対する不利益となるという事態は，我が国では監護権者の非監護権者に対する子の引渡請求権の強制執行の事例（参照，最決平成25年3月28日民集67巻3号864頁）や，差止請求権の衝突の事例（第2章第2節第2款第2項II 2(1)参照）などに見出されるが，この場合に第三者がいかなる不服申立手段を有するかは明確でない。前訴原告と後訴原告との間における民事訴訟の可能性を説く見解として，岩橋 [2014] 287-288頁。

ばないので，Z は前訴の基準時において Y の行政庁が行政行為の発布を義務
付けられていたということには拘束されない。すなわち，前訴判決を有効とし
た場合でも，Z は取消訴訟を提起して救済を得ることができる。ただし，この
点は，取消判決の有効説についても同様であり，上記の論者がことさら取消判
決について絶対的無効説を維持する理由があるのかが逆に問われることとなろ
う。

いずれにせよ，義務付け判決についての絶対的無効説と有効説との対立点も，
取消判決についてのそれと同様に，必要的参加を欠いた義務付け判決を受けて
次に行動すべきものが原告 X であるか第三者 Z であるかという点にある（第1
項 II 1 参照）。絶対的無効説をとる場合は，義務付け判決が無効となるため，
改めて X が義務付け訴訟を提起し直す必要があるが，有効説をとる場合は，
義務付け判決は有効であるため，Z が自身に対して発された行政行為の取消訴
訟を提起する必要が生ずることになる。

2　紛争の画一的解決の達成？

他方で，連邦行政裁判所は，義務付け判決についても，前訴義務付け判決の
既判力と後訴取消訴訟との関係に「訴訟上の困難」が生ずるという認識から，
絶対的無効説が適当であるとしていた（第1節第2款第2項 II 2 参照）。仮に有
効説をとると，既判力の及ばない第三者 Z が義務付けられた行政行為の取消
判決を得た場合，Y が前訴判決と後訴判決との板挟みに陥る事態が生じ得る。
すなわち，当該後訴において X の参加がなされないまま Z が取消判決を得た
場合，有効説に従って XY 間の義務付け判決が有効であるとするならば，Y
は XY 間の義務付け判決によって命じられている行政行為を発する義務を履行
していないことになる。しかし，同一の事情の下で行政行為をもう一度発する
ことは，今度は YZ 間の判決の既判力によって妨げられることになる。このよ
うに，ある法主体が同時に履行することができない二つの義務を負う状況は，
紛争の画一的解決を必要とする典型的なものである（第2章第2節第2款第2項
II 参照）。換言すれば，紛争の画一的解決の必要性は，必ずしも行政行為の効
力それ自体について見出されるわけではなく，その根底にある行政主体の義務
について見出されるのだと考えられる。

とはいえ，有効説の論者は，Z の提起する後訴取消訴訟において前訴原告 X

が必要的参加人となると解釈することにより、このような判決の抵触という事態を回避しようとしている（*Detlef Czybulka*, in: Sodan/Ziekow（Hrsg.）[2014] § 65 Rn. 187）。すなわち、ここでも有効説は、絶対的無効説と同様に、紛争の画一的解決の達成を視野に入れている。

第3項　対立軸の整理

以上のように、ドイツでは取消判決、義務付け判決のそれぞれについて、絶対的無効説と有効説とが対立するという状況が存在する。この両説は、原告の救済の貫徹と第三者の手続保障とのバランスのとり方において好対照をなす（I）が、相対的効力説との対比においては、ともに紛争の画一的解決の達成を可能とする仕組みとして位置づけられる（Ⅱ）。

I　第三者の手続保障——「効力拡張型」としての有効説

取消判決についても義務付け判決についても、絶対的無効説と有効説との相違点は、主として第三者の手続保障のあり方にある。具体的には、必要的参加を懈怠した判決を受けて次に行動すべき者が誰であるかについて、絶対的無効説はそれが原告Xであるとし、有効説はそれが第三者Zであると理解する（第1項Ⅱ1、第2項Ⅱ1参照）。換言すれば、有効説は、原告の救済と第三者の手続保障との適切な均衡を、判決の基準性および擬似的排除効を第三者に及ぼし、一定の手続の中で第三者がその基準性を争い直すことを認めるという仕組みに見出す。これは、日本やフランスの取消訴訟が採用する「効力拡張型」の仕組みに他ならない。

しかし他方で、ドイツの有効説はごく弱い擬似的排除効を拡張するに過ぎない点で、日本の第三者効および第三者再審の仕組みとは異なり、むしろフランスの仕組みに近い。ドイツにおいて第三者の審問請求権侵害に対する事後的救済手段として議論されているのは[36]、①独立の上訴（Marotzke [1987] S. 178ff.; Nottbusch [1995] S. 128 ff.）[37]、②代理不尽を再審事由とする民事訴訟法上の再

---

36)　審問請求権侵害の救済方法全般について、*Wolfram Henckel*, Sanktionen bei Verletzung des Anspruchs auf rechtliches Gehör, ZZP 77, 1964, S. 321 (343 ff.)；本間靖規「手続保障侵害の救済について——近時の西ドイツの議論を契機として」同『手続保障論集』331頁，339頁以下（信山社，2015）〔初出：1990〕。

審（§153 VwGO i. V. m. §579 Abs. 1 Nr. 4 ZPO）(Stahl [1972] S. 155ff.; Grunsky [1974] S. 296)，③憲法異議（Art. 93 Abs. 1 Nr. 4a GG）(Schäfer [1983] S. 167)[38]，④審問異議（§152a VwGO, §178a SGG, §133a FGO）(Piesche [2010] S. 261ff.) であるが，まず期間制限の点においては，いずれの手段も，日本の第三者再審と比較して格段に緩やかである。日本には「判決が確定した日」から一定期間の経過によって形式的に期間が満了するという客観的期間制限が存在する（行訴34条4項）が，ドイツにおいては設けられていない[39]。また，主観的期間制限についても，日本のそれが確定判決を「知った日」を起算点とする（同項）のに対し，ドイツでは，申立人に対する裁判の送達時（①について§517, §548 ZPO, ③について§93 Abs. 1 BVerfGG）や申立人が審問請求権侵害を知ったとき（④について§152a S. 1 VwGO, §178a S. 1 SGG, §133a S. 1 FGO）が起算点とされていたり，そもそも期間制限の適用がないとされていたり（②について§586 Abs. 3 ZPO）と，第三者の出訴可能性を日本よりも広く確保している。こうした状況はむしろ，判決の送達時から2ヶ月の主観的期間制限（C. jus. ad., R 832-2）だけを有するフランスの tierce opposition に近い（第3章第2節第1款第2項参照）。

　また，再審適格に関しては，ドイツ法の下でも再審事由，憲法異議事由の解

37）　実際に，判決の言渡し後に参加許可決定がなされた場合には，判決が参加人に送達された時から参加人に対する上訴期間が別途起算される（BVerwG Urt. v. 6. 11. 1953, BVerwGE 1, 27）。ただし，行政裁判所法上の必要的参加人が独立に上訴を行うためには，まずは参加の申立てが裁判所によって許可されねばならず，法文上この参加許可決定は判決が確定して以降は不可能であるとされており（§65 Abs. 1 VwGO），判決確定後になされた参加許可決定は，たとえ申立てが確定前になされていた場合であっても，無効になる（Kopp/Schenke [2016] §65 Rn. 24）。そのため，解釈論として参加人の独自の上訴期間の設定が可能であるのは，あくまで判決の言渡し後確定前に参加許可決定がなされた場合である。

38）　裁判に対する憲法異議が認容された場合，連邦憲法裁判所は当該裁判を取り消し，事件を権限ある裁判所へ差し戻す（§95 Abs. 2 BVerfGG）。必要的参加の懈怠を理由とする憲法異議の認容判決による差戻しの場合は，前訴手続が復活するものと考えられる（高田裕成 [1987] 1515頁）。すなわち，再審を強制する場合と同様に，前訴当事者を当事者とし，参加を懈怠した者を参加人とする訴訟手続が強制されていると見ることができる。

39）　なお，③憲法異議については，「法律その他の高権的行為（Hoheitsakt）」に対する憲法異議に関しては，当該行為の発効ないし発布後1年という期間制限がある（§93 Abs. 3 BVerfGG）が，裁判はこの「高権的行為」には当たらないと解されている（Hans Lechner/Rüdiger Zuck, Bundesverfassungsgerichtsgesetz Kommentar, 7. Aufl., 2015, §93 Rn. 56）。

第2節　「効力拡張型」への移行——有効説と大量手続の特則

釈としてそれを限定する余地があるが，現在のところそのような解釈を正面に
打ち出している論者は見出されない。さらに，審理に関しても，ドイツにおけ
る各種手段においては，日本のように，主張できる攻撃防御方法が判決に影響
を及ぼすべきものに限られる（行訴34条1項）ことはない。ここでも，フラン
スの tierce opposition に近い規律が妥当していると言える（第3章第2節第1款
第1項参照）。

Ⅱ　紛争の画一的解決の必要性——相対的無効説の否定

　他方で，ドイツでは相対的無効説は一貫して否定されている。第三者の手続
保障の確保のみが問題なのであれば，第三者との関係で相対的に判決を無効と
することでも足りる。ドイツの諸学説がこうした理解を排斥するのは，それで
は行政行為の効力が関係者間で区々となってしまうという危惧にあった（第1
節第2款第2項Ⅰ2，本節本款第1項Ⅱ2参照）。換言すれば，ドイツの必要的参
加の解釈論は，行政行為の効力に関する紛争の画一的解決を確保するという前
提においては一致している。

　しかし，この点は必要的参加の解釈論において必ずしも明確に意識されてい
るわけではない。ドイツでは，必要的参加の目的として，判決の基準性により
自身の法的地位が直接に左右される第三者の手続保障が重視されており（Kon-
rad [1982] S. 482ff.; Schmidt-Preuß [2005] S. 571ff.），必要的参加の目的に紛争の
画一的解決を正面から据える見解は見出されない（新山 [2006] 28頁以下）。そ
れゆえ，義務付け訴訟における紛争の画一的解決の必要（第2項Ⅱ2参照）が，
必要的参加のメルクマールにおいて明確に捕捉されていない（新山 [2006] 165
頁；山本隆司 [2007] 172頁）[40]。

　その結果，紛争の画一的解決が同様に必要な事案類型において，必要的参加
が適用されない場合がある。例えば，建築主の提起する除却命令の取消訴訟や
建築確認の義務付け訴訟においては，判決によって直接その法的地位が左右さ
れるわけではないために，隣人は必要的参加人とはならないとされている
(*Wolfgang Bier*, in: Schoch et al. (Hrsg.) [1996] §65 Rn. 20, 24; *Jörg Schmidt*, in:

---

40)　辛うじて，必要的参加の制度は同一訴訟物に関する判決効の抵触を防止するための手段で（も）
あるという認識を示すものとして，Stober [1985] S. 413。

231

第2部　紛争解決と第三者効　　第1章　ドイツにおける行政紛争解決

Eyermann/Fröhler（Hrsg.）［2014］§65, Rn. 22）。しかし，こうした事例における
紛争の画一的解決の必要性は，隣人が建築確認の取消訴訟を提起した場合（第
1項冒頭参照）や除却命令の義務付け訴訟を提起した場合（第2項冒頭参照）と同
様に存在する（第2章第3節第1款第2項参照）。ここには，判決効が及ぶ第三者
の手続保障の必要性から論を組み立てるドイツの通説的理解の「形成力に基づ
く訴訟参加の論理」と，「『（行政）実体法関係』における紛争解決の実効性を
図る」ために「既判力を及ぼすための訴訟参加の論理」とのずれが，顕著に現
れている（山本隆司［2007］171-172頁）。

　他方で，このように紛争の画一的解決を正面から問題とするならば，絶対的
無効説にはそもそも限界があることが明らかとなる。「引き込み型」は，紛争
の画一的解決を必要とする法関係の関係人が不特定多数にわたる事件において
は，困難を抱える。例えば，都市計画決定や施設設置許可に関する紛争におい
て，利害関係を有する周辺住民を全て訴訟に引き込むことは不可能である。こ
れに対して，「効力拡張型」であれば，いったん判決の基準性を全ての利害関
係人に及ぼすことで，不特定多数の利害関係人間での紛争の画一的解決を達成
することができる。換言すれば，有効説は，必要的参加人の不特定多数性に対
応する方策としても機能する（Martens［1969］S. 240, 257）。この必要的参加人
の不特定多数性に対応する仕組みとして立法されたのが，次に見る大量手続の
特則である（第2款参照）。

第2款　大量手続の特則――排除効の拡張

　取消訴訟および義務付け訴訟の必要的参加の制度に関しては，もう一つ別の
場面において，「効力拡張型」への接近が見られる。それは，大量手続（Mas-
senverfahren）の特則における既判力の拡張である。本款では，この大量手続
導入の経緯（第1項）とその評価（第2項）を概観することで，「効力拡張型」
の特色をさらに明確化する。

232

第1項　立法の経緯

I　1978年行政訴訟法案

大量手続に関する特則[41]は，1976年制定の行政手続法の諸規定を参照しながら[42]，1978年行政訴訟法案（EVwPO）[43]において訴訟手続にも導入されることが企図された。これは，選挙法，学校組織法，租税法等の事案において，行政訴訟における関係人が大量にわたる事例が増加していることに鑑みたものであった（Glaeser［1980］S. 291）。同法案は，送達の相手方が100名以上に上る場合に，個別の送達に代えて公示送達によること（§58），必要的参加人が50名以上に上る場合に，一定期間内に申出をした者のみを参加人として取り扱う旨の決定をすること（§68 Abs. 4），共通の利害を有する関係人が50名以上に上る場合に，一定期間内に共同代理人（gemeinsamer Bevollmächtigter）を選任する旨を義務付ける決定をすること（§70）を規定していた。

本書において重要なのは，必要的参加に関する特則である。同草案は，「判断の統一性を確保するため」（BT-Dr. 11/7030［1990］S. 30），上記の§68 Abs. 4により参加人として取り扱われなかった者に対しても，当該訴訟の判決の既判力が及ぶものとしていた（§147）。これは，必要的参加の絶対的無効説による「引き込み型」を否定し，既判力の拡張による「効力拡張型」を採用したもの

---

41)　大量手続に関する包括的研究として，*Walter Christian Schmel*, Massenverfahren vor den Verwaltungsbehörden und den Verwaltungsgerichten – Darstellung des Problems und Überprüfung der besonderen verfahrensrechtlichen Regelungen zur Behandlung und Bewältigung, 1982.

42)　行政手続法上の大量手続の特則には排除効を第三者に拡張する仕組みは含まれていないため，本書の主題からは外れる。この行政手続法上の大量手続の特則の導入は，行政手続法の法典化に当たっての重要論点であったが，本書では立ち入らない（Vgl., *Carl Hermann Ule/Hans-Werner Laubinger*, Verwaltungsverfahrensrecht, 4. Aufl., 1995, S. 44f.）。なお，行政手続法に先立って個別法上に設けられていた手続については実際に相当多数の異議の申出があり，各ラントの行政手続法上も大量手続の整備が進んでいた（Vgl., *Willi Blümel*, Masseneinwendungen im Verwaltungsverfahren, in: Festschrift für Werner Weber, 1974, S. 539（548ff.））。

43)　これは，1956年以来たびたび議論となっていた，社会裁判所法，財政裁判所法，行政裁判所法の三法を統一するという目標に出た法案である。1969年のSpeyer草案を含め，経緯について参照，*Martin Pagenkopf*, 150 Jahre Verwaltungsgerichtsbarkeit in Deutschland, 2014, S. 173ff. 法案の批判的検討として参照，*Ferdinand Kopp*, Entlastung der Verwaltungsgerichte und Beschleunigung des Verfahrens nach dem Entwurf einer Verwaltungsprozeßordnung (EVwPO), DVBl. 1982, S. 613.

と評価することができる。しかし，結局法典化は頓挫し[44]，大量手続の特則の導入は見送られることとなった。

II　1990年行政裁判所法改正

十余年を経て，1990年行政裁判所法改正（第4次行政裁判所法改正法）により，大量手続に係る諸規定が実際に導入された。具体的には，送達の相手方が50名以上に上る場合に，個別の送達に代えて公示送達によること（§56a），必要的参加人が50名以上に上る場合に，一定期間内に申出をした者のみを参加人として取り扱う旨の決定をすること（§65 Abs. 3），共通の利害を有する関係人が50名以上に上る場合に，一定期間内に共同代理人を選任する旨を義務付ける決定をすること（§67a）[45]が可能になった[46]。この改正によって，§65 Abs. 3により参加人として取り扱われなかった者に対しても，当該訴訟の判決の既判力が及ぶものとされた（§121 Nr. 2）。

この対世効を導入する際に念頭に置かれていたのは，周辺住民の要請に基づいて行政庁が事業者に発した除害施設の設置命令に対して事業者が提起した取消訴訟や，建築主が提起した建築確認の義務付け訴訟などであった[47]。これらの事例においては，第三者（周辺住民）が不特定多数にわたり，その全員を訴訟に参加させることが不可能であるため，「引き込み型」によるのでは紛争の画一的解決を図ることができず，「効力拡張型」の必要性が認識されたのである。

---

44)　連邦議会における審議中の時点での論考であるが，乙部哲郎「西ドイツ『行政訴訟法』草案の作成とその概要」神戸学院法学14巻2号151頁（1983）が，当時の議論状況を克明に伝えている。

45)　当該期間内に選任がなされなかった場合には，裁判所が決定で代理人を選任する。なお，2002年改正により，要件が「20名以上」に緩和された。

46)　さらに，50件以上（2002年改正以降は20件以上）の手続が係属している場合に，一部の手続のみを先に進行し，他の手続を中断すること等を認める，いわゆる「ムスタ手続（Musterverfahren）」も，この改正によって導入された（§93a）（Glaeser [1980] S. 292ff.; 高田裕成 [1984] 180頁以下）。ムスタ手続の実例について参照，山田洋「施設設置手続における公正手続原則」同『大規模施設設置手続の法構造』16頁，39頁以下（信山社，1995）〔初出：1990〕。

47)　*Eberhard Schmidt-Aßmann*, Verwaltungsverantwortung und Verwaltungsgerichtsbarkeit, VVDStRL 34, 1976, S. 221 (249f. Anm. 96); *Jens Meyer-Ladewig*, Massenverfahren in der Verwaltungsgerichtsbarkeit, NVwZ 1982, S. 349 (351).

Ⅲ　1992 年財政裁判所法改正

他方で，1992 年改正[48]により，財政裁判所法にも大量手続における必要的参加と既判力拡張の特則が設けられた（§60a, §110 Abs. 1 Nr. 3 FGO）。ここで念頭に置かれていた事例は，公開型の人的会社（Personengesellschaften mit Publikumsbeteiligung）[49]の収益確定に関する紛争である（BT-Dr. 12/1061 [1991] S. 13）。

通常，人的会社は所得税法上も法人税法上も納税義務者ではなく（Vgl. §1 Abs. 1 EStG, §§1-6 KStG），人的会社の獲得した収益は，その社員に帰属するものとして，社員の所得税の課税標準に含まれることとなる（Birk et al. [2016] Rn. 1102f.）。他方で，この場合には収益の分離確定（gesonderte Feststellung）がなされる（§179, §180 Abs. 1 Nr. 2a) AO）。すなわち，まず当該人的会社の獲得した収益の額について確定決定（Feststellungsbescheid）がなされ，その後に個々の社員の所得税に関する確定手続が進められることとなる（a.a.O., Rn. 539）。第一の確定決定に対しては，当該人的会社の業務執行社員（§48 Abs. 1 Nr. 1 FGO）のみならず，その他の社員も取消訴訟の原告適格を有し得る（§48 Abs. 1 Nr. 3 FGO）。判例によれば，この取消訴訟の原告適格を有する者のうち一部が提起した取消訴訟においては，特段の事情のない限り，原告適格を有しながらも訴えを提起しなかった者全員が必要的参加人となる（BFH Urt. v. 12. 11. 1985, BFHE 145, 408; BFH Beschl. v. 31. 1. 1992, BFHE 167, 5; BFH Beschl. v. 15. 4. 2003, BFH/NV 2003, 1283）[50]。そして，当該人的会社が公開型であるということは，このような形で必要的参加人としての地位を有することとなる社員が多数に上ることになり，しかも自然人社員については死亡，所在不明等の事情があ

---

48)　全体について，*Peter Bilsdorfer*, Das FGO-Änderungsgesetz, BB 1993, S. 109; *Hans-Peter Schmieszek*, Änderungen im finanzgerichtlichen Verfahren zum 1. 1. 1993, DB 1993, S. 12.

49)　人的会社とは，民法上の組合，合名会社，合資会社，匿名組合の総称であり，公開型の人的会社とは，人的会社に多数の出資者が関与している形態をいう。典型は，合資会社の無限責任社員として有限会社が関与する，有限合資会社である。参照，高橋英治『ドイツ会社法概説』5 頁以下，75 頁以下（有斐閣，2012）。

50)　逆に，この取消訴訟の原告適格を有さない者には必要的参加が適用されないことが，明文によって明らかとされている（§60 Abs. 3 S. 2 FGO）（*Wolfgang Spindler*, in: Hübschmann et al. (Hrsg.) [1995] §60 Rn. 27 (Stand: Juli 1985)）。

第 2 部　紛争解決と第三者効　　第 1 章　ドイツにおける行政紛争解決

り得ることにも鑑みれば，それらの者を全て参加させることには非常な困難を
伴う[51]（*Christian Levedag*, in: Gräber (Hrsg.)［2015］§ 60a Rn. 1）。それゆえ，「引
き込み型」では紛争の画一的解決を図ることが困難であり，「効力拡張型」を
採用することが合理的である。その他，共同相続に関する事例について，こう
した仕組みの合理性が認識されている（*Peter Brandis*, in: Tipke/Kruse (Hrsg.)
［2007］§ 60a Rn. 1 (Stand: Juli 2007)）。

Ⅳ　2001 年社会裁判所法改正

大量手続の特則の必要性は，社会裁判所法上の事例においても，早くから認
識されてきた。連邦社会裁判所の判例は，使用者が労働者の訴訟担当者として
訴訟を追行する短時間労働給付（Kurzarbeitergeld. 現在では §§ 95ff. SGB Ⅲ）の
給付訴訟等[52]において，事業所代表者（Betriebsvertretung）は必要的参加人と
なる（BSG Urt. v. 29. 8. 1974, BSGE 38, 94）が，被担当者たる労働者個々人は必
要的参加人にはならない（BSG Urt. v. 29. 8. 1974, BSGE 38, 98）としてきた。こ
うした判例理論の背後には，被担当者たる労働者が多数に上ることに起因する
必要的参加の困難さがある旨が指摘されており，それを克服する行政訴訟法案
の大量手続の規律（Ⅰ参照）に高評価が与えられていた（Schäfer［1983］S. 78f.）。

他方で，連邦社会裁判所は，1979 年および 1985 年の判決（BSG Urt. v. 29. 6.
1979, BSGE 48, 238; BSG Urt. v. 6. 11. 1985, BSGE 59, 87）において，判決により直
接に影響を被る者が大量である事例（1979 年判決では約 1300 人，1985 年判決では
約 500 人）について，それらの者を全て参加させずに下した判決が適法である
旨を認めた。具体的には，両判決は，地区疾病金庫（Allgemeine Ortskranken-
kasse）が他の健康保険組合（1979 年判決の事案では同業組合疾病金庫（Innungskran-
kenkasse），1985 年判決の事案では企業疾病金庫（Betriebskrankenkasse））に対して
提起した，ある同業組合（Innung）または事業所（Betrieb）の従業員に対する
健康保険の実施の適格が自身に帰属することの確認を求める訴訟[53]について，
当該従業員は必要的参加人とはならないと判示した。その理由として，1985

---

51)　*Gerhard Völker*, Notwendige Beiladung bei Personengesellschaften mit Publikumsbeteiligung,
　　DStZ 1986, S. 297 (297).
52)　Vgl., *Otto Ernst Krasney/Peter Udsching*, Handbuch des sozialgerichtlichen Verfahrens, 6.
　　Aufl., 2011, Kap. Ⅵ Rn. 36.

236

年判決曰く，「たしかに，どの健康保険組合が健康保険の実施の適格を有するのかに関する裁判は，事業所の従業員全てに対して直接に効力を有する。しかし，関係する従業員が大量である——1981 年における事業所の従業員数はおよそ 500 人である——ことが，必要的参加（§75 Abs. 2 SGG）の障害となっている。従業員数が変動することが通例であること，および従業員数の変動を裁判判決の時点において疑いなく完全に把握することが不可能であることゆえに，判決は結局のところ部分判決に留まるであろう。そのような事例においては，参加によっては，参加それ自体によって追求される，新たな訴訟を避けるという訴訟経済の目的は達成されない。したがって，必要的参加がなされなかったことは，正当である」。

しかし，1979 年判決は加えて，この解決策の限界をも指摘していた。曰く，「従業員の一部のみが参加した事例において，当法廷は——逃げ道（Ausweg）として——これらの従業員の保険関係に関してのみ判断し，その限りで部分判決を出すことを正当と考える。しかし，この方法によっても関係者間の紛争は完全には解決しない。というのも，関係する事業所の参加していない保険加入従業員は，そのような部分判決には一切拘束されないからである」。要するに，必要的参加の要件を満たす者が大量である場合には，参加手続の不可能性ゆえに必要的参加を断念せざるを得ないが，それでは全ての関係者との間で同一の実体法状態を達成すること，すなわち紛争の画一的解決が達成できなくなるのである。

その後，2001 年 SGG 改正（第 6 次社会裁判所法改正法）により，関係人が 20 名以上に上ることを要件に，必要的参加と判決効の拡張の特則が導入された

---

53) 疾病金庫の自由選択制が導入される以前であった当時は，地区疾病金庫は他の疾病金庫に加入していない保険加入義務者を加入者とするという「受け皿管轄（Auffangzuständigkeiten）」を有していた（Vgl., *Stephan Leitherer*, in: *Bertram Schulin* (*Hrsg.*), Handbuch des Sozialversicherungsrechts, Bd. 1 (Krankenversicherungsrecht), 1994, §19 Rn. 38）。そのため，1979 年判決の事案では被告同業組合疾病金庫がライヒ保険法（Reichsversicherungsordnung (RVO)）上の設立要件を満たさない旨を，1985 年判決の事案では問題の事業所が同法上の「事業所」たる要件を満たさない旨を主張して，それぞれ被告の保険実施適格を否定し，翻って自己の保険実施適格を基礎づけようとしたのである。なお，こうした疾病金庫間の紛争の背景にある保険料格差の問題に関して参照，倉田聡『医療保険の基本構造——ドイツ疾病保険制度史研究』276 頁以下（北海道大学図書刊行会，1997）。

第2部　紛争解決と第三者効　　第1章　ドイツにおける行政紛争解決

（§75 Abs. 2a, §141 Abs. 1 Nr. 2 SGG）。これにより，必要的参加人の把握が不可能であることを理由に必要的参加を否定するという論理は通用しなくなった[54]。

第2項　大量手続の特則の評価

以上のように，現在のドイツでは，全ての行政裁判所系の訴訟法典に，大量手続の特則として対世効が導入されるに至っている。しかしその内容に関しては，一方で対世効の正当性の問題，すなわち第三者の手続保障に関する問題が指摘されており（I），他方でそもそも対世効の必要性の問題，すなわち「引き込み型」を離れて「効力拡張型」を導入しなければ解決できない事例が本当に存在するのかという疑問が提示されている（Ⅱ）。

I　既判力拡張の正当性

1　既判力拡張の限定

必要的参加に関する大量手続の特則が適用される場合，必要的参加人が一定数以上に上る場合には，裁判所は決定により，特定の期間内に申出を行った者のみを参加させる旨を命ずることができ，この参加の申出をしなかった者，または期間内に申し出なかった者に対しても既判力が及ぶこととなる。このように，実際に参加していない第三者にも既判力が及ぶこととなる建前に対しては，かねてから基本法上の手続保障の理念に照らして疑念が呈されている（Kopp [1980] S. 324f., 327ff.）。

しかし他方で，このような特則を認めないことで訴訟手続が長期化するならば，それは納税者の負担の視点から正当化し得ないとの批判[55]もあり，多くの見解はこの仕組みの基本的な妥当性を認めたうえで，具体的な場面に応じて例外的に既判力の拡張を否定する方向性を示している。例えば，既判力の拡張は参加の現実的な可能性があったことを条件にするものと理解し，裁判所に知れたる一定の利害関係人には個別通知を要する[56]とし，この通知がなかった場合

---

54)　*Jörg Littmann*, in: *Stefan Binder et al.*（*Hrsg.*）, Sozialgerichtsgesetz Handkommentar, 2003, § 75 Rn. 9.

55)　*Hans-Peter Schmieszek*, Die Novelle zur Verwaltungsgerichtsordnung – Ein Versuch, mit den Mitteln des Verfahrensrechts die Ressource Mensch besser zu nutzen, NVwZ 1991, S. 522 (523).

には既判力の拡張を否定する[57]解釈論が存在する。

2 参加制度の存置

ここで注目に値するのは，大量手続の中でもなお，裁判所は特別の利害関係を有すると認められる者を職権で参加させるべき（sollen）とされている点である（§65 Abs. 3 S. 9 VwGO; §60a S. 9 FGO; §75 Abs. 2a S. 9 SGG）。

「引き込み型」によって紛争の画一的解決を確保しようとする場合，あくまで必要的参加が認められる範囲においてのみ紛争の画一的解決が図られることとなる。それゆえに，必要的参加人が不特定多数人にわたる場合，紛争の画一的解決を達成することが困難となる。これに対して，「効力拡張型」によって紛争の画一的解決を確保しようとする場合，紛争の画一的解決は判決効の拡張により図られることとなり，必要的参加は紛争の画一的解決の機能を喪失し，判決効の拡張を受ける第三者の手続保障のための手段としての側面が前面に出ることとなる。これは有効説によって「効力拡張型」をとる場合であっても同様である。

対世効の正当性に対する疑念には，この条項の妥当範囲を拡げる方向で対応することも可能である。この条項に関しては，一義的基準が見出されないとして批判する向きもある[58]が，むしろその積極的な活用が期待されるというべきであろう（*Martin Redeker*, in: Redeker/Oertzen（Hrsg.）［2014］§65 Rn. 35）。

II 既判力拡張の必要性

1 大量手続の実益をめぐる議論

他方で，この対世効の実益に関しても，当初から疑問が呈されてきた。具体的には，行政裁判所法改正において念頭に置かれていた，周辺住民の要請に基づいて行政庁が事業者に発した除害施設の設置命令に対して事業者が提起した

---

56) 個別通知に関する具体的な検討として，*Wolfgang Bambey*, Massenverfahren und Individualzustellung, DVBl. 1984, S. 374（376 ff.）。

57) *Klaus Offerhaus*, Was die FGO-Novelle bringt – und was sie nicht bringt, BB 1988, S. 2074（2078）.

58) *Wolfgang Kraft/Ferdinand Hofmeister*, Verbesserungsbedürftige Rechtsschutzverbesserung – Weiterer Nachbesserungsbedarf für das FGO-Änderungsgesetz, DStR 1988, S. 672（673）.

第2部　紛争解決と第三者効　　第1章　ドイツにおける行政紛争解決

取消訴訟や，建築主が提起した建築確認付与の義務付け訴訟（第1項Ⅱ参照）においては，そもそも周辺住民の全てが必要的参加人になるという解釈は必ずしも支持されておらず（Schmidt-Preuß［2005］S. 571ff.; *Wolfgang Bier*, in: Schoch et al.（Hrsg.）［1996］§65 Rn. 20, 24; *Jörg Schmidt*, in: Eyermann/Fröhler（Hrsg.）［2014］§65, Rn. 22），またそれ以外に必要的参加人が50名を超えるような事態は容易には想定されないとの疑問である（Kopp［1980］S. 325; *Jörg Schmidt*, in: Eyermann/Fröhler（Hrsg.）［2014］§65, Rn. 33; Kopp/Schenke［2016］§65 Rn. 26）。また他方で，社会裁判所法改正において念頭に置かれていた事例（第1項Ⅳ参照）は法改正により現在では生じなくなっており[59]，そのためもあってか，社会裁判所法上の大量手続の特則については，実際上の意味に乏しいという指摘がなされることがある[60]。

　しかし，上記の例における紛争の画一的解決の必要性は，必要的参加が肯定される典型的な事例である，周辺住民が原告となって建築確認の取消しや建築主に対する除却命令の義務付けを求める訴訟と同様に存在する。のちに見るように，周辺住民の必要的参加人としての地位を否定して大量手続の特則による「効力拡張型」を適用しないとなると，判決効の抵触による被告行政主体の板挟みという，多大な混乱が生じ得るのである（第2章第3節第1款第2項Ⅱ参照）。ここでもやはり，紛争の画一的解決の必要性を正面から主題化しない，ドイツの必要的参加の解釈論の特徴が顕著に表れている（第1款第3項Ⅱ参照）。

2　判決効以外での対応

ただし，ドイツの論者が大量手続の特則による紛争の画一的解決の必要性の

---

59)　1996年1月1日から実施された疾病金庫の自由選択制（Vgl., *Horst Marburger*, Zum Stand der Strukturreform in der gesetzlichen Krankenversicherung, SGb 1996, S. 315（315 ff.）；倉田聡「1993年GSGによる自治と連帯の変容」同『社会保険の構造分析──社会保障における「連帯」のかたち』78頁，81頁以下（北海道大学出版会，2009）〔初出：2006〕）により，他の疾病金庫の保険実施適格が否定されたとしても当然に地区疾病金庫が実施適格を有することにはならなくなり，地区疾病金庫の「受け皿管轄」は失われた（*Horst Marburger*, in: *Eberhard Eichenhofer/Ulrich Wenner*（Hrsg.）, Kommentar zum Sozialgesetzbuch V, 2013,§143 Rn. 1）。そのため，現在では地区疾病金庫が他の疾病金庫等の保険者適格を争う訴訟（第1項Ⅳ参照）には訴えの利益が認められない可能性が大きい。

60)　*Michael Fock*, in: *Tilman Breitkreuz/Wolfgang Fichte*（Hrsg.）, Sozialgerichtsgesetz Kommentar, 2. Aufl., 2014,§75 Rn. 25.

240

第2節 「効力拡張型」への移行──有効説と大量手続の特則

問題に無頓着であるのは，むしろ他の制度により既に問題の解決が図られていることに起因すると見ることもできる。ドイツでは，大量手続の特則を活用せずとも，行政手続段階における排除効の採用（(1)）や不服申立期間制限の解釈（(2)）により，不特定多数者との関係での紛争の画一的解決および一回的解決が，既にかなりの程度達成されているのである。

(1) 行政手続段階における「排除効」

行政手続段階において，排除効（Präklusionswirkung）が付せられた手続[61]が履践される場合には，大量手続の特則による対世効の実益は大幅に減少する。

例えば，連邦イミシオン防止法上の施設設置許可手続が履践される場合には，縦覧期間後2週間という法定期間内に異議を申し立てなかった場合には，周辺住民は「特別の私法上の諸権原（besondere privatrechtliche Titeln)」による以外の異議を全て排除されることになる（§10 Abs. 3 S. 5 BImSchG)。争いはあるものの（山田［1987］154-155頁），通説によれば，この排除効は当該許可手続における異議の主張を排除するのみならず，その後提起した訴訟においても当該異議に相当する主張を排除する[62]。これは，争点の一部について，大量手続の特則を行政手続段階に前倒ししたものと位置づけることができる。

また，許可に不可争力が生じて以降も，私法上の権原に基づく工場等の運転差止請求権は，同じく「特別の」権原に基づくものでない限り排除される（§14 Abs. 1)。これに対して，行政訴訟の判決の既判力の拡張によって排除されるのは，取消訴訟または義務付け訴訟において攻撃防御方法となる行政法規違反に関する判断に留まり，私法上の権原に基づく請求に関する判断は排除されない。それゆえ，行政手続段階における排除効が生じる場合には，それに加えて大量手続の特則による対世効を導入することに，特段の意味が見出されないことになる。

(2) 期間制限における失権の法理

とはいえ，例えば連邦イミシオン保護法上の許可手続は，「有害な環境作用

---

61) 全体像について参照，*Hans Christian Röhl/Clemens Ladenburger*, Die materielle Präklusion im raumbezogenen Verwaltungsrecht – Verfassungs- und gemeinschaftsrechtliche Vorgaben/ Verwaltungsrechtsdogmatische Einordnung, 1997, S. 28ff.

62) *Hans D. Jarass*, Bundes-Immissionsschutzgesetz Kommentar, 11. Aufl., 2015, §10 Rn. 91; *Alexander Roßnagel/Anja Hentschel*, in: *Martin Führ (Hrsg.)*, GK-BImSchG, 2016, §10 Rn. 316.

（schädliche Umwelteinwirkungen)」の惹起の要件（§4 Abs. 1 S. 1 BImSchG）を満たす場合にしか適用されない。そのため，これが適用されない事案では，なお大量手続の特則に独自の意義があり得る。しかし，同法上の許可手続が適用されない場合でも，実際には不服申立期間制限[63]の解釈論により，不特定多数の利害関係人からの訴訟提起はかなりの程度制約されることになる。

　行政裁判所法上の不服申立期間は，「行政行為が申立人に告知されてから1ヶ月以内」と定められており（§70 Abs. 1 S. 1 VwGO），日本のような一般的な客観的期間制限は存在しない。しかし，周辺住民は建築確認や除却命令の関係人（Beteiligte）（§41 Abs. 1 S. 1 i. V. m. §13 Abs. 1 VwVfG）ではないと解されており，建築主に対する建築確認や除却命令は周辺住民には告知されない[64]。そのため，周辺住民はいつまでも取消訴訟が提起できることになる。この点に関しては，同条の「告知」を「周辺住民が当該行政処分の存在を現実に知りえた時点」と読み替えたり，教示を欠いた場合に適用される行政行為の発効から1年という客観的期間制限（§58 Abs. 2 S. 1 VwGO）を類推したりなどして，周辺住民に何らかの形で不服申立期間の制限を及ぼすべきとの主張がなされてきた[65]。現在は，建築紛争における周辺住民の不服申立権を失権（Verwirkung）の法理によって制限した判例の展開[66]を踏まえ，信義誠実の原則（Treu und Glauben）に基づき不服申立てを制限する見解が有力となっている（*Klaus Peter Dolde/Winfried Porsch*, in: Schoch et al. (Hrsg.) [1996] §70 Rn. 20ff. (Stand: April 2006); Kopp/Schenke [2016] §70 Rn. 6g-6h; *Klaus Rennert*, in: Eyermann/Fröhler (Hrsg.) [2014] §70 Rn. 5; Schenke [2014] Rn. 675)[67]。

---

63) ドイツでは，原則として，取消訴訟または義務付け訴訟の提起に先立って，我が国の不服審査手続に相当する事前手続（Vorverfahren）を履践しなければならない（§68 VwGO)。ただし，近時はその実効性が疑われつつあり，州法によって（場合によっては包括的な）例外が規定されることが増えている。参照，山田洋「行政不服審査制度の実効性？――ドイツにおける廃止論議によせて」阿部泰隆古稀『行政法学の未来に向けて』573頁（有斐閣，2012)。

64) ただしこの点に関しては批判も強い（Kopp/Ramsauer [2016] §41 Rn.33)。

65) 参照，遠藤博也「複数当事者の行政行為――行政過程論の試み」同『行政過程論・計画行政法』31頁，37頁（信山社，2011）〔初出：1969〕。

66) Vgl. BVerwG Urt. v. 25. 1. 1974, BVerwGE 44, 294; BVerwG Beschl. v. 28. 8. 1987, BVerwGE 78, 85.

3 同種利害関係人への既判力拡張?

他方で，大量手続の特則の必要性は，以上のような原告の反対利害関係人に対する判決効の拡張にではなく，原告の同種利害関係人に対する判決効の拡張に見出されているようにも見受けられる。

このことは，財政裁判所法上の大量手続の特則について，その実益を否定する議論が見当たらない点から推察される。そもそも財政裁判所法上の大量手続の特則が念頭に置いている事例は，これまで本書で見てきたような反対利害関係人に対する関係ではなく，同種利害関係人に対する関係で判決効の拡張が問題となるものである。具体的には，そこで念頭に置かれていた，社員の所得の確定の前提として発せられる会社の収益の確定決定の事例（第1項Ⅲ）では，会社の収益の額ができるかぎり低く確定されることを望むという同種の利害関係を有する社員間での判決効の拡張，すなわち専ら同種利害関係人への判決効拡張が問題となる。

他方で，従来の連邦行政裁判所は，こうした原告の同種利害関係人については必要的参加を認めてこなかった（新山 [2006] 161頁以下）。それを支えているのは，棄却判決の効力が利害共通第三者に及んでも当該第三者には何ら不利益とならないという説明である。具体的には，参加人は訴訟物に関する判断に限って判決に拘束されるに過ぎないため，仮に棄却判決の効力が拡張されるとしても，第三者は後訴で自身の権利を主張することを妨げられない（Grunsky [1974] S. 293; Konrad [1982] S. 484; *Detlef Czybulka*, in: Sodan/Ziekow (Hrsg.) [2014] §65 Rn. 114）。要するに，ある行政行為について原告 X が提起した取消訴訟の訴訟物が，同じ行政行為について同種利害第三者 Z が提起した取消訴訟の訴訟物とは異なるということを前提に，棄却判決の効力を拡張しても，そもそも既判力の客体的範囲の限界ゆえに，第三者は判決に拘束されることはないというのである。

たしかに，例えば建築物除却命令の取消訴訟の例（Konrad [1982] S. 484 Anm. 32, 34）では，原告 X に対する建築物除却命令と，原告と当該物件を共有

---

67) ただし，周辺住民が除却命令の義務付け訴訟を提起する可能性は，不服申立期間制限によって排除することができない。というのも，申請拒否処分を前提としない義務付け訴訟には事前手続前置が適用されず（Vgl., §68 Abs. 2 VwGO），義務付け訴訟はそもそも期間制限を受けないからである。

第2部　紛争解決と第三者効　　第1章　ドイツにおける行政紛争解決

するZに対する除却命令または除却受忍命令とは，別個の行政行為であり[68]，
原告Xの提起する取消訴訟と第三者Zの提起する取消訴訟とは訴訟物を異に
すると言える。しかしながら，いわゆる一般処分や対物処分の取消訴訟につい
ては，原告ごとに異なる処分が発せられているとは観念し難い。この場合には
関係人全体に対して不可分的な一つの行政行為が向けられているのであり，ど
の関係人が取消訴訟を提起しようとも，訴訟物は同一と解されるのではない
か[69]。

　このように，同種利害関係人の必要的参加を否定する論理は，さほど明快で
はない[70]。したがって，こうした同種利害関係人に対する判決効の拡張が有す
る意味は，より踏み込んで考察する必要がある（第2章第2節第3款参照）。同
種利害関係人との関係における判決効の拡張の問題は，我が国の第三者効の議
論において明示的な決着が図られなかったものであり，その意味でも注目に値
する（第1部第1章第3節第2款第2項参照）。

第3款　小括──「効力拡張型」の二つの意義

　有効説の有力化と大量手続の立法化というドイツの近時の動向は，伝統的な
絶対的無効説による「引き込み型」と比較して，これらの動向が志向する「効
力拡張型」がもつ意義を，二つの角度から浮き彫りにしている。
　一つは，原告の救済と第三者の手続保障とのバランスのとり方である。取消

---

68)　共有物件に対する除却命令を執行するには，①全ての共有者に対して個別に除却処分を発して
　　それが全て確定している場合か，②一部の共有者に対して除却命令を発し，他の共有者には受忍処
　　分を発し，双方が全て確定している場合でなければならないとされており（BVerwG Urt. v. 28. 4.
　　1972, BVerwGE 40, 101)，いずれの場合も共有者各人に対して別個の行政処分が出されることに
　　なる（Brohm [2002] S. 554; *Renate Köhler-Rott*, in: *Gerhard Hans Reichel/Bernd H. Schulte*
　　(Hrsg.), Handbuch Bauordnungsrecht, 2004, S. 1161f., Rn. 391.)。
69)　なお，取消訴訟の訴訟物を，処分の違法性という客観法の平面ではなく，形成権，取消請求権
　　等の原告の主観法の平面で構成すると，一般処分の取消訴訟についても原告ごとに別個の訴訟物が
　　観念される可能性がある。しかし，訴訟物の構成は，必要的参加の範囲の問題とは関連づけられて
　　いない（*Nicolai Kaniess*, Der Streitgegenstandsbegriff in der VwGO, 2012, S. 119ff.)。
70)　連邦行政裁判所も，当初は，共有者の一人に対して発せられた建築規制法上の除却命令は，他
　　の共有者に対して除却を受忍する義務を課すものだと解しており，他の共有者は必要的参加人にな
　　ると判断していた（BVerwG Urt. v. 14. 1. 1966, DVBl. 1966, 792)（Martens [1969] S. 225)。

244

判決，義務付け判決を問わず，絶対的無効説による「引き込み型」は，判決を無効とすることで第三者の法的地位の変動を未然に防止し，原告に改めて訴訟を提起させるものであり，第三者の手続保障に傾斜した仕組みである。これに対して，近時有力化している有効説による「効力拡張型」は，判決を有効として第三者に対してもいったんはその基準性を及ぼし，第三者に次のアクションを起こさせるものであり，「引き込み型」よりも原告の救済に寄せたバランスを志向する（第1款第3項I参照）。他方で，大量手続の特則による「効力拡張型」は，既判力の拡張を伴い，第三者が判決内容を争う手段がかなり限定されることになるため，第三者の手続保障の観点から，各種の手当てが必要とされていた（第2款第2項I参照）。

いま一つは，不特定多数の利害関係人との関係での紛争の解決である。特定少数の利害関係人との間であれば，絶対的無効説（「引き込み型」）によって紛争の画一的解決を図ることも可能である。しかし，利害関係人が不特定多数に及ぶ場合には，全ての関係人を引き込むことが事実上不可能であるため，絶対的無効説では紛争の画一的解決が達成できない。有効説や大量手続の特則は，このような利害関係人が不特定多数に及ぶ場合における紛争の画一的解決を達成するために必要とされる（第2款第1項II参照）。ただし，ドイツの議論において，必ずしもこの点が正面から主題化されているわけではないことも，確認した通りである（第2款第2項II参照）。

第3節 「効力拡張型」の別側面——規範統制手続

「効力拡張型」の特色を明らかにするためには，早くから対世効が導入されていた規範統制手続[71]（Normenkontrolle）（§47 VwGO）の議論状況も見る必要

---

71) この手続は「規範統制訴訟」と呼ばれることが多いが，ドイツではこれは訴え（Klage）ではなく申立て（Antrag）に基づく手続として，訴訟とは区別されて論じられてきた。現在では，仮命令（einstweilige Anordnung）が明文上認められるなど（§47 Abs. 6 VwGO），多くの点で訴訟と同様の手続的規律が適用されるに至っており，名称の違いに大きな意味はないとされる（Hufen [2016] §19 Rn. 4）が，決定による本案裁判が許容されている（後掲註73参照）など重要な差異があることにも鑑み，本書では「規範統制手続」と呼称する。

第2部　紛争解決と第三者効　　第1章　ドイツにおける行政紛争解決

がある。現在の行政裁判所法は，「上級行政裁判所は，法規定が効力を有さない（ungültig）との確信に至った場合には，それが無効（unwirksam[72]）である旨を宣言する。この場合，裁判[73]は一般的拘束力を有し（allgemein verbindlich），裁判書は申立ての相手方により当該法規定が公布される際と同様の形で告示されねばならない」と定めている（Abs. 5 S. 2-3）。この規範統制手続の裁判に関する立法および議論の状況は，既判力の相対性を大原則とし，「引き込み型」による問題解決を図ってきた取消訴訟および義務付け訴訟（第1節参照）とは対照的である。

　しかし，この一般的拘束力の内容や法的性質は，さほど明瞭ではない（第1款）。この一般的拘束力が必要とされた理由も，取消訴訟や義務付け訴訟において必要的参加が必要とされてきた理由とは異なっている。結論から言えば，ここには，「効力拡張型」の必要性を同種利害関係人との関係での紛争解決に見出す，ドイツの議論のもう一つの特色が見出される（第2款）。

第1款　一般的拘束力の内容

　規範統制手続の裁判の一般的拘束力は，一般的な理解によれば，他の系列をも含めた全ての裁判所，全ての行政庁，および訴訟関係人以外の第三者を含めた全ての者が裁判に拘束されることを意味する（Menger［1954］S. 94 Anm. 15; Kopp/Schenke［2016］§47 Rn. 142）。すなわち，通常の行政訴訟の判決の効力が関係人間に限定されている（§121 Nr. 1 VwGO）のとは異なって，規範統制手続の裁判には対世効が備わる。

---

72)　2004年改正以前は，nichtig という文言であった。これは，建設法典（BauGB）上の補完手続による違法事由の是正を予定した文言の変更であり（大橋［2006］75頁），一般的拘束力の内容には改正前後で変化はない。ただし，同時になされた §47 Abs. 5 S. 4 の削除にも起因して，改正の具体的内容の理解には争いがある。Vgl., *Christian Bickenbach*, §47 V 2 VwGO n.F. und die Unwirksamkeit von Rechtsvorschriften, NVwZ 2006, S. 178; *Wolfgang Rieger*, Nochmals: §47 V 2 VwGO n. F. und die Unwirksamkeit von Rechtsvorschriften, NVwZ 2006, S. 1027.

73)　行政裁判所法上の規範統制手続の終局裁判は，当初は決定（Beschluss）によりなされることとされていた（§47 S. 3 VwGO 1960）が，1976年改正により，口頭弁論手続を経て判決を下すことも，それを経ずに決定を下すこともあり得ることとされた（§47 Abs. 6 S. 1 VwGO 1976. 現在は Abs. 5 S. 1）。

246

第3節 「効力拡張型」の別側面——規範統制手続

以下では，一般的拘束力の沿革を確認したうえで（第1項），それがいかなる法的性質をもつものとして理解されてきたのかを概観し（第2項），一般的拘束力の具体的内容を解明する。

第1項　一般的拘束力の沿革

裁判の一般的拘束力は，規範統制手続が明文化された当初からの特色である。当初は棄却裁判にも備わる両面的対世効であったが（Ⅰ），現在は認容裁判のみに備わる片面的対世効となっている。しかし，片面的対世効への変更の理由は必ずしも明確に説明されておらず，結果として一般的拘束力の具体的内容は十分に明らかにされていない（Ⅱ）。

Ⅰ　両面的対世効から片面的対世効へ

行政裁判所の事物管轄に属する規範統制手続が初めて明確化されたのは，第二次世界大戦後のアメリカ占領区における行政訴訟通則法典であったVGGにおいてである（南 ［1960］66頁以下；藤原 ［1984］166頁）。そして，この時点において既に，裁判の一般的拘束力が規定されていた。すなわち，同法の25条は，1項で「行政裁判所の事物管轄の枠内で，行政裁判所は，申立てに基づき決定によって，命令その他の法律より下位の法規定の有効性に関し判断をする。申立ては，行政庁および当該法規定の適用によって不利益を被ることが予見される者全てがなすことができる」と規定し，2項で「決定は一般的拘束力を有する（allgemein verbindlich）。決定は公示される」と規定していた。

当時の法文には，現在のように一般的拘束力が認容裁判のみに生ずるというような規定は存在せず，当時の一般的拘束力は，認容裁判にも棄却裁判にも備わる両面的対世効であった。しかし，1960年に制定された行政裁判所法[74]は，一般的拘束力を明文で認容裁判に限定した。同47条4文（現5項3文）は，「規・定・の・有・効・性・が・否・定・さ・れ・る・場・合，決定は一般的拘束力を有し（allgemein verbind-lich），当該規定が公示されたのと同様に公示される」（圏点筆者）と規定したのである。

---

74)　なお，行政裁判所法の起草過程においては，そもそも規範統制手続自体の明文化について紆余曲折があった（Menger ［1954］S. 86ff.）が，この点には立ち入らない。

第2部　紛争解決と第三者効　　第1章　ドイツにおける行政紛争解決

II　片面的対世効への変更理由

このように対世効が認容裁判に限定されたのは，1960年法の草案理由書によれば，「再審査されるべき規定は場合によっては行政裁判権の範囲外の法領域を広範に把握することになる」という理由に基づくものであった（BT-Dr. 3/55 [1957] S. 34）。しかし，草案理由書はそれ以上具体的な説明を行っておらず，いかなる事態を想定したものなのか判然としない。そのためもあってか，この理由づけに対する反論も，法が行政裁判所の事物管轄内の事項に限って規範統制手続を認めていることを見落としている（Bergmann [1960] S. 60f.; Bettermann [1961] S. 161）などの，抽象的なものに留まっていた。

片面的一般的拘束力の根拠が詳しく示されたのは，むしろ後の1976年第一次行政裁判所法改正法[75]をめぐる議論においてである。具体的には，棄却裁判に一般的拘束力を認めると，①後訴において当該法規範が基本権を侵害する旨を主張する第三者は，前訴裁判を取り消すべく憲法異議を用いる必要が生ずるが，それでは憲法異議の補充性の趣旨に反する（BT-Dr. 7/4324 [1975] S. 12）し，②他の関係者が前訴において争われていなかった無効事由を主張する可能性を排除することになる[76]ことが，片面的効力の理由として挙げられた。

しかし，一方で①の理由づけは，当時から既に問題視されていた憲法異議の濫用への対応の必要性を説くものとして政策論的には一応理解できるが[77]，憲法異議の補充性が問題となるのは行政裁判所法上の救済手段，具体的には上訴や再審との関係においてであり，解釈論としては的を射ていない。他方で②の

---

75)　この改正は，地区詳細計画（Bebauungsplan）等，建設法典上の一定の条例および法規命令について，ラント法の留保なくして規範統制を可能としたものである（参照，大橋洋一「条例論の基礎」同『現代行政の行為形式論』341頁，360頁（弘文堂，1993）〔初出：1993〕）。さらにその後，建設法典（BauGB）制定に合わせてなされた1987年改正により，建設法典の条文に対応した修正が施され（藤原 [1990] 442頁以下），この建前が現在まで維持されている（竹之内一幸「規範統制訴訟の機能，法的性格及び対象適格──ドイツ行政裁判所法第47条を中心として」慶應義塾大学法学政治学論究11号1頁，8頁以下（1991））。ただし，その他の法規範については今なお一般的にラント法の定めに留保されており（Abs. 1 Nr. 2），さらに，地区詳細計画等をも含め，州憲法裁判所に管轄が留保されることもある（Abs. 3）（Vgl., *Wolf-Rüdiger Schenke*, Verwaltungsgerichtliche Normenkontrolle und Landesverfassungsgerichtsbarkeit, NJW 1978, S. 671）。

76)　必ずしも片面的対世効を擁護する立場ではないが，*Jens Meyer-Ladewig*, Verwaltungsgerichtliche Normenkontrolle – zur beabsichtigten Reform des §47 VwGO, DVBl. 1976, S.204（210）。

第3節 「効力拡張型」の別側面──規範統制手続

理由づけには，一般的拘束力の備わる棄却裁判はあらゆる争点において当該命令が適法であり，それゆえ有効である旨を確認することになるという前提[78]に立っているように見受けられる点に，異論の余地がある。すなわち，法令の違憲性ないし違法性を否定する裁判は，あくまで当該事例において問題とされた争点において当該命令が合憲ないし適法である旨を確定するのみであり，あらゆる争点においてその合憲性ないし適法性を確定する意味を持たないという解釈もあり得[79]，そのような解釈は行政裁判所の規範統制手続の理解としても有力である (Schoen [1955] S. 410)[80]。

第2項 一般的拘束力の法的性質

他方で，一般的拘束力がいかなる効力であるのかという点も，さほど明確に論じられてこなかった。VGG 下の議論はほとんど見当たらず，また，1960 年草案理由書においても，認容裁判の対世効は「事の性質上 (durch die Natur der Sache)」生じると述べられているのみで，それがいかなる法的性質のものであるのかはやはり明確でない (BT-Dr. 3/55 [1957] S. 34)。行政裁判所法の解説の多くも，この点をはっきりとは論じてこなかった。とはいえ，幾人かの論者はこの点を意識的に論じており，これが排除効の拡張であるという点では一

---

77) ただし，濫用を理由に憲法異議の利用を制限することに対しては当時から学説上の批判が強く (Vgl., z.B., *Ernst Friesenhahn*, Die Verfassungsgerichtsbarkeit in der Bundesrepublik Deutschland, 1963, S. 83f. 広田健次訳『西ドイツ憲法裁判論』101 頁以下（有信堂，1972））。そのような法政策それ自体についても異論があり得る。

78) *Klaus Obermayer*, Verfassungsrechtliche Aspekte der verwaltungsgerichtlichen Normenkontrolle, DVBl. 1965, S. 625 (631) は，棄却裁判に一般的拘束力が備わらないがゆえに，のちに当該規定の有効性が憲法裁判所において争われることはまったく排除されないとするが，その背後には，一般的拘束力が（規定の合憲性をも含めた）あらゆる点において有効との判断を確定するものとの論理が伏在しているように見受けられる。

79) 法令の違憲審査に関して参照，*Ulrich Scheuner*, Die Rechtsprechung des Bundesverfassungsgerichts und das Verfassungsrecht der Bundesrepublik, DVBl. 1952, S. 613 (617f.)；長谷部恭男『憲法（第6版）』435 頁（新世社，2014）。

80) そのほか，*Klaus Meyer*, Die verwaltungsgerichtliche Normenkontrolle（Ⅱ）– Die Normenkontrolle in der Praxis und in rechtspolitischer Sicht, in: Zehn Jahre Verwaltungsgerichtsordnung, 1970, S. 161 (171); *Karl August Bettermann*, Richterliche Normenkontrolle als negative Gesetzgebung?, DVBl. 1982, S. 91 (95); *Ludwig Renck*, Verwaltungsgerichtliche Normenkontrolle : Rechtsschutz- oder Rechtsbeanstandungsverfahren?, Bay. VBl. 1985, S. 263 (264f.).

第2部　紛争解決と第三者効　　第1章　ドイツにおける行政紛争解決

致がある（Ⅰ）。また，この問題が結論に影響し得る論点における議論の趨勢
においても，一定のコンセンサスが存在する（Ⅱ）。

Ⅰ　学説状況

一般的拘束力の法的性質を論ずる諸見解においては，それが基準性に留まら
ず排除効の拡張を意味していること，すなわち，それを覆すためには再審や憲
法異議の手続が必要であることには一致がある。ただし，その排除効の性質に
ついては，論者によって見解が分かれている。

1　擬似的排除効？

かねてから散見されるのは，裁判が新たな法規範としての効力を有し，従前
の法規範に代わって行政庁および裁判所を拘束するという理解である（Schoen
[1955] S. 407; Bergmann [1960] S. 39)[81]。

この説明は，一般的拘束力を既判力のような排除効としてではなく，基準性
の問題として理解しているようにも見える。仮に基準性として一般的拘束力を
理解するのであれば，一般的拘束力によって不利益を被る第三者は，規範統制
の認容裁判を取り消さずして，無効と宣言された法規が当初から有効に存在し
ている旨の主張が可能であるはずである。しかし，後に見るように，規範統制
手続には参加（Beiladung）制度が不要と解されており，そこには，一般的拘束
力によって第三者も当事者および参加人と同様に判決に拘束されるという前提
があった（第2款第1項参照）。したがって，これらの論者も，一般的拘束力を
排除効として観念していたはずである。このような実体法上の論理から基礎づ
けられる排除効について理論的説明を与えるとすれば，法規範の無効の要件と
して規範統制手続の認容裁判の存在のみが位置づけられており（単一要件），第
三者が法規範の無効を主張するためには当該認容裁判を取り消す手続（再審ま
たは憲法異議）による他なく，そこから翻って，一般的拘束力は擬似的排除効
として把握される，ということになろう（第1部第3章第2節第2款第1項Ⅱ参照）。

---

81)　この文脈ではしばしば，連邦憲法裁判所の裁判の効力であるところの「法律としての効力（Ge-
setzeskraft）」（§31 Abs. 2 BVerfGG）との類比が行われる。*Karl August Bettermann*, Über
richterliche Normenkontrolle, ZZP 72, 1959, S.32 (36).

250

2 訴訟法上の排除効──既判力

他方で，一般的拘束力を訴訟法上の排除効として理解する見解も多い。一般的拘束力は既判力の拡張であるという理解がその典型である（Papier［1985］S. 519; *Jörg Schmidt*, in: Eyermann/Fröhler（Hrsg.）［2014］§47 Rn. 101）。

とりわけデッターベックは，その浩瀚な教授資格申請論文において，一般的拘束力の詳細な理論的基礎づけを行っている。曰く，規範統制手続の認容裁判は「事の性質上（in der Natur der Sache）」対世的に作用するが，この対世的な作用は既判力ではない。具体的には，この「事の性質上」の対世効は，ある法規範がある者に対しては無効でありかつ他の者に対しては有効であるという事態が法実務上看過できない困難を惹起するため，ある当事者間で法規範の無効が確認されたならば，当該規範はもはや他の事例においても適用されてはならず，被告は第三者に対する事案において当該法規範を適用できなくなることを意味しているに過ぎない（Detterbeck［1994］S. 248f.）。敷衍すれば，「事の性質上」生ずる対世効は，当該法規範が無効とされたという事実が全ての者に対して通用するという基準性の問題に過ぎず，これは対世効の明文規定なくして肯定されるものである（第1部第3章第2節第1款第2項II参照）。曰く，「事の性質上」既判力が拡張されるのであれば，一般的拘束力の規定は少なくとも過剰であろう（a.a.O., S. 249）。換言すれば，一般的拘束力の明文規定によって初めて，後訴裁判所は前決定の無効の判断に拘束されることになる（a.a.O., S. 254）。これはまさに，直接に後訴裁判所を拘束する訴訟法上の排除効として一般的拘束力を理解するものである[82]。

II 諸問題の解決

一般的拘束力の法的性質論は，現在ではもはや棚上げにされている（Kopp/

---

82) ただし，デッターベックは，一般的拘束力を既判力と同視することを慎重に避けている。曰く，既判力は憲法に先行する制度であり，基本法上の法治国原理も既判力の拡張の必要性を一般的に基礎づけるわけではない。すなわち，一般的拘束力は，憲法に基礎づけられたものではなく，政策的に法律レベルで導入された制度に過ぎない。そのため，既判力の範囲を法律によって変更することはできないが，一般的拘束力の有無ないし妥当範囲を法律によって変更することは可能である（Detterbeck［1994］S. 256）。この論理からすれば，他の分野における対世効条項も，既判力の拡張と理解することはできないことになるが，その当否には立ち入らない。

第2部　紛争解決と第三者効　第1章　ドイツにおける行政紛争解決

Schenke [2016] §47 Rn. 142, §121 Rn. 22a; *Jörg Schmidt*, in: Eyermann/Fröhler (Hrsg.) [2014] §47 Rn. 101; *Jan Ziekow*, in: Sodan/Ziekow (Hrsg.) [2014] §47 Rn. 364; *Martin Redeker*, in: Redeker/Oertzen (Hrsg.) [2014] §47 Rn. 45; *Michael Gerhardt/Wolfgang Bier*, in: Schoch et al. (Hrsg.) [1996] §47 Rn. 119 (Stand: Juli 2005))。とはいえ，この問題が影響する具体的論点についての学説状況に鑑みると，実際のところは，一般的拘束力は擬似的排除効ではなく，既判力またはそれと同様の訴訟法上の排除効であるとの理解に落ち着いているものと考えられる。

1　同種利害第三者からの反復禁止義務の援用

まず，既判力に結びつけられた効力として，反復禁止効（興津 [2010] 14頁以下）が問題となる。例えば，「行政庁が変更された法規定を維持する義務を負うわけでもないし，申立人が規定の維持を求める権利を有するわけでもない」として，被申立人が同内容の法規範を再び制定することが禁じられない点を捉えて，一般的拘束力が既判力ではないと説く見解がある（Schoen [1955] S. 417)[83]。この立論自体には，一般的拘束力以外に当事者間に既判力が生じるのであれば，少なくとも申立人との関係では反復禁止義務が発生するのではないかという疑問がある。とはいえ，実際に法規範が再度制定された場合に，一般的拘束力のみを被っている第三者が，規範統制手続の認容裁判を援用して反復禁止義務違反を主張し得るかという点では，一般的拘束力が既判力であるのか否かという問題がなお重要となる。

一方で，第三者に法規範の反復禁止の主張を許すためには，法規範の無効ではなく，その違法性の判断についての排除効が，第三者に通用していなければならない（山本隆司 [2007] 171頁）。この点は，規範統制手続の認容裁判の既判力の客体的範囲に法規範が違法であるという判断が含まれると解したうえで，一般的拘束力を既判力の拡張と解するならば，肯定されることになる[84]。これに対して，一般的拘束力を擬似的排除効に留める場合，擬似的排除効には法規

---

83)　なお，VGG では判決の既判力に関する条文が取消事件（Anfechtungssachen）および当事者争訟（Parteistreitigkeiten）の章にそれぞれ置かれており（§84, 100 VGG），規範統制手続の裁判に既判力が備わるのかは，法典上は明確でなかった。

252

範の違法性に関する判断についての排除効を認めることができないことから，それだけでは第三者に対する反復禁止義務を基礎づけることができない（第1部第3章第2節第2款第2項Ⅲ2参照）。他方で，現在では，一般的拘束力の効果として第三者に法規範の反復禁止を主張することを認める点に争いはない（Detterbeck［1994］S. 258; Kopp/Schenke［2016］§47 Rn. 143,§121 Rn. 22a）。したがって，この点について特段の理論構成を必要としていない論者は，一般的拘束力を既判力の拡張と理解することになろう。

2　職務責任訴訟における規範の違法性判断への影響

次に，規範統制手続におけるある法規範の違法性の判断が，後の職務責任訴訟に通用し，民事裁判所[85]は当該法規範が違法であったことを前提としなければならないかどうか，という問題[86]が考えられる[87]。この問題は，さらに二種類の類型に分けることができる。一つは，ある法規範によって申立人と同様に不利益を被っている第三者が，当該法規範を無効とする規範統制手続の認容裁判を援用して，違法な当該法規範に従ったがゆえの出捐等に関して損害賠償を請求する場合である（伊藤洋一［1993］200頁以下）。この場面では，一般的拘束力が既判力の拡張であれば，行政主体はもはや当該法規範が適法であったことを主張することができないこととなる。今一つは，ある法規範によって利益を受けていた申立人の反対利害関係人が，当該法規範を無効とする規範統制手続

---

84)　フランスでもこの問題は，行政行為の対世的消滅を意味する「対世効（effet erga omnes）」を超えた，違法性判断の通用力を意味する「絶対効（effet absolu）」の帰結として論じられている（伊藤洋一［1993］206-207頁）。

85)　ドイツでは，我が国の国家賠償責任に相当する職務責任（Amtshaftung）を追及する訴訟は，行政裁判所ではなく民事裁判所の事物管轄に属する。その概要については，宇賀克也「ドイツ国家責任法の現状と課題」同『国家責任法の分析』269頁，270頁以下（有斐閣，1988）〔初出：1987〕。

86)　行政行為取消判決は，その既判力の作用により，民事裁判所を拘束する（*Fritz Ossenbühl/Matthias Cornils*, Staatshaftungsrecht, 6. Aufl., 2013, S. 123）。規範統制手続の認容裁判も同様であると解されている（*Bernd Tremml/Michael Karger*, Der Amtshaftungsprozess, 1998, Rn. 839）。ただし，民事裁判所が拘束されるのは，あくまで行政裁判所判決の既判力の客体的範囲内の判断についてのみである（BGH Urt. v. 17. 5. 1956, BGHZ 20, 379）。

87)　この問題はドイツでは認識されていないようであるが，その原因は，行政立法の制定改廃に係る職務義務については職務義務の第三者関連性（Drittbezogenheit）の要件がとりわけ問題となるからだと推察される（*Hans Julius Wolff et al.*, Verwaltungsrecht, Bd. 2, 7. Aufl., 2010, §67 Rn. 80）。

第2部　紛争解決と第三者効　第1章　ドイツにおける行政紛争解決

の認容裁判にもかかわらず，当該法規範は本来適法であったはずなのに，行政の訴訟追行の不備によりそれが無効とされたとして，法規範が無効となったことに基づく損害の賠償を請求する場合である（第1部第3章第3節第2款参照）。この場面では，一般的拘束力が既判力の拡張であれば，反対利害関係人は当該法規が適法であったことをもはや主張できなくなる。

　ただし，職務責任訴訟への違法判断の通用性の問題は，問題となる実体法の構造に依存している。すなわち，職務責任は関係する行政行為や法規範が違法であることのみから生じるわけではなく，職務義務（Amtspflicht）違反が基礎づけられなければ成立しないことから，問題は，職務義務の内容に当該行政行為や法規範の違法性がどのように関わるかという点に収斂する（Detterbeck [1994] S. 259f.）。したがって，場合によっては一般的拘束力の法的性質論は結論に影響を及ぼさないこととなるため，この論点から一般的拘束力の法的性質を推測することがそもそも適切でない面がある。

第2款　一般的拘束力の目的

　それでは，以上のような内容を持つと考えられる一般的拘束力は，いかなる目的で必要とされてきたのであろうか。この点もまた，従来必ずしも明確に説明されてこなかった。

　当初においてこの一般的拘束力は，以下のような意味での法的安定性の確保のために要請されるものと解されていた。通常の取消訴訟においては，根拠となる法規範が法律に違反しているがゆえに行政行為が取り消されたとしても，その法規範は依然として残存し，行政庁および行政裁判所を拘束していることとなる。そのため，別の事案では当該法規範は適法であるとの判断がされることがあり得る。これに対して，規範統制手続は，規範の違法性ないし有効性そのものを訴訟物に据えるとともに，その裁判に一般的拘束力を認めることにより，当該法規範の有効性に関する判断を全ての行政庁および行政裁判所に通用させることで，同じ法規範の効力について事案ごとに異なる判断がなされることを防ぐことを目的としているのである（Eyermann/Fröhler [1950] S. 101; Hufnagl [1950] S. 137）。このような説明を念頭に置いて，しばしば一般的拘束力は，客観法統制という規範統制手続の特徴を象徴する制度として言及されてきた[88]。

しかし，このような説明は，片面的対世効が認められるに留まる現行法においては，全面的に妥当するものではなくなった。また，このような説明からは，判決効が利害関係人の法的地位にいかなる影響を及ぼすのか，すなわち主観法の文脈において一般的拘束力が具体的にいかなる問題を処理しているのかは，判然としない。

この点に関して，訴訟当事者とならない不特定多数の規範の名宛人の利益の保護という理由が挙げられることもある[89]が，この名宛人として反対利害関係人を想定するか，同種利害関係人を想定するかで，問題状況は全く異なってくる。結論から言うならば，取消訴訟や義務付け訴訟における必要的参加の議論が念頭に置いてきた反対利害関係人との間の紛争の画一的解決および一回的解決は，規範統制手続に関する議論においては全く関心を持たれなかった（第1項）。すなわち，一般的拘束力の目的は，同種利害関係人との間の画一的解決および一回的解決に比重を置いて理解されてきた（第2項）。こうした議論状況は，日本が反対利害関係人の拘束の必要性から第三者効を導入したことと対照的である（第1部第1章第3節第2款参照）。

第1項　反対利害関係人への無関心

規範統制手続における申立人の反対利害関係人の地位への無関心が際立つのが，規範統制手続における参加（Beiladung）に関する議論状況である。

I　参加制度の否定

認容裁判の一般的拘束力により，申立人と反対の利害関係を有する第三者は全て，再審または憲法異議を提起することなくしては，法規範が有効であることを主張できなくなる。他方で，このように排除効を被る第三者に対しては，それを正当化するだけの手続保障が与えられなければならない。同じく「効力

---

88) *Ludwig Renck*, Zur Dogmatik der verwaltungsgerichtlichen Normenkontrolle, Bay. VBl. 1979, S. 225 (228); *Wilfried Berg*, Alte und neue Fragen zur verwaltungsgerichtlichen Normenkontrolle - Fünf Jahre Neufassung des §47 VwGO - eine kritische Zwischenbilanz, DÖV 1981, S. 889 (892).

89) *Klaus Obermayer*, Die verwaltungsgerichtliche Normenkontrolle（I），in: Zehn Jahre Verwaltungsgerichtsordnung, 1970, S. 142 (145 f.).

第 2 部　紛争解決と第三者効　　第 1 章　ドイツにおける行政紛争解決

拡張型」をとるフランスにおいては，越権訴訟の認容判決の対世効について，反対利害関係人の手続保障の問題としての参加制度や tierce opposition が常に意識されてきた（伊藤洋一［1993］123 頁以下，347 頁以下，371 頁以下）。また，日本においても，職権訴訟参加や第三者再審の仕組みが，第三者効を被る第三者の事前ないし事後の手続保障手段である旨が強調されてきた（第 1 部第 1 章第 1 節第 2 款第 3 項 I 参照）。しかしながら，ドイツの規範統制手続に関する議論には，この点の考察が全く抜け落ちていた。

1　学説および判例の趨勢

　行政裁判所法制定当初の学説は，規範統制手続への参加制度の適用を全面的に否定していた（藤原［1984］170 頁）。その理由は，①規範統制手続が客観法統制のための制度であること（Eyermann/Fröhler［1960］§47 Rn. 35）や，②規範の関係人の範囲が不特定であること（Redeker/Oertzen［1960］§47 Rn. 16; Achterberg［1981］S. 175）に求められていた。①の理由づけは，具体的に言えば，規範統制手続においては関係人の主観法ないし主観的利益の保護の要請は後景に退き，参加制度によって第三者の手続保障を図る必要性が薄れるというものであろう。他方で，②の理由づけは，法規範の適用対象は不特定多数人であり，それが争われる場合，当該法規範に利害関係を有する者もまた不特定多数にわたるため，ある者の参加を許したならば他の者の参加を許さない理由が無くなり，審理に困難をきたすことになるというものであろう。

　①の理由づけは，連邦行政裁判所の採用するところともなった。連邦行政裁判所は，都市間の境界近くの地区詳細計画に対する都市間の争いに，計画地域内の土地の所有者が参加を申し出た事例において，参加制度の趣旨は第三者の利益保護のためでもあることは確かであるが，それだけでは参加制度を正当化する根拠にはならないとして，当該申出を却下した（BVerwG Beschl. v. 12. 3. 1982, BVerwGE 65, 131）。他方で同決定は，②の理由づけは本質的ではないと見ている。というのも，「仮に規範統制手続の利害関係者が特定の少数者である場合であっても」，既に一般的拘束力が法文上認められている以上，第三者に既判力を及ぼすために参加を認める必要はないと述べられているからである。ここでは，取消訴訟や義務付け訴訟において後景に退いていた「既判力を及ぼすための訴訟参加の論理」（第 2 節第 1 款第 3 項 II 参照）が，むしろ参加を否定す

256

第3節 「効力拡張型」の別側面──規範統制手続

る方向性で援用されている（南［1960］92頁；Stober［1985］S. 415f.）。

2 反対利害関係人の手続保障の観点

　他方で，②の理由づけを重視する見解もある。規範統制手続においてはその
認容裁判に一般的拘束力が認められているために，関係者の全てについて，参
加によって審問請求権を保障し，かつ関係する判断へ影響を与える可能性を確
保する必要が生ずる。しかし，規範に服する者全てを参加させることは事実上
不可能である。曰く，「この結論は避けられない（zwingend）が，耐えられな
い（untragbar）」。結局，この耐えられない結論を避けるためには，参加を全面
的に否定するほかない[90]。このように考える場合には，利害関係人が特定的で
ある場合には規範統制手続においても必要的参加の道が開かれるべきであり，
その限りで連邦行政裁判所決定には反対の立場がとられることになる（Papier
［1985］S. 529）。

　手続保障の必要性からして，規範統制手続における第三者の参加の可能性を
一律に否定すべきでないとの見解は以前から主張されており[91]，連邦行政裁判
所判決に対してもやはり同様の批判が加えられた（Ronellenfitsch［1983］S.
294ff.）。とりわけ，地区詳細計画（Bebauungsplan）によって受益をうける土地
所有者に必要的参加を肯定すべきとの主張は，この判決以前からもなされてい
た（Kopp［1979］S. 219）。また，1996年の第6次行政裁判所法改正法により，
規範統制手続の申立適格に「権利侵害」要件[92]が加えられて以降は，規範統制

---

90)　*Karl August Bettermann*, Anmerkung über BVerwG Beschl. v. 12. 3. 1982, DVBl. 1982, S. 951
　　(956).ただし，関係人の範囲が特定できない場面は取消訴訟や義務付け訴訟にも存在するのである
　　から，規範統制手続に限って参加の可能性を一律に否定する理由にはならない（Kopp［1979］S.
　　216)。この点に関しては，ベッターマンはむしろ，一般処分の取消訴訟においても同様の理由で必
　　要的参加が不要となる場合があるとしており（a.a.O., S. 957），ある意味で一貫していたが，大量
　　手続の特則（第2節第2款参照）が導入されて以降はこの理屈は成り立たなくなった。

91)　*Karsten Dienes*, Beiladung im Normenkontrollverfahren gemäß §47 VwGO, DVBl. 1980, S.
　　672 (677).

92)　参照，竹之内一幸「規範統制訴訟における申立適格──ドイツ行政裁判所法47条にいう『不利
　　益』概念」慶應義塾大学法学政治学論究8号181頁（1991）；同「規範統制訴訟における申立適格
　　──地区詳細計画をめぐる問題点を中心に」鹿児島女子大学研究紀要15巻1号47頁（1993）；同
　　「ドイツ行政裁判所法47条改正と規範統制上の申立適格──連邦行政裁判所1998年9月24日判決
　　を中心に」武蔵野女子大学現代社会学部紀要4号49頁（2003）。

257

第2部　紛争解決と第三者効　第1章　ドイツにおける行政紛争解決

の権利保護機能を否定することは不可能となった[93]。すなわち，①の理由づけから第三者の手続保障を不要とすることができないことはもはや明白であった。

II　立法による参加制度の導入

しかし結局，連邦行政裁判所の応答を待つことなく，世紀の境目において事態は急展開を見せることとなった。連邦憲法裁判所が参加制度の活用を指示したことが直接の契機となって，法改正により一定の決着が図られることとなったのである。

1　連邦憲法裁判所による参加制度の肯定

2000 年になってついに，連邦憲法裁判所が連邦行政裁判所の立場に異議を唱えるに至った。連邦憲法裁判所は，地区詳細計画（Bebauungsplan）によって受益を受ける土地所有者からの憲法異議に対して，それ自体は不適法としたにもかかわらず，傍論において，その参加を一般的かつ無条件に排除することは基本法に適合しない旨判示したのである（BVerfG Beschl. v. 19. 7. 2000, NVwZ 2000, 1283）。曰く，「基本法 14 条 1 項 1 文に由来する土地所有者たる私人の基本権は，地区詳細計画を無効と宣言する裁判により影響を受ける。というのも，この裁判は計画が適用される土地の所有権およびその適法な利用に影響を与えるからである。たしかに，規範統制手続の認容裁判は何ら形成的効力を持たず，確認的効力しか有さない。しかし，この拘束的確定に関係する者に，裁判手続において，問題とされている地区詳細計画が法的外観上創出されているのみならず，有効な法であることを主張する可能性が存在しなくなることは，憲法上問題であると思われる」。ここで連邦憲法裁判所は，連邦行政裁判所の挙げた①規範統制手続が客観法統制のための制度であるという論拠を一顧だにしていない。

他方で，連邦憲法裁判所は，②参加適格者の不特定性についても論じている。曰く，「地区詳細計画はたしかに条例（Satzung）として制定される（§10 Abs.

---

93)　*Christian-Dietrich Bracher*, Die Anhörung Dritter im Normenkontrollverfahren gegen Bebau-ungspläne, DVBl. 2000, S. 165（167 ff.）; *Burghard Hildebrandt/Michael Hecker*, Beiladung in der baurechtlichen Normenkontrolle, NVwZ 2001, S. 1007（1009）.

258

第3節　「効力拡張型」の別側面——規範統制手続

1 BauGB）が，直接に影響を受ける規範の名宛人集団は個別に特定される。し
たがって，通常法規範に特徴的な名宛人集団の不特定性を指摘することをもっ
て一般的に参加を否定することはできない」。敷衍すれば，実際には必要的参
加人が不特定にわたることはなく，②の論拠から参加を一律に否定することも
できないと述べたのである。またさらに，連邦憲法裁判所は，仮に必要的参加
人が不特定にわたる場合があるとしても，1990年 VwGO 改正により導入され
た大量手続の特則（第2節第2款第1項Ⅱ参照）を活用することで問題を解決で
きることを示唆した。曰く，「法的明確性の理由から，関係する土地所有者の
数に応じて差異化を施すことも，根本的に排除されるわけではない。とはいえ，
考慮されるべきは，立法者が——一般的には行政裁判所法56a条，67a条から，
特に必要的参加の事例については65条3項に表れているように——裁判手続
への大量の者の関与を可能であると考え，関係者の権利と，法治国的に秩序づ
けられ，かつ効率的な手続の要請との調和に努めたということである」。

2　2001年 VwGO 改正——通常参加のみの準用

上記の連邦憲法裁判所決定を受け，2001年の VwGO 改正（行政訴訟における
上訴法の解決のための法律（RmBereinVPG））においては，行政裁判所法上の規範
統制手続において，通常参加（einfache Beiladung）の規定が準用されることが
明示された。具体的には，「65条1項および4項ならびに66条が準用される」
との規定が新設された（§47 Abs. 2 S. 4)。しかし，必要的参加（notwendige
Beiladung）に関する65条2項や，必要的参加における大量手続の特則に関す
る65条3項に関しては，明示的な準用規定が設けられず，先に連邦憲法裁判
所が示した大量手続の特則の活用の示唆が受け入れられたのか否かは，不明瞭
なままである。

一方で，準用される通常参加について，例外的に特定の第三者の参加が強制
的（zwingend）となる場合が想定されている（BT-Dr. 14/6393［2001］S. 9）が，
これはあくまで必要的参加とは異なるものであり，参加の適用はあくまで裁判
所の手続裁量の範囲内でなされるに留まると解されている[94]。そもそも，規範
統制手続については必要的参加とも通常参加とも異なる「新しい形態（neue
Form)」の参加が立法されたのだとして，必要的参加の（類推）適用という問
題の立て方自体を否定する見解も存在する（Bracher［2002］S. 312ff.)。

他方で，大量手続の特則（§65 Abs. 3）の適用可能性に関しては，2001年改正法草案理由書は何ら言及しておらず，学説も定まっていない[95]。立法者が必要的参加の条文を敢えて準用しなかった以上は，必要的参加に関する大量手続の特則も適用されないと解さざるを得ないとの主張がある（*Jan Ziekow*, in: Sodan/Ziekow（Hrsg.）［2014］§47 Rn. 277）一方で，反対利害関係人の実効的な権利保護と裁判実務上の問題との調整のために適用を肯定する立場がある（*Martin Redeker*, in: Redeker/Oertzen（Hrsg.）［2014］§47 Rn. 38a）。

Ⅲ　規範統制手続の特殊性？

このように，規範統制手続にも必要的参加および大量手続の特則の規定を適用することを志向する連邦憲法裁判所の提案は，必ずしも受け入れられなかった。その背景には，必要的参加は形成力の及ぶ第三者の手続保障のための仕組みであるという，ドイツの議論に特徴的な「形成力に基づく訴訟参加の論理」（第2節第1款第3項Ⅱ参照）がある。例えば，2001年改正法の草案理由書は，①規範統制の認容裁判が「何ら形成的効力を有さず，確認的効力を有するに留まる」ことを理由に，必要的参加に関する規定の準用は「必要でもないし正当でもない」と述べている（BT-Dr. 14/6393 ［2001］S. 9）。改正法後の連邦行政裁判所決定も，この理屈のみで必要的参加を否定している（BVerwG Beschl. v. 16. 4. 2002, BauR 2002, 1830）。

しかしこの理由づけは，二つの意味で説得的でない。一方で，裁判が第三者の実体法上の地位を変動させる作用（基準性）は，形成判決に限らず確認判決にも認められるのであり（第1部第3章第2節第1款第2項Ⅱ参照），これをこと

---

94)　*Wolfgang Kuhla/Jost Hüttenbrink*, Neuregelungen in der VwGO durch das Gesetz zur Bereinigung des Rechtsmittelrechts im Verwaltungsprozess（RmBereinVPG），DVBl. 2002, S. 85（86）; *Alexis v. Komorowski*, Beiladung im Normenkontrollverfahren – Der neue §47Ⅱ4 VwGO und seine grundgesetzliche Fundierung, NVwZ 2003, S. 1458（1459）.

95)　当該連邦憲法裁判所決定の紹介において，大量手続の特則を示唆した点に触れない文献も多く，そもそもこの点は論者の関心を惹いていないようにも見受けられる。Vgl., *Max-Jürgen Seibert*, Änderungen der VwGO durch das Gesetz zur Bereinigung des Rechtsmittelrechts im Verwaltungsprozess, NVwZ 2002, S. 265（270f.）; *Klaus Werner Lotz*, Das Gesetz zur Bereinigung des Rechtsmittelrechts im Verwaltungsprozess – praktische Verbesserungen und einige neue Probleme, BayVBl. 2002, S. 353（354f.）.

さら形成判決の作用として捉えることは妥当でない。連邦憲法裁判所が，「基本法14条1項1文に由来する土地所有者たる私人の基本権は，地区詳細計画を無効と宣言する裁判により影響を受ける。というのも，この裁判は計画が適用される土地の所有権およびその適法な利用に影響を与えるからである」（II 1参照）と説くのも，この旨をいうものとして正当である。他方で，形成訴訟の確認訴訟に対する特徴を手続の排他性に求めるならば，上記の理由づけは，規範統制手続が付随的審査を排除するものではないこと（第2項II 3参照），すなわち，取消訴訟とは異なり，規範統制手続は排他性のない手続であることを，必要的参加を否定する理由とするものとも解される。しかし，この理解についても，実際に規範統制手続が用いられた際には認容裁判に排除効としての対世効が生じる以上，第三者の手続保障の問題として必要的参加の制度が必要なのではないか，手続の排他性の欠如は実際にその手続が用いられた際の手続保障の問題には関係がないのではないかという疑問が当然に生じる（第1部第2章第3節第2款参照）[96]。

第2項　同種利害関係人への焦点

前項で見たように，ドイツにおいては，一般的拘束力により申立人と反対の利害を有する第三者が拘束されるという局面には，さほど焦点が当てられてこなかった。逆に言えば，一般的拘束力の及ぶ対象としては，やはり申立人と共通の利害を有する第三者が念頭に置かれてきた[97]。本書では，この同種利害関係人間での判決効の作用について，紛争の画一的解決，一回的解決それぞれの観点から，もう一歩踏み込んだ考察を行う。

---

96)　そのほか，規範統制手続においては申立人の相手方，すなわち条例または法規命令の制定者に，参加人以上の専門知識と法規範維持の利益があるのであり，その点で建築確認に関する隣人訴訟などとは状況が異なるとする理解もある（*Jörg Schmidt*, Der Einfluss des Bundesverfassungsgerichts auf das Verwaltungsprozessrecht, Verw. Arch. 92, 2001, S. 441（458））。しかしこの理解についても，行政主体が条例または法規命令の制定者として規範統制手続の相手方になる場合と通常の行政訴訟の被告となる場合とで，専門性や規律維持の利益が質的に異なると言えるのか疑問であるし，第三者の利害を行政主体が代弁することを常に期待できるわけでもなく，第三者が有効な訴訟資料を常に提出し得ないというわけでもないため，一般的に必要的参加の可能性を排除することはできないと思われる（Bracher［2002］S. 313; 山本隆司［2007］173頁）。

第2部　紛争解決と第三者効　　第1章　ドイツにおける行政紛争解決

I　同種利害関係人に対する判決効の作用

　規範統制手続の趣旨として当初から現在まで一貫して強調されているのは，法関係の明確化による訴訟経済ないし法的安定性の観点である。1960年法の草案理由書曰く，「抽象的規範統制の目的は，一つの裁判によって多数の個別訴訟を避け，それによって行政裁判所の負担を軽減することにある」。規範の具体的適用行為に関する取消訴訟や義務付け訴訟が可能であっても規範統制手続を利用することが許されるのは，規範統制手続「によってのみ，……訴訟経済の目的が達成できるから」である（BT-Dr. 3/55［1957］S. 33）。この訴訟経済の目的の達成には，規範統制手続の裁判の対世効が大きな役割を果たしている（大橋［2006］65頁）。1976年改正法の草案理由書も，規範統制の対象の拡張[98]の動機として，早期の権利保護の実現に加えて，一般的拘束力による個別訴訟の回避と，互いに矛盾する付随的判断の防止を挙げている（BT-Dr. 7/4324［1975］S. 6）。

　規範統制手続の認容裁判に排除効の拡張を認めるならば，当該他の建築主の義務付け訴訟においては地区詳細計画が有効とされる可能性がなくなり，「互いに矛盾する付随的判断」は生じなくなる。同時に，地区詳細計画の無効を他の建築主に対しても主張できないとなれば，行政庁は当該計画の無効を前提に処分を行うほかなく，そのような後訴が提起される可能性自体が無くなり，「多数の個別訴訟」の回避につながる。敢えて分析的に敷衍すれば，「互いに矛盾する付随的判断」の可能性を排除するという目的は，同種利害関係人間に共通の実体法状態を通用させるという紛争の画一的解決を，「多数の個別訴訟」を避けるという目的は，同種利害関係人間においてある法関係についての決着を一回の訴訟で付けるという紛争の一回的解決を，それぞれ主眼としているも

---

97)　我が国の行訴法立法過程において規範統制手続の導入の要否が議論された際にも，一般的拘束力は，原告のみならず他の同様の利害関係者は改めて訴訟を起こさずとも原告と同じ地位に立つことになるのかという問題，すなわち同種利害関係人に対する判決効の問題として認識されていた。例えば，「ある書類に印紙をはる義務が一般に発生するというような法律が無効だという判決」について，「相対的効力」に留まる場合には「その訴訟を起した者だけは印紙をはらなくてもいいが，他の者はまた訴訟を起してそういう判決をもらわないと，印紙をはらなければならぬ」というのが，規範統制手続の「相対的効力」だとされていた（塩野編著［1992-2］983頁〔柳瀬良幹発言〕）。

98)　前掲註75参照。

第3節 「効力拡張型」の別側面——規範統制手続

のだと見ることができる。

　紛争の画一的解決の問題に関して言えば，ここでの同種利害関係人間の紛争の画一的解決の問題は，取消訴訟や義務付け訴訟における必要的参加の制度で問題となっていたような，反対利害関係人間での紛争の画一的解決の問題とは，内容が全く異なる。後者の反対利害関係人間の紛争の画一的解決は，まさに原告ないし申立人の利害関係に直結する事柄であるが，前者の同種利害関係人間の紛争の画一的解決は，原告ないし申立人の利害関係に直結しない。換言すれば，原告ないし申立人にとっては，自分と共通の利害関係を有する第三者の法的地位がいかなる影響を受けるかは，基本的には自身の権利保護には無関係の事柄である（第2章第2節第3款第2項Ⅱ参照）。それゆえ，一般的拘束力がこの問題を志向して導入されたという事情は，一般的拘束力は申立人の主観法の保護よりもむしろ客観法の統制の理念を体現した制度だという評価（本款冒頭参照）に，まさに合致するものと考えられる。

Ⅱ　紛争の一回的解決

　他方で，一般的拘束力が既判力と同様の訴訟上の排除効の拡張を意味する（第1款第2項参照）のだとすると，一般的拘束力は紛争の一回的解決をも強く志向していることとなる（序論Ⅱ2参照）。

1　認容裁判の排除効の拡張

　この点に関しては，同種利害関係人間での紛争の一回的解決を図る必要が本当に存在するのかという点が，まず問題となる。同種利害関係人間でも，前訴認容判決の基準性の拡張によって紛争の画一的解決を確保するに留め，紛争の一回的解決を後退させることは，不可能ではない。例えば，規範統制手続が認容された後で，申立人と共通の利害関係を有する第三者が，無効と宣言された法規範に基づいてなされた自身に対する不利益処分の取消訴訟を提起する場面[99]において，行政主体が認容裁判を得た申立人を共同被告に加える形での反

---

99)　ただし，規範統制手続の認容裁判を既に不可争力を生じている行政行為の取消事由として援用することは不可能である（§47 Abs. 5 S. 4 i. V. m. §183 VwGO）。Vgl., *Torsten Gerhard*, Die Rechtsfolgen prinzipaler Normenkontrollen für Verwaltungsakte - §79 Abs. 2 BVerfGG und §183 VwGO, 2008. 初期の解釈論として，Achterberg [1981] S. 182。

第2部　紛争解決と第三者効　　第1章　ドイツにおける行政紛争解決

訴[100]を行うならば，そこでは法規範の有効性の主張を再度行うことを認める，という仕組みが考えられる。そして，この反訴が認容された場合には，申立人に対する関係でも再び法規範が有効になるとすれば，紛争の一回的解決を後退させつつ，なお紛争の画一的解決を達成することができる。

　しかしながら，このように行政主体に再度規範の有効性を争い直すことを認める必要は見出し難い。反対利害関係人間での画一的解決について上記の「暫定的対世効」の仕組みが独自の意義を発揮し得るのは，前訴手続に関与できなかった第三者に後訴において手続保障の道を開くことができるからであるが，上記の同種利害関係人間の画一的解決の場合には，前訴手続に関与できなかった第三者は前訴手続が認容されたことによって既にその利益が保護されており[101]，この場合に「暫定的対世効」の仕組みを導入しても，前訴で争いを尽くすべきであった行政主体にかえって紛争を蒸し返す機会を与えるだけであると言わざるを得ない（興津［2015］243頁）[102]。

2　棄却裁判の相対効と期間制限

　他方で，先に見た通り，行政裁判所法では棄却裁判の一般的拘束力は廃止されている（第1款第1項参照）。この点について1976年改正法草案理由書は，「仮に申立てを棄却する裁判がなされた場合であっても，通常は法状態の明確化はかなりの程度において達成される」と述べている（BT-Dr. 7/4324［1975］S. 6）。その意味は必ずしも明確でないが，ある申立てが棄却された場合には，当

---

100)　いわゆる第三者に対する反訴（Drittwiderklage）（Lüke［2011］Rn. 239）。参照，佐野裕志「第三者に対する反訴——西独判例・学説の動向」鹿児島大学法学論集17巻1＝2号181頁（1982）。

101)　ただし，和解の可否や馴れ合い訴訟への対策は別途問題となる。参照，垣内秀介「訴訟上の和解の要件および可否」神作裕之ほか編『会社裁判にかかる理論の到達点』335頁，350頁以下（商事法務，2014）。

102)　なお，反対利害関係人間での画一的解決の問題としては暫定的対世効の仕組みを採用していると評価できるフランスの越権訴訟も，同種利害関係人間の画一的解決の問題としては，排除効の拡張を認めているものと解される。例えば，同種利害関係人からの取消判決の対世効の援用の例として伊藤洋一［1993］228頁註22が挙げている，C. E. 10 février 1965, Morati, Rec. 91や，同註23が挙げている C. E. 8 mars 1972, Thfoin, Rec. 190 は，原告に対する行政行為の基礎となったデクレが他者の取消判決により取り消されたことを理由として即座に当該行政行為の違法性を導いており，被告が後訴においてなお当該デクレが適法である旨を主張できるとは考えていないように見受けられる。

第3節 「効力拡張型」の別側面——規範統制手続

該申立てで審理された論点に関しては，他の申立てにおいても同じ判断が下される可能性が大きく，棄却裁判の一般的拘束力が存在しなくとも，自ずと同種利害関係人からの申立ては控えられることになる，という意味だと理解することができる。この論理には異論の余地がある[103]が，いずれにせよ現在では，1996年改正によって導入された申立期間制限（§47 Abs. 1 S. 1 VwGO）[104]によって，同種利害第三者による申立てが繰り返されるという事態は防止されており，棄却裁判の排除効の拡張を認めずとも，紛争の一回的解決が強化されている。換言すれば，ここでは同種利害関係人間での紛争の一回的解決を達成する手段として，棄却判決の排除効の拡張ではなく，出訴期間制限が用いられている（第2節第2款第2項Ⅱ2(2)参照）。

3 付随的審査の許容——一回的解決の限界

しかし他方で，当初から現在まで，規範統制手続の存在は取消訴訟等における前提問題として法規範の違法性を審査することを妨げるものではないと解されている（Eyermann/Fröhler [1950] S. 96; Hufnagl [1950] S. 139; Kopp/Schenke [2016] §47 Rn. 141）。取消訴訟または義務付け訴訟等において法規範の違法性が審査されることは，規範統制手続の「主位的審査（prinzipale Kontrolle）」との対比で，規範の「付随的審査（inzidente Kontrolle）」と呼ばれる。この付随的審査として，すなわち後の訴訟の前提問題として当該法規範の違法性が攻撃されることを防ぐためには，主位的審査の手続に期間制限をかける（2参照）ことでは足りない。換言すれば，付随的審査を許容することによって，主位的審査の申立期間制限による一回的解決には限界が生じる[105]のであり，一回的解決を貫徹しようとするならば，取消訴訟等における法規範の付随的審査を排除する（取消訴訟等との関係で規範統制手続に排他性を認める）か，棄却裁判の排除

---

103) ドイツにおいていわゆる先例拘束性の法理（stare decisis）について長らく争いがあったのは周知の通りである。ただし，現在ではこうした設問自体が相対化され，場面ごとに拘束性の有無および程度が検証されている（Maultzsch [2010] S. 30ff.）。

104) なお，これは，対象となる法規範の公布から1年以内という客観的制限であり，法規範の公布についての個々人に対する了知可能性が問題とされない点で，強度の紛争の一回的解決を達成している。

105) 付随的審査を許すのであれば規範統制手続の期間制限は法政策的に「非生産的（kontraproduktiv）」であると指摘されている（Kopp/Schenke [2016] §47 Rn. 84）。

第2部　紛争解決と第三者効　　第1章　ドイツにおける行政紛争解決

効の拡張が必要となる（Brohm［2002］S. 308）。

　先に見た通り，棄却裁判の一般的拘束力が廃止されたのは，それがあらゆる
争点において規範の無効を主張することを禁ずる効力であるとの前提ゆえのこ
とであり（第1款第1項Ⅱ参照），片面的対世効の理由づけの不備を指摘する論
者も多い（Bettermann［1961］S. 160f.; Papier［1985］S. 519）。しかし，現在まで
片面的対世効の建前は揺らいでいない。紛争の一回的解決の観点から見れば，
ドイツの建前には「少し割り切れていない印象」[106]を受ける。ただし，それに
は理由がある。ドイツでは，基本法19条4項の解釈として，自身の関与しな
い事情によって付随的審査の道が閉ざされることは回避されるべきと認識され
ており，法規範の違法性を争う際にはむしろこの付随的審査の道が原則とされ
てきたのである[107]。換言すれば，規範統制手続はもともと，基本法上保障さ
れた権利保護に抵触しない限度でのみ，いわば可能な限りで紛争の一回的解決
を図るものに過ぎないのである[108]。

第3款　小括──同種利害関係人間での紛争の一回的解決

　ドイツ行政裁判所法上の規範統制手続の裁判の一般的拘束力は，再審や憲法
異議の提起なくしては覆し得ない，排除効の拡張を意味している（第1款）。た
だし，その目的としては，申立人の同種利害関係人への判決効の拡張に焦点が
当てられており，反対利害関係人への判決効の拡張はその主眼ではなかった。

---

106)　大橋洋一「行政法理論と裁判──都市計画訴訟を中心として」同『都市空間制御の法理論』81
　　頁，95頁（有斐閣，2008）。
107)　2006年改正により地区詳細計画等について導入された排除効（§47 Abs. 2a VwGO）（山田洋
　　［1987］154頁）も，付随的審査においては適用されないと解されている（湊二郎「地区詳細計画
　　の規範統制に関する一考察──自然人・法人の申立適格を中心に」近畿大学法学56巻3号143頁，
　　157頁（2008））。
108)　他方で，申立人にとっての規範統制手続のメリットは，上級行政裁判所が第一審を管轄し（現
　　在は上告審を含めた二審制により）短期の審級で決着がつくこと（*Klaus Obermayer（Äusserung）*,
　　Aussprache zu den Referaten von Klaus Obermayer und Klaus Meyer, in: Zehn Jahre Verwal-
　　tungsgerichtsordnung, 1970, S. 179 (181)）や，本案審理の対象が原告の権利保護規範に限られる
　　ことがないこと（山本隆司［2003］105頁）が挙げられよう。なお，かつては申立適格が緩やかに
　　認められたため（前掲註92参照），これらの特殊性と相まって規範統制手続が「スーパー取消訴
　　訟」として機能していると評されていた（藤原［1990］452頁以下）。

同種利害関係人への判決効拡張の意味は，紛争の画一的解決，一回的解決の双方から分析できるが，規範統制手続においては後者の問題の解決が主眼であった。また，棄却判決の効力については，紛争の一回的解決を出訴期間制限に委ねて相対効を採用したうえ，付随的審査を許容することで，一回的解決に一定の限界を設けていることが分かった（第2款）。

この議論状況は，フランスにおいて，多数人に適用される命令（règlement）を取り消す越権訴訟の認容判決の「対世効（effet erga omnes）」が，原告と同種の利害を有する第三者についても命令の取消判決を援用することを認めるか否かという文脈で議論されてきたこと（伊藤洋一［1993］221頁以下）とパラレルであり，専ら反対利害関係人との関係を議論してきた日本の第三者効の立法過程（第1部第1章第3節第2款参照）において欠けていた論点を補う示唆が得られる。

第4節　第1章のまとめ

ドイツの取消訴訟や義務付け訴訟については，伝統的な必要的参加の絶対的無効説による「引き込み型」（第1節）から，一方で有効説という解釈論によって，他方で大量手続の特則という立法によって，「効力拡張型」への移行がなされてきた。こうした変化からは，「効力拡張型」のメリットとして，原告の救済と第三者の手続保障とのバランスと，不特定多数人間での紛争の画一的解決という二点が見出された（第2節）。また，同じドイツの法制の中でも，早くから対世効が導入されていた規範統制手続においては，反対利害関係人に対する手続保障の問題にはむしろ無頓着であり，同種利害関係人に対する対世効の作用が強く意識されていた（第3節）。

判決効や必要的参加をめぐるドイツの議論そのものは，決して明快に整理されているものではない。とりわけ，不特定多数人の関わる紛争の画一的および一回的解決のために導入された大量手続の特則の必要性を疑問視する議論（第2節第2款第2項Ⅱ1参照）からは，ドイツにおいて「紛争解決の実効性」の観点から諸制度を分析する視角が意識されていない様子が窺われる（山本隆司［2007］172頁）。しかしながら，我が国の採用する「効力拡張型」のポテンシャ

第2部　紛争解決と第三者効　　第1章　ドイツにおける行政紛争解決

ルは，まさにこの視角において際立つ。次章では，紛争の解決という観点から
対世効ないし「効力拡張型」を分析することで，このことを明確化しよう。

第2章　対世効による紛争解決

　ドイツにおいて必要的参加の絶対的無効説による「引き込み型」が通説化したのは，ある者に対しては行政行為が取り消され，ある者に対しては残存するという事態を避けるため，すなわち行政行為の効力に関する紛争の画一的解決を確保するためであった（第1章第1節第2款第2項参照）。この紛争の画一的解決の必要性は，取消判決について有効説をとり，「効力拡張型」を志向する論者も，なお意識していた（第1章第2節第1款第1項Ⅱ2参照）。

　しかしながら，そもそもこの，「ある者に対しては行政行為が取り消され，ある者に対しては残存するという事態」がいかなる意味で問題であるのか，換言すれば，ここで紛争の画一的解決の必要性が認識されるのはなぜかという点は，さほど明確に議論されていない。そのためもあって，典型的な場面と実質的に異ならないはずの状況において必要的参加が認められないことがあり（第1章第2節第1款第3項Ⅱ参照），大量手続の特則の必要性をめぐる議論も混乱していた（第1章第2節第2款第2項Ⅱ1参照）。日本においてもこの点は，行政法関係における紛争の画一的解決の必要性は，法律による行政の原理の下では違法な処分は対世的に取り消されなければならないというように，抽象的な要請として語られてきたに過ぎない（兼子仁［1997］190頁）。

　本章では，この紛争の画一的解決の必要性という問題を中心に，紛争解決に際して対世効の制度が果たす機能を掘り下げることで，行政紛争解決のための諸制度，とりわけ「効力拡張型」の意義を明確にすることを目指す。具体的には，「引き込み型」，「効力拡張型」や手続の排他性といった訴訟法上の特則の持つ意味合いを複数の角度から検討し，検討対象を明確化したのち（第1節），紛争の画一的解決を必要とする問題状況を分析し（第2節），その中でも「効力拡張型」に重要な意義が認められる場面を考察する（第3節）ことで，「効力拡張型」の意義を明確化する。

269

第2部　紛争解決と第三者効　　第2章　対世効による紛争解決

第1節　紛争解決の諸相

　本書で検討の対象としてきた各種の訴訟法上の特則は，行政紛争の解決とい
う観点から見る際，様々な含意を有する。以下では，「引き込み型」と「効力
拡張型」（序論Ⅰ2参照）の意義を紛争の画一的解決および一回的解決の観点か
らより具体的に明らかにしたのち（第1款），行政過程と紛争解決過程との連続
性（第2款），紛争の画一的解決および一回的解決の貫徹のための手続の排他性
（第3款）の観点から議論を整理する。

第1款　「引き込み型」と「効力拡張型」

　「引き込み型」と「効力拡張型」は，いずれも紛争の画一的解決および一回
的解決を達成する機能を有するが，両者には諸点において差異が存在する。

第1項　紛争の画一的解決

　民事訴訟のデフォルトルールでは，裁判の基準性が原則として対世的に及ぶ
（第1部第3章第2節第1款第2項Ⅱ参照）一方で，排除効は原則として訴訟当事
者間に及ぶに留まる（民訴115条1項）。この排除効の相対性の建前では，第三
者が自己との関係でのみ判決の基準性を否定することが可能となり，訴訟当事
者と訴訟に関与しない第三者との間で異なる実体法状態が妥当する事態が許容
されることになる。換言すれば，この建前の下では，紛争の画一的解決は達成
されない可能性が残る。これに対して，「引き込み型」や「効力拡張型」の特
則を導入する場合，訴訟当事者と訴訟に関与しない第三者との間で異なる実体
法状態が妥当する事態は生じなくなる。具体的には，一方で「引き込み型」の
下では，全ての利害関係人を訴訟に関与させなければ判決が有効とならないた
め，すべての関係人との間で基準性が生じるか，そもそも当事者間においても
基準性が生じないかの，いずれかとなる。他方で「効力拡張型」の下では，第
三者に対して排除効が及び，第三者は前訴判決を取り消すことなくしてはその
基準性を否定することができなくなるため，いったん生じた基準性を再び対世

270

的に否定することが第三者に強制されることとなる。付言すれば、「効力拡張型」の正確な意義は、基準性ではなく排除効の拡張にある。

このように、「引き込み型」と「効力拡張型」は、ともに紛争の画一的解決を達成するための制度として位置づけることができるが、前者には利害関係人が不特定多数にわたる場面において紛争の画一的解決を達成できないという問題があった。すなわち、「引き込み型」をとる場合、関係人を全て訴訟に関与させることなくしては紛争の画一的解決が図られないが、不特定多数の関係人を全て訴訟に関与させることは困難ないし不可能である。これに対し、「効力拡張型」であれば、判決の基準性を関係人に及ぼすことで紛争の画一的解決を図ることができるため、関係人が不特定多数にわたる場面に対処することが可能となる（第1章第2節第3款参照）。

第2項　紛争の一回的解決

他方で、この二つの建前は、第三者の手続保障のあり方の点で顕著な対照をなしていた。「引き込み型」の下では、第三者を訴訟に関与させることなくしては裁判の基準性すら及ばないことになるのに対して、「効力拡張型」の下では、第三者を訴訟に関与させることなくして、裁判の基準性のみならず排除効までも及ぼすことになる（第1章第2節第3款参照）。

しかしながら、「効力拡張型」の下では、第三者に及ぼす排除効を緩和することで、第三者の手続保障を確保するという方策もとり得る。具体的には、「効力拡張型」には、第三者が前訴判決を取り消すための手続の訴訟要件および本案勝訴要件を緩やかなものとし、拡張する排除効をごく弱いものにするというバリエーションがあり得る（第1章第2節第1款第3項I参照）。これに対して、「引き込み型」の場合、全ての関係人を訴訟に関わらしめて判決の既判力を及ぼすこととなるため、紛争の一回的解決は一律に強度に達成されることになる。この観点からは、「効力拡張型」には、紛争解決のための制度設計の柔軟性というもう一つの特色を見出すことができる。この点は、次に述べるような紛争解決過程の段階化を可能とし、翻って紛争の画一的解決に関しても柔軟な制度設計を可能とする（第2款参照）。

271

第2款　紛争解決過程の分節

「効力拡張型」を採用したうえで，第三者に拡張される排除効を緩和して紛争の一回的解決を後退させる場合には，裁判所における紛争の解決は，時系列に沿って分節されることになる。例えば，隣人Xが行政主体Yを被告として建築主Zの建築確認の取消訴訟を提起し，取消判決を得たとして，Zに対する排除効を緩和する場合，Zは再審手続よりも簡易な手段によって，建築確認の復活を求めることができることとなる。ここでは，前訴判決による暫定的な紛争解決と，後訴判決による終局的な紛争解決とが分節されることとなる。

　紛争の画一的解決の達成は，その分節された各段階において，それぞれ問題となる。Xの得た取消判決により建築確認が取り消されたという法状態をZに対して通用させることが，前訴判決の段階での画一的解決であり，Zの得た第三者再審の認容判決により建築確認が復活したことをXYに再び通用させることが，後訴判決の段階での画一的解決である。ここでは，民事訴訟のデフォルトルールの通り，第三者には前訴判決の基準性を及ぼすに留め，後訴段階において相対的解決を認めるという制度設計と，「効力拡張型」により第三者に前訴判決の排除効を及ぼし，後訴判決の基準性の拡張を正当化できる手続を強制することで，後訴段階における画一的解決をも達成するという制度設計とが区別できる。この点はとりわけ，反対利害関係人との間での紛争の画一的解決の問題の精緻化に寄与する（第2節第2款参照）。

　さらに，取消判決の前段階として既に，行政行為による法関係の規律がなされていることも重要である。ここでは，取消判決により行政による法関係の規律の一部のみを否定するか，その全部を否定するかという形で，同種利害関係人間での紛争の相対的解決ないし画一的解決が問題となる（第2節第3款参照）。

第3款　紛争解決の貫徹——手続の排他性

他方で，紛争の画一的解決および一回的解決を貫徹するためには，そのための仕組みを用いることを強制する必要がある。ある法関係の変動について「引き込み型」や「効力拡張型」を採用しても，当該法関係の変動の有無を他の手

第1節　紛争解決の諸相

続の前提問題として審理することが可能になってしまうと，当該他の手続の当事者間での相対的な法関係の変動や，期間制限の潜脱につながってしまうからである。規範統制手続の一般的拘束力による紛争の画一的解決および一回的解決が，付随的審査の許容によってそもそも限定されていたことは，先に確認した通りである（第1章第3節第2款第2項II 3参照）。

　我が国の行訴法について敷衍すれば，取消訴訟や第三者再審の排他性は，紛争の画一的解決および一回的解決を貫徹するための制度として，重要な意味を持つ（第1部第2章第4節第2款第1項参照）。敷衍するならば，前訴段階での画一的解決および一回的解決の貫徹の機能を有しているのが，取消判決の基準性および取消訴訟の排他性であり，後訴段階での画一的解決および一回的解決の貫徹の機能を有しているのが，第三者再審の認容判決の基準性および第三者再審の排他性（ないしその裏面において規定される取消判決の排除効）である。ここでは，第三者再審が，前訴当事者の双方を被告とすることで後訴判決の基準性の拡張を正当化し，紛争の画一的解決を達成するための「効力拡張型」の制度の核心部分に関わることが確認されよう（高田裕成［1988］368頁）[1]。

　ただし，ここで重要となるのは，原告ないし第三者の訴えの利益の範囲である。一方で，原告が行政行為そのものを取り消す利益を有する場合，また第三者が取消判決そのものを取り消す利益を有する場合には，敢えて紛争の画一的解決の仕組みを強制せずとも，おのずから紛争の画一的解決は達成されることとなる（Piesche［2010］S. 254）。問題は，原告が行政行為そのものを取り消すことなくして，また第三者が前訴判決そのものを取り消すことなくして自身の救済が得られる場合であり，ここで初めて，紛争の画一的解決を貫徹するための排他性の必要性が問題となる（第2節第2款第3項参照）。

---

1)　なお，前訴当事者の一方が原告となって第三者に対して訴えを提起する場合（収用裁決の取消判決を得たのちに，被収用者が起業者に対して収用地の明渡しを請求する場合など）にも，第三者はそれに対して抗弁として前訴判決の内容の不当性を主張することは許されず，前訴判決を取り消す訴訟（第三者再審）の提起を義務付けられることになる。後訴手続の限定の問題が「起訴責任の転換」（高田裕成［1989］193頁）として指摘される際には，こうした帰結が含意されているものと解される。

273

第2部　紛争解決と第三者効　　第2章　対世効による紛争解決

第2節　紛争の画一的解決の必要性

「引き込み型」と「効力拡張型」とは，いずれも紛争の画一的解決を達成するための仕組みである（第1節第1款第1項参照）。他方で，紛争の画一的解決を達成ないし貫徹することは，これらの訴訟法上の特則を通じて，一定の関係人の利益を後見的に保護する傍ら，他の関係人に不利益を被らせることとなる。不必要ないし過剰な規制を避けるためには，紛争の画一的解決の必要性を状況ごとに精密に特定する必要がある。また他方で，紛争の画一的解決が必要とされる状況が存在するのに，そのための仕組みが備わっていない場面が存在しないかを検証するためにも，紛争の画一的解決の必要性がいかなる場合に肯定されるのかを考察する必要がある。この作業は，我が国の具体的な解釈論および立法論に直結する（第3章第3節参照）。

　以下では，紛争の画一的解決の必要性を示す諸概念について考察した後（第1款），反対利害関係人間（第2款），同種利害関係人間（第3款）の紛争の画一的解決の必要性について具体的に考察を進める。

第1款　紛争の画一的解決の必要性を表す諸概念

　従来の研究において，紛争の一回的解決から区別された，紛争の画一的解決の必要性そのものが取り上げられることは少なかった。とはいえ，紛争の画一的解決の必要性は，一方で必要的共同訴訟論における「合一確定の必要性」の概念において（第1項），他方で「法関係の不可分性」の概念において（第2項），部分的に焦点が当てられてきた。

第1項　合一確定の必要性

　我が国およびドイツの実定法において，紛争の画一的解決の必要性は，必要的共同訴訟や必要的参加の成立要件としての，「合一確定の必要性」という概念において考慮されてきたと言える。必要的共同訴訟は，「訴訟の目的が共同訴訟人の全員について合一にのみ確定すべき場合」（民訴40条1項），「係争法

274

関係が全ての共同訴訟人に対して合一にのみ（nur einheitlich）確定され得る場合」（§62 Abs. 1 ZPO）に成立する。行政訴訟における必要的参加も，「係争法関係に当該第三者が，裁判が第三者に対しても合一にのみ（nur einheitlich）なされ得るという形で関与する場合」（§65 Abs. 2 VwGO）に成立する（第1章第1節第2款参照）。この「合一確定の必要性」をいかに定義するべきか，いかなる事例がそれに該当すると解すべきかに関しては，詳細に立ち入る余裕はない[2]が，そもそもこれまでの学説の問題関心は，本書のそれとは異なるところにあったように見受けられる。

一方で民事訴訟法学説は，訴訟共同の必要を紛争の画一的解決の要請から切り離して制度設計を緻密化し（高田裕成［1991］182頁以下），「合一確定」の達成のために必要的共同訴訟の規律（民訴40条）が必要十分なものであるかを検討している（高田裕成［2001］648頁以下）。換言すれば，そもそも異なる内容の判断を示す判決が現れることを避けるべきなのはなぜなのか，すなわちなぜ紛争の画一的解決が必要となるのかという本書の問題設定に関しては，それが実体法的な問題でもあるためか，個別的な考察に留まっているように見受けられる（高橋宏志［2014］334-335頁）。

他方で行政法学における必要的参加の要件論に関しても，判決効の直接性をメルクマールとする伝統的な理解が，紛争の画一的解決の観点を見えづらくしており，現に義務付け訴訟の必要的参加や大量手続の特則の必要性に関して，議論が錯綜していた（第1章第2節第1款第2項Ⅱ2，同第2款第2項Ⅱ1参照）。「『（行政）実体法関係』における紛争解決の実効性を図る」ための「既判力を及ぼすための訴訟参加の論理」を明確化する作業は，未だ緒に就いたばかりである（山本隆司［2007］171-172頁）。

第2項　法関係の不可分性

これに対してフランス法においては，「法関係の不可分性」という概念が，紛争の画一的解決のための各種の訴訟法上の特則の適用の可否を分ける鍵概念として機能している（岡成［2014］27頁以下）。例えば，tierce opposition の認容判決の効力を左右するのは，この「法関係の不可分性」である。具体的には，

---

2) 詳細な比較法研究として，高橋宏志［1975］。

フランス民事訴訟法上の tierce opposition の認容判決は，原則として申立人た
る第三者との間でのみ前訴判決の効力を失わせるに留まる（C. pr. civ., art. 591
al. 1) が，問題となる法関係が「不可分性（indivisibilité)」を有する場合には，
第三者は前訴当事者の全てを相手方として tierce opposition を申し立てなけれ
ばならず（art. 584)，その場合の認容判決は，申立人たる第三者に対してのみ
ならず，前訴当事者間においても，前訴判決の効力を否定するものとなる
（art. 591 al. 2)。身分関係訴訟や越権訴訟に関してもまさに同様の議論がなされ
ている（高田裕成 [1987] 1557 頁以下，1582 頁以下，1591 頁以下；伊藤洋一 [1993]
399 頁以下)。

　この法関係の不可分性は，フランスにおける一般的な理解によれば，二つの
判決の内容を同時に実現することができない場合に，その内容たる法関係につ
いて肯定される[3]。この観点は，「合一確定の必要性」をめぐる議論とは異な
り，紛争の画一的解決が必要となる場面を括り出すものとして理解し得る。要
するに，二つの判決の内容を同時に実現することができない場面が，紛争の画
一的解決を必要とする場面であり，そこに「効力拡張型」を適用する必要があ
るという形で議論が展開している。これは，紛争の画一的解決を必要とする状
況の探究を目指す本書の関心に沿った問題設定であり，これを出発点とするこ
とで有意義な示唆が得られる（第 2 款第 2 項 II 参照)。

第 2 款　反対利害関係人間の紛争の画一的解決

　我が国の第三者効に関する議論が念頭に置いてきたのは，ある実体法状態に
ついて反対の利害関係を有する関係人間での紛争の画一的解決であった（第 1
部第 1 章第 3 節第 2 款 I)。以下では，この局面における紛争の画一的解決の必
要性を導く諸要素について，紛争解決過程の分節（第 1 節第 2 款参照）に沿って，
前訴判決段階（第 1 項）と後訴判決段階（第 2 項）とに分けて考察を進める。

---

3) Loïc CADIET, *Code de Procédure Civile 2017*, 30ᵉ éd., LexisNexis, 2016, p. 485; Serge
GUINCHARD et al., *Procédure Civile – Droit interne et droit de l'Union européenne*, 32ᵉ éd., Dalloz,
2014, n° 1283.

第2節　紛争の画一的解決の必要性

第1項　前訴段階での画一的解決の必要性

前訴段階での紛争の画一的解決の必要性として典型的に挙げられるのは，原告の救済の実を確保するという目的である。例えば，倒産手続や強制執行手続において，ある債権の存在が全ての関係者との関係で通用しなければならない理由は，まずは原告たる債権者が配当を受けられるようにするためであった（第1部第1章第2節第3款第2項参照）。人事訴訟についても，たびたび取り上げられる死後認知訴訟を例にとれば（第1部第1章第2節第1款参照），原告が被相続人の子であることを他の相続人に対して主張することができなければ，相続分を確保するという原告の目的は達成されないのであるから，ここでも倒産関係訴訟と同様の意味で前訴判決の基準性を第三者に及ぼす必要があると言える。また，会社の組織に関する訴えをはじめとする法人の内部紛争についても（第1部第1章第2節第2款参照），例えばある構成員が自身の社員たる地位や代表者たる地位の確認を求める訴訟について，争われている地位が存在する旨の判断を当該法人の構成員全員に対して通用させる必要性があるのは，原告が認容判決の内容を他の法人構成員に対して主張することができないならば，原告の得た認容判決の意義がかなりの程度減殺されるからと考えられる。

こうした原告の救済の確保という目的は，日本の行訴法立法時の議論も強調するものであった。具体的には，Zが得た河川法の流水占用許可について，他の流水占用権者Xが取消判決を得ただけでは，Zは未だ行政主体Yとの関係では有効な許可を有しているのであるから，河川の利用を続行しても何ら不利益処分を受けない。行訴法立法時の議論では，これではXは取消判決を得た意味がないとされ，まさにこうした帰結を避けるために第三者効が導入されたのであった（第1部第1章第1節第2款第3項I 1(4)参照）。

他方で，この原告の救済の実の確保という目的を達成しようとする場合，「引き込み型」は否定される。先に見た通り，「引き込み型」のデメリットの一つは，まさに原告の救済と第三者の手続保障とのバランスが不適切であることに見出されていた。具体的には，「引き込み型」を採用する場合には，第三者を全て訴訟に関与させなければ，原告の求める法関係の変動が当事者間ですら起こらないため，原告の救済にとってかなりのハードルとなる（第1章第2節第1款第1項II 1参照）。我が国で固有必要的共同訴訟に対する「懸念」ないし

その「副作用」として真っ先に指摘されるのも，この点である（高橋宏志
[2014] 335 頁）。

第2項　後訴段階での画一的解決の必要性

さしあたり前訴判決段階で紛争の画一的解決が達成されれば足り，後訴判決
の段階での紛争の画一的解決は必ずしも必要とされないのであれば，ここで要
請されるのは対抗不能の処理を否定すること（基準性を第三者にも及ぼすこと）
までであって，「引き込み型」や「効力拡張型」の採用までは必ずしも要請さ
れない（第1節第2款参照）。そして，基準性の範囲は実体法により定まり，訴
訟法上の明文規定なくして第三者に及び得る（第1部第3章第2節第1款第2項
Ⅱ参照）。そのため，むしろ重要なのは，後訴の段階でもなお紛争の画一的解
決が要請され，「引き込み型」や「効力拡張型」の採用が必要となる場面であ
る。以下で見るように，固有必要的共同訴訟や対世効に関する解釈問題の多く
は，こうした後訴判決の段階での画一的解決の必要性に関するものであった。

Ⅰ　法関係そのものの対世性？

民事法関係において紛争の画一的解決が必要と解されている法関係の典型は，
固有必要的共同訴訟や対世効の仕組みが妥当してきた，共有関係（1），身分関
係や団体関係（2）に関するものである。他方で，行政法関係においては，行
政行為による規律は一般的に対世的なものと解されてきた（3）。まずはこれら
の議論状況を概観し，問題の所在を明確化する。

1　共有関係

まず，一定の関係人間における特定物の共有関係をめぐる紛争に関しては，
画一的解決の必要性が認識されることが多い。具体的には，こうした紛争につ
いては固有必要的共同訴訟の成立が認められる場合が多い。例えば，共有物分
割請求訴訟（大判明治41年9月25日民録14輯931頁），ある不動産が遺産分割前
の共有関係にあることの確認を求める訴え（最判昭和61年3月13日民集40巻2
号389頁；最判平成元年3月28日民集43巻3号167頁）および相続人の地位不存
在確認訴訟（最判平成16年7月6日民集58巻5号1319頁）は，判例上固有必要的
共同訴訟であるとされている。これに対して，判例は共有持分権の確認の訴え

（大判大正13年5月19日民集3巻211頁）や遺言無効確認の訴え（最判昭和56年9月11日民集35巻6号1013頁）は，固有必要的共同訴訟ではないとしているが，これには疑問が呈されている（高橋宏志［2014］333頁）。また，共有地の明渡請求訴訟を固有必要的共同訴訟ではないとした判例（最判昭和43年3月15日民集22巻3号607頁）も，共同所有者全員に対して債務名義を取得しなければ強制執行を行うことができないことを認めており，その限りでは紛争の画一的解決の必要性を認めているように見える（高田裕成［1991］184頁）。

　こうした諸事例の具体的な分析に立ち入る余裕はないが，ここで確認しておくべきは，議論の趨勢が，実体法上の総有ないし合有関係にある管理処分権の一体的な行使の必要という理由づけ（兼子一［1965］384頁）を離れ，紛争の画一的解決および一回的解決の必要性の観点から問題を捉えなおし，それをより精密に問う形で展開していることである（高田裕成［1991］190頁註15；高橋宏志［2014］333頁以下）[4]。換言すれば，ある実体法関係（ここでは総有ないし合有関係）がそのものとして紛争の画一的解決を要請するという素朴な理解は，もはや克服されたように見える。

2　身分関係，団体関係

　次に，身分関係をめぐる紛争においても，紛争の画一的解決の必要性が認識されてきた。人事訴訟の判決には対世効が備わっており，この「効力拡張型」の下では前訴段階と後訴段階との紛争解決の分節が観念される（第1節第2款参照）が，排除効の拡張までを認めてきた従来の理解（第1部第1章第2節第1款第1項参照）は，前訴段階のみならず後訴段階における紛争の画一的解決の必要性をも認識してきたものと理解することができる。

　例えば，一方で被相続人Aの子であることを主張するXが検察官Yを被告として提起した死後認知訴訟が認容され，他方でAの相続人ZがXを被告として[5]提起したAX間の親子関係不存在確認訴訟も認容されたとする。ここでは，AX間の親子関係の存在を肯定する前訴判決と，Zとの関係でそれを否定する後訴判決とが併存することになる。この状況は，全体として見れば，Xは

---

4)　嚆矢として，福永有利「共同所有関係と固有必要的共同訴訟──原告側の場合」民訴雑誌21号1頁，55頁以下（1975）。

第2部　紛争解決と第三者効　　第2章　対世効による紛争解決

Z以外の者との関係ではAとの間の親子関係を主張できるが，Zとの関係ではそれを主張できないことを意味する。このような身分関係の相対的確定を許すように見える学説もある[6]が，多くの見解は後訴の形態を前訴判決を取り消す実質をもつものに限定して紛争の画一的解決を確保しようとする（山木戸［1958］139頁；吉村［1978］236頁；本間靖規［1986-2］298頁；吉村［1993］258頁以下）。しかし，ここで懸念されている事態の詳細は，身分関係の安定性の確保という以上には具体的に明らかにされてはいない。

　他方で，会社関係訴訟においても，決議の有効性，役員の地位，社団の解散の有無をめぐる紛争などについて対世効が肯定されてきた（第1部第1章第2節第2款参照）が，ここではより踏み込んだ考察がなされている。具体的には，全ての関係人に対してではなく，少なくとも株主および役員等の会社内関係者や，会社外関係者であっても「当該決議を直接の先決問題とする権利を持つ第三者」については，会社とそれらの関係者とがそれぞれ異なる内容の判決に拘束されることになると，会社の身動きが取れなくなるため，被告となった会社が受けた判決の効力を同様に及ぼす必要があると解されている（Ⅱ1⑵参照）。換言すれば，少なくとも会社関係訴訟においては，社団関係の法的安定性といった抽象的な要請から紛争の画一的解決の必要性を導き出すことはされていない（本間靖規［1986-1］237頁以下）。

3　行政行為による規律？

　翻って行政法学の議論を見ると，そこでは，行政行為によりなされた規律は全ての関係人について同様に妥当するべきと説かれている。ドイツの必要的参加を懈怠した場合の判決の効力についての議論では，行政行為が原告に対しては取り消され，必要的参加人に対しては残存するという事態を回避することが共通の前提とされており（第1章第1節第2款第2項Ⅰ，同第2節第1款第1項Ⅱ2参照），相対的無効説は，それが達成できないために批判されていた（第1章第

---

5)　なお，最判昭和56年6月16日民集35巻4号791頁は，亡父Aを被相続人とする相続における自己の相続分を争うために前妻の子Xが提起した後妻の子Y₁の父子関係不存在確認請求訴訟において，当該訴訟をY₁のみを被告とするものと見て，後妻Y₂を当該訴訟の必要的当事者とは位置づけていない。

6)　松本博之『人事訴訟法（第3版）』256頁以下（弘文堂，2012）。

2 節第 1 款第 3 項 II 参照）。フランスでも，例えばオーリゥが，執行的決定により設定された私人の行政法的地位は，原則として「全ての者に対して対抗可能（opposable à tous）である」[7]と説くとき，行政行為による規律の対世的な妥当が念頭に置かれているものと解される。

　しかし，行政行為という仕組みがそれ自体として紛争の画一的解決を要請するという理解は，先に見た民事法関係における議論の趨勢に照らしてみたとき，やはりきめの粗いものだと言わざるを得ないだろう。ドイツの有効説を検討した際にも，紛争の画一的解決は必ずしも行政行為の効力そのものについて認識されるのではなく，その基礎にある行政の行為義務について認識されるとの理解が見出された（第 1 章第 2 節第 1 款第 2 項 II 2 参照）。規律の妥当範囲は個々の法的仕組みに照らして検討される必要があり（太田 [2005] 243 頁），紛争の画一的解決の必要性も，問題となる法関係の特色に照らしてより詳細に判断される必要がある[8]。そこで以下では，「引き込み型」や「効力拡張型」が必要とされる実質的な理由を探究し，そこから紛争の画一的解決の必要性を導く諸要素を抽出することを試みる。

Ⅱ　板挟みの回避

　先に見た通り，紛争の画一的解決を必要とする問題状況を示す概念としては，「法関係の不可分性」があった（第 1 款第 2 項参照）。以下ではこれを検討の出発点として，紛争の画一的解決を必要とする問題状況を類型化する。

　この「法関係の不可分性」とは，典型的には，二つの判決の内容を同時に実現することができない状況を捕捉するものであった。二つの判決を同時に実現することができない場合とは，二つの判決が命ずる給付内容が両立し得ないものであり，一方を履行すると他方が必然的に不履行となってしまう状況であると敷衍できる。換言すれば，こうした事態は，二つの判決がある者について相矛盾する義務を課す結果となる場合であると言える。以下では，同一の対象の

---

7)　Maurice HAURIOU, *Précis de droit administratif et de droit public*, 11ᵉ éd., 1927, pp. 362-363. 参照，亘理格「行政による契約と行政決定（décision exécutoire）（3・完）――フランス的行政行為観の形成過程に関する一考察」東北大学法学 48 巻 2 号 249 頁，257 頁以下（1984）。

8)　より一般的に，行政実体法の分析から出発して帰納的に法関係の類型化を図る方向性を共有するものとして，山本隆司 [2000] 261 頁以下；Schmidt-Preuß [2005] S. 84ff.。

存否に関する矛盾した判断がこうした事態に結びつく場合（1），異なる対象の存否に関する判断が結果的にこうした事態をもたらす場合（2）のそれぞれについて概観する。

1 同一対象に関する矛盾判断の回避

同一の対象に関して二つの判決が相異なる判断を示すと，ある者に対して両立し得ない二つの義務が課される状況は，対世効が導入されている種々の手続において実際に見出される。

(1) 義務の衝突——隣人訴訟，競業者訴訟

まず，こうした状況は，行政行為の効力に関する紛争においてしばしば生じる。ここで再び，隣人 X が行政主体 Y を被告に建築主 Z の建築確認の取消判決を得たという事例を観念しよう。XY 間の取消判決の既判力により，Y は X に対して，建築確認が取り消された状態を維持する義務（反復禁止義務）を負う。しかし Z は，前訴判決の既判力を受けないため，当該許可が存続することの確認を求める訴訟を Y に対して提起し，前訴判決の基準時前の事情を争い直すことができる。仮にここで，X の参加なくして Z が認容判決を得たとすると，この ZY 間判決の既判力により，Y は Z に対して，建築確認が存続している状態を実現する義務を負うことになる。ここで Y は，前訴判決の既判力により X との関係では行政行為が取り消された状態を維持する義務を負い，後訴判決の既判力により Z との関係では行政行為が存続している状態を実現する義務を負うという，板挟みの状態におかれてしまう。行訴法の立法過程で第三者効の必要性が認識された河川法上の許可の取消訴訟（第 1 部第 1 章第 1 節第 2 款第 2 項 I 3 参照）を含む，いわゆる隣人訴訟の多くについては，こうした状況を避けることが，紛争の画一的解決の必要性として認識されているものと考えられる。

そのほか，いわゆる競業者訴訟においても，同様の問題は生じる。例えば，新規参入業者 Z が得た許可について既存業者 X が取消訴訟を提起する例では，X が取消判決を得たのち，やはり Z が行政主体 Y のみを被告として許可の有効性を確認する訴訟を提起することがあり得，それが認容されるならば，Y は X に対しては許可が取り消された状態を維持する義務を負い，Z に対しては許可が有効である状態を実現する義務を負うこととなる。競願訴訟においても，

第2節　紛争の画一的解決の必要性

例えばXZ二名の競願を受けて行政主体YがZに免許を付与した場合に，X
がZに対する免許の取消訴訟を提起してそれが認容された場合，Zは自身の免
許が存在する旨の確認訴訟を提起することができ，そこで前訴判決の基準時前
の事情に基づいて認容判決が下されることとなれば，Yはやはり板挟みの状況
に陥ってしまう。

こうした板挟み状況は，ZにYのみを被告とする訴訟を提起することを認
めず，XYの双方を被告とする前訴判決の取消しの手続を強制することで，回
避することができる。その意味で，第三者再審の制度に排他性を持たせること
が，紛争の画一的解決のための有効な手段となる。

ただし，日本の行政事件訴訟の認容判決には執行力が備わらないと解されて
いるため（塩野［2013］244-245頁），上記の例でYがXまたはZに対して負う
義務を履行できない状況が生じても，XまたはZは強制執行によって当該義
務の履行を強制することはできず，被告の板挟みは未だ観念的なものに留まる
とも言える。そのため，ここで一般的に問題とされているのは，結局のところ
前訴原告Xの関与しないところで前訴判決の意義が失われることそのもので
あり，その限りでは，先に見た原告の救済の貫徹の問題の延長線上の問題だと
も捉えられる（第1項参照）[9]。

(2)　債務名義の衝突——会社関係訴訟

これに対して，強制執行が可能な義務が衝突する場合，換言すれば二つの矛
盾する内容の債務名義が存在する場合には，Xの救済の貫徹の問題には尽きな
い問題が生ずる。すなわちここでは，被告が一方の義務を履行しても他方の義
務を履行することができなくなることで，いずれの義務を履行しても間接強制
を免れ得なくなるという深刻な事態を招くのである。判決に執行力が備わるド
イツの行政訴訟法制においては，先に見た義務の衝突状況（(1)）から，究極的

---

9)　ただし，義務付け訴訟および差止訴訟に関する給付訴訟説は，行政行為の発布ないし発布禁止の
　　義務について，義務付け判決または差止判決を債務名義とした強制執行手続を認める解釈論上の可
　　能性を秘めている。債務名義としての適格を有するのは「確定判決」であり（民執22条1号），義
　　務付け判決および差止判決も「確定判決」であることには変わりがない。問題は，義務付け判決お
　　よび差止判決の執行力を否定する解釈論である。中川［2015］44頁も，「行訴法の文言上は，民事
　　執行法の適用を予定していると解する余地がゼロではない」とする。ただし，この問題に関しては
　　より立ち入った考察を必要とする（Bachof［1951］S. 149ff.）。

283

第2部　紛争解決と第三者効　　第2章　対世効による紛争解決

には間接強制が回避不可能になる状況が生じ得る。

　日本でこの問題が生じ得るのは，会社関係訴訟である。会社関係訴訟における対世効の必要性は，被告会社の板挟みの危険の回避に求められている。株主および役員等の会社内関係者や，会社外関係者であっても「当該決議を直接の先決問題とする権利を持つ第三者」については，被告となった会社が受けた判決の効力を同様に及ぼす必要があると解されている。その理由は，会社とそれらの関係者とがそれぞれ異なる内容の判決に拘束されることになると，会社の身動きが取れなくなるからだとされる（岩原［1980］1091-1092頁，1095頁以下）。具体的には，例えば，株主Xが会社Yを被告として提起した取締役Zの選任決議の取消訴訟の認容判決が下された後，Zが取締役たる地位の確認請求訴訟を会社Yに対して提起し，それも認容された場合，YはZをXとの関係では取締役として扱ってはならず，Z自身との関係では取締役として扱わなければならないことになる。また，違法配当に係る株主総会決議に対する無効確認訴訟が認容された場合に，当該配当を受領すべき株主が会社に対してなお配当請求訴訟を提起してこれも認容された場合，会社は前訴判決に従うならば当該株主に配当金を支払ってはならず，後訴判決に従うならば当該株主に配当金を支払わなければならないことになってしまう[10]。

　そしてここでは，いずれの義務を履行しても会社が強制執行を免れることができなくなる状況が生じ得る。上記の前者の例において，YがZに対して報酬を支払うことは，前訴原告たる株主Xとの関係では法令違反行為となることを免れない（正確には，前訴判決の既判力により，前訴原告に対して会社は当該取締役の選任決議の有効性を主張できない）ため，当該株主が報酬支払いの差止めを求め（会社360条），認容判決または仮処分が下された場合，会社は当該取締役に報酬を支払うならば当該株主からの間接強制を免れない。しかし，逆に報酬を支払わないならば，当該取締役から報酬支払請求訴訟を提起され，その認容判決に基づく強制執行を免れ得ない。配当金の支払いに関する事例においても同様に，Yは双方から相矛盾する義務に関して強制執行を受け得る地位に置か

---

10)　このような会社の板挟みの危険は，対世効規定が適用されない訴えにおいても生じ，そこでは解釈論上の「対世効」が肯定されている。例えば役員解任の訴えについて請求認容判決が下された後，会社と共同被告とされた役員が会社に対して役員としての地位確認請求訴訟を提起しても，改めて解任事由の存否を争うことはできないと解されている（垣内［2014］381頁）。

284

第2節　紛争の画一的解決の必要性

れてしまう。ここでは，ZにXY双方を被告とする後訴を強制し，前訴判決を取り消させることで，選任決議の有効性ないし取締役たる地位の存否や，配当決議の有効性ないし配当の違法性について，紛争の画一的解決を図る必要性が大きいと言える。

2　異なる対象に関する矛盾判断の回避

以上は，行政行為の効力や株主総会決議の効力など，同一の対象に関して相異なる判断が下される事例であった。このような場合には，実際には対世効規定が用意されていることが多く，そうでない場面でも解釈論上の対世効が肯定されていた。

これに対して，異なる対象に関して二つの判決が下される場合にも，結果的にある者に対して両立し得ない二つの義務が課される状況があり得る。このような状況も，二つの判決の内容を同時に実現することができない状況であることには変わりがなく，紛争の画一的解決の必要性は否定されないものと考えられる。しかしながら，こうした状況下において紛争の画一的解決を図るための仕組みは，少なくとも明示的には議論されてこなかった。

(1)　差止請求権の衝突——訴訟物の非両立？

この状況が実際に生じてしまっているのが，我が国における諫早湾潮受堤防の開閉をめぐる紛争である。具体的には，最高裁が下した二つの決定（最決平成27年1月22日判時2252号33頁，最決平成27年1月22日判時2252号36頁）により，国に対して開門を命ずるものと開門の差止めを命ずるものという，二つの相反する内容をもつ強制金決定がいずれも確定し，国はいずれの決定に係る義務を履行しても強制金の支払いを免れないという状況に陥っている。その根底にあるのは，漁業者の漁業行使権に基づく妨害予防ないし妨害排除請求権の行使としての開門請求権と，農業者の所有権等に基づく妨害予防請求権の行使としての開門差止請求権とが，矛盾する内容の義務を国に課すものであった点にある。

ここで問題となる開門請求権と開門差止請求権とは，異なる者に帰属する異なる権利であり，開門請求訴訟と開門差止請求訴訟とは，民事訴訟における通常の理解では「合一確定の必要性」（第1款第1項参照）を満たさない。そのため，この板挟み状況は，既存の民事訴訟および執行関係訴訟の建前では解消す

285

第2部　紛争解決と第三者効　　第2章　対世効による紛争解決

ることが予定されていない[11]。しかしながら，二つの判決により同時に履行することができない二つの義務を負わされることになるという状況は，先に見た諸事例と共通しており（1参照），こうした状況を避ける必要性があることに変わりはない。ここでもやはり，異なる訴訟物に関する二つの紛争について，画一的解決の必要性はあるというべきである。ここにいかなる形で紛争の画一的解決を図るための仕組みを導入することができるかは，より踏み込んだ考察を必要とする（第3章第3節第2款第3項参照）。

(2)　特定物の引渡義務の衝突

　他方で，相異なる対象に関する二つの判決が両立し得ない二つの義務を命ずる状況は，特定物の引渡しの場面においてもあり得る。例えば，Yの所有する土地甲がXとZとに二重に譲渡され，XおよびZがそれぞれYに対して甲の明渡請求訴訟および所有権移転登記請求訴訟を提起して，ともに請求が認容された場合，YはXに対してもZに対しても甲を明け渡し，登記を移転しなければならないが，一方に対する義務を履行してしまうと，他方に対する義務は履行できないことになってしまう。

　注目すべきは，こうした特定物の引渡債務の競合は，民事実体法のレベルで調整がなされており，訴訟法上の調整無くして，二つの判決を同時に履行することができないという事態が既に避けられていることである。上記の不動産の二重譲渡事例において，一方の買主Xが先に所有権移転登記を備えた場合，他方の買主Zに対する明渡義務および移転登記義務は，目的物の滅失のように物理的に不能となったわけではないが，社会通念上履行不能であるとして消滅する（最判昭和35年4月21日民集14巻6号930頁）[12]。ここでは，対抗要件主義（民177条）および履行不能による履行請求権の消滅という実体法上の調整により，売主Yが第一買主Xと第二買主Zの双方に対して明渡義務および移

---

11)　決定の分析として参照，巽智彦「同時に実現することが不可能な二つの債務に係る間接強制金の決定がともに適法とされた事例——諫早湾干拓事業許可抗告審」自治研究92巻9号144頁，151頁（2016）。

12)　我妻栄『新訂債権総論（民法講義Ⅳ）』143頁（岩波書店，1964）。なお，債権法改正案では，「債務の履行が契約その他の債務の発生原因及び取引上の社会通念に照らして不能であるときは，債権者は，その債務の履行を請求することができない」として，履行不能による履行請求権の消滅が明文化された（412条の2。潮見［2015］53頁以下）。

転登記義務を負うという板挟みの状況が，予め避けられているのである。

3　権利の不実現？

　なお，上記の諸例においては，被告Yのいわゆる「二重負け」を防ぐことが紛争の画一的解決の目的であるとも言える。しかし，いわゆる「二重負け」の事態そのものは，常に紛争の画一的解決を基礎づけるものではない。例えば，反射効の有無や必要的共同訴訟の成否の問題として取り上げられる保証人事例においては，一般的には紛争の画一的解決の必要性は認識されていない。具体的には，債権者Xの保証人Yに対する保証債務履行請求訴訟，Xの主債務者Zに対する主債務履行請求訴訟，およびYのZに対する求償請求訴訟は，いずれについても必要的共同訴訟の関係は認められず[13]，その結果，XY間訴訟では主債務の存在が認められたにもかかわらず，YZ間訴訟ではそれが否定され，Yがいずれの訴訟でも敗訴する場合があり得る（高橋宏志［2014］365頁以下）。要するにここでは，主債務の存否という，保証債務および求償権の前提問題たる実体法状態が，XY間とYZ間で異なる形で妥当していることになり，紛争の相対的解決が許容されている。こうした保証人Yの「二重負け」は，訴訟告知や同時審判の申出（民訴41条）により，あくまで当事者の選択によって回避することが予定されている（第1章第1節第2款第3項II参照）[14]。

III　財産価値の公平な分配

　ところで，紛争の画一的解決のための制度が必要とされてきた事例は，以上のような，内容の異なる二つの判決を同時に実現することが不可能である事例に限られるわけではない。例えば，特定物の引渡し（II 2(2)参照）ではなく，金銭価値の分配が問題となる場面では，内容の異なる二つの判決を同時に実現することが一応可能である（高橋宏志［2013］741頁以下；岡成［2014］14頁註38）。しかし，ここでも一定の場合には，対世効規定の導入により，紛争の画一的解決の必要性が肯定されてきた。

---

13)　主債務履行請求訴訟と保証債務履行請求訴訟とを通常共同訴訟とし，弁論の分離を認めた例として，最判昭和27年12月25日民集6巻12号1255頁。

14)　異論としての「準必要的共同訴訟」について参照，中村英郎「特別共同訴訟理論の再構成」同『民事訴訟におけるローマ法理とゲルマン法理』195頁，207頁以下（成文堂，1977）〔初出：1965）。

第2部　紛争解決と第三者効　　第2章　対世効による紛争解決

1　限定された価値の分配——倒産

対世効規定が導入されている倒産関係訴訟の例（第1部第1章第2節第3款参照）で言えば，破産債権者Xの届け出た破産債権について他の破産債権者Yが異議を述べ，Xが査定申立てをしてそれが棄却され，XがYを被告として査定異議訴訟を提起し，認容判決が下され，（仮にこの認容判決に排除効の拡張がないとして）その後さらに，Yと同じくXの破産債権の存在を疑問とするZが，Xの破産債権の不存在確認訴訟を提起し，これも認容された場合，Xの破産債権はYとの関係では満額存在し，Zとの関係では存在しないという状態が生じているが，これは実体法上許容できない状況だとまでは解されていない。というのも，強制執行手続における配当異議訴訟については，まさにこうした相対的解決が許容されているからである（中野＝下村［2016］560-561頁）。

このような事態の発生を防ぐ必要性は，分配手続の目的ないしは分配を規律する実体法の趣旨から導かれるのだと言えよう。強制執行手続との差異に詳細に立ち入る余裕はないが，倒産手続における紛争の画一的解決の必要性は，その目的とする総債権者の満足の最大化，利害関係人の権利の衡平な実現の理念[15]から導かれるものと解されよう。

他にも，犯罪被害財産支給手続においては，取消訴訟の仕組みによって財産の分配に関する紛争の画一的解決が図られている[16]が，その理由もまた，債権者（犯罪被害者）のある種の衡平な取扱いの要請に求められよう。これに対して，振り込め詐欺救済法では，分配手続を行政ではなく金融機関が行うこともあり，こうした仕組みは採用されていない[17]。

---

15)　さしあたり参照，伊藤眞『破産法・民事再生法（第3版）』20頁以下（有斐閣，2014）。より詳しくは，水元宏典『倒産法における一般実体法の規制原理』142頁以下（有斐閣，2002）。

16)　同手続では，他の申請者に下された検察官の資格裁定に対する審査の申立て（犯罪被害回復40条1項3号参照）が棄却され，その取消訴訟が提起された場合（同46条参照），そこでは取消判決の第三者効および第三者再審により，紛争の画一的解決が図られることになる。なお，全ての被害者に対する支給資格裁定が確定しなければ給付は与えられない（同14条）ため，迅速な給付のために，平成26年行審法改正後も審査の申立てが前置されている（犯罪被害回復46条。参照，宇賀克也ほか「［鼎談］行政不服審査法全部改正の意義と課題」行政法研究7号1頁，42頁〔宇賀克也発言〕(2014)）。

2 限定のない価値の分配？——共通義務確定訴訟

他方で，倒産手続や強制執行における配当手続とは異なり，総額に限定のない価値の分配を行う手続においては，一般的に紛争の画一的解決の必要性は認識されない。例えば，適格消費者団体による共通義務確認訴訟が認容されたのちの簡易確定手続は，外面的には倒産手続における債権確定手続と類似している（山本和彦［2013］498 頁註 47）が，この手続は，倒産手続や強制執行手続のように具体的に限定された引当財産（破産財団や被差押財産）の価値を分配するものではなく，分配対象者や分配額を確定する仕組み（債権者表や配当表）も設けられていない。こうした簡易確定手続における異議後の訴訟の判決について対世効規定が存在せず，届出消費者表の「確定判決と同一の効力」について「破産債権者の全員に対して」（破産 124 条 3 項，131 条 2 項）といった文言が存在しない（消費被害回復 42 条 5 項，47 条 2 項）のは，配当異議訴訟と同じ意味で相対的解決を許容する旨を表現したものではなく，通常の給付判決について相対効が妥当するのと同義であるに過ぎない。

第 3 項　複数の法関係の複合

角度を変えてみると，民事法関係において対世効の必要性が問題とされてきた諸例は，ある法関係から導出される複数の請求を画一的に処理するために，当該法関係それ自体について紛争の画一的解決を図ることで，法関係の複合を画一的に解決する仕組みであったと言える（第 2 項 I 2 参照）。このような観点からは，複数の法関係が複合している状況における紛争の画一的解決の問題一般が視野に入ることになる。

この問題は，排他性による紛争の画一的解決の貫徹（第 1 節第 3 款参照）に密接にかかわる。というのも，複数の法関係が複合している場合，ある法関係に

---

17) ただし，支払該当者とその被害額を記載した決定表を閲覧に供する（15 条）ことによって申請人の異議の機会を保障し，不正の手段により分配金の支払いを受けた者に対しては金融機関が分配金の返還に係る措置を適切に講ずるものとし（24 条 1 項），そこで分配金の返還を受けた場合，金融機関は他の支払該当者に被害回復分配金の再配分をしなければならない（24 条 2 項）という限りでは，申請人間における紛争の画一的解決が確保されている。参照，柴山昌彦「犯罪利用預金口座等に係る資金による被害回復分配金の支払等に関する法律（振り込め詐欺被害者救済法）および関連規程の概要」金法 1837 号 10 頁，16 頁（2008）。

第2部　紛争解決と第三者効　第2章　対世効による紛争解決

ついて相対的解決がなされると，それを基礎に展開している他の法関係につい
ての紛争の画一的解決を妨げることがあり，そこでは前提たる法関係について
紛争の画一的解決を達成するための手続を強制する必要性が生じるからである。

　以下では，前提問題を争う手続の排他性が紛争の画一的解決のために必要と
される場合を明確化したうえで（Ⅰ），具体的な事例をもとに考察を進める
（Ⅱ）。

Ⅰ　紛争の画一的解決の貫徹のための排他性の必要性

　原告が救済を求める際に，そもそもある行為ないし判決を関係者間全体で取
り消さなければ救済を得られない場合，換言すれば，原告の訴えの利益にある
行為ないし判決の効力を関係者間全体で否定することが含まれる場合には，紛
争の画一的解決を貫徹するために，行為の取消訴訟や当該判決に対する第三者
再審に排他性を付与する必要はない。というのも，わざわざそうした訴訟ない
し手続を強制しなくとも，原告は自身の救済のために当該手続を自発的に選択
することになるからである（第1節第3款参照）。例えばいわゆる競業者訴訟に
おいては，新規業者の参入を防ぎたい既存業者は，通常は新規業者の営業を差
し止める民事法上の権原を有さない（例外として，独禁24条，不競3条）ため，
新規業者の参入を防ぐためには，営業許可処分の取消訴訟を提起するほかない。
他にも，既存の流水占用権者が提起する電力会社の河川法上の許可の取消しの
事例（第1部第1章第1節第2款第2項Ⅰ3参照）や，隣人が建築主の建築確認を
争う事例（本部第1章第2節第1款第1項参照）では，流水占用権や所有権，人格
権を根拠に私人間の民事訴訟が可能ではあるものの，許可の取消訴訟にはそれ
らとは異なる意義が認められる[18]。

　これに対して，紛争の画一的解決のために排他性の仕組みが重要となるのは，
原告が救済を求める際に，本来ならばある行為ないし判決を取り消す必要がな
く，当該行為ないし判決が違法ないし無効であることを前提に他の主張を行う
ことで足りる場合である。例えば，農地買収，滞納処分としての公売，土地収
用裁決など，所有権の帰属を変更する処分に関しては，原告は第三者との間で
所有権の帰属を確定するための民事訴訟を提起し，その前提問題として行政処

---

18)　両者の関係調整のあり方について参照，山本隆司［2000］325頁以下。

分の効力を争うことができれば，行政主体との関係で行政処分が取り消されな
くとも，すなわち行政処分の効力についての紛争の画一的解決が達成されなく
とも，通常は十分な救済を得ることができる（興津［2015］233頁）。このよう
な場合に処分の効力について紛争の画一的解決を貫徹するためには，処分の効
力が前提問題として相対的に解決されることを防ぐために，処分の効力を争う
手続に排他性をかける必要が生ずる。

Ⅱ　法関係複合の諸事例

　以下では，紛争の画一的解決が問題となる法関係の複合のうち，これまで典
型的に議論されてきたものを概観する。

1　身分ないし地位と財産関係

　紛争の画一的解決が問題となる法関係の複合の民事法分野における典型例は，
いわゆる「身分関係の不可分性」のテーゼを有する身分法関係である。人事訴
訟における対世効の範囲に関する議論は，身分法関係と相続法関係の複合を読
み解き，適切な規律を模索するという側面を含んでいた[19]。例えば，既に婚姻
無効判決や死後認知判決が確定しているとしても，相続財産の分配において当
該判決で宣言された婚姻関係や親子関係の存否を前提問題として争いなおし，
その限りでの相対的解決を認めることができるかが議論されてきた（吉村
［1978］237頁；本間靖規［1986-2］289頁以下；河野［1992-93］104頁）[20]。このよ
うな理論動向は，会社関係訴訟についても同様に見られる（岩原［1980］1090
頁以下；本間靖規［1986-1］237頁以下）。

　こうした法関係の複合の中には，先に見た紛争の画一的解決を必要とする事
例が含まれる。例えばある者の代表取締役たる地位そのものと，その者の役員
報酬請求権とは，同様の地位と財産関係との複合として観念することができる

---

19)　池尻郁夫「身分判決の対世効と第三者の手続権保障──西ドイツ民事訴訟法640条eのBeila-
dung」六甲台論集29巻1号46頁，58頁以下（1982）。

20)　兼子一は，「実体法上の平面」における法律関係の存否の相対性を，「判決の効力（既判力）の
段階」における相対性から夙に区別していた（兼子一「親子関係の確認」同『民事法研究Ⅰ』341
頁，344頁（酒井書店，1950）〔初出：1937〕）。最新の概観として，梶村太市＝徳田和幸編著『家
事事件手続法（第3版）』555頁以下〔高田昌宏〕（有斐閣，2016）。

第2部　紛争解決と第三者効　　第2章　対世効による紛争解決

が，株主 X が会社 Y を被告として提起した取締役 Z の選任決議の取消訴訟の
認容判決が下された後，Z が直截に報酬支払請求訴訟を会社 Y に対して提起し，
その前提問題として自身の取締役たる地位，ひいては自身の選任決議の有効性
を主張する場合には，Z の取締役たる地位や選任決議の有効性は相対的に確定
されることになり[21]，会社の板挟み状態が生じかねない（第2項 II 1 (2)参照）。
こうした事態を完全に防ぐためには，前提問題について紛争の画一的解決を図
ることができる手続を整備したうえで，それに排他性を認めることが必要とな
る。簡単に言えば，株主総会決議を争う訴訟を形成訴訟と理解する必要が生じ
る。

ただし，法関係の複合の相対的な処理が常にこうした板挟み状況を生じさせ
るというわけではない。例えば，新株発行不存在確認訴訟を提起せずに，株主
間で新株発行の不存在を前提とする訴訟を提起することを認めたとしても，会
社の板挟みという事態は生じない。ここで新株発行不存在確認訴訟による法関
係の複合の画一的解決[22]を正当化するのは，効率的ないし抜本的な紛争解決と
いう別の考慮である[23]。

また，法関係の複合を画一的に解決する手続が認められていても，そこに常
に排他性が認められるわけでもない。遺言者死亡後の遺言の有効性（最判昭和
47年2月15日民集26巻1号30頁）や，ある財産が遺産分割前の共有関係にある
こと（最判昭和61年3月13日民集40巻2号389頁）などは，それ自体を確認訴訟
の対象とすることが認められており，しかもこれを固有必要的共同訴訟である
とする理解が有力である[24]。他方で，こうした訴訟の終局判決が確定していな
くても，これらの問題は遺産分割協議等において当然に争われ得るのであり，

---

21) なお，会社を代表して行った取引関係の処理との関係は，表見法理による解決がなされる場合
　　が多い。具体的には，会社の代表取締役と取引をした者に，当該代表取締役の選任決議の取消判決
　　の内容を争わせるのではなく，表見法理による救済を認めるのが通説的な理解である（江頭 [2015]
　　368頁註5）。このように表見法理が用いられる場合には，当該代表取締役の地位は第三者との関係
　　でもなお存在しないものとして扱われるため，法関係の相対的な確定はそもそもなされない。
22) 最判平成9年1月28日民集51巻1号40頁は，当時はまだ明文のなかった新株発行不存在確認
　　訴訟を，対世効の必要性を理由に，会社を被告としてのみ提起することができるとした。
23) 菱田雄郷「判批：最判平成9年1月28日民集51巻1号40頁」法協115巻12号1959頁，1962
　　頁（1998）。
24) 民法906条が遺産分割における具体的な財産の帰趨を指示する規範であるとの理解の下，固有
　　必要的共同訴訟の成立を認めるものとして，岡成 [2014] 60頁以下。

292

第 2 節　紛争の画一的解決の必要性

換言すればこうした訴訟に排他性はない。要するに、排他性を導入することの
意味は、前提問題の画一的解決の必要性それ自体とは別に問題となる。

2　実体法関係とその公証

　民事法と行政法との交錯領域においてこうした法関係の複合を意識的に処理
してきたのは、登記や戸籍といった公証の諸制度である。処分性の認められる
公証行為（不動産登記簿の表題部への所有者の記載について最判平成 9 年 3 月 11 日判
時 1599 号 48 頁、傍論ながら住民票への氏名等の記載について最判平成 11 年 1 月 21 日
判時 1675 号 48 頁）について、公証の対象となる実体法関係が不存在であること
が公証行為の取消原因ないし無効原因となるとすると、当該実体法関係の存否
が公証行為の取消訴訟の前提問題として争われることとなる。しかし、公証の
前提となった法関係の存否そのものを確定するためには、当該法関係の存否を
訴訟物とする民事訴訟が別途必要となる[25]。その結果、公証行為の取消訴訟の
理由中の判断と、当該法関係の存否そのものを争う民事訴訟の主文中の判断と
で、当該法関係の存否に関する判断が食い違う、すなわち相対的に解決される
ことがあり得ることとなる。

　我が国の公証制度の中には、こうした相対的解決を防止するための仕組みが
予定されているものがある。例えば商業登記の制度は、登記に「無効の原因」
がある場合でも、当該原因が「訴えをもってのみ」主張することができる場合、
すなわち無効主張の手続に排他性が認められる場合には、職権抹消を否定する
（商登 135 条 1 項、同 134 条 1 項 2 号但書）。この場合、少なくとも登記処分に対す
る審査請求（同 142 条）においては、前提問題として登記の前提となる法関係
の存否を争うことも否定されると解されている[26]。そのうえで、この「訴えを
もって」した主張が認められた場合、すなわち実体法関係の存否が判決主文に
おいて確定した場合には、実体法関係の確定に合わせて改めて公証がなされる
（会社 937 条）。戸籍に関しても、「確定判決によって戸籍の訂正をすべきとき」

---

25)　最判平成 9 年 3 月 11 日判時 1599 号 48 頁の園部逸夫補足意見は、「所有権の帰属と登記の記載
　の食い違いを正すためには、本来、実体権の帰属が争いとなる当事者間における民事訴訟によるべ
　きものである」旨を付言する。

26)　最判昭和 60 年 2 月 21 日金法 1111 号 35 頁。ただし、同判決は審査庁たる登記官の権限に着目
　しており、その論旨によれば取消訴訟は別論となり得る。

293

第2部　紛争解決と第三者効　　第2章　対世効による紛争解決

という類型[27]を設けることで，同様の建前とされている（戸籍116条1項）。こうした仕組みは，公証の前提となる実体法関係を確定する手続に排他性をもたせることで，公証とその前提となる実体法関係とが区々に確定されることを防ぐものと言える。ただし，裏面として，実体法関係を争う手続の排他性が認められていないときには，前提問題としての審理が許され，相対的解決がなされ得ることとなる。例えば，持分会社の「決議」の効力を争う特別の手続は存在しないため，これが登記の取消訴訟の前提問題として審理されることは妨げられない[28]。

　これに対して，不動産登記に関しては，そもそも不実の公証行為一般が無効となるという考えがとられていない。具体的には，不実の公証のうち職権訂正が可能なものが明文で限定されており（不登71条），同旨は審査請求（同156条以下）や取消訴訟にも妥当すると解されている[29]。ここでは，公証処分を争うための前提問題として実体法関係を争うことができる場面がそもそも限定されており，まずは当該実体法関係の当事者間でそれを確定し，それに基づいて改めて登記処分を行うという形で，法関係の複合の画一的な処理がより徹底されていると言える。

---

27)　ここには審判が含まれ，この場合に戸籍事務管掌者は，確定審判が無効でない限り届出を不受理とすることはできない（最決平成26年4月14日民集68巻4号279頁）。

28)　東京地判平成9年10月13日判時1654号137頁は，合資会社Zの社員Xが登記官Yに対して自身の退社登記の取消訴訟を提起した例であるが，前提問題としてZの定款に基づく退社決議の無効が認定され，請求が認容されている。仮にこれを承けてZがXに対してXの社員たる地位の不存在を確認する訴訟を提起し，認容判決が下された場合，退社決議の効力ないしXの社員たる地位は，区々に確定されることになる。

　なお，我が国の第三者再審の数少ない例の一つである東京地判平成10年7月16日判時1654号41頁は，先の東京地裁判決に対して当該合資会社Zが第三者再審を提起したものである。ただし，ここでZが第三者再審を提起する必要ないし意味があるのかは別途問題となる。上記のXの社員たる地位の不存在を確認する確定判決をもって改めてXの退社登記を行うことができるならば，Zは敢えて第三者再審を提起する必要がない。また，Zが第三者再審で勝訴しても，Xの社員たる地位に関するXZ間の紛争は解決しない（新山一雄「判批：東京地判平成10年7月16日」自治研究76巻1号117頁，126頁（2000））。したがって，ここでもむしろ，民事の地位不存在確認訴訟に登記の取消訴訟との関係で排他性を持たせる形で，両者の関係を調整すべきと考えられる。

29)　山野目章夫『不動産登記法（増補）』515頁（商事法務，2014）。

294

第 2 節　紛争の画一的解決の必要性

3　行政行為と民事法関係

行政法関係においても，行政行為によって設定される法関係と他の法関係（典型的には民事法関係）の複合の処理が，とりわけ行政行為の公定力の範囲ないし先決問題の法理の問題として問題とされてきた（遠藤［1968］244 頁以下；兼子仁［1971］363 頁以下）[30]。具体的には，所有権を移転する処分を典型例として，その効力を争う訴訟類型をいかに整理するか，またその効力と切り離して成立し得る請求の範囲如何が問題とされてきた。そのほかにも，例えば特許付与[31]や社会保障給付の裁定[32]，講学上の認可[33]などに関して，検討の必要が示唆されている。以下では，古典的に議論されてきた滞納処分としての公売（(1)）と収用裁決（(2)）について，具体的に検討する。

(1)　滞納処分としての公売

例えば，日本において取消判決の第三者効を論ずる際に常に念頭に置かれて

---

30)　そのほか，柳瀬良幹「先決問題の観念」同『行政法の基礎理論(2)』3 頁以下（弘文堂，1941）〔初出：1939〕；同「司法裁判所の先決問題審理権」同『行政法の基礎理論(2)』41 頁以下（弘文堂，1941）〔初出：1939〕；雄川一郎「先決問題について——行政行為に対する裁判所の審理権」同『行政争訟の理論』504 頁（有斐閣，1986）〔初出：1950〕；小早川光郎「先決問題と行政行為——いわゆる公定力の範囲をめぐる一考察」田中二郎古稀『公法の理論(上)』371 頁（有斐閣，1976）。

31)　侵害訴訟における特許無効原因の審理を一定の要件下で認めたキルビー事件（最判平成 12 年 4 月 11 日民集 54 巻 4 号 1368 頁）や，被冒認者から冒認者に対する特許権移転請求を一定の要件下で認めた生ゴミ処理装置事件（最判平成 13 年 6 月 12 日民集 55 巻 4 号 793 頁）は，特許付与処分の効力との関係でしばしば取り上げられてきた（山本隆司［2012］193 頁以下）。制度間調整の視点をより強く打ち出すものとして，興津征雄「特許付与・無効審判・侵害訴訟——行政法学的分析」パテント 64 巻 10 号 1 頁，14 頁以下（2011）；同「行政作用としての特許権発生と特許無効——特許法 104 条の 3 と行政法ドグマーティク」知的財産法政策学研究 38 号 13 頁，53 頁以下（2012）。なお，前者の問題は平成 16 年改正により（特許 104 条の 3），後者の問題は平成 23 年改正により（同 74 条），それぞれ立法論上の解決が図られた。

32)　とりわけ，恩給裁定の同順位者間での受給権主張を認めた下級審判決（東京地判昭和 39 年 6 月 23 日判時 380 号 22 頁。参照，小早川［2003］47 頁；山本隆司［2004］650 頁）や，恩給裁定の職権取消しの効力を恩給担保権者に及ぼすことを否定した最高裁判決（最判平成 6 年 2 月 8 日民集 48 巻 2 号 123 頁。参照，太田［2005］239 頁，250 頁註 38）が，しばしば取り上げられてきた。

33)　特例財団法人の定款変更の可否が争われた民事訴訟（最判平成 27 年 12 月 8 日民集 69 巻 8 号 2211 頁）と並行して争われた移行認可の取消訴訟として，大阪地判平成 25 年 10 月 25 日裁判所ウェブサイト；大阪高判平成 26 年 9 月 30 日裁判所ウェブサイトが注目に値する（参照，巽智彦「移行認可の取消訴訟」公益法人 46 巻 3 号 32 頁（2017））。講学上の認可一般に関する問題提起として，高木光「認可＝補充行為説の射程(2・完)——公益法人制度改革における移行認可を素材として」自治研究 90 巻 6 号 3 頁，6 頁以下（2014）。

295

第2部　紛争解決と第三者効　第2章　対世効による紛争解決

きた，滞納処分としての公売により換価物件の所有権が買受人Zに移転した
後に，滞納者Xが滞納処分の取消判決を得たという事例（第1部第1章第1節
第1款第3項Ⅲ参照)[34]では，滞納者Xと課税主体Yとの間の滞納処分の効力を
めぐる争いと，滞納処分の効力を前提問題とする滞納者Xと買受人Zとの間
の換価物件の帰属の争いは，分離して構成できる。超過差押（国徴48条1項）
や無益差押（同2項）など，滞納処分としての差押えの違法を理由に公売決定
を争う場面[35]については，一方で滞納者Xの利害は換価物件の所有権を取り
戻すことに尽きている[36]。他方で，Yの租税債権はZから公売代金が支払わ
れることで既に満足されている。そうすると，XZ間の所有権確認訴訟または
明渡請求訴訟の前提問題として滞納処分としての差押えの有効性を主張するこ
とを許し，滞納処分の効力がXY間（有効）とXZ間（無効）とでばらばらに確
定されても，XにもYにもひとまず不都合は生じない。

　しかし他方で，Zはなお滞納処分の有効性について利害を有する。上記のよ
うに滞納処分の効力について関係者間で異なる判断が出され得るとすると，Z
は，Xとの関係では滞納処分の無効が前提とされて所有権がXに帰属するこ
ととなり，Yとの関係では逆に滞納処分の有効が前提とされて買受代金の不当
利得返還請求ができなくなるという，二重負けの危険に服することになる。ま
た，仮に滞納処分の無効を前提としてZのYに対する不当利得返還請求が認
容された場合，Yは改めてXに対して滞納処分を行わなければ租税債権を満
足できないが，当初の滞納処分との調整を行う必要が生ずる。そのため，滞納
処分の有効性をめぐる争いは，ZやYにとっては画一的に解決される必要が

---

34)　ただし，現在では滞納処分の執行に関して実定法上詳細な規定が設けられており，公売手続が
　完了して物件の所有権が移転した後になって滞納処分が取り消され，買受人が所有権を喪失すると
　いう事態は生じにくくなった。しかし他方で，大量の課税処分の基礎をなす課税要件の解釈や有効
　性が問題となる事例で認容判決が下される場合も現れてきており（例えば，生命保険の年金受給権
　の非課税所得該当性（最判平成22年7月6日民集64巻5号1277頁）や，神奈川県臨時特例企業
　税条例の違法性（最判平成25年3月21日民集67巻3号438頁)），そうした場合には公売手続の
　完了後に課税処分および滞納処分の無効が問題とされる例もあり得よう。
35)　なお，差押えではなく公売決定それ自体の違法性を争う場合には，Xの利害が換価物件の価値
　にあり，換価物件の所有権の帰属にはない場合があるため，事情が異なる。
36)　これに対して，滞納処分固有の違法ではなく課税処分の無効を理由として滞納処分を争う場合
　には，Xの利害は換価物件の所有権の帰属に尽きず，租税債務の存否にまで及び得るため，これま
　た事情が異なる。

296

ある。

　もちろん，一方でZはXとの間での所有権の帰属に関する民事訴訟の中で
Yに対して訴訟告知をすることによって，他方でYはZからの不当利得返還
請求訴訟においてXに対して訴訟告知することによって，自身のイニシア
ティブにおいてこうした事態を回避することが可能である。換言すれば，Xの
提起する滞納処分取消訴訟に排他性を認めることは，Zの二重負けの危険やY
の滞納処分の調整の問題を後見的に除去するという意味をもつと理解すること
ができる。

(2)　収用裁決

　土地収用法上の権利取得裁決の例（第1部第1章第1節第2款第3項I 1(1)参照）
では，滞納処分としての公売処分と同様に，物件の所有権を移転させる効果を
持つ処分が問題となっているが，収用地の占有の移転に関して行政のより積極
的な関与が予定されているために，状況が異なる。すなわち，権利取得裁決と
同時に，またはそれに引き続いて明渡裁決がなされると，被収用者に対象物件
の占有を起業者に移転する義務が生じる（土地収用102条）だけでなく，起業者
の請求により都道府県知事による代執行がなされ得る（同102条の2第2項）[37]。
それゆえ，仮に被収用者Xが，権利取得裁決および明渡裁決の無効を前提に，
起業者Zに対して収用物件の所有権確認請求訴訟を提起し，それが認容され
ても，行政主体Yとの関係では両裁決が有効に存在する以上，XはYとの関
係ではなおZへの明渡義務を負っており，ZはYに代執行を請求し得ること
になる。そのため，ここでは，Xが自身の救済を貫徹するためにYとの関係
で両裁決の効力を否定しなければならない。要するに，取消訴訟に排他性をか
けるまでもなく，Xは自身の救済のために取消訴訟を選択することになる（I
参照）。ただし，XがYに対して権利移転裁決の取消訴訟を提起して認容され
たとしても，それだけでXの救済は完結しない。裁決の取消訴訟ではZの取
得時効を中断することができない[38]し，Zが明渡しを拒む場合もあり得るため，
Xは別途，Zに対し，収用物件の明渡しおよび移転登記請求訴訟を提起する必

---

37)　この代執行の性質および限界に関して参照，太田［2009］110頁以下。
38)　自作農創設特別措置法上の農地買収計画に関してであるが，最判昭和47年12月12日民集26
　　巻10号1850頁。

第2部　紛争解決と第三者効　　第2章　対世効による紛争解決

要がある[39]。

　他方で，権利取得裁決の取消判決が確定した場合，それにより所有権を失った起業者Zは，必ずしも第三者再審を提起する動機を持たない。Zはむしろ，権利取得裁決の有効性を前提に，被収用者Xに対して明渡請求訴訟を提起することで足りる。しかし，仮にこの請求が認容された場合，権利取得裁決は取り消されたままであるから，同裁決で確定されるはずの補償金等（土地収用48条1項2号）の払渡しまたは供託がないままZが土地の所有権を取得することになる。しかし，土地収用手続においては，補償金等の払渡しまたは供託がなければ起業者は収用物件の所有権を取得できない建前がとられている（同95条，100条1項）ため，このような状況は法の趣旨に反することになる。換言すれば，ここでZに第三者再審の提起を義務付け，権利取得裁決の復活を求めることを強制するのは，Xへの補償金等の支払いを確保する法の趣旨を貫徹するためと考えられる。

第3款　同種利害関係人間の紛争の画一的解決

　前款で考察したのは，原告の反対利害関係人との間の紛争の画一的解決の必要性の問題であった。これとは別に論じられるべき問題として，原告の同種利害関係人との間の紛争の画一的解決の必要性の問題がある。この問題は，同種利害関係人に対する判決効の作用の問題として議論されてきたものである（第1章第3節第3款参照）。

　この論点に関しては，そもそも判決効の主体的範囲として論じられるべき問題が何であるのかが問題となる。そこでまず，この点に係る議論を整理したうえで（第1項），具体的に紛争の画一的解決の必要性を導く諸要素を考察する（第2項）。

---

39)　なお，ドイツではこの点は結果除去請求権の制度により達成されている。換言すれば，ドイツではあくまで取消訴訟の延長線上で収用地の占有の移転，所有権移転登記の回復までを行政が処理することを可能としている。ドイツの仕組みに照らした日本の解釈論として，山本隆司［2000］397-398頁，485頁以下。

第1項　議論の整理

同種利害関係人間での判決効の作用の問題は，多数人の法的地位を同時に規律する行政処分について論じられてきた。具体的には，収用裁決の取消判決が原告以外の者の権原をも復活させるか否か[40]，鉄道料金変更認可（鉄事16条1項）[41]や診療報酬算定方法の告示（健保76条2項等）[42]等のいわゆる一般処分の取消判決が原告以外の者との関係でも当該処分を取り消すことになるのか否か（小早川［1978］111頁；遠藤［1987］339頁以下；南編［1987］731頁以下〔岡光民雄〕；芝池［2006］98-100頁；藤田［2013］491頁；宇賀［2015］276-277頁）について，議論がなされてきた。近時では，土地区画整理事業計画の処分性を認めた判決（最大判平成20年9月10日民集62巻8号2029頁）[43]や公立保育所を廃止する

---

40)　遠藤博也「収用裁決取消判決の第三者効について——取消請求権に関する一考察」同『行政救済法』127頁，130頁以下（信山社，2011）〔初出：1989〕。

41)　大阪地判昭和57年2月19日行集33巻1＝2号118頁は，鉄道事業法の前身たる地方鉄道法上の料金認可処分を違法と判断したが，「本件認可処分を，このことを理由に取り消すことにすると，利用者が一日約10万人にものぼる近鉄特急の運行に多大の混乱を惹起するばかりか，特急料金を徴収している他の私鉄（名鉄，小田急，西武，東武，南海など）にも影響を及ぼしかねない」と述べて，事情判決を下した。この判示の前提には，認可処分は原告との関係のみならず他の鉄道利用者との関係でも当然に取り消されるとの理解（「絶対的効力」ないし「全部取消し」）があるものと理解されている。なお，上告審である最判平成元年4月13日判時1313号121頁は，当時の地方鉄道法の解釈として原告適格を否定し訴えを却下しているため，この争点は上告審では判断されなかった。

　　その後，東京地判平成25年3月26日判時2209号79頁および東京高判平成26年2月19日訟月60巻6号1367頁は，鉄道事業法の解釈として一定の鉄道利用者に原告適格を肯定したが，本案勝訴要件の不充足により請求を棄却したため，この論点は現れなかった。なお，最決平成27年4月21日判例集未登載は上告を棄却および不受理とした。

42)　東京地決昭和40年4月22日行集16巻4号708頁は，厚生大臣が定める「療養に要する費用」の額の算定方法（当時の健保43条の9第2項）を改正する告示について執行停止決定を下し，その主文において，「右各申立人に対する関係において」当該告示の効力を停止する旨を判示した。この判示によれば，当該告示は当該事件において申立人となっていた四つの健康保険組合との関係でのみ効力を停止されることとなり，その他の保険者との関係では未だ当該告示の効力は存続していることとなる（「相対的効力」ないし「一部取消し」）。この事件全体に関して参照，猪俣幸一ほか「［研究会］医療費値上げの職権告示停止決定に関する法律上の問題点」ジュリ327号28頁（1965）。

43)　同判決の近藤崇晴裁判官補足意見は，「行政上の法律関係については，一般に画一的規律が要請され，原告とそれ以外の者との間で異なった取扱いをすると行政上不要な混乱を招くことなどから，絶対的効力説が妥当である」と述べた。

第2部　紛争解決と第三者効　　第2章　対世効による紛争解決

条例の処分性を認めた判決（最判平成 21 年 11 月 26 日民集 63 巻 9 号 2124 頁）を契機として，再びこの論点が注目を浴びている（塩野［2013］183-184 頁；大橋［2015］189 頁以下；神橋［2016］178 頁以下）。

I　判決効の客体的範囲と主体的範囲

　この論点については，判決効の客体的範囲の問題と主体的範囲の問題とが区別されないまま論じられてきたきらいがある。同種利害関係人に対する判決効の作用に関してこれまで論じられてきたのは，実質的な名宛人が多数にわたる処分が取り消される場合に，原告の法関係のみが変動する（「相対的効力」ないし「一部取消し」）のか，それのみならず第三者の法関係も変動する（「絶対的効力」ないし「全部取消し」）のかという問題である。行訴法の立法過程においても，議会の解散処分の取消判決により原告以外の議員が地位を回復するかという議論や，都市計画の一部のみを取り消すことができるかという議論（第1部第1章第3節第2款第2項参照）は，この問題を扱っていたものと解される。しかしこの問題は，取消しの対象となる法関係は何かという，形成力の客体的範囲の問題であり，処分が取り消されたことが誰に対して通用するかという，形成力の主体的範囲の問題ではない（高橋滋ほか編［2014］655 頁以下〔興津征雄〕）。

　ここでの判決効の主体的範囲の問題は，換言すれば，第三者が前訴当事者に対して提起した後訴において前訴判決がいかに作用するか，という問題である。具体的には，後訴において第三者は前訴原告が得た取消判決を援用することで同判決で宣言された実体法状態を主張することができるか（判決の基準性の有無），その際に後訴裁判所は前訴判決の判断内容に拘束されるか否か，拘束されるとしてどの程度拘束されるか（判決の排除効の拡張の有無および強弱）[44]といった問題である。ここで問題となっている，第三者が取消判決を援用することの意味，とりわけ第三者におよぶ基準性の内容を規定するのは，形成判決によっていかなる法関係が形成されるのかという問題，すなわち判決効の客体的範囲の問題である（興津［2015］239 頁以下）[45]。

---

44)　判決の基準性は，特別の規定なくして第三者にも及ぶ（第1部第3章第2節第1款第2項 II 参照）ため，他者による認容判決の援用を肯定するために対世効が必要となるとの見解（ゴットフリート・バウムゲルテル（竹下守夫訳）「団体訴訟（Verbandsklage）」民訴雑誌 24 号 154 頁，166 頁（1978））は，排除効の拡張を志向するものと考えられる（第3節第2款第1項参照）。

300

第2節　紛争の画一的解決の必要性

翻ってみれば，原告の反対利害関係人に対して基準性を及ぼすことが原告の救済の貫徹につながる（第2款第1項参照）のは，その前提として，処分による反対利害関係人に対する規律が取消判決によって否定されているから，すなわち判決効の客体的範囲に反対利害関係人に対する規律が含まれている（全部取消しがなされる）からであると考えられる。その意味で，判決効の主体的範囲の問題に先立って客体的範囲の問題が生ずるのは，反対利害関係人に対する紛争の画一的解決の局面においても同様である。

II　全部取消しと一部取消し

判決効の客体的範囲の問題として，第三者の法関係が判決主文で宣言された法関係に含まれる，すなわち全部取消しがなされる場合であれば，第三者に判決の基準性が及ぶことで，第三者は前訴判決を援用するだけでいったんは自身に対する関係で処分が取り消されたことを前提とすることができることになる。これに対して，判決効の客体的範囲の問題として，第三者の法関係が判決主文で宣言された法関係に含まれない，すなわち一部取消しに留まるということになれば，判決効の主体的範囲の問題として判決の基準性が第三者に及ぶとしても，第三者は前訴判決を援用するだけでは自身に対する関係で処分が取り消されたことを主張することができない。というのも，ここでは原告に対する規律のみが変動したことが当該第三者に対して妥当しているに過ぎないからである。

例えば，土地区画整理事業計画の取消判決が，仮に原告の所有地についてのみ当該計画決定の効力を失わせるという内容しか持たない，すなわち一部取消しを行うに過ぎないのだとすれば，その基準性が他の土地所有者に及んだとしても，当該第三者の法的地位が直接に規律されることにはならない。なぜなら，当該第三者に通用するのは，あくまで原告の所有地について当該計画決定の効力が失われたという実体法状態に過ぎず，当該第三者の所有地についての当該計画決定の効力は未だ残存しているからである。換言すれば，第三者はそうし

---

45)　ドイツでも例えば，以下のような叙述において，判決効の客体的範囲（①）と主体的範囲（②）とが区別されている。曰く，対世効が争われる際には，「①"いかなる"者ないし事件について有効な形成力が発生するのかという問題と，これとは別の問題である，②"第三者"に――直接の訴訟当事者の間に発生する効力の有効性を前提とする――この効力が妥当しなければならないかどうかという問題とが混同されている」（Bachof [1952] S. 28. 丸数字筆者）。

301

第2部　紛争解決と第三者効　第2章　対世効による紛争解決

た判決の基準性を後訴で援用しても，そもそも自身に対する関係で処分が取り消されたことを前提とすることができない。このように，同種利害関係人間での紛争の画一的解決は，専ら判決効の客体的範囲の問題に，すなわち全部取消しがなされるか否かという問題に係っている。

第2項　画一的解決の必要性の諸相

こうした全部取消しと一部取消しの区別もまた，法関係の不可分性を基準に議論されてきた（小早川［1978］111頁，興津［2015］249頁以下）。しかし，ここでいう「不可分性」は，主として反対利害関係人との関係で問題とされるそれ（第1款第2項参照）とは全く異なる内実を持っている。以下では，そこで議論されている事柄から，紛争の画一的解決を必要とする要素を抽出する。

I　原告の訴えの利益との不可分性

まず確認すべきは，判決効は原告の訴えの利益を基礎づけている権利利益の救済に必要な範囲を超えては当然には及ばないという点である（小早川［2005］219頁）。一部取消しを支持する学説が取消訴訟の主観訴訟性を強調し（宮田［2007］309-310頁）[46]，全部取消しを支持する学説が取消訴訟の客観訴訟性を指摘する[47]のは，この点に関わっていると考えられる。逆に言えば，原告の救済に必要な範囲においては，判決効の客体的範囲は他者の法関係についても当然に及ぶものとされてきた。要するにこの場面では，同種利害関係人との関係でも法関係を変動させることが，原告の訴えの利益と不可分であるとの理由で，全部取消しが要請されると言えよう。

この点で全部取消しが要請されると考えられる例としては，原告適格を基礎

---

46)　そのほか，いわゆる青写真判決（最大判昭和41年2月23日民集20巻2号271頁）の入江俊郎反対意見は，取消訴訟は「民衆訴訟として認められているわけではないから，権利，利益を侵害されたと主張する者が，侵害されたとする自己の権利，利益に関する限度において訴訟関係が成立するものであることは，憲法および裁判所法の下において，司法権の性質からみて当然のことである」として，土地区画整理事業計画の相対的取消しを支持する。

47)　町田顯「抗告訴訟の性質」判タ157号18頁，22頁（1964）；町田顯「行政処分の執行停止決定（取消判決）の対世的効力」判タ178号69頁，71頁（1965）；原田尚彦「取消判決の第三者効について」時の法令542号37頁，39頁（1965）；山岸敬子「対世効」同『客観訴訟の法理』245頁，252頁以下（勁草書房，2004）〔初出：2003〕。

302

づける利益が，専ら原告個人に帰属する個別的利益ではなく，他の個人を含む集団に帰属し，個々人への排他的な帰属が観念できない不可分利益（仲野［2007］284頁以下；仲野［2013］552頁）ないし拡散的利益[48]である場合がある[49]。例えば，住環境悪化を防止するために住民が用途緩和を内容とする用途地域指定を争う場合（久保［2007］88頁）[50]，住民の訴えの利益を基礎づけているのはこうした不可分利益であり，その救済のために全部取消しが必要となる場合が多いと考えられる（久保［2016］18頁）[51]。また，選挙の効力に関する訴訟（公選203条，204条）や住民訴訟（地自242条の2）についても，同様の理由により，原告の得た認容判決は共通の原告適格の基礎[52]を有する他の者の法関係をも変動させるのだと考えられる[53]。

　民事法分野でも例えば，株主総会決議の取消訴訟の認容判決は，他の株主との関係でも当然に決議を取り消すものとされている[54]が，これは原告の株主たる地位が，株主という集団全体に共通する利益を（も）基礎として当該訴訟の原告適格を基礎づけているからであると考えられる[55]。また，消費者契約法上の適格消費者団体による差止訴訟の認容判決を個々の消費者が援用できるか否

---

48) 参照，原田大樹「集団的消費者利益の実現と行政法の役割——不法行為法との役割分担を中心として」千葉恵美子ほか編『集団的消費者利益の実現と法の役割』52頁，54頁（商事法務，2014）。

49) こうした利益が抗告訴訟や当事者訴訟の原告適格ないし訴えの利益を基礎づけ得るかについては周知の議論がある。古典的業績として参照，小早川光郎「集団的訴訟——行政上の集団的紛争と訴訟理論」同『行政訴訟の構造分析』243頁，253頁（東京大学出版会，1983）〔初出：1978〕。いわゆる紛争管理権論も，こうした利益を基礎とした抗告訴訟を重要な参照領域としていた（伊藤眞［1978］125頁以下）。

50) そのほか，阿部泰隆「相対的行政処分概念の提唱」同『行政訴訟改革論』87頁，97頁以下（有斐閣，1993）〔初出：1982〕。

51) 環境権に基づく差止請求訴訟に関する叙述であるが，白井皓喜「取消判決等の対世効」同『行政訴訟と国家賠償』114頁，117頁（法律文化社，1989）〔初出：1985〕も同旨と見受けられる。

52) 選挙無効判決の地域的一部無効について参照，田中真次『選挙関係争訟の研究』79頁以下（日本評論社，1966）。

53) 「取消し」の例ではないが，例えば，住民Xが提起した4号請求訴訟が認容されたが被告Yが損害賠償請求権を行使しない場合に，他の住民Zが請求権の不行使それ自体を捉えてさらに3号請求訴訟や4号請求訴訟を提起することができる（高橋滋ほか編［2014］180頁〔山本隆司〕）のは，前訴認容判決によりYが損害賠償請求権を行使する義務が全̇て̇の̇住̇民̇と̇の̇関係で生じたからだと理解できる。なお，住民訴訟の判決には対世効があると解されている（最判昭和53年3月30日民集32巻2号485頁；最大判平成9年4月2日民集51巻4号1673頁）が，そこでは主として排除効の拡張が念頭に置かれている（山本克己［2005］91頁以下）。

54) 宇賀克也ほか編『対話で学ぶ行政法』165頁〔山本和彦発言〕（有斐閣，2003）。

第2部　紛争解決と第三者効　　第2章　対世効による紛争解決

か，消費者裁判手続特例法上の共通義務確認訴訟の認容判決を簡易確定手続に参加しなかった対象消費者が援用できるか否かといった議論（第3節第2款第1項参照）も，適格消費者団体の原告適格が個々の消費者の個別的利益に（も）基礎づけられている[56]がゆえのものと考えられる[57]。

Ⅱ　規律内容の不可分性

　これに対して，原告適格を基礎づけるのが原告個人に排他的に帰属する個別的利益である場合，同種利害関係人に対する規律をも否定することは，原告の訴えの利益から必然的に要請されるわけではない（大貫［2008］158頁）。言い換えれば，原告は自身のみとの関係で処分が取り消されるだけでも，自身の権利利益の救済を達成することができる。例えば，鉄道料金を値上げする認可処分（鉄事16条1項）を争う原告は，自身について値上げ前の料金が復活すればそれで足るし，原告の料金をもとに戻すことが他者の料金を必然的に左右するわけではない。すなわち，行政は原告についてのみ値上げ前の料金に戻すという処理を行うことが不可能というわけではない。

　しかし，そうであっても，原告の個別的利益に関わる規律と内容的に不可分な部分に関しては，やはり画一的処理が要請され，全部取消しが正当化される。というのも，規律内容が不可分である限りでは，行政は関係人ごとに別個の規律をなす余地が存在しないのであり，仮に一部取消しに留めたとしても，職権取消しや計画変更等の事後処理によって画一的な規律を行わなければならなくなる（第3項Ⅰ参照）ため，判決の段階で全部取消しを行うことが直截で合理的だからである。

---

55)　判決効の拡張無くしては原告に訴えの利益を認めた趣旨が達成できないという指摘が示唆的である（谷口安平「判決効の拡張と当事者適格」同『多数当事者訴訟・会社訴訟——民事手続法論集第2巻』201頁，202頁（信山社，2013）〔初出：1970〕）。判決効の拡張・類似必要的共同訴訟を手がかりに「不可分利益」を析出する仲野［2007］286頁；仲野［2013］552頁も参照。

56)　このことは，団体の原告適格をその固有の適格として構成するか，個々人の訴訟担当と構成するかには関わらない。団体の原告適格の理論的整理として参照，山本和彦［2013］490頁以下；高田昌宏「集団的権利保護のための当事者適格——近時の団体訴訟立法の展開を中心に」新堂幸司監修『実務民事訴訟講座〔第3期〕第2巻』287頁（日本評論社，2014）。

57)　なお，共有関係そのものを主張する訴訟が固有必要的共同訴訟とされる（第2款第2項Ⅱ1参照）のも，共有者個々人の救済のために，そもそも共有者全体についての共有関係そのものを問題とせざるを得ないという事情があるからだと解される。

304

例えば，営造物の廃止や土地利用計画に関しては，行政が一部取消しの状態を維持することは困難であることが多いであろう。公立保育所を廃止する条例の取消判決（参照，最判平成 21 年 11 月 26 日民集 63 巻 9 号 2124 頁）について言えば，原告に対してのみ公立保育所を復活させるというのは実際上困難であるし適切でもないため[58]，仮に一部取消しがなされたとしても，行政は結果的に全ての保護者ないし児童との関係で公立保育所を復活させざるを得ない（山本隆司［2012］420 頁；興津［2015］256 頁）。また，土地区画整理事業計画の取消判決（参照，最大判平成 20 年 9 月 10 日民集 62 巻 8 号 2029 頁）が出された場合も，事業計画全体の整合性を考慮すると，原告の所有地のみを施行地区から除外することは通常は困難であり[59]，結果的に行政は全ての関係人との関係で事業計画を見直さざるを得ないことが多いだろう（山本隆司［2012］409-410 頁；興津［2015］254 頁）。

また，料金等の前提条件の統一に係る一般処分に関しても，同様に一部取消しの状態を維持することが制度の趣旨に反する場合が多い。先に挙げた鉄道料金を値上げする認可処分については，原告に対してのみ値上げ前の料金に戻すこと，すなわち一部取消しは，複数の取引の前提となる条件を規制することで利用者の交渉力の格差を是正し，平等な役務供給を達成するという料金認可の制度趣旨に合致しない（興津［2015］251-252 頁）。診療報酬算定方法の告示（健保 76 条 2 項等）についても，医療機関ごとに診療報酬を異なるものとすることは制度上予定されていないと解されるため（同 253 頁），やはり全部取消しが合理的であると考えられる。

Ⅲ　瑕疵の不可分性？

なお，処分の瑕疵には，処分の取消しを主張する者の事情に関わらず処分それ自体に起因するもの（いわば客観的な瑕疵）のみならず，処分の取消しを主張する者に固有の事情に基づくもの（いわば主観的な瑕疵）が存在する。例えば，

---

58)　亘理［2006］210 頁は，ある保育所について私立の利用関係と公立の利用関係とが併存することは不可能ではないとしつつ，それが児童福祉の実現という児童福祉法の趣旨目的に適合的ではないとする。

59)　これに対して，規制計画ないし静的計画については「一体性の要請」がさほど強くない旨の指摘として，久保［2007］95-96 頁。

第2部　紛争解決と第三者効　　第2章　対世効による紛争解決

比例原則違反は，基本的には個々の原告ごとに固有の事情に着目して処分の瑕疵を導くものであり，後者の主観的な瑕疵と言える。こうした主観的瑕疵に基づく取消しが，他の者との関係でも当然に処分を取り消すことになる（すなわち，全部取消しとなる）のか，原告との関係でのみ処分を取り消すことになる（すなわち，一部取消しとなる）のかも，問題となり得る。

しかし，個々の具体的な瑕疵は判決主文中の判断で示されるわけではなく，判決理由中の判断として示されるに留まり，こうした瑕疵の態様は，それ自体として取消しの範囲の問題を左右するものとは考え難い[60]。一方で，主観的な瑕疵のみが取消事由となる場合でも，規律内容が不可分である範囲では，行政はやはり規律を全体として見直さなければならないのであり，全部取消しがなされる（Ⅱ参照）[61]。他方で，客観的な瑕疵が取消事由となる場合でも，規律内容が可分であるならば，一部取消しは正当化される（第3項Ⅱ参照）。

ここではむしろ，原告以外の同種利害関係人の主観的な瑕疵（例えば，原告以外の者に対する手続違反）のみをもって全部取消しを求めることができるかが問題となろう。原告の訴えの利益との不可分性が認められる場合（Ⅰ参照）には，他者の主観的な瑕疵のみをもって全部取消しを行うこともありえよう[62]が，規律内容の不可分性が認められる場合（Ⅱ参照）には，他者の主観的な瑕疵のみをもって全部取消しを行うことができるとはいい難い（行訴10条1項参照）[63]。

---

60)　判決理由中の判断も拘束力（行訴 33 条1項）の一内容となるが，拘束力はあくまで「判決主文が導き出されるのに必要な事実認定及び法律判断にわたるもの」（最判平成4年4月28日民集46巻4号245頁），すなわち主文に紐づけられた形で理由中の判断に生じるものである。また，法文上も，同じ「事件」について行政が拘束されることが規定されている（行訴 33 条1項。参照，高橋滋ほか編［2014］691-692 頁〔興津征雄〕）。そのため，可分な規律に係る他の当事者の救済のために，行政が拘束されることはない。これは，法令等が判決理由中の判断において違法ないし違憲とされた場合に，違法ないし違憲の範囲に関わらず，第三者が当該判決の基準性を援用しても自身との関係で当該法令等の効力が失われた旨を主張することができないことと同様である（参照，巽智彦「法令等の違憲・違法を宣言する裁判の効力──『違憲判決の効力論』を手がかりとして」成蹊法学 83 号 183 頁，192 頁以下，203-204 頁（2015））。

61)　申立人の所有地に関する衡量原則違反を理由に当該土地についてのみ地区詳細計画の無効を宣言することを認めず，全部無効を宣言した例として，BVerwG Beschl. v. 6. 4. 1993, NVwZ 1994, 272.

62)　他の株主に対する招集手続の瑕疵を理由とする総会決議の取消請求が認容された例として，最判昭和 42 年9月 28 日民集 21 巻7号 1970 頁。

第2節　紛争の画一的解決の必要性

第3項　全部取消しと一部取消しの帰結

　全部取消しを要請する上記の諸要素のうち，規律内容の不可分性が認められるに留まる場合には，全部取消しが必然的に要請されるわけではなく，一部取消しを行うことも可能である。というのも，ここでは一部取消しが迂遠であるがゆえに全部取消しに合理性が認められるに留まるからである（第2項Ⅱ参照）。換言すれば，一部取消しに留めることが原告や同種利害関係人の救済にとって意味を持つことがあり得るか，すなわち全部取消しと一部取消しとでいかなる帰結の差が生まれるのかが，ここではさらに問題となる。

Ⅰ　同種利害関係人の救済？

　まず，全部取消しが行われるか一部取消しが行われるかは，取消制度の排他性および出訴期間制限と相まって，同種利害関係人の地位を左右する。具体的には，一部取消しに留まる場合，第三者は前訴判決を援用しても自身に対する関係で処分が取り消されたことを前提とすることができず（第1項Ⅱ参照），当該第三者は自身で取消訴訟を提起しなければならない。そして，取消制度の排他性と出訴期間制限とが相まって，当該第三者はもはや自身との関係での処分の取消しを求めることが不可能となる事態があり得る。

　しかし他方で，この場合でも，我が国では行政に職権取消しないし撤回の余地が認められる。また，個別法上の手続として，計画の変更等が認められることも多い（区画整理10条1項など）。すなわち，判決による一部取消しが行われる場合であっても，紛争の画一的解決は達成し得なくなるわけではなく，行政による処理に委ねられることになるに過ぎない（久保［1990］233頁；芝池［2006］99頁）。ここで先に見た規律内容の不可分性が認められるのであれば，結局は行政は規律を全体として見直さざるを得ないこととなり，一部取消しと全部取消しとの帰結の差異は相対的なものに留まることになる（大貫［2008］158頁；山本隆司［2012］410頁以下，420頁）[64]。同種利害関係人に，職権取消し，撤回または計画変更の義務付け訴訟を提起する余地が認められるならば，上記の出

---

63)　塩野［2013］173頁は，滞納処分としての公売処分に係る通知（国徴96条1項）の欠缺を納税義務者が主張できないことを，「原告の権利利益の救済の制度に由来する当然のこと」とする。

307

第2部　紛争解決と第三者効　　第2章　対世効による紛争解決

訴期間制限の問題も相対化され得る。

II　原告の救済──事情判決の回避

　他方で，全部取消しと一部取消しとでは，事情判決の可能性を通じて，原告
の救済の可否に重大な影響が生じる。具体的には，全部取消しは，とりわけそ
の効力が遡及する場合に，取消しの効果を広範に及ぼすことになり，事情判決
（行訴31条1項）の可能性を高めることになる。投票価値の不平等を理由とす
る選挙無効訴訟において，全部取消しを前提とするがゆえに「事情判決の法
理」が援用されていることは周知の事実である（最大判昭和51年4月14日民集
30巻3号223頁）[65]。それゆえ，原告の救済を不必要に妨げないためには，一部
取消しを活用することが重要となる（久保［2016］12頁）。

　ここでは，一方で，同種利害関係人との間で紛争の画一的解決を必要とする
要素を精密に特定し，規律内容の可分性を認識してゆくことが望ましい。ドイ
ツの地区詳細計画の部分無効（Teilnichtigkeit）（山本隆司［2003］105頁；大橋
［2006］67頁）をめぐる判例を概観すると，一定の地域的範囲のみについての無
効を宣言する空間的な部分無効[66]は，例外的ながら認められている[67]。また，
当初の地区詳細計画の施行範囲を拡張する計画変更がなされたが，その計画変

---

64)　同様に，法規範の効力を前提問題として争うことを認める場合（第1章第3節第2款第2項II
　　3参照）にも，当該法規範の効力が一部の関係人との関係でのみ否定されることになるが，そこで
　　も結果的に法規範の全体が見直されることがある。例えば最高裁は，水道供給契約の約款として機
　　能する条例の処分性を否定し，債務不存在確認請求訴訟および不当利得返還請求訴訟を認容した
　　（最判平成18年7月14日民集60巻6号2369頁）が，その後当該条例は，原告らに対する関係に
　　限らず同種利害関係人全体との関係で改正されている（巽智彦「判批：高根町水道条例事件」法協
　　129巻8号1875頁，1900頁註47（2012））。水道料金約款についても，個別交渉排除原則（参照，
　　内田貴『制度的契約論──民営化と契約』86頁（羽鳥書店，2010）〔初出：2006〕）を肯定するな
　　らば，規律内容の不可分性は肯定されると解されるため，こうした処理は妥当であろう。そのほか，
　　児童扶養手当法施行令事件（最判平成14年1月31日民集56巻1号246頁）や医薬品ネット販売
　　禁止事件（最判平成25年1月11日民集67巻1号1頁）のように法規命令の違法性が問題となる
　　場面や，在外邦人選挙権事件（最大判平成17年9月14日民集59巻7号2087頁）や国籍法違憲判
　　決（最大判平成20年6月4日民集62巻6号1367頁）のように法律の違憲性が問題となる場面で
　　も，同様の結果が生じている。

65)　そのほか，全部取消しを前提に事情判決を下した事例として，前掲註41の大阪地判昭和57年
　　2月19日行集33巻1＝2号118頁がある。

66)　部分無効を事項的（sachlich）なものと空間的（räumlich）なものとに分ける理解として，*Michael Quaas / Karl Müller*, Normenkontrolle und Bebauungsplan, 1986, Rn. 229.

更の手続に瑕疵があった（公衆参加手続が実施されなかった）事例においても，計画の変更部分のみの無効が認められている[68]。他方で，特定の建築制限条項（例えば斜線制限）のみの無効などを宣言する事項的な部分無効は，認められないことが多い[69]。

　他方で，不可分な規律内容であっても，事情判決を避けるためにその一部のみ（原告に関する部分のみ）を取り消して，事後の処理を行政に委ねるという方向性があり得ないかも問題となる。しかし，規律内容が不可分な状態で一部取消しを認めると，行政は規律を全体として見直さざるを得なくなる（Ⅰ参照）が，全部取消しならば事情判決が下されるような場合であれば行政による全体の見直しも困難であり，そもそも一部取消しすら認めることができないのではないかとも考えられる。結局ここでは，事情判決の制度が確保しようとしている信頼保護や法的安定性の内実を特定すること[70]，またそれを遡及効の制限や判決形式の工夫等の他の手段をもって確保すること（山本隆司［2012］410頁以

---

67)　例えば，計画全体を破たんさせる危険が小さいとして，計画区域の外縁領域についてのみの無効を宣言した例がある（BVerwG Beschl. v. 4. 1. 1994, DVBl. 1994, 699）。

68)　BVerwG Beschl. v. 18. 7. 1989, BVerwGE 82, 225. この事案では，申立人が当初の地区詳細計画の施行範囲内に土地を所有しており，当該計画の変更により拡張された施行範囲には利害関係を有さないにもかかわらず，計画変更の手続の違法性のみを理由に地区詳細計画全体の無効を主張していたが，連邦行政裁判所は，規範統制手続の客観法統制機能を理由に，変更部分のみを無効とする部分無効判決を下した。

69)　Vgl. z. B., BVerwG Beschl. v. 8. 8. 1989, DVBl. 1989, 1103; BVerwG Beschl. v. 20. 8. 1991, DVBl. 1992, 37; BVerwG Beschl. v. 29. 3. 1993, DVBl. 1993, 661. ただし，地区詳細計画が実体規定に違反する場合，当該違反の部分のみが無効となるとする理解もある（*Ulrich Battis*, Öffentliches Baurecht und Raumordnungsrecht, 6. Aufl., 2014, Rn. 622）。

　こうした判例の背景には，行政の計画裁量への配慮がある。具体的には，部分無効が可能であるのは，「無効部分を除いても残部が有意に存続し，かつ，当該法規範が無効部分なくしても発布されたであろうことが確実に推測される場合」だとされている（*Christian Bönker*, in: *Werner Hoppe et al.* (*Hrsg.*), Öffentliches Baurecht, 4. Aufl., 2010, §17 Rn. 31）。これは，法律行為の部分無効の要件（「法律行為の一部分が無効である場合でも，当該無効部分なくしても当該法律行為がなされたであろうと推測できないならば，法律行為の全体が無効となる」（§139 BGB））に計画高権（Planungshoheit）への配慮を読み込んだものである。この論点は，法規範の質的部分無効ないし意味の一部無効をめぐる議論とパラレルである（参照，宍戸常寿「司法審査――『部分無効の法理』をめぐって」辻村みよ子＝長谷部恭男編『憲法理論の再創造』195頁，199頁以下（日本評論社，2011）〔初出：2009〕）。

70)　塩野［2013］183-184頁は，事情判決によって取消しを控えるのではなく，取消しを行ったうえで立法府の対応に委ねることを志向する。

309

下；興津［2015］254頁註136）が，問題の核心と言える。また他方で，全部取消しを前提とせざるを得ず，事情判決を出さざるを得ない場合でも，事情判決で宣言される行政活動の違法性を前提に国家賠償による金銭的救済を確保すべきであろう（亘理［2006］211頁以下，213頁以下）。

第4款 小 括

　本節では，紛争の画一的解決の必要性と関連する諸概念を整理したのち（第1款），紛争の画一的解決の必要性について，反対利害関係人間のそれ（第2款）と同種利害関係人間でのそれ（第3款）とに分け，従来議論されてきた典型的な例をもとに，その内実を検討した。以上の分析は，紛争の画一的解決の必要性を導く諸要素を網羅したものではないが，他の行政実体法の分析に当たっても一定の指針を示すものであろう。以下，さしあたりの分析結果をまとめておく。

　まず，反対利害関係人間での紛争の画一的解決の必要性については，一方で，原告の救済の貫徹の観点から要請されるのは，基本的には前訴判決段階での紛争の画一的解決に留まり，そこでは「引き込み型」または「効力拡張型」という特別の仕組みは必要とされず，対抗不能の処理が否定されることで足りることが確認された（第2款第1項）。他方で，「引き込み型」や「効力拡張型」を必要とするのは，後訴判決段階まで含めた紛争の画一的解決であり，その典型には，内容の異なる二つの判決を同時に実現することが不可能である場合，すなわち矛盾する義務による板挟みの状態が生じ得る場合があった（同第2項）。さらに，複数の法関係が複合しており，当該複数の法関係相互間での統一的な判断が必要とされる場合もあり，そこでは前提となる法関係を争う手続の排他性が重要な問題となった（同第3項）。

　次に，同種利害関係人間での紛争の画一的解決を要請する法関係の不可分性については，まず，この問題には判決効の客体的範囲の問題と主体的範囲の問題とが混在しており，前者の問題こそが核心であることが確認された（第3款第1項）。そのうえで，判決効の客体的範囲の問題としての全部取消しが要請ないし正当化されるのは，第三者の法関係の変動が原告の訴えの利益と不可分な場合と，そうではなくとも規律内容が原告の救済範囲と不可分な場合である

ことが確認された（同第2項）。他方で，全部取消しと一部取消しとの帰結の差異は，同種利害関係人の救済の可否というよりも，事情判決に結びつく可能性に媒介された原告の救済の可否にあることが確認された（同第3項）。

第3節　不特定多数人間での紛争解決

　第2節では，紛争の画一的解決の必要性が認識される実体法状態について，一応の整理を施した。本節では，紛争の画一的解決を図るために「引き込み型」ではなく「効力拡張型」を採用することが必要となる場面について，さらに考察を進める。具体的には，「効力拡張型」が固有の意義を発揮する事例，すなわち，関係人が不特定多数に及ぶ事例の処理を検討する。ここでは，紛争の画一的解決の問題（第1款）のみならず，紛争の一回的解決の問題（第2款）が重要となる。

第1款　紛争の画一的解決の必要性

　「効力拡張型」の仕組みのメリットは，原告の救済と第三者の手続保障との適切なバランシングのほか，反対利害関係人が不特定多数にわたる場合にも紛争の画一的解決を達成できるという点に認められた（第1章第2節第3款参照）。ドイツで大量手続の特則による既判力の拡張が必要とされたのは，先に見た通り，関係人が不特定多数にわたる事例を処理するためであった（第1章第2節第2款第1項II参照）。これに対して学説は，そのような事例は実際には多くないと説き，大量手続の特則による既判力の拡張の必要性を否定していた（同第2項II1参照）が，紛争の画一的解決の必要性が見出される事例は，以下で見るようにやはり存在する。

第1項　反対利害関係人が多数に上る事例

　紛争の画一的解決の必要性が見出されるもののうち，原告の反対利害関係人が特定的ではあるが多数にわたる事例としては，営造物の廃止をめぐる訴訟が挙げられる。

311

第2部　紛争解決と第三者効　　第2章　対世効による紛争解決

I　学校の廃止

　ドイツでは，国民学校（Volksschule）の閉鎖に反対する保護者からの廃校決定取消訴訟[71]について，子を当該学校に通わせている保護者，とりわけ廃止に賛成している保護者（原告の反対利害関係人）は全員必要的参加人になるとする見解がある。この見解は，多数性を理由として保護者を必要的参加人ではないとする解釈は通用しないと述べ，対応策として必要的参加の有効説による「効力拡張型」の採用を挙げていた（Martens [1969] S. 240, 257）（第1章第2節第1款第3項II参照）。

　しかし，この見解は一般的に受け入れられているとは言い難い。というのも，当該訴えの原告適格に関する連邦行政裁判所の判示からすると，学校の廃止に賛成する保護者（原告と反対の利害関係を有する第三者）に，無条件に必要的参加人たる地位が認められるわけではないからである。例えば BVerwG Urt. v. 31. 1. 1964, BVerwGE 18, 40 は，「子をどの学校に通わせるべきかを選択する」保護者の権利を原告適格の基礎としているが，原告らの「選択」の権利の侵害の有無については，学校の閉鎖により地理的要因から就学が困難になるかという事情を考慮しているのみであり，就学の困難性を超えた，例えば教育の質等の事情に基づく保護者の「選択」の利益を，原告適格を基礎づける利益と観念しているわけではない。学校の廃止に反対する保護者（原告の同種利害関係人）の必要的参加を否定した BVerwG Beschl. v. 23. 10. 1978, DVBl. 1979, 352 も，通学の期待可能性を学校閉鎖処分の違法事由としており，学校の廃止に賛成していることのみをもって必要的参加人たる地位を認めることはないと解される[72]。

II　保育所の廃止

　これに対して，日本の最高裁は，公立保育所の「選択」の権利を保護者らに

71）　我が国における紹介として，大橋洋一「公物法の日独比較研究」同『行政法学の構造的変革』207頁，252頁（有斐閣，1996）〔初出：1994-95〕。

72）　なお，*Norbert Niehues/Johannes Rux*, Schulrecht, 5. Aufl., 2013, Rn. 1473 は，保護者が必要的参加人にならない理由として利害関係人の多数性を挙げるが，大量手続の特則が導入された以上，これはもはや成り立たない論拠である。

312

第3節　不特定多数人間での紛争解決

認めた。横浜市保育所廃止条例事件判決（最判平成21年11月26日民集63巻9号2124頁）は，公立保育所を廃止する条例の処分性を認めるに当たって，平成9年改正後の児童福祉法は「保護者の選択を制度上保障したものと解される」としたうえで，「特定の保育所で現に保育を受けている児童及びその保護者は，保育の実施期間が満了するまでの間は当該保育所における保育を受けることを期待し得る法的地位を有する」と判示した。この判示を前提にするならば，公立保育所の廃止後，民営化された保育所で「現に保育を受けている児童及びその保護者」にも，「当該」民営「保育所における保育を受けることを期待し得る法的地位」が認められることになるはずであり[73]，仮に条例の取消訴訟が認容された場合には，当該児童および保護者の当該法的地位が害されることになる。公立小学校および中学校についても，現在では同様に考える余地がある[74]。

　以上のような場合には，反対利害関係人が多数に上るため，「引き込み型」では手続に大きな負担がかかることになり，「効力拡張型」に合理性が見出される。上記最判が，保育所廃止条例の処分性を肯定するに当たって取消判決の第三者効の合理性に言及したのは，まずはこのような文脈から理解することが可能である（山本隆司［2012］420-421頁）。

第2項　反対利害関係人が不特定にわたる事例

　とはいえ，上記の事例では，利害関係人は多数ではあるものの特定されているため，「引き込み型」で処理することが不可能というわけではない[75]。これに対して，原告の反対利害関係人が不特定にわたる場合には，「引き込み型」による画一的解決はもはや不可能であり，「効力拡張型」による対処が必要となる[76]。例としては，いわゆる競業者訴訟（Ⅰ）や，周辺住民に不利益を与え

---

73)　参照，山下義昭「『保育を受けることを期待し得る法的地位』に関する一考察」福岡大学法学論叢60巻2号265頁，284頁（2015）。平成24年児童福祉法改正後の状況についても，同293頁以下を参照。

74)　公立小学校を廃止する条例の処分性を否定した最判平成14年4月25日判自229号52頁は，保護者は「社会生活上通学可能な範囲内に設置する小学校においてその子らに法定年限の普通教育を受けさせる権利ないし法的利益を有する」が，「具体的に特定の区立小学校で教育を受けさせる権利ないし法的利益を有するとはいえない」と判示したが，平成15年に学校教育法施行令が改正されて以降は，保護者の「選択」が保育所と同様に制度上保障されていると見る余地がある（高橋滋「横浜市立保育園廃止条例制定行為取消請求事件」自治研究87巻2号143頁，156頁以下（2011））。

第2部　紛争解決と第三者効　　第2章　対世効による紛争解決

る建築確認等をめぐる訴訟（Ⅱ）が挙げられる。

Ⅰ　競業者訴訟

まず競業者訴訟については，閉店時間法（LadSchlG）23 条の例外許可の事例
が挙げられている（*Detlef Czybulka*, in: Sodan/Ziekow（Hrsg.）[2014] § 65 Rn. 172）。
一定区域の公衆浴場について日曜日営業を例外的に許可する処分がなされ，そ
れに対して近隣の業者が取消訴訟を提起する場合，反対利害関係人たる当該区
域の公衆浴場経営者は，不特定多数にわたることになる。そして，紛争の画一
的解決の仕組みがない状態で仮にこの取消訴訟が認容された場合，当該区域の
公衆浴場経営者は日曜日営業許可が有効である旨の確認訴訟を提起することが
でき，それも認容された場合には，許可主体の板挟み状況が生じることになる
（第2節第2款第2項Ⅱ 1 (1)参照）。

実際に上記の閉店時間法の例外許可については，行政裁判所法 80 条 5 項に
基づいて停止的効力の確認が申し立てられた事件において，裁判所が当該例外
許可によって日曜日営業が許可されている営業者を参加させなかったことが問
題とされた。メクレンブルグ−フォルポメルン高等行政裁判所は，行政裁判所
法上の大量手続の特則は 3 ヶ月の申立期間を経なければならず，執行停止に関
わる「緊急手続の性質に相いれない」と述べた（OVG Mecklenburg-Vorpommern
Beschl. v. 4. 2. 2000, NVwZ 2000, 945）[77]。しかし裏を返せば，この判示は営業者
の全てが必要的参加人たる地位にあることを前提としているのであり，執行停
止に関わる緊急手続ではなく，例外許可の取消訴訟であれば，大量手続の特則
の適用があることが示されているのである。実際に同決定は，大量手続の特則

---

75)　例えば，日本の判例は，共同所有者に対する所有権移転登記の抹消を求める訴えを固有必要的
　　共同訴訟とした（最判昭和 38 年 3 月 12 日民集 17 巻 2 号 310 頁）。ただし，その他の判決は，被告
　　側が共同所有である場合は通常共同訴訟とするものが続いている（最判昭和 36 年 12 月 15 日民集
　　15 巻 11 号 2865 頁，最判昭和 43 年 3 月 15 日民集 22 巻 3 号 607 頁，最判昭和 44 年 4 月 17 日民集
　　23 巻 4 号 785 頁）。

76)　ここで第三者の範囲が「不特定」というのは，どの範囲の第三者に原告適格ないし参加適格が
　　肯定されるのかが裁判所の判断を経るまでは不明確であることや，原告適格ないし参加適格が肯定
　　される範囲に含まれる個々人が絶えず入れ替わっていることを指している。ただし，とりわけ後者
　　の意味での「不特定」性の有無は程度問題である（高橋滋ほか編 [2014] 465 頁〔神橋一彦〕）。

77)　連邦行政裁判所も仮の権利保護手続における必要的参加には消極的である。Vgl., *Chien-hung*
　　Liu, Die Beiladung in Verfahren des einstweiligen Rechtsschutzes, 2002, S. 100ff.

における参加制度の意義（第1章第2節第2款第2項I 2参照）を強調している。

　逆に，新規参入業者が自身への許可処分の義務付け訴訟を提起する場合にも，既存業者が不特定多数にわたる場合があり得る。ドイツの通説的な解釈では，このような場合の既存業者は必要的参加人とはされていないが，紛争の画一的解決の必要性は，上記の取消訴訟の場合と同様に存在する（第1章第2節第2款第2項II 1参照）。

　　II　住民紛争

　同様に，事業者が原告となる場合の建築紛争についても，原告の反対利害関係人たる周辺住民は，不特定多数にわたる。例えば，①建築主が建築確認の申請を拒否されて義務付け訴訟を提起した場合や，②建築主が除却命令に対する取消訴訟を提起した場合において，当該建築により不利益を被るおそれのある周辺住民は，やはり不特定多数にわたる。排除効の拡張の仕組みがないままこうした①義務付け訴訟や②取消訴訟が認容されたとすると，参加していない周辺住民には排除効が及ばず，周辺住民はなお①′義務付けられた建築確認の取消訴訟や，②′取り消された除却命令の発布の義務付け訴訟を提起できることになる。仮にここで，前訴原告たる建築主の参加なくして周辺住民が認容判決を得た場合，被告行政主体は，先に見た前訴判決と後訴判決との板挟みの状態に陥ってしまう（第2節第2款第2項II 1参照）。

　ただしここでは，ドイツの通説的な解釈では，周辺住民の提起した①′や②′の訴訟において，前訴原告たる建築主は必要的参加人と位置づけられることとなるため，紛争の画一的解決はこの段階で確保されることとなる。ここではむしろ，不特定多数の周辺住民が個々的に①′や②′の訴訟を提起することができるという事態そのもの，すなわち紛争の一回的解決の問題が鮮明となる。他方で，この不特定多数の反対利害関係人との紛争の一回的解決の問題は，裏面では被告と第三者との間での棄却判決の効力の拡張の問題となり，その正当性が問題となる（第2款第3項参照）。

　　第2款　紛争の一回的解決の必要性

　不特定多数人間での紛争解決については，紛争の画一的解決というよりは，

第2部　紛争解決と第三者効　　第2章　対世効による紛争解決

一回的解決の要否ないし可否に焦点を当てた議論がなされることが多い。紛争の一回的解決の問題としては，認容判決の排除効を同種利害関係人に拡張する場面（他者の得た認容判決を「援用」する場面）（第1項）と，棄却判決の排除効を同種利害関係人に拡張する場面（第2項）が典型的である。また，後者の問題は，先に見た不特定多数の反対利害関係人との間での紛争解決の問題（第1款第2項II参照）と密接にかかわる（第3項）。

第1項　認容判決の排除効の拡張

ドイツでは規範統制手続の対世効規定の解釈として，同種利害関係人への判決効の拡張が念頭に置かれてきた（第1章第3節第3款参照）。同種利害関係人間での判決効の拡張についても，関係人が不特定多数に及ぶ場合になお紛争の画一的解決を達成することができる点に，やはりメリットを認識することができる。例えば，先に見た学校や保育所の廃止の例（第1款第1項参照）では，原告とは異なって民営化に賛成する保護者のみならず，原告と同様に民営化に反対する保護者も多数にわたることが想定されるが，ここで仮に民営化反対の保護者の全てが原告ないし原告側参加人とならなければ取消判決が無効となるという「引き込み型」を採用するならば，法関係の変動は事実上困難ないし不可能となってしまう。ここでも，「効力拡張型」を採用することで，不特定多数の同種利害関係人間での紛争の画一的解決が容易ないし可能となる[78]。

　ただし，先に規範統制手続について見た通り，行政主体を被告とする認容判決は，原告と同種の利害を有する私人に対しても排除効を及ぼすとすることが適切である（第1章第3節第2款第2項II 1参照）。したがって，行政事件に関しては，同種利害関係人間における認容判決の対世効は，紛争の画一的解決というよりは，紛争の一回的解決を図ることにその主眼を有する。処分の取消判決について敷衍すれば，取消判決の効力の客体的範囲（第2節第3款第1項I参照）にある規律については，行政は原告以外の者との関係でも，その消滅をいった

---

78) ただしここでも，共有関係訴訟では「引き込み型」がとられる。例えば入会権者は時に数百人の多数に及び得るため，入会権の確認のためにその全てを原告として訴えを提起することが事実上不可能な場合があるが，我が国の判例はなおそれを固有必要的共同訴訟としている。ただし，その一部を被告とすることを認めて，困難を緩和している（最判昭和41年11月25日民集20巻9号1921頁；最判平成20年7月17日民集62巻7号1994頁）。

316

第3節　不特定多数人間での紛争解決

ん前提としなければならないというに留まらず，もはやその存在を後訴におい
て主張することができなくなる。しばしば語られる，同種利害関係人による認
容判決の「援用」の可否の問題（第2節第3款参照）も，行政事件に関しては，
こうした後訴における取消判決の排除効の作用の問題として理解することが適
切である。

　これに対して，例えば適格消費者団体による差止請求訴訟や共通義務確認請
求訴訟の認容判決（第2節第3款第2項I参照）については，被告が行政主体で
はなく私人であるため，同種利害関係人に対する排除効の拡張まで正当化でき
るかがやはり問題となる。実際，これらの訴訟の認容判決の他者による「援
用」の可否，すなわち，消費者契約法上の適格消費者団体による差止訴訟の認
容判決を個々の消費者が援用できるか否か[79]，消費者裁判手続特例法上の特定
適格消費者団体による共通義務確認訴訟の認容判決を簡易確定手続に参加しな
かった対象消費者が援用できるか否か[80]については議論がある。

第2項　棄却判決の排除効の拡張

　このような同種利害関係人間の紛争の一回的解決は，裏面において，棄却判
決の効力の拡張の問題としても取り上げられてきた[81]。

---

79)　菱田雄郷「消費者団体訴訟の課題」法律時報 79 巻 1 号 96 頁，98-99 頁（2007）。認容判決の排
　　除効の個別消費者への拡張を認める見解として，上原敏夫『団体訴訟・クラスアクションの研究』
　　378-379 頁（商事法務研究会，2001）〔初出：1999〕。主として基準性の問題に係るが，行政処分と
　　の対比で差止判決から個別消費者の取消権を導く見解として，大村敦志「実体法から見た消費者団
　　体訴訟制度」ジュリ 1320 号 52 頁，58-59 頁（2006）。
80)　排除効の拡張を認める見解として，長谷部由起子「集団的消費者利益の実現における司法と行
　　政」千葉恵美子ほか編『集団的消費者利益の実現と法の役割』411 頁，421 頁註 27（商事法務，
　　2014）。なお，簡易確定手続に参加する消費者（届出消費者）には，法文上共通義務確認判決の効
　　力が及ぶこととされており（9条），これは既判力の拡張を意味するものと解されている（山本和
　　彦［2016］185 頁；伊藤眞『消費者裁判手続特例法』76 頁（商事法務，2016））。
81)　この点は，消費者法分野における団体訴訟の制度設計をはじめとして（斎藤誠「消費者法にお
　　ける団体訴訟——制度設計の考慮要素について」論ジュリ 12 号 131 頁，138 頁註 53（2015）），集
　　合的権利論一般について重要な問題である。我が国のいわゆる紛争管理権論も，紛争管理権に基づ
　　く原告適格の創出の裏面として，同一の紛争範囲に属する個々人に棄却判決の効力を拡張すること
　　を主張していた（伊藤眞［1978］121 頁以下，144 頁以下，217 頁以下）。

第2部　紛争解決と第三者効　　第2章　対世効による紛争解決

I　棄却判決の対世効の必要性？

　これは，行政法関係ではとりわけ，不特定の私人からの度重なる出訴を防ぐという形で問題となる[82]。例えば，ある建築主の得た大規模施設の設置許可の取消訴訟の原告適格は不特定多数の周辺住民に認められるため，ある住民Ｘに対して請求棄却の判決が出された場合に，当該棄却判決に対世効が備わらないとすると，他の隣人Ｘ′から同様の取消訴訟が繰り返されるという事態があり得ることになる。ドイツでは，大量手続の特則が適用される場合，法文上は認容判決のみならず棄却判決についても既判力の拡張が生ずるものとされており（第1章第2節第2款第1項参照），同種利害関係人に必要的参加人たる地位を認める連邦財政裁判所判例は，こうした同種利害関係人に対する棄却判決の効力拡張に意味を見出しているものと言える（第1章第2節第2款第2項Ⅱ3参照）。

　他方で，不特定多数人からの紛争の蒸し返しを禁ずる仕組みとしては，出訴期間制限ないし不服申立期間制限もあり得た（第1章第2節第2款第2項Ⅱ2(2)参照）。排除効の拡張による場合には，後訴原告の個別事情は基本的には考慮されず，前訴の基準時前の事由に基づく処分の違法性の主張が一律に遮断されることになる。これに対して，期間制限の解釈による場合には，正当な理由による例外（行訴14条1項但書，同2項但書）の判断や，期間の起算点である行政行為の告知時（§70 Abs. 1 S. 1 VwGO）の判断，ひいては失権の法理や信義誠実の原則の適用（第1章第2節第2款第2項Ⅱ2(2)参照）において，後訴原告の事情が個別に考慮される。要するに，既判力の拡張が，紛争の一回的解決を一律に強度に達成するものであるのに対して，出訴期間制限による解決は，個々人の事情に合わせた柔軟な取扱いを可能とする[83]。

---

82)　なお，棄却判決の既判力を第三者に拡張する必要性は，取消訴訟または無効確認訴訟において敗訴した原告が，争点訴訟において再び処分の無効を主張することが許されるかという形でも議論されてきた（白井皓喜「取消訴訟における請求棄却判決の効力」同『行政訴訟と国家賠償』103頁，112頁（法律文化社，1989）〔初出：1973〕）。これは反対利害関係人による棄却判決の援用の可否の問題であり，本文の問題とは局面を異にする。ドイツの規範統制手続における類似の問題について，Zieglmeier [2006] S. 517ff.。

83)　消費者団体訴訟について，既判力の拡張ではなく訴権の濫用の法理等による個別的な対処を支持するものとして，三木浩一ほか「[座談会] 消費者団体訴訟をめぐって」ジュリ1320号2頁，30頁〔野々山宏発言〕(2006)。

318

II 棄却判決の対世効の正当性

棄却判決の対世効の正当性は，民事法関係においては大きな問題とされてきた（吉村［1993］250頁；垣内［2014］385頁以下）。日本の例で言えば，棄却判決の対世効は，人事訴訟や倒産関係訴訟については明文で規定されている（人訴24条1項，破産131条1項，民再111条1項，会更161条1項）。また，代表訴訟については，会社ないし法人の受けた棄却判決の効力は「反射的に」全株主ないし全社員に対して及ぶとされている（三木ほか［2015］459-460頁〔垣内秀介〕）。また，近時の消費者法立法では，共通義務確認訴訟の棄却判決は原告とならなかった特定適格消費者団体にも効力を及ぼし（消費被害回復9条）[84]，差止請求訴訟の棄却判決は原告とならなかった適格消費者団体の差止請求権を消滅させる旨が規定されている（消契12条の2)[85]。

ただし，これらの例では，個々人の提起する訴訟に例外なく直接作用することになるような棄却判決の効力の拡張はなされないことに注意を要する。例えば，適格消費者団体が提起する差止訴訟については，棄却判決の効力によって請求権が消滅するのは他の適格消費者団体の差止請求権に限られており（消契12条の2参照），各消費者が約款の無効等を前提に損害賠償請求訴訟等を提起することは何ら妨げられない（消費者庁消費者制度課編［2015］276頁以下）。共通義務確認訴訟の棄却判決も，そもそも簡易確定手続が開始されないために，個々の消費者に効力を及ぼすことはない（消費者庁消費者制度課編［2014］50頁，85

---

84) この対世効の具体的内容について参照，八田卓也「消費者裁判手続特例法の当事者適格の観点からの分析」千葉恵美子ほか編『集団的消費者利益の実現と法の役割』381頁，398頁註29（商事法務，2014）；伊藤眞「消費者被害回復裁判手続の法構造——共通義務確認訴訟を中心として」法曹時報66巻8号1頁，30頁以下（2014）；上原敏夫「集団的消費者被害回復手続の理論的検討」伊藤眞古稀『民事手続の現代的使命』27頁，33頁以下（有斐閣，2015）；三木浩一「消費者集合訴訟制度の構造と理論」伊藤眞古稀『民事手続の現代的使命』595頁，610頁以下（有斐閣，2015）。棄却判決の既判力の客体的範囲に関する分析として参照，町村泰貴「消費者裁判手続特例法の共通義務確認の訴えと訴訟物」北大法学論集65巻3号551頁（2014）。

85) なお，これは判決効の拡張ではなく請求権の消滅という体裁をとっており，訴訟外での請求も制限される点に特色がある（消費者庁消費者制度課編［2015］281頁）。ただし，これには批判が強い（参照，三木浩一「訴訟法の観点から見た消費者団体訴訟制度」ジュリ1320号61頁，65-66頁（2006）；町村泰貴「消費者団体訴訟に関する訴訟手続上の問題点」現代消費者法1号28頁，35頁（2008））。

頁）。倒産関係訴訟についても，破産手続外に判決の効力が作用するか否かには争いがある（伊藤眞ほか編［2014］922頁，878頁）。人事訴訟についても，重婚違反を理由とする後婚の取消訴訟について強度の利害関係を有する前婚配偶者については，対世効が個別に排除されている（人訴24条2項）。

　また，立法により棄却判決の対世効を導入したドイツの大量手続の特則については，こうした訴訟係属の事実の公告のあり方の当否が議論されていた（第1章第2節第2款第2項Ⅰ1参照）し，代表訴訟では株主に関して既存の訴訟に参加する必要を判断するための機会が公告または通知という形で保障されている（会社849条5項参照）。このように，対世効の及ぶ範囲の限定や，それを正当化するための参加の機会の保障なしに，一律に棄却判決の対世効を導入することは，行政事件における原告と被告の実質的公平の観点から見て問題がある。集団的紛争においてはむしろ片面的拡張を認めることで当事者間の実質的公平が図られるとの指摘（高田裕成［1984］208頁）は，行政事件訴訟についてはより一層当てはまるであろう。

第3項　不特定多数の反対利害関係人

　この棄却判決の対世効の問題は，不特定多数の反対利害関係人に対する排除効の拡張の問題の裏面であることにも注意を要する。例えば，先に見た住民紛争の事例で，建築主が原告となる①建築確認の義務付け訴訟や，②除却命令に対する取消訴訟の認容判決に排除効の拡張が備わるとすると，周辺住民は①′建築確認の取消訴訟や②′除却命令の義務付け訴訟を提起しても，前訴判決の基準時前の事情をもはや主張できなくなるが，これは裏を返せば，前訴被告たる行政の受けた敗訴判決の排除効が周辺住民に対して拡張されていることに他ならない。ドイツで大量手続の特則や不服申立てにおける失権の法理，行政手続における排除効による紛争の一回的解決が志向されていたのは，むしろこの局面であった（第1章第2節第2款第2項Ⅱ2参照）。

　ここでは，不特定多数の反対利害関係人との関係で紛争の一回的解決を図る前訴原告（建築主）の利益と，自身の関与しない判決によって主張立証の機会を奪われることとなる後訴原告（周辺住民）の不利益とが調整されなければならない。一方で，排除効の拡張を認めない場合，仮に周辺住民の一部のみが後訴①′②′を提起しそれが棄却された場合でも，当該後訴を提起しなかった者は，

第 3 節　不特定多数人間での紛争解決

なお同様の別訴を提起することが可能であり，紛争が半永久的に継続することになりかねない[86]。しかし他方で，ここで排除効の拡張を認めてしまうならば，必ずしも周辺住民と完全に利害が一致するわけではない行政の訴訟追行によって，周辺住民個々人の主張立証が妨げられることとなる。とはいえ，不特定多数にわたる周辺住民を全て訴訟に引き込み，個々の主張立証の機会を完全に保障することは，不可能である。ここでは，大量手続の特則のように十分手続保障を与えたうえでの判決効拡張をとるか，出訴期間制限を立法してその解釈による個別的調整を図るか，さもなくば失権の法理による例外的対処に留めるというドイツの選択が，やはり参照に値する。

第 3 款　小　　括

利害関係人が多数に及ぶ場合，さらには不特定にわたる場合には，その全てを訴訟に引き込んで紛争の解決を図ることは，困難ないし不可能である。換言すれば，こうした場面においては，「引き込み型」によるのではそもそも紛争の画一的解決を達成することができなくなるのであり，ここに「効力拡張型」に固有のメリットが存在する。このような利害関係人が多数ないし不特定の例は，営造物の廃止や競業者訴訟，住民紛争などに，典型的に見られた（第1款）。

他方で，利害関係人が不特定多数にわたる場合には，不特定多数人が同一の争点を繰り返し争う事態が想定され，紛争が半永久的に継続することがあり得ることから，紛争の一回的解決の問題も重要となる。ここでは，同種利害関係人に対する排除効の拡張が，認容判決および棄却判決の双方について問題となり，とりわけ後者の問題は，反対利害関係人に対する排除効の拡張の問題の裏面として重要性を持っていた（第2款）。

---

86)　反対利害関係人の双方が不特定多数にわたっている諫早湾潮受堤防をめぐる紛争（第2節第2款第2項Ⅱ2参照）においては，この問題は深刻な状況を惹起している。開門を求めるⅩらの請求が認容されたのち，開門の差止めを求めるⅭらの仮処分も認容され，その後，Ⅹらの一部に他の漁業者を加えたⅩ′らが，即時の開門を求める訴訟を提起している（岩橋健定「続・諫早湾干拓事業をめぐる混迷と民事訴訟制度」法教417号44頁，49頁（2015））。

321

第2部　紛争解決と第三者効　　第2章　対世効による紛争解決

第4節　第2章のまとめ

　本章では，紛争解決という現象の諸相を総論的に整理したのち（第1節），紛
争の画一的解決を必要とする問題状況を類型化し（第2節），その中でも特に
「効力拡張型」の仕組みを必要とする，利害関係人が不特定多数にわたる状況
を分析した（第3節）。これにより，紛争の画一的解決および一回的解決という
現象の意義を多面的に明らかにすることができた。

　以上の検討からは，我が国の行政事件訴訟のあり方を見直すいくつかの重要
な示唆が得られている。本章の冒頭で述べた通り，不必要ないし過剰な不利益
を課すことを避けるためには，紛争の画一的解決の必要性を状況ごとに精密に
特定する必要があり，また他方で，紛争の画一的解決が必要とされる状況が存
在するのに，そのための仕組みが備わっていない場面が存在しないかを確認し
ていくためにも，紛争の画一的解決の必要性がいかなる場合に肯定されるのか
を考察する必要がある。また，とりわけ不特定多数人の間での紛争解決に際し
ては，紛争の一回的解決の問題も重要となり，そのための制度設計にもバリ
エーションがあることが判明した。続いては，このような紛争の画一的解決お
よび一回的解決の必要性に応じた訴訟法上の制度設計のあり方について，章を
改めて検討しよう。

第3章　我が国における行政紛争解決

　本書では，我が国の第三者効および第三者再審の制度の沿革および内容を確認したうえで（第1部第1章），形成訴訟と対世効の関係（同第2章）および形成力の概念（同第3章）についてドイツの民事訴訟法理論に遡った考察を行い，判決の対世効に関する一定の知見を得た。さらに，紛争解決という観点からドイツの行政訴訟の仕組みを分析し（第2部第1章），紛争の画一的解決や一回的解決を要請する状況について一定の整理を施した（同第2章）。続いて本章では，再び我が国の第三者効および第三者再審に立ち戻り，我が国の行政訴訟における紛争解決のあり方について考察を進める。まず，ドイツ，フランスおよび日本の状況を比較して，我が国の「効力拡張型」の特色を洗い出し（第1節），紛争の一回的解決に関わる第三者効の強弱の問題（第2節），紛争の画一的解決に関わる第三者効の範囲の問題（第3節）を，行訴法の解釈論および立法論として具体的に考察する。

第1節　日本の「効力拡張型」の特徴

　「引き込み型」の典型であったドイツの取消訴訟および義務付け訴訟は，「効力拡張型」に転換されつつある。一方で，解釈論上の展開として，必要的参加を欠いた場合でも判決の効力を第三者にいったん及ぼすという理解（「有効説」）が有力化している。他方で，立法論上の展開として，一定の場合については大量手続の特則による既判力の拡張が導入されるに至っている（第1章第2節参照）。これに対して，フランスは早くから「効力拡張型」を採用してきた。具体的には，いったん判決効を第三者にも及ぼしたうえで，当該第三者に tierce opposition による再度の争いを認めるという建前をとってきた（現在では C. jus. ad. R 831-1 以下）。日本も，第三者効（行訴32条）および第三者再審（同34条）

第2部　紛争解決と第三者効　第3章　我が国における行政紛争解決

という，同様の建前を採用している。このように，各国の行政訴訟法制は，
「効力拡張型」に収斂しつつある。

　他方で，「効力拡張型」も一様でない。以下では，日本の「効力拡張型」の
もつ特色を洗い出した後（第1款），「効力拡張型」において問題となる第三者
の手続保障のあり方について，より踏み込んで考察する（第2款および第3款）。

第1款　擬似的排除効による「効力拡張型」

　既判力の拡張を実定法化したドイツの大量手続の特則（第1章第2節第2款第
1項参照）や，取消判決は対世的な既判力（autorité de la chose jugée）を有する
との理解が有力に説かれてきたフランスの越権訴訟[1]とは異なり，日本の通説
は，第三者効は既判力ではないという理解を一貫させてきた。このような，既
判力とは異なる第三者効は，第三者再審制度の反射としての擬似的排除効とし
て理解でき（第1部第1章第3節第1款参照），損害賠償や処分の反復に関して一
定の帰結の違いに結びついていた（同第3章第3節参照）。本節ではまず，この
擬似的排除効による「効力拡張型」の紛争解決制度がもつ含意をより具体的に
整理する。

　結論から言えば，第三者効を擬似的排除効として理解することは，処分の効
力ないし存否に関わる紛争の画一的解決を後見的に達成する一方で，処分の存
否および違法性に関わる紛争を含めた一回的解決を当事者の第三者引き込みの
インセンティブにつなげ，裁判所の職権による第三者の手続保障の困難を軽減
するメリットがある。このメリットに着目して，本書は，「第三者効は形成力
であり，既判力ではない」という従来の通説を再構成し，第三者効を擬似的排
除効としての「形成力」と理解することを支持する。

第1項　参加および告知のインセンティブ

　第三者効を擬似的排除効と理解することは，行政訴訟における第三者の参加

---

1)　伊藤洋一［1993］149頁以下。近時の文献として，René CHAPUS, *Droit du contentieux administ-
ratif*, 13ᵉ éd., Montchrestien, 2008, nᵒ 1208-1211; Jean WALINE, *Droit administratif*, 26ᵉ éd., Dalloz,
2016, nᵒ 683-2ᵒ.

324

および第三者への告知の制度の位置づけに一定の影響を及ぼす。

I　訴訟告知による第三者への係属通知

　行訴法は，第三者効を被る第三者の事前の手続保障のために，職権訴訟参加の制度（22条）を用意している。しかし，この職権訴訟参加の制度は従来あまり利用されてこなかった。その理由の一端は，「訴訟規模，サイズを適正に保つこと」という「実務上もっとも大事な」理念にあることが推察される[2]。この点に関しては，第三者効を擬似的排除効の拡張に留めることでむしろ，当事者に訴訟告知のインセンティブが生まれ，職権訴訟参加の機能不全を一定程度補う可能性が生まれることが指摘できる。

　まず，取消訴訟の原告にとっては，第三者再審の可能性を事前に排除しておくために（興津［2015］237頁），また第三者に対する処分の反復を予防する（第1部第3章第3節第3款参照）ために，第三者に対し訴訟告知を行うメリットがある。具体的には，一方で，訴訟告知を受けることで第三者が訴訟参加の機会を与えられたならば，第三者は「自己の責めに帰することができない理由により訴訟に参加することができなかった」（行訴34条1項）とは言えなくなり，再審原告適格を失うことになる。他方で，訴訟告知を受けることで被告行政主体と第三者との間に参加的効力が生ずる（民訴53条4項，46条）ならば，被告が第三者に対して許可等を反復することは参加的効力により禁じられる[3]。しかし実際には，第三者との紛争の継続を視野に入れて訴訟追行する原告ばかりではないであろうから，原告から訴訟告知がなされることを常に期待するのは難しいと思われる。

　より重要なのは，取消訴訟の被告たる行政主体が有する訴訟告知のインセンティブである。第三者効を擬似的排除効に留める場合，前訴被告は第三者に対

---

2)　田尾桃二「紛争の一回的一挙的解決ということについて──『学説と実務』の視点から」民訴雑誌40号37頁，39頁，48頁以下（1994）。

3)　ただし，通常の理解では参加的効力は敗訴当事者間にのみ生ずるとされており，取消判決を得て勝訴した原告と敗訴した第三者との間には参加的効力は及ばないと解されるため，仮に被告行政主体が第三者に対して処分を反復してしまった場合，原告が第三者に対して提起する訴訟において反復禁止を主張することができるとは当然には言えない。この点は，信義則を援用する（新堂［2011］812頁以下）など，もう一段の理論構成が必要である（新山［2006］420頁以下）。

第2部　紛争解決と第三者効　　第3章　我が国における行政紛争解決

しても処分の違法性に関する判断を通用させることに利益を有する。というのも，仮に第三者について前訴判決における処分の違法性の判断が通用しないとすれば，第三者から処分が適法であったことを前提とする国家賠償請求訴訟を提起されかねない（第1部第3章第3節第2款参照）し，第三者から再申請がなされ，前訴の基準時以降に事情の変更がないことを理由にそれを拒否した場合でも，取消訴訟を提起されるならば再び前訴の基準時以前の事情の適法性を主張立証せざるを得なくなる（同第3款参照）からである。被告が第三者に対して訴訟告知を行うことで参加的効力が生ずるならば，取消判決における行政行為の違法性に関する判断が被告と第三者との間の後訴に通用することとなり，これらの問題は解決する[4]。

Ⅱ　22条参加の意義

しかし他方で，このように訴訟告知の仕組みを用いることで第三者に訴訟係属を知らせ，第三者の手続保障を図ることができるとすると，行訴法が補助参加（民訴42条）とは異なる形態の参加制度（行訴22条）を用意していることをどう理解すべきかが，翻って問題となる。

1　当事者または第三者の申立てによる22条参加

この点に関しては，第三者が何らかの形で訴訟係属を知ることができる状況が整ってさえいれば，第三者自身の責任において参加の要不要を判断させればよいとして，職権参加の必要性に疑問を呈する見解がある（新山［2006］528頁以下）。しかし，行政は第三者の利益を全面的に代表する立場になく，職権により第三者を参加させる必要性がないとは言えない（山本隆司［2007］173頁）[5]し，それとは別に，申立てに基づく22条参加の制度を活用する必要性はなお存在する。具体的には，一方で，被告からの訴訟告知によって生じる参加的効力は，補助参加人の抵触行為の不能等を理由とする不発生（民訴46条各号）が

---

4)　新山［2009］50頁は，被告の訴訟告知のインセンティブに対して疑問を呈するが，本文のように考えるならばこの疑問は一定程度解消すると思われる。なお，フランスにも被告が第三者を引き込む制度（appel en garantie）がある（参照，安見ゆかり「フランスにおける強制参加について（一）」龍谷法学28巻2号33頁，46頁以下（1995））が，越権訴訟においては利用されていない（伊藤洋一［1993］349頁）。

326

第1節　日本の「効力拡張型」の特徴

あり得るものであるため，第三者に抵触行為を行い得る共同訴訟的補助参加人
としての地位を与え，それと引き換えに既判力または参加的効力を確実に及ぼ
すために⁶⁾，当事者に第三者の 22 条参加の許可の申立てを認める必要がある⁷⁾。
他方で，これとは逆に，訴訟係属の事実を知った第三者が抵触行為を積極的に
行おうとする場面も想定し得ることから，共同訴訟的補助参加人の地位を得る
ため，第三者に 22 条参加の申立てを認める必要性もなお存在する⁸⁾。

　第三者効が擬似的排除効に留まっており，処分の違法性の判断についての排
除効を含まないことを前提とすると，22 条参加をもって初めてこうした通用
力が確保されることとなるため，22 条参加の趣旨は，第三者の手続保障や審
理の充実に加えて，当事者の利益のために第三者を処分の違法性の判断に拘束
することに求められることとなる（判決効「を及ぼすための訴訟参加の論理」（山本
隆司［2007］171 頁））。こうした建前と対照的であるのは，人事訴訟法上の強制
参加（人訴 15 条 1 項）である。人事訴訟の確定判決は認容棄却を問わず既判力
の拡張がなされる（人訴 24 条 1 項）ため，人事訴訟法上の強制参加は，第三者
に判決効を及ぼすための制度ではなく，専ら審理を充実させるための制度⁹⁾と
して理解される。人訴法 15 条が当事者の申立てを予定していない¹⁰⁾のに対し

---

5)　また，処分過程での調査義務と訴訟での立証との連続性を強調し，第三者から不要な資料が提出
　　されて行政が混乱することを危惧する点（新山［2006］402-404 頁）についても，ドイツでは行政
　　庁が行政手続段階で職権探知義務（Vgl. §24 VwVfG）を負っている（参照，新山一雄「ドイツ行
　　政手続法における職権探知原則(1)」自治研究 68 巻 9 号 32 頁，35 頁以下（1992））のに対して，
　　日本ではそのような事情がないため，疑問がある。
6)　22 条により参加した者が共同訴訟的補助参加人となるのは，その者に既判力が及ぶからではな
　　く，判決の形成力，すなわち基準性が及ぶからである（杉本［1963］502 頁）。したがって，既判
　　力が及ぶことが前提とされる通常の共同訴訟的補助参加の議論とは逆に，22 条参加人に判決の既
　　判力が及ぶことになるのかが問題とされる。この点に関しては，少なくとも被告と第三者との間で
　　の参加的効力を認めるべきとされている（福井秀夫ほか『新行政事件訴訟法──逐条解説と
　　Q&A』98-99 頁〔村田斉志〕（新日本法規出版，2004）；山本隆司［2012］413 頁）。これを超えて
　　既判力を及ぼすべきか，とりわけ原告と第三者との間にもそれを拡張すべきかに関しては，共同訴
　　訟的補助参加の理論との関係をも踏まえた検討の必要があろう。
7)　当事者の申立てによる引き込みと職権による引き込みとの対比は，家事事件や非訟事件について
　　論じられている（高田裕成編著［2014］134 頁；畑瑞穂ほか「［研究会］非訟事件手続法第 3 回」
　　論ジュリ 13 号 159 頁，162 頁〔金子修発言〕（2015））。
8)　とりわけ裁量的な許可処分の取消訴訟（競業者が提起する一般廃棄物処理業許可の取消訴訟につ
　　いて参照，最判平成 26 年 1 月 28 日民集 68 巻 1 号 49 頁）などでは，第三者（許可を受けた者）が
　　行政とは異なる観点で裁判所に対し独自の訴訟資料，証拠資料を提出することが期待できる。

327

第2部　紛争解決と第三者効　　第3章　我が国における行政紛争解決

て，行訴法22条が当事者の申立てを予定していることの意味も，当事者の利益のために第三者を判決に拘束するためという視点から理解することができる（高橋滋ほか編［2014］464頁〔神橋一彦〕）。

2　補論：第三者の申立てによる22条参加の必要性

ただし，第三者の申立てに基づく22条参加に関しては，別の角度からその存在に疑問が呈されている。すなわち，人事訴訟法が強制参加の場合のみならず補助参加の申出の場合でも共同訴訟的補助参加人としての取扱いを認めている（人訴15条3項参照）のと同様に，行訴法においても第三者は補助参加の申出によるだけで共同訴訟的補助参加人としての地位を獲得すると解すべきであり，第三者の申立てによる22条参加は共同訴訟的補助参加の制度に吸収されるとの指摘がある（福本［2007］334頁；福本［2011］149頁）。この点は具体的には，22条参加は裁判所による決定を得なければ参加人たる地位が与えられないのに対して（行訴22条1項），補助参加であれば，相手方から異議が述べられない限り，裁判所による決定無くして参加人たる地位が与えられることになる（民訴44条1項）点で，訴訟運営上大きな差に結びつく（福本［2007］339頁註35）。

この問題について最高裁は，第三者の申立てによる参加に関する特段の規定が存在しなかった特例法下においては，補助参加人が当然に共同訴訟的補助参加人となることを認めている（最判昭和40年6月24日民集19巻4号1001頁）。しかしその後，共同訴訟参加（民訴52条）が可能であることを理由に，係属中の住民訴訟の原告側に補助参加した住民について共同訴訟的補助参加の成立を否定した判例が現れた（最判昭和63年2月25日民集42巻2号120頁）ことにより，取消訴訟の被告側への補助参加についても共同訴訟的補助参加の成立が否定さ

---

9)　人事訴訟法の強制参加の制度について行訴法22条参加との類似性が指摘されているが，人事訴訟法では共同訴訟的補助参加が別途明文化された（人訴15条3項，4項）ため，強制参加は必ずしも第三者の手続保障のためではなく，訴訟資料の充実のための仕組みと位置づけられる（高橋宏志＝高田裕成編［2003］51頁〔小野瀬厚発言〕；野田愛子＝安倍嘉人監修『改訂人事訴訟法概説──制度の趣旨と運用の実情』102頁（日本加除出版，2007））。

10)　ただし，実際には被告となる検察官が裁判所の職権発動を促すという運用になることが予測されている（高橋宏志＝高田裕成編［2003］53頁〔阿部潤発言〕）。

第 1 節　日本の「効力拡張型」の特徴

れるのではないかが問題となる[11]。しかし，22 条参加は共同訴訟的補助参加
ではあっても共同訴訟参加ではないため，共同訴訟参加が認められている場面
に関する最判昭和 63 年が，共同訴訟的補助参加しか認められない取消訴訟の
被告側への参加にも妥当すると考えるのは早計であろう（福本［2007］332
頁）[12]。

　しかし他方で，最高裁が別の理由で最判昭和 63 年の論理を 22 条参加に及ぼ
すことも想定される。具体的には，「行政事件訴訟とは対象とする法律関係を
異にし，再審の訴えをもって不服申立をすることが許される第三者には共同訴
訟参加に準じた訴訟参加を許す旨の行政事件訴訟法 22 条のような特別の規定
のない人事訴訟手続に，行政事件訴訟法 34 条の第三者の再審の訴えに関する
規定を類推適用することはできない」（最判平成元年 11 月 10 日民集 43 巻 10 号
1085 頁）という判示からは，最高裁が行訴法 22 条を共同訴訟的補助参加を認
めるための特別の規定と理解している可能性を読み取ることができる。すなわ
ち，補助参加の申出とは別に 22 条参加の申出を認めている以上，補助参加の
申出のみによって共同訴訟的補助参加の成立を認めるわけにはいかないという
論理である。

　この問題は，関連する参加制度，とくに独立当事者参加（民訴 47 条）[13]や共
同訴訟参加（同 52 条）との関係をも踏まえてなお議論を詰める必要があるが，
仮に第三者の申立てに基づく 22 条参加の制度が不要とされるとしても，第三
者効を擬似的排除効に留めることで訴訟当事者の第三者引き込みのインセン
ティブを活用する方向性が否定されるわけではないため，本書ではこれ以上立
ち入らない[14]。

---

11)　仙台高判平成 25 年 1 月 24 日判時 2186 号 21 頁（産廃処理施設設置許可取消訴訟に事業者が参
　加した事例）は，最判昭和 63 年の結論を被告行政主体側への補助参加にも及ぼし，当該補助参加
　人は当然に共同訴訟的補助参加人になるわけではないとしている。近時の論評として，本間靖規
　「第三者の訴訟参加──共同訴訟的補助参加を中心に」法律時報 88 巻 8 号 46 頁，46 頁以下（2016）。
12)　最判昭和 63 年の判断それ自体にも批判が強い。山本克己［2005］94 頁；本間靖規「共同訴訟
　的補助参加について」栂善夫 = 遠藤賢治古稀『民事手続における法と実践』667 頁，687 頁（成文
　堂，2014）。
13)　取消訴訟における独立当事者参加の活用可能性に関して参照，兼子仁「行政処分取消訴訟に対
　する独立当事者参加」同『行政法と特殊法の理論』102 頁，106 頁以下（有斐閣，1989）〔初出：
　1970〕。なお，独立当事者参加制度の改正提案として，三木 = 山本編［2012］40 頁以下，46 頁以下。

329

第2部 紛争解決と第三者効 第3章 我が国における行政紛争解決

第2項 「形成力」説の再評価

このように，第三者効を擬似的排除効と解することは，後訴での損害賠償請求や処分の反復禁止について紛争の一回的解決を後退させる（第1部第3章第3節第2款および第3款参照）ことを通じて，第三者に訴訟告知をし，または裁判所に申し立てて22条参加をさせるインセンティブを当事者に与え，第三者の手続保障の確保を裁判所による職権訴訟参加に委ねる度合いを小さくするという意義が認められる。このように，紛争の一回的解決を当事者に委ね，その結果として第三者の手続保障を確保することは，裁判所による引き込みが機能していない現況に鑑みて，現実的な方策であるように思われる[15]。

このように，紛争の画一的解決を判決の基準性で確保しつつ，紛争の一回的解決を当事者による第三者引き込みに委ねる仕組みは，夙に人事訴訟において，「相対効制度」ないし「暫定的対世効」として展開されているものである（高田裕成［1988］365頁；高田裕成［1989］194頁）[16]。第三者効を「形成力」と理解する通説的な理解は，こうした紛争解決のあり方を志向するものとして，積極的に再評価することができる。

---

14) 22条参加は原告の反対利害関係人の被告側への参加を念頭に置いた制度であるが，原告の同種利害関係人が原告側に参加する場合（複数人が同一の土地区画整理事業計画の取消しを求める場合など）には，それが共同訴訟参加（民訴52条）となるか否か，換言すれば，複数人が同一の処分の取消しを求める訴訟が（類似）必要的共同訴訟となるか否かが問題となる。この問題については，取消訴訟の判決効拡張が片面的であること（棄却判決の対世効が存在しないこと）との関係で議論がある（興津［2015］246頁註108．参照，高橋利文「片面的対世効ある判決と共同訴訟人の一部の者の上訴」貞家最高裁判事退官『民事法と裁判（下）』178頁（民事法情報センター，1995）；高田裕成［2001］667頁以下；大渕真喜子「類似必要的共同訴訟についての一考察(1)(2)——いわゆる片面的対世効がある判決の場合を中心として」筑波ロー・ジャーナル10号81頁，同17号1頁（2011-14））。

15) こうした発想は，紛争の一回的解決の強調を訴訟運営の困難の観点から批判する実務家の視点（前掲註2参照）からも受容しやすいであろう。

16) このような漸次的な画一的解決の方向性は，会社関係訴訟においても説かれることがある。M. Schwab［2005］S. 216ff., 223は，除名の訴えについて，取立訴訟において呼出し（Beiladung）を受けていない差押債権者に対しては第三債務者は自身に有利な主張をすることができないという規定（§856 Abs. 5 ZPO）を類推し，除名請求が認容された場合でも，呼出しを受けていない会社構成員に前訴当事者の全てを被告とする確認訴訟を提起することを認め，そこで除名の無効を主張することができるとする。

330

第1節　日本の「効力拡張型」の特徴

I　反対利害関係人に対する第三者効

これに対して，自覚的に第三者効を既判力と理解する見解がある（興津
[2015] 219頁以下）。この見解は，上記のような擬似的排除効の帰結は，原告の
保護の貫徹，行政活動の適法性統制の貫徹の観点から十分でないとする（同
221-222頁）。しかし，現行法上の第三者の手続保障（被告適格の限定，職権証拠
調べ，職権訴訟参加および第三者再審）を前提とした際に，第三者効を既判力と理
解することが正当化できるかについては，論者自身疑問を呈している（同231
頁）し，他にも否定的な見解がある（山本隆司 [2007] 171頁）。

とりわけ反復禁止に関しては，民事訴訟法学においては結論の一致があった
（第1部第3章第2節第2款第2項III 2参照）が，それは既判力が及ぶことが当然
の前提となる当事者間での問題が専ら論じられているためだと考えられる。こ
れに対して，第三者効を既判力と解するべきか否かの文脈では，前訴に参加し
ておらず，自ら争いを尽くしたとは言えない第三者に対して，基準時前の事情
に関する主張を封じることが適切かどうかが問題とされているのであり，反復
禁止を正当化できるという結論に一致があるとは言えないであろう。実際に，
職権探知主義が明文で導入され（人訴20条），行政事件訴訟よりも第三者の手
続保障の手段が充実している人事訴訟についても，既判力の拡張による紛争の
一回的解決の貫徹には疑問が呈されており（高田裕成 [1988] 377頁），現在の行
訴法の建前および運用実態の下で既判力の拡張を肯定することは難しいと思わ
れる[17]。

II　同種利害関係人に対する第三者効

なお，同種利害関係人との関係では，第三者効を擬似的排除効に留めること
は，取消判決確定後の同種利害関係人からの国家賠償請求訴訟において処分が
なお適法であるとの判断がなされ得る点，また取消判決確定後に同種利害関係
人が反復禁止義務を援用できない点で，同種利害関係人の保護について不都合

---

17)　取消訴訟の被告が行政であることから訴訟法的側面としての第三者効が正当化されるとする議
　論もある（南編 [1987] 725頁以下 [岡光民雄]）が，行政は第三者の利益を全面的に代表する立
　場にないため，それのみで行政事件訴訟における強度の排除効の拡張を基礎づけることは難しい。

331

第2部　紛争解決と第三者効　　第3章　我が国における行政紛争解決

を生ぜしめる（第1部第3章第3節第4款参照）。これは裏面から見れば，一度敗訴した行政主体に，実質的に同一の問題について再度の争いの機会を認めることを意味するが，それが正当化できるのかは疑問である（興津［2015］243頁）（第2部第1章第3節第2款第2項Ⅱ1参照）。

　この点に関しては，集団的紛争における判決効の相互性（mutuality）の放棄の可否ないし片面的対世効の採用の可否についての議論（高田裕成［1984］205頁以下）を参考に，反対利害関係人に対する第三者効を擬似的排除効と解しつつ，同種利害関係人に対する第三者効は既判力として構成することができないかを探究する必要があろう。また，同種利害関係人との関係でも第三者効は擬似的排除効の拡張に留まり，判決効理論上は被告行政主体に取り消された処分の適法性を争い直す余地が認められるとしても，別途，先例拘束性や行政主体たる地位に起因する義務の問題として行政主体に紛争の蒸し返しが禁じられると考える余地がないかも，検討の必要があろう[18]。

第2款　事前の手続保障の拡充の必要性

　ところで，「効力拡張型」のメリットは，原告の反対利害関係人が多数ないし不特定にわたる場合でも，紛争の画一的解決を達成することができる点にあった。こうした事例では，原告の反対利害関係人の全てを訴訟に参加させることが困難ないし不可能であり，「引き込み型」では紛争の画一的解決を図ることができないからである（第2章第3節第1款参照）。

　他方で，「効力拡張型」は，第三者を訴訟に参加させないままにその法的地位を不利益に変動させることを認めるため，第三者の手続保障の確保の点にデメリットがある（第1章第2節第3款参照）。特に日本の第三者効は，のちに見る通り比較的強度の排除効であるため（本章第2節第1款参照），第三者の事前の手続保障を拡充することが重要となる[19]。

---

18)　違憲判決による国家機関の「拘束」について参照，巽智彦「法令等の違憲・違法を宣言する裁判の効力──『違憲判決の効力論』を手がかりとして」成蹊法学83号183頁，207頁（2015）。

19)　対世効を受ける第三者の手続保障の問題一般について参照，本間靖規「対世的判決効拡張と手続保障──第三者関与の意義をめぐって」同『手続保障論集』305頁（信山社，2015）〔初出：1987〕。

332

第1節　日本の「効力拡張型」の特徴

第1項　職権訴訟参加の拡充

我が国の行訴法は，こうした第三者の事前の手続保障のために，職権訴訟参加（行訴22条）の制度を用意している。我が国の制度は，第三者効と第三者再審というフランス式の「効力拡張型」を採用したものであるが，フランスでは裁判所が第三者を強制的に訴訟に参加させるという発想が希薄であり[20]，ここはむしろドイツ式の職権参加制度に倣ったものである[21]。

ここで示唆的なのは，既判力の拡張を導入したドイツの大量手続の特則において，なお実際に利害関係者を参加させる必要が認められていた点である。すなわち，大量手続の特則が適用される場合であっても，参加の申立てをしなかった者の中に特別の利害関係を有すると認められる者が存在するならば，裁判所は職権でその者を参加させるべきとされていた（第1章第2節第2款第2項Ⅰ2参照）。ここでの参加は，参加がなされなかった場合に判決が無効となるという「引き込み型」として機能しているわけではなく，あくまで「効力拡張型」を前提に，申立人と反対利害関係にある者のうちとりわけ強度の利害関係を有する一定の第三者を裁判所に引き込ませることで，不特定多数人間の紛争の画一的解決および一回的解決と，第三者の手続保障とのバランスを取ろうとしたものと理解することができる[22]。この制度は，「効力拡張型」により紛争の画一的解決が既に達成されている場合でも（というよりも，だからこそむしろ），職権参加による第三者の手続保障が必要とされることを示している。我が国の職権訴訟参加の制度を必要的参加に近づけて運用すべきとする見解（山本隆司［2014］54頁）は，このような方向性を示している。

---

20)　具体的には，フランスの裁判所による訴状の伝達（communication de la requête）の制度は第三者に参加人たる地位を付与するものではない（伊藤洋一［1993］352頁）し，強制参加（intervention forcée）も通説によればあくまで当事者が第三者を引き込む制度であり（参照，木川統一郎「フランス民事訴訟法における参加制度（2・完）」法学新報60巻4号312頁，316-317頁（1953）），裁判所による強制参加の制度は，人事訴訟における特則として導入されているに過ぎない（池尻［1983］95頁；高田裕成［1987］1547頁，1594頁以下）。

21)　行訴法立案担当者の雄川一郎は，フランスの越権訴訟の認容判決の対世効の議論を参照している（雄川［1957］222頁註2）一方で，ドイツの参加制度をも参照している（同179頁註1）。

22)　この場合の参加を懈怠した場合は，少なくとも，上告理由および上告審における破棄事由が肯定されると解される。

333

第2項 「引き込み型」の併用

なお，紛争の画一的解決を図りつつ，利害関係人の事前の手続保障を拡充するためには，「効力拡張型」と「引き込み型」とを併用するという方向性もあり得る。実際に，対世効の規定が導入されているところでは，利害関係人が少数かつ特定可能である場面において，さらに固有必要的共同訴訟の仕組みを盛り込む例がある（「第二種」の固有必要的共同訴訟[23]）。例えば，人事訴訟については，第三者が提起する人事に関する訴えは，判決の対世効（人訴24条1項）を前提に，当該身分関係の当事者の双方を被告とすることとされている（同12条2項）。また，会社関係訴訟については，認容判決の対世効（会社838条）を前提に，例えば新設分割無効の訴えや株式移転の無効の訴えは，元の会社と新たに設立される会社の双方を被告とすることとされている（会社834条10号，12号）[24]。役員選任決議の無効確認訴訟や取消訴訟については，役員を被告とすることとはされていない（同834条16号，17号。伊藤眞［2016］643頁註23）が，これを当該役員を共同被告とする固有必要的共同訴訟と解する見解がある（新堂［2011］774頁）。

このような立法例や解釈論を参考に，「効力拡張型」を前提に一定の第三者を必要的参加人とする（部分的に「引き込み型」を採用する）ことでその事前の手続保障を確保する方向性は，行政法関係についても一考に値する（阿部［2016］177頁）。しかし，必要的参加人が多数に上ったり，その範囲が不明瞭となったりすると，引き込むべき者を全員引き込むことが困難ないし不可能となり，結局「引き込み型」の限界に直面する（岩原［1980］1092頁）。また，そのような場合でなくとも，これまた先に見た通り，第三者の参加がなかった場合に原告の得た取消判決が無効になるという「引き込み型」は，原告に大きな負担を課すものである（第1章第2節第1款第1項Ⅱ1参照）。原告の負担を正当化するに

---

23) 谷口安平「合資会社の社員が他の社員を相手方として無限責任社員でないこと等の確認を求める訴えと確認の利益」同『多数当事者訴訟・会社訴訟——民事手続法論集第2巻』436頁，443頁以下（信山社，2013）〔初出：1967〕。
24) なお，役員解任訴訟でも会社に加えて解任を求められる役員を被告とする旨が規定されている（会社855条）が，対世効規定の準用がない。この点に関しては，解釈論上対世効を認める見解が有力である（垣内［2014］377頁以下）。

第1節　日本の「効力拡張型」の特徴

は，少なくとも必要的参加人の範囲を事前に明瞭に示す必要があり，したがって「引き込み型」の導入は，行うとしても解釈ではなく立法によってなされるべきであろう。また，立法論としても，行訴法で一般的に規律するよりも各種個別法において規律する方が，必要的参加人の範囲の明確化のため望ましいと言えよう[25]。

第3款　訴訟係属の通知による事前の手続保障

職権訴訟参加の制度は，第三者効を被る者の手続保障の要と認識されている（塩野［2013］157頁以下）。しかし，我が国の職権訴訟参加の制度については，第三者が行政以上に充実した訴訟資料および証拠資料を提出できる可能性が小さく，裁判所が第三者を引き込むインセンティブに欠けるという点で，機能不全が指摘されてきた（新山［2006］543頁）。

第1項　裁判所による訴訟係属の通知

職権訴訟参加が機能しない場合，第三者が訴訟係属の事実を了知できないままに取消判決が確定してしまう事態もあり得る。そこで，こうした事態を防ぐため，裁判所の職権によって第三者に訴訟係属の通知を行う制度を立法すべきとの提案がある（新山［2006］549頁以下；新山［2007］35頁以下）。

この提案は，既に人事訴訟法が，訴訟係属を裁判所が一定の第三者に通知する制度（人訴28条）を採用している[26]ことに注目している（新山［2007］11頁以下）。しかし，職権探知主義（同20条）がとられていてもなお，この規定は裁判所に対する訓示規定であって，通知を怠った場合に訴訟手続が違法となるわけではないとされており[27]，職権探知主義が妥当しない行政事件訴訟において

---

25)　抗告訴訟の例ではないが，共有に係る特許に関する審判請求については，被請求人および請求人適格の定めがある（特許132条2項，3項）。なお，この共有に係る特許に関する審判の取消訴訟については，固有必要的共同訴訟の成否について議論がある（参照，中山信弘＝小泉直樹編『新・注解特許法（下巻）』2113頁〔北原潤一〕（青林書院，2011）；同2433頁〔本多広和〕）。

26)　これは，平成8年改正後旧人訴33条が現行法に引き継がれたものである。参照，林道晴「『人事訴訟手続法第三三条の規定による通知に関する規則』の解説」判タ940号4頁（1997）。

27)　参照，小野瀬厚＝岡健太郎編著『一問一答新しい人事訴訟制度──新法・新規則の解説』123頁（商事法務，2004）。

335

第2部　紛争解決と第三者効　第3章　我が国における行政紛争解決

裁判所の職権発動を義務付けることがそもそも適当であるかが問われよう。また，この仕組みは最高裁規則によって通知対象者を列挙することで機能しているが[28]，複雑多様な行政実体法関係について通知対象者の類型化および列挙を行うことにはかなりの困難を伴う[29]。結局，このような裁判所による通知制度を導入したとしても，職権訴訟参加と同様に機能不全に陥るおそれが否定できない。

第2項　当事者による訴訟告知

他方で，既に見た通り，第三者効を擬似的排除効に留めることにより，当事者に訴訟告知のインセンティブが生まれ，それによって職権訴訟参加の機能不全を一定程度補う可能性が生まれる（第1款第1項I参照）。しかし，あくまで当事者のインセンティブに委ねるというのでは，第三者への通知が確実になされる保障はない。ここで参考となるのは，第三者に対する訴訟係属の通知を，当事者に訴訟告知を義務付けることによって行う立法例である[30]。

例えば，原告に義務を負わせるものとしては，株主等が提起する株主代表訴訟における原告の会社への訴訟告知義務（会社849条4項）が存在する。この場面では，原告が会社に代位して役員等に対する損害賠償請求権等を行使することになり，法定訴訟担当により会社に判決効が及ぶこととなる（民訴115条1項2号参照）ため，会社に訴訟参加の機会を保障する目的から訴訟告知義務が規定されている[31]。この制度を参考に，債権者代位訴訟[32]および詐害行為取消訴訟にも，債権者が債務者に訴訟告知をする義務が導入されることになった

---

28)　人事訴訟規則16条は，17種類の訴えごとに対象者を列挙した別表に基づき，かつ「訴訟記録上氏名及び住所又は居所が判明しているものに」限って通知する旨を定めている。ただし，そこには不備が指摘されている（高橋宏志「人事訴訟における手続保障」竹下守夫編集代表『講座新民事訴訟法III』349頁，360頁以下（弘文堂，1998））。

29)　なお，行政法は形式的当事者訴訟における裁判所による通知を規定している（行訴39条）が，これはあくまで処分庁ないし裁決庁という特定された対象への通知である。それでもなお裁判所関係者は強い違和感を示していたようであり（参照，雄川一郎ほか「[追悼座談会]田中二郎先生を偲んで」ジュリ767号91頁，106頁〔雄川一郎発言〕(1982)），これも結局は訓示規定とされている（杉本[1963] 552-553頁）。

30)　訴訟告知の活用傾向一般について参照，畑瑞穂「詐害行為取消訴訟の構造に関する覚書」石川正古稀『経済社会と法の役割』1163頁，1179頁以下（商事法務，2013）。

31)　江頭憲治郎＝中村直人編著『論点体系会社法6』215頁〔澤口実〕（第一法規，2012）。

第1節　日本の「効力拡張型」の特徴

（債権法改正案423条の6および424条の7第2項）[33]。こうした諸例では，第三者（会社や債務者）から後に損害賠償請求訴訟を提起されることを防ぐ点などに原告の訴訟告知のインセンティブが存在する[34]が，ここで注目されるのは，その原告のインセンティブに期待するに留めず，確実に第三者に通知がなされるように原告の義務を規定している点である。

また，被告に義務を負わせるという立法例も，まさに行訴法の特則として，実際に存在する。例えば，4号請求住民訴訟の被告となる地方公共団体の執行機関または職員は，怠る事実の相手方に訴訟告知をしなければならない（地自242条の2第7項）[35]。他にも，犯罪被害財産支給手続においては，例えば，申請者Aが他の申請者Bに下された資格裁定に対して行った審査の申立てが認容され，Bが当該認容裁決の取消訴訟を提起する場合，被告である国Yに，Aに対し訴訟告知をする義務が課されている（犯罪被害回復47条5項）[36]。

第3項　通知主体および通知手段

このように，第三者に訴訟係属の通知を行う義務については，裁判所に負わせる例（第1項）も，当事者に負わせる例（第2項）も存在する。二つの選択肢は，常にいずれかが合理的であるというわけではなく，状況に応じて適切な方

---

32)　なお，債権者代位訴訟と類似する取立訴訟については，昭和54年改正前民事訴訟法610条が同旨を定めていた（参照，宮脇幸彦『強制執行法（各論）』252頁（有斐閣，1978））。民事執行法ではこの建前は採用されなかったが，立法論としては批判がある。参照，上原敏夫「取立訴訟の判決の債務者に対する効力──ドイツ及びわが国の学説史を中心として」同『債権執行手続の研究』107頁，144頁（有斐閣，1994）〔初出：1982〕。

33)　潮見［2015］72頁は，この通知は債務者が訴訟に関与する機会を保障するものだと説明する。

34)　笠井正俊「責任追及等の訴えの提起前手続と審理手続」神作裕之ほか編『会社裁判にかかる理論の到達点』398頁，407頁（商事法務，2014）。

35)　ただし，第三者たる怠る事実の相手方に判決効が当然に及ぶわけではないため，この訴訟告知は，判決効を被る第三者に対する手続保障のためというよりは，訴えの目的（地方公共団体の損害の填補）を貫徹するためのものである（判決効「に基づく」告知ではなく，判決効「を及ぼすための」告知（山本隆司［2007］171頁））。それゆえ，第二段階訴訟において，地方公共団体は前訴原告のために参加的効力を「援用しなければならない」（高橋滋ほか編［2014］179頁〔山本隆司〕）。

36)　飯島泰ほか「『組織的な犯罪の処罰及び犯罪収益の規制等に関する法律の一部を改正する法律（平成18年法律第86号）』及び『犯罪被害財産等による被害回復給付金の支給に関する法律（平成18年法律第87号）』の解説(3・完)」法曹時報59巻10号3331頁，3378頁（2007）は，これを国が敗訴した場合に「紛争の蒸し返しを防止しようとするもの」とする。

337

第 2 部　紛争解決と第三者効　　第 3 章　我が国における行政紛争解決

を選択することが必要である。

　一方で，処分の名宛人が訴訟における第三者となる場合（例えば，競業者が提起する新規参入業者の営業許可処分の取消訴訟）のように，処分手続において第三者の所在を行政庁が具体的に把握していることが想定される場合には，被告行政主体に当該第三者への通知の責任を負わせることが合理的である[37]。犯罪被害財産支給手続は，検察官が財の配分のための手続を主宰するものであり，この旨が妥当するものと把握できる。4 号請求住民訴訟についても，原告が請求の趣旨において怠る事実の相手方を特定する必要がある（高橋滋ほか編［2014］170 頁〔山本隆司〕）とはいえ，当該相手方の所在は取引相手たる地方公共団体がより正確に把握できるはずであり，同様のことが言える。立法論[38]としてはもちろん解釈論[39]としても，このような場合に被告に訴訟告知義務を課することができないか検討の必要があろう[40]。

　しかし他方で，処分の名宛人が訴訟における原告となる場合（例えば，建築主が提起する建築物除却命令の取消訴訟）のように，処分手続において第三者（この例では周辺住民）の所在を行政庁が必ずしも具体的に把握していない場合には，被告行政主体に訴訟告知義務を負わせるべきと単純には言えない[41]。また仮に，例えば参入規制の仕組み[42]を通じて，第三者（既存業者）の所在を行政庁が具

---

37)　通知対象者に関する情報の所在に着目する視点として参照，高田裕成［1991］200 頁註 40。

38)　行訴法立法過程においては，被告行政庁の訴訟告知義務は行政庁の負担過剰を理由に採用されなかった（塩野編著［1994-1］107 頁）が，行政手続法の存在等に鑑みると，現在では再考の余地があろう。

39)　職権で許認可等を取り消すには聴聞が必要となり（行手 13 条 1 項 1 号イ），改善命令等を行うには弁明の機会の付与が必要となる（同 2 号）ことに鑑み，取消判決により直接に，または義務付け判決を通じて間接的に同様の事態が生じ得る場合に，行政は少なくとも訴訟告知の手段により訴訟係属の通知を行うべきと言えないか。非申請型義務付け訴訟において，義務付けられる不利益処分の名宛人を参加させる必要がある旨の指摘として，宇賀［2015］343 頁。

40)　当事者主義および弁論主義の妥当する訴訟構造の下で行政の行為義務については，より具体的な検討が必要である。参照，交告尚史『処分理由と取消訴訟』139 頁（勁草書房，2000）；北見宏介「政府の訴訟活動における機関利益と公共の利益(1)──司法省による『合衆国の利益』の実現をめぐって」北大法学論集 58 巻 6 号 2607 頁，2614 頁（2008）。ここでは，事案処理過程における行政の「調査義務」が訴訟の場においても引き続き発現するという発想（参照，小早川光郎「調査・処分・証明──取消訴訟における証明責任問題の一考察」雄川一郎献呈『行政法の諸問題(中)』249 頁，267 頁以下（有斐閣，1990））や，遺言執行者を「フォーラム」と位置づける発想（参照，岡成玄太「遺言執行者の当事者適格を巡る一局面」東京大学法科大学院ローレビュー 8 号 46 頁，75 頁，76 頁註 110（2013））が参考になる。

第1節　日本の「効力拡張型」の特徴

体的に把握できていたとしても（例えば，新規参入業者が原告となる競業者訴訟），
参加適格を有する第三者の範囲は裁判所の判断に委ねられる。このような場合
には，参加適格の範囲の決定と併せて，裁判所に第三者に対する通知を行わせ
る方が合理的であろう。職権訴訟参加の活用（第2款第1項参照）はこの類型で
最も期待されるところであるが，裁判所に積極的な役割を担わせるための理論
的，制度的基礎については，なお探究の必要がある（第1項参照）[43]。

　また，第三者が多数に及んだり，不特定にわたったりして，そもそも個別の
告知ないし通知を行うことが不可能な場合もある（室井編［1986］277頁〔金子
正史〕）。例えば株主代表訴訟においては，会社が公告または通知によって株主
一般に訴訟係属の事実を知らせることとしている（会社849条5項，6項）[44]。ま
た，ドイツの大量手続の特則にも，同様の仕組みが存在し（§65 Abs. 3, S. 3-5
VwGO），個別通知の要否などについても議論があった（第1章第2節第2款第2
項 I 1 参照）。こうした制度を参考にして，公告による通知の手段を立法化す
ることが考えられてよい。

---

41)　奈良次郎「検察官を当事者とする人事訴訟と手続保障（下）——最近の裁判例を中心として」
　　ジュリ858号101頁，103頁（1986）は，死後認知訴訟について裁判所ではなく被告となる検察官
　　に通知義務を課すという案を提案していたが，容れられなかった。その背景には，やはり本文で述
　　べるような情報の所在の観点があったのではないかと推察される。

42)　類型的分析として参照，友岡史仁『要説経済行政法』147頁以下（弘文堂，2015）。

43)　そのほか，民執法157条1項は，「差押債権者が第三債務者に対し差し押さえた債権に係る給付
　　を求める訴え（以下「取立訴訟」という。）を提起したときは，受訴裁判所は，第三債務者の申立
　　てにより，他の債権者で訴状の送達の時までにその債権を差し押さえたものに対し，共同訴訟人と
　　して原告に参加すべきことを命ずることができる」とし，同3項は，「取立訴訟の判決の効力は，
　　第一項の規定により参加すべきことを命じられた差押債権者で参加しなかったものにも及ぶ」とし
　　ている。ある執行債権者が提起した取立訴訟が棄却された場合，その判決効が他の執行債権者に及
　　ばないとなると，他の執行債権者が同一の債権について再度の取立訴訟を提起した場合にそれが認
　　容される可能性が生ずる。そのためこの引き込みは，被告たる第三債務者のために紛争の一回的解
　　決を達成するための仕組みであり，それゆえ第三債務者の申立てに係らしめている。

44)　なお，平成16年改正前商法には新株発行の無効の訴えにも類似の手続が存在したが，現在は削
　　除されている（批判も含め参照，平田和夫「新株発行の無効の訴えに係る詐害再審についての一考
　　察」LEC会計大学院紀要10号113頁，118頁，125頁註12（2012））。

339

第2部　紛争解決と第三者効　　第3章　我が国における行政紛争解決

第2節　紛争の一回的解決──第三者効の強弱

　日本の「効力拡張型」は，第三者効を擬似的排除効に留めることにより，処
分の違法性に関する紛争の一回的解決を後退させ，その点に関して当事者に第
三者引き込みのインセンティブを与えるものであった（第1節）。他方で，日本
の第三者効は，フランスの対世効やドイツの「有効説」と比して強度の排除効
として機能しており，処分の効力ないし存否に関する紛争の一回的解決はむし
ろ強く志向している（第1款）。しかし，こうした強度の排除効に関してはかね
てから問題が指摘されており（第2款），本書も第三者効の緩和を志向する（第
3款）。

第1款　第三者効の強度

　取消判決の第三者効が排除効として機能する理由は，取消判決によって変動
した法状態を争う手段が第三者再審に限定されており（逸脱禁止），かつ第三者
再審の訴訟要件が限定的である（破棄禁止）点にあった（第1部第1章第1節第2
款第3項I 3⑵参照）。したがって，第三者効の強弱は，第三者再審制度の訴訟
要件および本案勝訴要件の裏面として規定される問題であると言える。
　では，現在の行訴法の建前の下で，第三者効の排除効としての性質がどの程
度強度なものであるのだろうか。以下では，典型的な訴訟要件である再審事由
（第1項）と出訴期間制限（第2項）の観点から，比較分析を試みる。

第1項　再審事由

　行訴法34条1項は，「処分又は裁決を取り消す判決により権利を害された第
三者」で，「自己の責めに帰することができない理由により訴訟に参加するこ
とができなかったため判決に影響を及ぼすべき攻撃又は防御の方法を提出する
ことができなかったもの」に限り，第三者再審を提起することができる旨を定
めている。これは，再審開始決定の要件であり，通常再審手続における再審事
由に相当するものと解されている（杉本［1963］537-539頁）。

340

この規律は，フランス行政法の tierce opposition と比較すると，とりわけ「自己の責めに帰することができない理由により」参加できなかった者に限って再審を認めている点で限定的である（伊藤洋一［1993］378頁以下）[45]。また，「判決に影響を及ぼすべき攻撃又は防御の方法[46]を提出することができなかった」ことが再審開始決定の要件である点[47]も，フランスにはない限定である（同397-398頁）[48]。前者の限定は，フランスの行政訴訟においては裁判所が第三者を職権で参加させる手続が存在しないなど，事前の第三者の手続保障のあり方が我が国と異なる（同347-353頁）ため，単純に比較することはできないが，後者の限定は，代理権の欠缺のように重要な手続保障を欠いたことが再審事由とされている場合（民訴338条1項1号ないし3号）には手続保障が与えられなかったことと判決内容との因果関係の有無が問われない[49]こととの均衡から見ても，本当に正当化できるのかが問題となろう[50]。

第2項　出訴期間制限

　より重要なのは，確定判決を知った日から30日以内（行訴34条2項），判決

---

45)　大阪高判昭和44年1月30日行集20巻1号115頁は，「訴訟が公の機関である行政庁によって遂行されるので一私人がわざわざ参加する必要がないと思料して参加しな」かった場合には「自己の責めに帰することができない理由」は認められないとしている。

46)　なお，この攻撃防御方法が「確定した判決の口頭弁論終結時までに訴訟参加によって提出しうべきもの」に限られるのかという問題もある（杉本［1963］539頁）。しかしこの問題は，本案判断の基準時に関わる問題であり，必ずしも再審事由の問題ではない（伊藤洋一［1993］398頁）。民事訴訟法上の再審においては，再審事由が認められた後の本案審理においては前訴の事実審口頭弁論終結後の事由も主張することができると解されている（新堂［2011］948頁）が，これは再審の本案判決の基準時が再審手続の事実審の口頭弁論終結時に移動していることと関係している（高橋宏志［2014］805頁）。

47)　東京地判平成10年7月16日判時1654号41頁は，これを「従前の訴訟ですでに判断されているものや，従前の訴訟で提出したとしても判決の結果が変わらないもの」の主張を排除する趣旨であると敷衍している。

48)　C. E. 8 avril 1961, Conseil national de l'Ordre des médecins c/dame Le Bourhis, Rec. 221.

49)　兼子一原著『条解民事訴訟法（第2版）』1726頁〔松浦馨〕（弘文堂，2011）。

50)　なお，新山［2006］505頁は，この限定を，本案勝訴要件が訴訟要件に混入したものとして批判する。たしかに，「判決に影響を及ぼすべきもの」か否かを厳格に審理することになれば，そのような批判が妥当する（原告適格の判断における類似の問題について山本隆司［2012］439-440頁）が，それが事実の認定を経ず抽象的に判断される（南編［1972］321-322頁〔上原洋允〕；南＝高橋編［2009］600頁〔小高剛〕）に留まるならば，必ずしも批判は当たらない。とはいえ，そもそもこうした要件を要求すべきなのかは，本文で述べた通り問題となる。

341

第2部　紛争解決と第三者効　　第3章　我が国における行政紛争解決

が確定した日から1年以内（同4項）という出訴期間制限である。

　まず，この出訴期間制限は，比較法的に見て非常に厳しいものである。一方でフランスでは，主観的出訴期間制限は第三者に対する判決の送達時[51]から2ヶ月以内と日本より長く，客観的出訴期間制限も存在しない（C. jus. ad., R 832-2）[52]。他方で，ドイツの「有効説」の論者が想定する，判決効を及ぼされた第三者の取り得る事後的救済手段も，日本よりは緩やかなものである（第1章第2節第1款第3項Ⅰ参照）。

　次に，この出訴期間制限は，我が国の他の手続と比較しても，相当厳しいものである。例えば，代理不尽または判決抵触による再審事由を主張する場合の通常再審や，会社法上の詐害再審には，期間制限がない（民訴342条3項，会社853条）。期間制限がある手続についても，例えば上記再審事由以外の通常再審や，特許法上の審決に対する再審では，客観的制限は，前者は判決確定の日から5年（民訴342条2項），後者は審決が確定した日から3年であり（特許173条4項），1年という行訴法の客観的制限の厳しさが際立つ。

　さらに，行訴法では，確定判決を知った日から30日以内の主観的期間制限は不変期間とされており（行訴34条3項），「正当な理由」による例外も認められていない（同2項）。この点も，特許法上の詐害再審については，主観的期間制限は不変期間ではなく，かつ「責めに帰することができない理由」が存在する場合の例外が認められている（特許173条2項）ことや，平成16年行訴法改正で，取消訴訟の主観的期間制限については不変期間が廃止され，「正当な理由」による例外が認められた（行訴14条1項）ことに鑑みると，厳しいと言える。他方で，客観的出訴期間制限については，取消訴訟については当初から「正当な理由」による例外が認められていたが，第三者再審については「再審の訴えの性質上当然」として意図的にそれを認めなかったという経緯があり（杉本［1963］539頁），現在までその建前が残存している。

51）　主観的制限の起算点が，日本のように「確定判決を知った日」ではなく，再審原告に判決が送達された時である点も，重要な特徴である。我が国でも特許法173条3項は，代理不尽の場合には，本人または代理人が「送達により……審決があったことを知った日」を起算点としている。

52）　行政訴訟法典が制定される以前は，地方行政裁判所および行政控訴院の下した判決にのみ同様の期間制限が設けられていた（Code des tribunaux administratifs et cours administrative d'appel, R 226）。参照，伊藤洋一［1993］374頁以下。

第2節　紛争の一回的解決──第三者効の強弱

第3項　第三者再審と通常再審との関係

　ところで，一方で行訴法上の第三者再審の再審事由は，通常再審のそれと比較すると，部分的にはむしろ緩やかなものとなっている。第三者再審では「判決に影響を及ぼすべき攻撃又は防御の方法を提出することができなかった」こと（行訴34条1項）が要件とされているが，通常再審ではこの攻撃防御方法の不提出に係る再審事由は「刑事上罰すべき他人の行為により」なされたことが要求されている（民訴338条1項5号）。

　また他方で，第三者再審と通常再審とでは，再審事由の観点が異なる部分がある。第三者再審では「自己の責めに帰することができない理由により訴訟に参加することができなかった」ことが要件とされているが，第三者による通常再審の手続を認めた最決平成25年11月21日民集67巻8号1686頁は，「株式会社の訴訟活動が著しく信義に反しており，上記第三者に上記確定判決の効力を及ぼすことが手続保障の観点から看過することができない場合」を再審事由としている。行訴法上の第三者再審事由が再審原告となる第三者の事情に直截に着目するのに対して，上記の判決の再審事由は，前訴当事者間の「共謀」が必要とされている手続（特許172条1項，会社853条1項柱書，明治民訴483条1項）と同様に，むしろ前訴当事者の訴訟追行の態様に着目するものである[53]。

　ここで問題となるのは，第三者再審の通常再審に対する排他性である。より具体的に言えば，第三者は，第三者再審の出訴期間制限を超えてもなお，「刑事上罰すべき他人の行為により」参加および主張が妨げられたことや，前訴被告行政主体の「訴訟活動が著しく信義に反して」いること（前掲最決平成25年参照）を主張して，期間制限のかからない代理不尽を理由とする通常再審[54]を提起することが認められるかという問題である。従来，第三者再審制度の存在

---

53)　ただし，当該判決は，前訴当事者の共謀は明示の要件とせず，それよりも広い範囲で再審事由を認める余地を残している（安達栄司「判決効の拡張と第三者の救済──詐害再審と独立当事者参加について」法律時報88巻8号13頁，17頁（2016）；坂田宏「会社訴訟における第三者再審に関する一考察」松本博之古稀『民事手続法制の展開と手続原則』655頁，662頁（弘文堂，2016））。これを最高裁が言及する被告の訴訟法上の信義則に関連づける理解として，三木浩一「第三者による再審」高橋宏志ほか編『民事訴訟法判例百選（第5版）』246頁，247頁（有斐閣，2015）。

54)　ただし，谷村武則「最判解最決平成25年11月21日」法曹時報68巻9号2251頁，2276-2277頁（2016）は，前掲最決平成25年の下での再審期間制限の有無はなお「残された課題」とする。

は通常再審制度の適用を妨げるものではない（杉本［1963］538頁）とされてき
たが，これは当事者による通常再審を念頭に置いた議論であり，第三者による
通常再審を想定したものではない。第三者再審制度の出訴期間制限の趣旨が法
関係の速やかな安定化にあるのだとすれば，第三者からの通常再審との関係で
も第三者再審の排他性が認められ，通常再審の再審事由に当たる場合でも第三
者再審の出訴期間制限に服するとの理解も成り立ち得ないではない。しかし，
被告行政主体には，前掲最決平成25年の事案において訴訟法上の信義則に基
づく第三者配慮義務を課された被告会社と同様に，またはむしろそれ以上に第
三者の手続保障への配慮が求められると考えるならば，通常再審の道が開かれ
てしかるべきであろう[55]。

第2款　第三者効の強弱をめぐる議論

第三者効の強弱に関しては，これまでいくつかの実践的な議論が展開されて
きた。具体的には，第三者効の排除効を否定する方向性（第1項），逆に排除効
を強化する方向性（第2項），その中間として，排除効を緩和する方向性（第3
項）の三種類が存在する。結論的には，本書は第三の，排除効を緩和する方向
性を志向する。

第1項　第三者効の無力化？

まず，解釈論上第三者再審の排他性を否定することにより，第三者効に排除
効を読み込むことを否定し，排除効を及ぼすためには第三者を訴訟に参加させ
ることが必要であるとする見解がある。具体的には，行訴法34条1項「に規
定する『訴訟に参加することができなかった』という意味を同法二二条による
訴訟参加と広義に理解せず，訴訟参加の手続をとってはいるが，自己の責めに
帰することができない理由により『その訴訟に出廷することができなかった』

---

[55]　ここでさらに問題となるのは，第三者の再審原告適格を基礎づける当事者適格の問題である。
最高平成26年7月10日判時2237号42頁は，共同訴訟的補助参加の申出とともにする再審を否定
した。行訴法の第三者再審の再審原告が（共同訴訟的）補助参加人であることの特殊性について参
照，菱田雄郷「第三者による再審の訴えについて──訴え提起に係る手続的規制を中心として」伊
藤眞古稀『民事手続の現代的使命』531頁，544頁以下（有斐閣，2015）。

第2節　紛争の一回的解決――第三者効の強弱

ことを指すものと狭義に解釈」し（木村［1984］264頁），第三者再審は既に前
訴に参加していた者について用意された手続であり，前訴に参加していなかっ
た者はそもそもその利用が予定されておらず，そのような者は第三者再審を利
用することを強制されないと解するのである。

　しかし，そのように第三者再審の制度を理解することができるかが，まさに
問題である。論者の言う「出廷」を文字通り参加人たる第三者が口頭弁論期日
に出頭することと理解するならば，準備書面の陳述擬制（民訴158条，行訴7条）
や，当事者の一方が不出頭の場合に終局判決を下すことが認められている点
（民訴244条，行訴7条。なお，人訴19条はこの民訴244条の適用を除外している）と，
不出頭の参加人に第三者再審を認めることとが整合するかという疑問がありえ
よう。また，論者の言う「出廷」を準備書面の提出の意味に理解するとしても，
参加の許可がされていながら準備書面の提出ができないことについて「自己の
責めに帰することができない理由」が肯定される場合があるかという疑問があ
る。

第2項　第三者効の強化？――既判力説

　次に，第三者効を既判力の拡張として解釈すべき旨を自覚的に展開し，第三
者効の強化の方向性を示す見解がある（興津［2015］219頁以下）。この見解は，
第三者から前訴原告への不当判決を理由とする損害賠償請求を排除し，第三者
に対する受益処分の反復禁止を導くために，積極的に既判力の拡張を肯定する。
これに対して，本書は損害賠償請求や反復禁止を含めた紛争の一回的解決を当
事者による第三者の引き込みに委ね，裁判所による第三者の手続保障確保の負
担を軽減するために，第三者効を擬似的排除効と解することを支持した（第1
節第1款参照）。

　ただし，現在の行訴法の建前および運用実態の下で第三者への既判力拡張を
正当化することは難しく，既判力説の論者も第三者再審の訴訟要件を柔軟に理
解している（興津［2015］235頁以下）。要するに，この方向性も，処分の効力に
関する紛争の一回的解決のあり方に関しては，むしろ排除効の緩和を志向する
面があると言える。

345

第3項　第三者効の緩和

そこで，第三者再審の訴訟要件を緩和することで，翻って第三者効の訴訟法的側面を弱める方向性はどうか。実際，有力なのはこの方向性であり，とりわけ，「判決が確定した日から1年」という第三者再審の客観的出訴期間については，「正当な理由」に基づく出訴期間制限の例外（行訴14条2項但書参照）の必要性は広く認識されている（南編［1972］322頁〔上原洋允〕；園部編［1989］438頁〔太田幸夫〕；室井ほか編［2006］372頁〔山下竜一〕；南＝高橋編［2009］601頁〔小高剛〕；高橋滋ほか編［2014］703頁〔大江裕幸〕）。

こうした方向性は，先に見たフランス法との比較によって後押しされる。フランス行政法の tierce opposition は，①再審適格，②出訴期間制限，③審理の規律全てにおいて日本の第三者再審に比べて緩やかである。①再審適格に関しては，我が国のように「自己の責めに帰することができない理由により」参加できなかった者に限って認めるという限定がない（第1款第1項参照）。②出訴期間制限については，フランスでは第三者に対する判決の送達時から2ヶ月という主観的出訴期間制限のみが存在し，日本のような客観的出訴期間制限は存在しない（第1款第2項参照）。③審理の規律に関しては，コンセイユ・デタの判例によれば，日本のように「判決に影響を及ぼすべき」攻撃防御方法に限られることはない[56]（第1款第1項参照）。

また，ドイツ法からは，フランスと同様に客観的出訴期間制限を廃止した場合でも，不特定の反対利害関係人からの濫用的訴訟提起については失権の法理などの解釈論によって対処し得ることが示されている（第1章第2節第2款第2項Ⅱ2(2)参照）。

---

56)　我が国ではこの点については，その緩和の必要性を認める見解であっても，「判決に影響を及ぼすべき」攻撃防御方法の提出という要件を撤廃するところまでは認めていない（新山［2006］504頁）。ただし，新たな攻撃防御方法が「判決に影響を及ぼすべきもの」か否かは証拠調べをしなければ判断できないことがあり，再審理が開始されずに却下される場合は，「訴状自体の記載から一見して理由がないと判断される」例外的な場合に留まると考えられる（南編［1972］321-322頁〔上原洋允〕）。

第3款　第三者効の緩和の方向性

このように，現在の行訴法は，比較法的に見ても他の我が国の手続と比較しても，第三者再審の要件をかなり限定しており，その反射として第三者効に強い排除効を認めている（第1款参照）が，この排除効を緩和する方向性もまた有力である（第2款参照）。

第1項　当事者による紛争の一回的解決

第三者効の強弱という論点においては，本書も第三者効の排除効としての側面を緩和する方向性を志向する。その理由は，本書が第三者効を擬似的排除効と理解する理由と同様である。すなわち，紛争の一回的解決を排除効の拡張という形で一律に強度に確保する場合，裁判所による第三者の事前の手続保障手段の充実が望まれる（職権訴訟参加の積極的活用や，職権探知主義の導入など）が，現実には裁判所の職権発動はなされず，機能不全の状態に陥っている。これに対して，排除効を緩和しつつ，紛争の一回的解決を当事者による（場合によっては義務的な）第三者の引き込みに委ねるならば，裁判所による第三者の手続保障確保の負担を軽減することができ，現実的な制度設計を達成することができる（第1節第1款第2項Ⅰ参照）。

また，このように排除効を緩和して紛争の一回的解決を当事者に委ねるならば，むしろ，第三者効によって紛争の画一的解決を徹底するという方向性が取りやすくなるというメリットも生まれる。すなわち，出訴期間制限など強度の紛争の一回的解決のための仕組みが不都合であるとして，安易に取消訴訟や第三者再審の排他性を外すことになると，本当に必要な紛争の画一的解決が図れなくなるおそれがある。要するに，第三者効を弱めて紛争の一回的解決を後退させることは，本当に必要な場面では第三者効を維持することを容易にするという意味で，紛争の画一的解決の確保にも資するのである（第3節参照）。

第2項　不特定多数人間での紛争の一回的解決

他方で，利害関係人が不特定多数にわたる場合には，当事者による引き込みに紛争の一回的解決を委ねることが適切でない場合があり得る。とりわけ，反

第2部　紛争解決と第三者効　　第3章　我が国における行政紛争解決

対利害関係人が不特定多数にわたる場合，その全てを引き込むことは不可能であり，紛争が半永久的に継続することになりかねない（第2章第3節第2款第3項参照）。

しかし，ここでも認容判決の排除効を不特定多数の反対利害関係人に拡張したり，短期の出訴期間制限を設定することは，唯一の選択肢ではない。認容判決の排除効の拡張は，当該反対利害関係人の側から見れば，敗訴判決の排除効の拡張の問題に他ならないのであり，その正当性は慎重に論証する必要がある（第2章第3節第2款第2項Ⅱ参照）。また，出訴期間制限のうちとりわけ客観的制限に関しては，個々人の了知可能性を問題とせずに一律に後訴を遮断する点でやはり正当性が強く問われる。

ここでは一方で，ドイツの大量手続の特則のように，事前の手続保障を万全としたうえで，強度の排除効や短期の出訴期間制限を設けるということが考えられる（第1章第2節第2款参照）。他方で逆に，第三者再審の客観的出訴期間制限を撤廃し，主観的制限を緩和し，その反射として緩和された第三者効を第三者に及ぼすのみに留め，主観的制限の起算点の解釈や，訴権の濫用[57]といった一般法理によって，個別の事情を踏まえて濫用的な提訴を抑制するのみに留めることも考えられよう（第2章第3節第2款第3項参照）。いずれにせよ，現行の第三者再審の制度については，立法論として見直しが必要である。

第3節　紛争の画一的解決——第三者効の範囲

判決の排除効は，主として紛争の一回的解決に関わるが，判決の基準性を争い直す手続を限定することを通じて，紛争の画一的解決にも関わる。紛争の画一的解決を図るための「効力拡張型」の必要条件は，対抗不能の処理を否定して基準性を第三者にも及ぼし，かつ，基準性を全体として覆すことができるものに後訴手続を限定することである（第2章第1節第1款第1項参照）。換言すれ

---

57)　有限会社の社員総会決議不存在確認の訴えを，提訴までの経緯，決議から提訴までの長期間の経過，認容判決の対世効等の事情を考慮して不適法としたものとして，最判昭和53年7月10日民集32巻5号888頁。

第3節　紛争の画一的解決——第三者効の範囲

ば，排除効としての第三者効をどの範囲で肯定するかは，どの範囲で紛争の画
一的解決を図るかという問題に直結している。

　以下では，取消判決の第三者効の範囲を紛争の画一的解決にとって必要十分
な範囲に限定する可能性について分析したのち（第1款），取消判決以外の認容
判決についても紛争の画一的解決の必要性があり，そのためにいかなる仕組み
を設けるべきかを考察する（第2款）。

第1款　取消判決の第三者効の範囲

　「効力拡張型」の導入は，第三者に第三者再審の提起を強制すること，すな
わち第三者再審に排他性を設けることで，一定の不利益を被らせることになる。
本書は，その不利益をなるべく軽減すべく，第三者再審の要件を緩和して第三
者効を弱めるべきであるとした（第2節第3款参照）が，それでもなお，第三者
再審制度の利用強制は第三者にとって不利益となり得る。そのため，紛争の画
一的解決にとって不可欠な範囲でのみ第三者再審の排他性を認め，場合によっ
ては前訴当事者の一方のみを被告とする訴訟を許容できないかが問題となる
（第1項）。この点は，とりわけ法関係の複合を視野に入れるとき（第2章第2節
第2款第3項参照），そもそも取消訴訟の利用を強制すべきかという問題とも関
係する（第2項）。

第1項　第三者再審の排他性の必然性？

　一般的には，第三者効と第三者再審は全ての取消判決について妥当するもの，
換言すれば，いかなる処分を取り消す判決にも同様に妥当するものと観念され
ている。この理解は，一方で公法関係には一般的に紛争の画一的解決の必要性
が存在するとの認識により，他方で形成判決には一般的に対世効が備わるのだ
という認識により，一応の正当化がなされてきた（第1部第1章第3節第2款第
1項参照）。しかし，前者の点については，公法関係における紛争の画一的解決
を必要とする実体法状態の特色はより精密に特定されるべきと言える（第2部
第2章第2節参照）。また，後者の点についても，形成判決と対世効の結びつき
は必然ではなく，判決の対世効の必要性は個々の実体法状態に照らして判断さ
れるべきと言える（第1部第2章第3節参照）。結局のところ，特定の訴訟類型

349

第2部　紛争解決と第三者効　　第3章　我が国における行政紛争解決

ないし判決形式について「効力拡張型」の仕組みを導入するとしても，当該類型ないし形式について常にそれが妥当するという仕組みは，必然ではない。

　具体的には，個々の実体法状態に照らして，紛争の画一的解決が必要ない場面では，第三者再審の排他性を解釈論として外す可能性も，否定されない。ただしこれは，要するに第三者に対する排除効の拡張を否定することを意味するため，紛争の一回的解決の要請との調整が必要となる。行訴法の立法過程においては，第三者再審の趣旨として，まさに紛争の一回的解決の要請が強調されていた（第1部第1章第1節第2款第3項Ⅰ3参照）。しかし，紛争の一回的解決を行うには慎重な検討が必要である旨は既に述べた通りである（第2節第3款参照）。このことは，取消判決のみならず，他の抗告訴訟の認容判決やそれ以外の認容判決について第三者効および第三者再審を準用する場合（第2款参照）にも，同様に妥当する。

第2項　取消訴訟の排他性の必然性？

　この理は，そもそも処分の効力を否定する訴訟手続として，取消訴訟に排他性を常に認める必要があるのかという論点にも，同様に妥当する。取消訴訟の仕組みによって法関係の複合を画一的に解決する必要が存在するか否かは，取消訴訟の排他性によって守られている利益と，それによって生じている不利益とを勘案して，個別に点検する必要がある（第2章第2節第2款第3項Ⅱ参照）。

　同旨はいわゆる「取消訴訟の排他的管轄」[58]をめぐる議論に既に現れている。取消訴訟の排他性は，取消訴訟が形成訴訟であるという命題によって説明されるものではあるが，取消訴訟が形成訴訟であるとの性質決定に先立って，排他性が妥当する根拠ないし必要性とその正当性とが問われなければならない（第1部第2章第4節第2款参照）[59]。取消訴訟の排他性が規律の安定化の確保のために必ずしも合理的ではないとの指摘は夙になされており（太田 [2005] 245-246頁），排他性の合理性をより精密に問い直す必要があることは，我が国の行政

---

58)　なお，この問題は現行法上は裁判所の事物管轄の問題ではないため，そもそも「管轄」という表現は不適切である。排他的所管の語を提案するものとして，小早川光郎「契約と行政行為」芦部信喜ほか編『岩波講座基本法学4』115頁，131頁註11（岩波書店，1983）。また，このいわゆる「排他的管轄」の法理が，本案主張の制限を超えて訴えを不適法とする内容を含んでいたとの指摘として，中川 [2015] 190頁以下。

350

第3節　紛争の画一的解決——第三者効の範囲

法学界の共通認識であろう（小早川［2003］44頁以下；宇賀［2013］332-333頁；中川［2015］187-188頁）[60]。このような観点を徹底するならば，取消訴訟一般が形成訴訟なのではなく，排他性を認めるべき紛争の実質を伴った場面においてのみ，取消訴訟は形成訴訟として位置づけられることになる。換言すれば，そもそも取消訴訟一般の「排他的管轄」を論じること自体がミスリーディングだという理解に至る。

第2款　取消判決以外の認容判決の第三者効

　他方で逆に，現行法の建前の中では，紛争の画一的解決が必要な場面において，それを達成するための仕組みが整備されていない局面がある。行訴法では，第三者効および第三者再審は取消判決についてのみ規定されており，他の抗告訴訟や当事者訴訟の認容判決には準用されていない（行訴38条1項ないし3項，41条参照）。換言すれば，他の訴訟類型においては，紛争の画一的解決を達成するための仕組みが整備されていないことになる。

　しかし，紛争の画一的解決の必要性は，実体法関係の特色から導き出されるため，訴訟類型を問わず存在する。また，対世効は形成判決と不可分のもので

---

59)　なお，我が国で展開された取消訴訟を確認訴訟と解する議論（白石［1956］439頁）は，この問題とは無関係である。本書のように執行不要性と排他性によって形成訴訟を定義するならば，取消訴訟の排他性を否定しない限り，取消訴訟は形成訴訟であり，無効確認訴訟は確認訴訟であると言わざるを得ないが，この「確認訴訟説」は，取消訴訟の排他性を否定することを目論むものではなかった（中川［2015］35-36頁）。換言すれば，この「確認訴訟説」の主眼は，排他性という要素を問い直すことにはなかったのである。しかし他方で，この議論は，取消訴訟の訴訟物および審理構造について，通説である「形成訴訟説」とは異なる解釈をとることで，翻って抗告訴訟というシステムの意味内容を問い直そうとしたものと位置づけることができる。そのことは，「抗告訴訟の存在理由と本質，従ってその訴訟物の構造を，抗告訴訟の対象となるべき公法上の法律関係の特質との合理的関連において理解しようとする試み」という自己理解（白石［1956］421頁）に明瞭に現れている。

60)　既に違法性の承継の理論においては，目的達成のために必要十分な範囲に排他性を限定するという理解が，主として出訴期間制限に関して現れている（違法性の承継を「排他性の制限法理」と位置づけるものとして，海道俊明「違法性承継論の再考(2)」自治研究90巻4号102頁，114頁（2014））。紛争の画一的解決の側面に関しても，例えば事業認定の違法性が収用裁決に承継されるとすると，収用裁決取消判決の理由中の判断において当事者間でのみ事業認定が違法である旨が宣言されることになり，法関係の複合における紛争の画一的解決の必要性の存否が問われることとなる。

351

第2部　紛争解決と第三者効　第3章　我が国における行政紛争解決

はなく（第1部第2章第3節参照），取消判決以外の認容判決に第三者効が備わらないというのは必然ではない。実際にドイツでは，必要的参加の制度が，取消訴訟のみならず義務付け訴訟にも，さらにはそれ以外の訴訟類型一般にも適用され（Kopp/Schenke［2016］§65 Rn. 19)[61]，訴訟類型を問わずに紛争の画一的解決を図るための仕組みが設けられている。

　以下では，無効確認判決（第1項），義務付け判決および差止判決（第2項），実質的当事者訴訟および民事差止訴訟の認容判決（第3項）について，反対利害関係人との関係での紛争の画一的解決のために第三者効および第三者再審の仕組みを導入することが可能か，またそれがいかなる意味を持つかについて，順に考察する。

第1項　無効確認判決

　無効確認判決については，取消判決との実質的同一性に鑑みて第三者効を肯定する理解が，行訴法立案関係者においても（雄川［1983］191頁），その後の学説においても共有されており（兼子仁［1989］134頁；原田［2012］432頁；塩野［2013］221頁；山本隆司［2014］53-54頁），かつて特例法下の最高裁が解釈論上それを肯定した（最判昭和42年3月14日民集21巻2号312頁）ことも肯定的に評価されている。以下で述べる通り，無効確認判決に関しては，取消判決について述べたところの紛争の画一的解決および一回的解決の構想を，そのまま妥当させるべきである。

I　紛争の画一的解決の必要性

　行訴法が無効確認判決に第三者効を準用しなかったことの理由としては，無効確認訴訟が確認訴訟であること，より具体的には，無効確認訴訟には排他性がないことが挙げられている（杉本［1963］548頁)[62]。しかし，このことが十分な理由とはならないのは，対世効が形成判決に特有のものではなく，確認判決にも備わり得るものであるという本書の分析から明らかである（第1部第2章第3節第2款参照）。また，紛争の画一的解決の必要性は，「現在の法律関係に

---

61)　必要的参加の規定（§65 VwGO）は，「取消訴訟および義務付け訴訟の特別規定」の節ではなく，「一般的手続規定」の節に位置づけられている。

352

第3節　紛争の画一的解決──第三者効の範囲

関する訴え」（行訴36条）では捕捉できない第三者との関係で認識されること
もある。例えば，競業関係にある事業者には，他の事業者に対する「現在の法
律関係に関する訴え」を基礎づけるような権原が存在せず，許可を争う抗告訴
訟において紛争の画一的解決を図るほかない（第2章第2節第2款第3項I参照）。
したがって，無効確認判決についても，取消判決と同様の紛争の画一的解決の
仕組み，すなわち第三者効と第三者再審の仕組みが必要である。

II　第三者効の導入

取消判決の第三者効の擬似的排除効としての性質は，第三者再審制度の排他
性の裏面として肯定されるものである（第1部第1章第1節第2款第3項I 3(2)参
照）ため，無効確認判決に擬似的排除効を持たせるためには，第三者再審が利
用可能であるというだけでは足らず，第三者再審に排他性を認める必要がある。
ある手続に排他性を持たせるには，ある程度の法律上の根拠が必要である（第
1部第2章第4節第2款第3項参照）ため，解釈論による類推適用ではなく，明文
による準用が必要であろう。この際，その訴訟要件および本案勝訴要件を緩和
すべきことは，取消判決について述べたのと同様である（第2節第3款参照）。

他方で，行訴法が無効確認訴訟よりも「現在の法律関係に関する訴え」を優
先していること（行訴36条）に着目して，第三者に判決効を及ぼしたいのであ
れば「現在の法律関係に関する訴え」を提起することが求められており，無効
確認判決の第三者効を肯定することは難しいとする見解もある（園部編［1989］
405-407頁〔村上敬一〕）[63]。しかしむしろ，無効確認訴訟と「現在の法律関係に
関する訴え」との調整の仕方それ自体に見直しの必要がある[64]。具体的には，
「現在の法律関係に関する訴えによって目的を達することができ」る場面を紛
争の画一的解決の必要性がない場面に限定し，紛争の画一的解決の必要がある

---

62)　ただし，このような発想が行訴法立案関係者の総意であったと考えるのは早計である。無効確
　　認訴訟における取消訴訟に関する条文の準用に関しては，民事訴訟法学者の兼子一および三ケ月章
　　が欠席している昭和35年11月25日の第56回小委員会会議において，特段の審議なくして議論が
　　終了したようである（塩野編著［1994-1］114頁）が，当時既に人事訴訟の棄却判決（確認判決）
　　には対世効が備わっており（第1部第1章第2節第1款第1項参照），少なくとも民事訴訟法学に
　　おいては，確認判決に対世効が備わり得ないというナイーブな理解は克服されていたはずである。
63)　初期の見解として，豊水道祐「最判解：最判昭和42年3月14日民集21巻2号312頁」昭和
　　42年度最判解民事編76頁，84-85頁（1968）。

第2部　紛争解決と第三者効　　第3章　我が国における行政紛争解決

場面において無効確認訴訟を一般的に認める方向性が望ましい[65]。争点訴訟の制度を見直し，無効確認訴訟に統合していく立法論（山本隆司［2000］397-398頁）には，この点でも理由がある[66]。

第2項　義務付け判決および差止判決

義務付け判決や差止判決についても，第三者効の必要性が認識されている（新山［2009］36頁；阿部［2016］178頁）[67]。しかし，平成16年行訴法改正では，義務付け判決および差止判決に第三者効の規定が準用されず（行訴38条1項参照），この点は将来の立法政策上の課題とされた（塩野［2013］245頁，250頁）。義務付け訴訟および差止訴訟については，それ自体についてなお議論が詰められていない点が多く存在するが，以下では試論的に，義務付け判決および差止判決について，擬似的排除効としての第三者効と第三者再審という「効力拡張型」の仕組みを観念し，その意義を考察する。

Ⅰ　紛争の画一的解決の必要性

取消判決とは異なり，義務付け判決については，判決それ自体によって第三者の法状態が変動するわけではなく（新山［2009］51頁；髙橋滋編［2013］154頁）[68]，無効確認訴訟のように取消訴訟との実質的類似性を認めることが困難

---

64)　特例法の解釈として，白石健三「行政処分無効確認訴訟について(1)」法曹時報13巻2号126頁，143頁以下（1961）は，行政行為の無効確認訴訟は瑕疵の重大性のみを要件とし，行政行為の効力を先決問題とする訴訟は瑕疵の重大性に加えて明白性をも要件とすることで，前者を優先する形で両者を調整していた。

65)　最高裁は農地買収処分無効確認訴訟を争点訴訟によって目的を達することができるものとして不適法としており（最判昭和45年11月6日民集24巻12号1721頁），同じく争点訴訟が認められる土地収用裁決の無効確認訴訟も不適法とされかねない（塩野［2013］224頁）。しかし，それでよいかは問題である（第2章第2節第2款第3項Ⅱ3(2)参照）。

66)　鵜澤剛「憲法訴訟における判決効の訴訟法的構造──訴訟法からみた公法の特質」立教法学69号105頁，151頁（2005）も，「立法論としては，無効の行政処分に対する訴訟手続のあり方から含めて，この問題（筆者註：無効確認判決の対世効の問題）は一層の検討の余地があろう」としている。

67)　直接には他者の任命処分の無効確認判決に関する叙述であるが，夙に義務付け訴訟も視野に入れた叙述として，阿部泰隆「公務員の任命拒否に対する法的救済」同『行政裁量と行政救済』232頁，255頁註5（三省堂，1987）〔初出：1979〕。非申請型義務付け訴訟の認容判決の効力は第三者にも及ぶことになるとの指摘として，塩野宏『行政法Ⅱ（第3版）』209頁（有斐閣，2004）。

354

第3節　紛争の画一的解決——第三者効の範囲

であるため，義務付け訴訟の第三者効の導入に否定的な見解もある（山本隆司
[2014] 53頁）[69]。ドイツでも，取消訴訟の必要的参加は取消判決の形成力を理
由として比較的広く肯定されるのに対して，義務付け訴訟の必要的参加は比較
的狭くしか認められていない（第1章第2節第1款第3項Ⅱ参照）。しかし，紛争
の画一的解決を要請する実体法状況は，義務付け判決についても差止判決につ
いても存在する。

　義務付け判決について言えば，例えば隣人Ｘが建築主Ｚに対する建築物除
却等の命令（建基9条）の義務付け訴訟を提起し，認容判決が出され，行政主
体Ｙが建築物除却の命令を発したが，Ｚが当該命令の取消訴訟を提起して，
前訴判決の基準時前の事情のみを根拠に取消判決を得た場合，ＹはＸの義務
付け判決によって負った義務を履行できなかったことになるが，それを履行す
るとＺの得た取消判決の反復禁止効に違反することとなり，板挟みの状況に
陥る（第1章第2節第1款第2項Ⅱ2参照）。また，逆に建築主Ｚが原告となり，
Ｙに対して自身に対する建築確認の義務付け訴訟を提起する場合には，不特定
多数の周辺住民Ｘとの関係で紛争を画一的に解決する必要性があり（第2章第
3節第1款第2項Ⅱ参照），ドイツの大量手続の特則はこのような場面を念頭に置
いたものであった（第1章第2節第2款第1項Ⅱ参照）。

　差止訴訟について言えば，例えば周辺住民Ｘが行政主体Ｙを被告として事
業者Ｚに対する公有水面埋立免許の差止訴訟を提起し[70]，認容判決が出され
たが，ＺがＹを被告として当該免許の義務付け訴訟を提起して，前訴判決の

---

68)　義務付け判決について相対的無効説と有効説との差異が見出しづらいのもこの点に関係する
　（第1章第2節第1款第2項Ⅰ参照）。

69)　義務付け判決の第三者効は影響を受ける者の範囲が不特定であるために認めづらいとの指摘も
　ある（高橋滋編 [2013] 153頁）が，取消訴訟についても事情は同様である。例えば，建物除却命
　令の取消判決を建築主が得た場合，不特定多数の周辺住民に第三者効が及ぶこととなる。この指摘
　に対しては，第三者効の排除効としての性格を弱め，紛争の一回的解決を後退させることで，その
　疑念を払拭することができよう（第2節第3款参照）。

70)　鞆の浦訴訟地裁判決（広島地判平成21年10月1日判時2060号3頁）は，公有水面埋立免許の
　差止訴訟について，鞆町の居住者にいわゆる景観利益に基づく原告適格を認めたうえで，「重大な
　損害」要件（行訴37条の4第1項）も満たすとした。ただし，この原告適格の判断を一般化でき
　るかについては周知の議論がある。また，第三者に対する処分の差止訴訟の訴えの利益ないし「重
　大な損害」要件について参照，山本隆司「差止めの訴えの法定」小早川光郎＝高橋滋編『詳解改正
　行政事件訴訟法』59頁，82-83頁（第一法規，2004）；高橋滋編 [2013] 15-16頁。

355

第2部　紛争解決と第三者効　　第3章　我が国における行政紛争解決

基準時前の事情のみを根拠に認容判決を得た場合，Yは当該免許を発布せざるを得ず，Xの得た差止判決によって負った義務を履行できなかったことになるが，当該免許を発布しないと今度はZの得た義務付け判決によって負った義務に違反することとなり，Xが当該免許の取消訴訟を提起した場合と同様の板挟みの状況に陥る（第2章第2節第2款第2項II 1(1)参照）。

II　第三者効の導入

そこで，義務付け訴訟や差止訴訟にも，紛争の画一的解決のための「効力拡張型」を導入する必要が生ずる。

1　第三者再審の準用？

ここでも，無効確認判決と同様に，義務付け判決および差止判決に第三者再審の規定を準用することにより，紛争の画一的解決を図ることが考えられる。具体的には，義務付け判決や差止判決に基づく処分または不処分を争う際の手続として，第三者からの取消訴訟や義務付け訴訟を否定し，第三者再審が排他性を有すると位置づけるならば，その反射として，義務付け訴訟および差止訴訟に擬似的排除効が備わることになる（第1部第3章第2節第2款第1項II 2参照）。ただし，無効確認訴訟とは異なり，こうした形で紛争の画一的解決を図ることが合理的かが，さらに問題となる。

義務付け判決および差止判決の場合には，判決主文でなされる「義務付け」または「差止め」の判断は，それ自体としては法関係を変動させるものではない。すなわち，判決によって直接に処分がなされたり，判決によって直接処分を失効させたりするわけではない。そのため，義務付け判決および差止判決の擬似的排除効は，判決それ自体による法関係の変動ではなく，判決に従ってなされた処分または不処分の状態について生ずることになる。この点で，義務付け判決および差止判決の擬似的排除効は，取消判決や無効確認判決のそれとは大きく異なることになる。

とはいえ通説は，このように判決の結果として不利益処分が下される場合にも，判決それ自体を第三者再審で争うことを想定してきた。すなわち，XZの競願に際してYがXに拒否処分，Zに免許処分を下したが，Xが自己に対する拒否処分の取消訴訟のみを提起してそれが認容されたのち，その拘束力に

356

第3節　紛争の画一的解決——第三者効の範囲

従ってYがZの免許処分を職権で取り消した場合[71]（山村＝阿部編［1984］355
頁〔細川俊彦〕）など，判決の拘束力を通じて「権利を害された」場合にも，Z
にXの得た取消判決に対する第三者再審の提起を認めている（高橋滋ほか編
［2014］701頁〔大江裕幸〕）[72]。換言すれば，義務付け判決および差止判決の擬似
的排除効は，ここで認められる第三者再審に排他性を付与することを意味する
ことになる。

2　必要的当事者

こうした形で義務付け訴訟や差止訴訟に擬似的排除効を認める場合，Xが得
た義務付け判決を承けてYが第三者Zに対してした不利益処分に対しZが取
消訴訟を単独で提起することや，Xが得た差止判決を承けてYが処分をしな
い状態で第三者Zが自身に対する受益処分の義務付け訴訟を単独で提起する
ことは認められず，第三者再審を必ず併合して提起しなければならないことと
なる。これでは不必要に訴訟類型が複雑化している憾みがある。また，Zに
とっては，第三者再審の出訴期間制限と，自身に対する不利益処分の取消訴訟
の出訴期間制限とが乖離することになり，その救済が必要以上に制約される事
態も起こり得る。換言すれば，ここで敢えて第三者再審を強制する必要がある
とすれば，それはむしろ紛争の一回的解決の要請に基づくものと考えられるが，
本書がこれを極力後退させて紛争の一回的解決を当事者のイニシアティブに委
ねる立場をとることは，先に述べた通りである（第2節第3款参照）。

そこで，こうした形で第三者再審に排他性を持たせずに，紛争の画一的解決
を図ることができないか。紛争の画一的解決のために必要なのは，Zの提起す
る後訴に前訴当事者を全て関与させ，後訴認容判決に前訴判決を取り消すため
の正当性を付与することであると言える（高田裕成［1988］368頁，369頁註6）。

---

71)　東京12チャンネル事件（最判昭和43年12月24日民集22巻13号3254頁）は，競願事例にお
　　いて他者に対する免許の取消訴訟を提起せず，自己に対する拒否処分の取消訴訟を提起することを
　　認めたが，申請型義務付け訴訟が法定された現在，判旨の射程は再検討の余地がある。ドイツでは，
　　自身に対する許可ないし免許の義務付け訴訟と，他者に対する許可ないし免許の取消訴訟との関係
　　について，決定義務付け判決（Bescheidungsurteil）の機能にも関わる議論がある（山本隆司
　　［2000］286頁；Schenke［2014］Rn. 276）。
72)　取消判決の拘束力と後訴判決との抵触を防止することを明確に意識するものとして，園部編
　　［1989］435頁〔太田幸夫〕；室井ほか編［2006］370-371頁〔山下竜一〕。

第2部　紛争解決と第三者効　　第3章　我が国における行政紛争解決

そこで，Zに上記の取消訴訟や義務付け訴訟を単独で提起することを認めたう
えで[73]，それをXを必要的当事者ないし共同被告とする固有必要的共同訴訟
であると解釈することができるならば，必ずしも第三者再審制度の利用を強制
する必要はないと考えられる。ドイツの義務付け訴訟の必要的参加について有
効説をとる論者が，再審ではなく後訴における必要的参加の適用による問題解
決を志向していたことが，ここで想起される（第1章第2節第1款第2項II 2参
照）。ただし，Xを必要的当事者とする場合にもやはり法律上の特則を設ける
ことが望ましい（第1節第2款第2項参照）ため，問題はやはり立法論に及ぶこ
とになる。

第3項　抗告訴訟以外の認容判決

I　紛争の画一的解決の仕組み

さらに，当事者訴訟についても，とりわけ実質的当事者訴訟[74]としての確認
訴訟で争われる紛争について，第三者効が必要となり得るとの指摘がある（室
井ほか編［2006］439頁〔浜川清〕）[75]。また，紛争の画一的解決を必要とする事態
は，処分や公法上の法律関係を問題とする行政事件訴訟に留まらず，私法上の
法律関係を問題とする民事訴訟においても存在する（第1部第1章第2節参照）。
諫早湾潮受堤防の開閉をめぐる紛争状況において，国が相反する内容の債務名
義に拘束され，いずれの内容を実現しても他方の債務名義に基づく強制執行を
避けられなくなっているのは，典型的に紛争の画一的解決を必要とする状況で
それが達成されなかった事態だと言える（第2章第2節第2款第2項II 2(1)参照）。
ここでもやはり，第三者効と第三者再審による「効力拡張型」の導入が検討
に値しよう[76]。ただし，実質的当事者訴訟の判決形式には多様なものが含まれ

---

73)　取消判決の拘束力を承けてなされた不利益処分に対して，第三者に必ずしも第三者再審を利用
させる必要はないとする理解として，南編［1972］320頁〔上原洋允〕。

74)　なお，形式的当事者訴訟に関しては，特許無効審決の取消訴訟の第三者効の問題が代表的であ
る（大渕哲也『特許審決取消訴訟基本構造論』238頁以下（有斐閣，2003））が，同訴訟を形式的
当事者訴訟と解するか抗告訴訟と解するかに関わらず，同訴訟の認容判決の第三者効の必要性が認
識されている（塩野［2013］257頁註2)。

75)　そのほか，春日修「土地利用規制と司法救済——取消訴訟か？　確認訴訟か？」愛知大学法学
部法経論集182号1頁，30頁（2009）。

358

第3節　紛争の画一的解決——第三者効の範囲

るため，第三者効および第三者再審という仕組みを準用することがいかなる意味を有するのかは一義的に定まらず，取消判決および無効確認判決（第1項II参照）に近いものと，義務付け判決や差止判決（第2項II参照）に近いものとでさらに議論を分ける必要がある。また，そもそも民事法上の権原に基づく差止訴訟は独立の訴訟類型として構成されていないため，既存の仕組みの準用を行うという選択肢をとりづらい。ここでも，実体法関係に則した訴訟手続の特則をきめ細かく用意してゆく必要が見出される（第1款第2項参照）。

II　共通争点の訴訟物化

そこで，ここまで見てきた「効力拡張型」の仕組みをより抽象化し，人格権に基づく差止請求権の競合状況を解決するための訴訟手続の特則にいかなるものがあり得るかを検討しよう。

行政事件訴訟としての取消訴訟，株主総会決議の取消訴訟，認知の訴えなど形成訴訟の多くの仕組みは，「効力拡張型」を採用する前提として，結果が競合する複数の請求に共通する前提問題（処分の違法性や決議の効力，親子関係の存否）を括り出して一つの訴訟物を作り出している。そして，当該訴訟物を争う手続について「効力拡張型」を導入することで，法関係の複合を画一的に処理し（第2章第2節第2款第3項II参照），請求の結果の競合を防いでいた。ドイツの規範統制手続も，同様の発想により規範それ自体の違法性を訴訟物とする手続として設計された面がある（第1章第3節第2款参照）。そのほか，連邦イミシオン保護法上の施設設置許可の取消訴訟（第1章第2節第2款第2項II 2(1)）や，適格消費者団体による差止訴訟や共通義務確認訴訟（第2章第3節第2款第2項II参照）も，同様の仕組みと位置付けることができる[77]。要するに，紛争の画一的解決にとって重要なのは，複数ないし不特定多数の請求に共通する争点を

---

76)　抗告訴訟以外には22条参加が準用されていない（同41条参照）が，当事者のイニシアティブによる紛争の一回的解決の手段を確保するために（第1節第1款第1項II参照），これを準用することも必要である。

77)　共通争点と個別争点との切り分けを普遍的な制度枠組みとして位置づけ，差止訴訟を「全体が共通義務に関し，個別争点部分がゼロの特殊ケース」とし，共通義務確認訴訟と連続的に把握するものとして，山本和彦［2013］500頁註54；同「法の実現と司法手続」長谷部恭男ほか編『岩波講座現代法の動態2』299頁，314頁（岩波書店，2014）。

訴訟物として抽出し，それを争う手続を構成することである[78]。

　この観点からすると，民事差止訴訟において紛争の画一的解決が達成されず深刻な問題が生じている諫早湾の紛争についても，開門請求権と開門差止請求権とで共通する前提問題を括り出し，それを争う手続を構成することが考えられる。具体的には，開門の可否ないし違法性そのものを訴訟物とする手続を構成する方法や，より行政法的な仕組みとしては（岩橋［2014］294頁），連邦イミシオン保護法上の施設設置許可のように，事前手続の充実と併せて行政行為を介在させる方法が考えられる[79]。

　これに対して，訴訟物をそれぞれの原告の差止請求権であると構成する手続のままであっても，差止請求権の実体法上の構造次第では，紛争の画一的解決を図ることができる。諫早湾の事例について言えば，仮に開門請求権と開門差止請求権とが実体法上両立し得ないという理解に立つならば（岩橋［2014］279頁以下），その一方が認められた場合に，他方には訴訟物の矛盾関係（三木ほか［2015］422頁〔垣内秀介〕）に基づき排除効の消極的作用が及ぶと考えられる[80]。そうすると，そこに擬似的排除効ないしは既判力の拡張の仕組みを導入することで，開門請求権と開門差止請求権との存否の問題を，表裏のものとして画一的に解決することが可能となる。換言すれば，ここでは形式的には異なるとは

---

78)　夙にヘンケルは，形成訴訟の訴訟物が形成権ではなく形成の要求（Begehren）なのだとすれば，形成訴訟の訴訟物の人的限界は開かれている（offen）としていた。敷衍すれば，「同一の形成に向けられた要求は全て同一の訴訟物を有し，いかなる訴訟当事者の間で追行されようとも同様である。訴訟物の客体的性質から間接的にのみ限界が生じる。というのも，単一かつ同一の要求が問題となるのは，同一の形成が同一の法関係に関わる場合のみだからである」と述べる（Henckel［1961］S. 36）。これは，集団的紛争における紛争の一回的解決の問題について語られる「紛争の没主体化」（高田裕成［1984］209頁；山本和彦［2016］315頁）と密接に関係している。

79)　我が国においても，かつて提案された「公共事業実施計画確定手続」は，事前手続の拡充に引き換え事後の民事訴訟を禁じる仕組みを含んでいた（行政手続法研究会「行政手続法研究会報告——法律案要綱（案）」ジュリ810号44頁，54頁以下（1984））。

80)　同種利害関係人間での紛争の画一的解決の例であるが，適格消費者団体による差止請求訴訟が棄却された場合に他の団体の請求権が消滅するのは（消契12条の2），それぞれの団体の固有権としての差止請求権が問題になっているからではなく，どの団体にも同一の請求権，いわば一種の「集合的差止請求権」が帰属しており，訴訟物の同一性を理由とする排除効の作用が及びえたからだと考えることができる（高田昌宏「消費者団体訴訟の法的構造に関する一考察(1)——ドイツ法との比較を通じて」大阪市立大学法学雑誌55巻3 = 4号880頁，883-884頁（2009）；高田昌宏「消費者団体訴訟制度の現状と課題」法の支配155号7頁，同12頁（2009））。

いえ実質的には表裏ないし同一の訴訟物が問題となっているのであり，訴訟物の共通争点化が紛争の画一的解決のために重要であるとの認識が裏付けられる。

第4節　第3章のまとめ

　本章では，我が国の第三者効と第三者再審の制度がもつ意義を比較法的に明らかにし，第三者効の強弱に結びついた紛争の一回的解決の問題，第三者効の範囲に結びついた紛争の画一的解決の問題について，具体的な解釈論および立法論を展開した。具体的には，日本の「効力拡張型」は，拡張される判決効が擬似的排除効であることに起因して，処分の違法性に関する紛争の一回的解決を当事者に委ねる意義を有すること（第1節），他方で，日本の第三者効は比較的強力であり，処分の効力ないし存否に関する紛争の一回的解決はむしろ強く志向されているが，第三者再審の訴訟要件を緩和して第三者効を弱め，紛争の一回的解決を当事者による第三者引き込みに委ねることで，裁判所の職権発動の負担を軽減する方向性が妥当である旨を述べた（第2節）。また，取消判決の第三者効を紛争の画一的解決にとって必要な範囲に限定する一方で，無効確認判決，義務付け判決，差止判決，実質的当事者訴訟の認容判決，民事差止判決のそれぞれについて，第三者効および第三者再審の制度を準用する方向性とその意義を検討した（第3節）。

結　論

Ⅰ　本論の要約

1　第 1 部

　第 1 部では，取消判決の第三者効（行訴 32 条）および第三者再審（同 34 条）の制度の内容解明を，ドイツの民事訴訟法理論に遡って行った。

　第 1 章では，日本の第三者効および第三者再審の制度の沿革と具体的内容を明らかにし，比較法的考察の対象となる問題を明確化する作業を行った。具体的には，行訴法上の第三者効は，基準性を第三者に及ぼすために立法されたにもかかわらず，併せて第三者再審が立法されたことによって，反射的に排除効を含意することとなった。「第三者効は形成力であり，既判力ではない」という現在の通説的理解は，こうした立法趣旨と現実の機能とのずれを認識せず，第三者効の排除効としての側面を主題化していない点に問題がある。一方で，「形成力」としての第三者効の構成には，既判力の拡張とは異なる意義があり得ることも判明した。

　第 2 章では，「形成」概念に深く結びついた対世効の内容の解明のために，形成訴訟とは何か，形成訴訟であれば必然的に対世効が備わるのかという問題を，ドイツの民事訴訟法理論に立ち入って考察した。その結果，一方で，形成訴訟に残るとされる「アクチオ的思考」の内実は空疎であり，形成訴訟と対世効との結びつき方は給付訴訟や確認訴訟におけるのと異質なものではないこと，具体的には，形成判決であるからといって必然的に対世効が備わるわけではなく，また確認判決であるからといって対世効が備わり得ないわけではないことが確認された。形成訴訟の特徴は，そのメルクマールとしての執行不要性と排他性に尽きており，形成訴訟法定主義は，排他性を正当化するための法律の留保の視点を表現したものとして位置づけ直すことができる。

363

結　論

　第3章では，ドイツの民事訴訟法学の議論にさらに分け入り，形成判決の形成力が，排除効としての側面を含意し得ることを解明した。形成判決の効力は，以下の通り描写される。まず，形成判決に特有の効力としての狭義の形成力は，形成訴訟のメルクマールたる排他性と表裏の現象としての，主張禁止の解除を意味する。次に，形成判決の効力には，実体法状態の通用性，すなわち基準性が含まれるが，これは確認判決や給付判決にも同様に備わり得る。さらに，形成判決には既判力とは異なる構造の排除効，すなわち単一要件の要件効果構造の帰結として生ずる擬似的排除効が備わり得る。この擬似的排除効もまた，形成判決特有の現象ではない。そして，この擬似的排除効は，国家賠償請求訴訟と反復禁止の問題について，既判力とは異なる帰結を導く。

2　第2部

　第2部では，紛争解決という視点から，行訴法の採用する第三者効と第三者再審の制度，ひいては「効力拡張型」のモデルの意義と限界を分析し，行訴法の仕組みの意義を，さらに立体的に解明した。

　第1章では，ドイツの動向を概観することを通じて，紛争の画一的解決および一回的解決の仕組みに関する示唆を抽出している。ドイツでは，伝統的な必要的参加の解釈論による「引き込み型」を離れ，解釈論上および立法論上，「効力拡張型」へと移行する傾向が見られた。こうしたドイツの近時の動向は，「引き込み型」と比較して「効力拡張型」がもつ意義を，第三者の手続保障のあり方，および，不特定多数の利害関係人との関係での紛争の解決という，二つの点から浮き彫りにしている。他方でドイツでは，日本であまり意識されてこなかった，同種利害関係人への判決効の拡張の必要性も，「効力拡張型」の必要性として強く認識されていることも窺われた。

　第2章では，「ある者に対しては行政行為が取り消され，ある者に対しては残存するという事態」が，そもそもいかなる意味で問題であるのか，換言すれば，紛争の画一的解決の必要性はいかなる実体法状態において認識されるものなのかという点を掘り下げた。具体的には，反対利害関係人との間での紛争の画一的解決は，二つの判決の内容を同時に実現することができない状況，すなわち当事者が板挟みに陥る状況を回避するために，典型的に必要とされていた。これに対して，同種利害関係人との間での紛争の画一的解決は，原告の訴えの

利益や規律内容との不可分性に基礎づけられるが，むしろ事情判決を通じた原告の救済の阻害との関係を踏まえた検討が必要であった。さらに，不特定多数人との間で紛争解決が必要とされる状況では，「効力拡張型」に固有のメリットが認識され，そこでは紛争の画一的解決に加えて一回的解決の問題も重要であった。

　第3章では，これまでの考察を踏まえて，日本の行訴法における紛争解決のあり方を，さらに詳細に考察した。まず，「第三者効は既判力ではなく形成力である」という我が国の通説的説明の具体的意義を解明し，取消訴訟における第三者の手続保障に関する新しい視点を示した。端的に言えば，第三者効を「形成力」と理解することは，当事者に第三者を引き込むインセンティブを付与することになり，取消訴訟における第三者の手続保障を確保する役割を，裁判所のみならず，当事者，とりわけ被告行政主体に担わせ，職権訴訟参加の機能不全を補うことにつながる。そのうえで，実体法上の利害関係と第三者の所在に関する情報の在処に照らして，第三者に対して訴訟係属の事実を通知する義務ないし責任を，被告行政主体と裁判所との間で分配する必要がある。他方で，比較法的に見て強度な（擬似的）排除効である第三者効を緩和し，紛争の一回的解決の度合いを後退させる一方で，紛争の画一的解決が必要とされる問題状況に即した形で第三者効が適用されるような，解釈論および立法論上の調整が必要である。具体的には，紛争の画一的解決が必要ない場面では取消訴訟および第三者再審の排他性を否定する可能性を認める一方で，無効確認訴訟，義務付け訴訟，差止訴訟，実質的当事者訴訟，民事差止訴訟などに関しても，第三者効と第三者再審の準用を典型とする「効力拡張型」の採用を検討すべきである。

II　展　望

　以上のような本論の検討内容は，漸次的な紛争解決という，職権主義の度合いの小さい我が国の現行法に適合的な行政紛争解決モデルを浮き彫りにしている（1）。また，より視野を広げるならば，本論の検討内容は行政実体法を含めたより大きな理論的課題に接続している（2）。

結　論

1　漸次的な紛争解決

　本書が提示した行訴法における紛争解決のモデルは，行政事件訴訟における司法の役割について，一つのあり方を示唆する。それは端的に言えば，司法による紛争解決の一回性を後退させ，紛争解決の漸次性を許容するというものである。

　一方で，反対利害関係人との間の紛争の解決に関して本書が提示したのは，原告と反対利害関係人との間の紛争の画一的解決を基準性と擬似的排除効で確保しつつ，紛争の一回的解決を当事者による反対利害関係人の引き込みに委ねることで，紛争を画一的かつ漸次的に解決してゆくというモデルであった（第2部第3章第2節第3款参照）。換言すれば，このモデルの下では，裁判所には原告の反対利害関係人を職権で参加させて紛争の一回的解決をもたらす義務はなく，反対利害関係人の後訴の提起を待つことで紛争の漸次的な解決を図ることが許されることになる。

　他方で，同種利害関係人との間での紛争の解決に関して本書が提示したのは，あくまで原告の救済や制度の論理から不可避的に導かれる範囲においてのみ，裁判所の全部取消しによる紛争の画一的解決を進めるというモデルであった。換言すれば，これは部分取消しによる事情判決の回避を志向しており，そこでは，司法と行政との間の事案の往復の中で，やはり漸次的に適切な法関係の規律がなされる（第2部第2章第2節第3款第3項Ⅱ参照）。ここでも司法は，同種利害関係人を含めた紛争全体について一回的な解決をもたらすことまでは期待されておらず，行政による再規律に委ねることで紛争の漸次的な解決を図ることが許されることになる。

　このように，司法による紛争解決を私人および行政との役割分担の下で捉え，その漸次性を許容することは，行政事件について職権主義の度合いが小さい我が国の現行法制に適合的と言えよう。ただし，それが制度設計として本当に望ましいかはまた別の問題であり，むしろ職権主義の度合いを強めたうえで既判力の拡張を行い，紛争の一回的解決を強く志向する立場もあり得よう[1]。いずれにせよ，そうした議論の前提となる紛争解決の一つのモデルを示したことに，本書の意義がある。

2 第三者規律の問題

角度を変えて見れば，本書で検討したのは，裁判によって第三者の法的地位がいかなる形で規律されているか，第三者は訴訟の審理過程においていかに取り扱われるべきかという問題である。この問題に向き合うことは，必然的に，行政法関係における「第三者」の位置づけの体系的考察の必要性を喚起する。具体的には，裁判所や行政主体の判断ないし行為がその名宛人以外の者の法的地位に影響を与える作用をどのように叙述するのが適切か[2]，そもそも行政法関係における「第三者」（Dritter, tiers, third party）とは何か[3]という問題群が顕在化することとなる。こうした問題群を，さしあたり第三者規律の問題と呼ぶこととしよう。

この第三者規律の問題は，行政実体法[4]の体系の構想と絡んで，公法の本質の一つに関わっている。法関係（Rechtsverhältnis）の概念を基軸に行政法領域を包括的・網羅的に体系化する構想は，前世紀の末に一つの到達点を示した（山本隆司［2000］443 頁以下）[5]。これに対して即座に，客観的構成としての行政実体法という構想が対置せしめられたことも，周知の通りである（仲野［2007］

---

1) 具体的には，ドイツの大量手続の特則（第 2 部第 1 章第 2 節第 2 款参照）は，裁判所に紛争解決のフォーラムとして積極的な役割を与えるものであり，仮にその導入を検討する場合には，行政事件の審理のあり方に関して議論を尽くす必要がある。職権主義の下で行政紛争の一回的解決を強く志向するドイツのモデルを総体として明らかにしようとする業績として，須田守「取消訴訟における『完全な審査』(1)〜(5・完)」法学論叢 178 巻 1 号 33 頁〜6 号 34 頁（2015-16）。

2) さしあたり参照，高木光「事実的侵害」同『事実行為と行政訴訟』299 頁，304 頁（有斐閣，1988）〔初出：1981〕；藤田宙靖「行政活動の公権力性と第三者の立場」同『行政法の基礎理論(上)』254 頁，257 頁以下（有斐閣，2005）〔初出：1990〕；中川丈久「行政処分の法効果とは何を指すのか」石川正古稀『経済社会と法の役割』201 頁，223 頁以下（商事法務，2013）；同「続・行政処分の法効果とは何を指すか」宮﨑良夫古稀『現代行政訴訟の到達点と展望』195 頁，196 頁（日本評論社，2014）。

3) 亘理格「行政訴訟の理論──学説的遺産の再評価という視点から」公法研究 71 号 65 頁，84 頁（2009）は，検討を深めるべき「行政訴訟の基礎的概念や理論」として「当事者と第三者の捉え方」を挙げている。

4) その意義および役割に関して，太田匡彦「抗告訴訟における実体法の観念──あるいは行政法における実体法の観念，その現況」小早川光郎古稀『現代行政法の構造と展開』217 頁，225 頁（有斐閣，2016）。

5) その展開として，山本隆司「客観法と主観的権利」長谷部恭男ほか編『岩波講座現代法の動態1』25 頁（岩波書店，2014）；同「現代における行政学の体系」現代行政法講座編集委員会編『現代行政法講座1』31 頁（日本評論社，2016）。

結　論

12 頁以下，271 頁以下）。二つの構想の関係（づけ）それ自体が一つの問題である
が[6]，少なくとも，後者の構想が示した論争点の中核に存在する，個別主体へ
の排他的な帰属が観念できない「不可分的利益」（仲野［2013］552 頁）の規律，
換言すれば，行政作用の対象を名宛人／第三者という二分論で把握することが
難しい領域は，公法学にとって看過し得ない重要性を持つ[7]。本書は，この領
域に行為論および侵害論の観点（石川［2002］19 頁以下）からアプローチするた
めの予備的作業として[8]，判決効という観点から第三者規律の基層の一つを明
らかとしたものに他ならない。

---

6)　一つの建設的な理解として参照，原田大樹「法秩序・行為形式・法関係──書評：仲野武志『公
　　権力の行使概念の研究』」同『公共制度設計の基礎理論』235 頁，254-255 頁（弘文堂，2014）〔初
　　出：2007〕。

7)　木庭顕『笑うケースメソッドⅡ──現代日本公法の基礎を問う』234 頁註 9，註 10（勁草書房，
　　2017）。

8)　公法学における行為論および侵害論の位相について参照，石川健治ほか「［座談会］『公法訴訟』
　　論の可能性(2・完)」法教 392 号 69 頁，81 頁〔石川健治発言〕（2013）。

368

主要参考文献一覧

日 本 語

あ～お

阿部［2016］　　　　阿部泰隆『行政法再入門（第 2 版）下』（信山社，2016）

池尻［1983］　　　　池尻郁夫「身分判決の対世効とその制限(1)～(2)――若干の比較法的考察」六甲台論集 29 巻 4 号 56 頁；同 30 巻 1 号 84 頁（1983）

石川［2002］　　　　石川健治「憲法解釈学における『論議の蓄積志向』――『憲法上の権利』への招待」樋口陽一ほか編著『国家と自由・再論』15 頁（日本評論社，2012）〔初出：2002〕

一木［年不明 -1］　　一木喜徳郎講述『行政法学（各論ノ部）全』（年不明）（立教大学池袋図書館所蔵宮沢俊義文庫 No.3928）

一木［年不明 -2］　　一木喜徳郎講述『行政法（各論ノ部）完』（年不明）（国立国会図書館所蔵：http://dl.ndl.go.jp/info:ndljp/pid/2937369）

市原［1955］　　　　市原昌三郎「行政事件訴訟における判決の効力」一橋大学一橋学会編『一橋大学創立 80 周年記念論集(下)』237 頁（勁草書房，1955）

市原［1957］　　　　市原昌三郎「抗告訴訟の本質と判決の効力」一橋論叢 37 巻 3 号 221 頁（1957）

市原ほか［1960-1］　市原昌三郎ほか「行政事件訴訟特例法改正要綱試案（小委員会案）をめぐる諸問題(上)」ジュリ 209 号 26 頁（1960）

市原ほか［1960-2］　市原昌三郎ほか「行政事件訴訟特例法改正要綱試案（小委員会案）をめぐる諸問題(下)」ジュリ 210 号 6 頁（1960）

伊藤眞［1978］　　　伊藤眞『民事訴訟の当事者』（弘文堂，1978）

伊藤眞［2016］　　　伊藤眞『民事訴訟法（第 5 版）』（有斐閣，2016）

伊藤眞ほか編　　　　伊藤眞ほか編『条解破産法（第 2 版）』（弘文堂，2014）
　［2014］

伊藤洋一［1993］　　伊藤洋一『フランス行政訴訟の研究――取消判決の対世効』（東京大学出版会，1993）

岩田［1917］　　　　岩田一郎『民事訴訟法原論（訂正第 12 版）』（明治大学出版部，1917）

岩橋［2014］　　　　岩橋健定「環境民事訴訟における対立する環境利益の処理」宮崎良夫古稀『現代行政訴訟の到達点と展望』277 頁（日本評論社，2014）

岩原［1979］　　　　岩原紳作「株主総会決議を争う訴訟の構造(1)」法協 96 巻 6 号 669 頁（1979）

岩原［1980］　　　　岩原紳作「株主総会決議を争う訴訟の構造(7)～(9・完)」法協 97 巻 3 号 374 頁；同 792 頁；同 1043 頁（1980）

上村［1967］　　　　上村明広「判決の形成力の主観的範囲に関する一考察」岡山大学法経学会雑誌 16 巻 4 号 515 頁（1967）

宇賀［2013］　　　　宇賀克也『行政法概説 I（第 5 版）』（有斐閣，2013）

宇賀［2015］　　　　宇賀克也『行政法概説 II（第 5 版）』（有斐閣，2015）

江頭［2015］　　　　江頭憲治郎『株式会社法（第 6 版）』（有斐閣，2015）

海老原［1991］　　　海老原明夫「公権としての権利保護請求権」法協 108 巻 1 号 1 頁（1991）

遠藤［1968］　　　　遠藤博也『行政行為の無効と取消――機能論的見地からする瑕疵論の再検討』

（東京大学出版会，1968）

遠藤［1987］　遠藤博也『行政法スケッチ』（有斐閣，1987）

遠藤［1989］　遠藤博也『実定行政法』（有斐閣，1989）

太田［2005］　太田匡彦「行政行為──古くからある概念の，今認められるべき意味をめぐって」公法研究67号237頁（2005）

太田［2009］　太田匡彦「明渡しか，除却か──『占有』と『事実上の排他的支配』の間に立つ大阪地裁第2民事部」東京大学法科大学院ローレビュー4巻85頁（2009）

大貫［2008］　大貫裕之「行政訴訟の審判の対象と判決の効力」磯部力ほか編『行政法の新構想Ⅲ』131頁（有斐閣，2008）

大橋［2006］　大橋洋一「都市計画訴訟の法構造──規範審査訴訟と計画維持原則の関係を中心として」同『都市空間制御の法理論』57頁（有斐閣，2008）〔初出：2006〕

大橋［2015］　大橋洋一『行政法Ⅱ（第2版）』（有斐閣，2015）

岡田［2013］　岡田正則『国の不法行為責任と公権力の概念史──国家賠償制度史研究』（弘文堂，2013）

岡成［2014］　岡成玄太「遺産分割の前提問題と固有必要的共同訴訟──その比較法的研究」東京大学法科大学院ローレビュー9号3頁（2014）

雄川［1957］　雄川一郎『行政争訟法』（有斐閣，1957）

雄川［1983］　雄川一郎「行政事件訴訟法立法の回顧と反省」同『行政争訟の理論』184頁（有斐閣，1986）〔初出：1983〕

雄川ほか［1962-1］　雄川一郎ほか「研究会：行政事件訴訟法(第1回：総説)」ジュリ259号26頁（1962）

雄川ほか［1962-2］　雄川一郎ほか「研究会：行政事件訴訟法(第4回(完)：その他の諸問題)」ジュリ262号43頁（1962）

雄川ほか編　雄川一郎ほか編『行政事件訴訟特例法逐条研究』（有斐閣，1957）〔初出：
　［1954-55］　1954-55〕

興津［2010］　興津征雄『違法是正と判決効──行政訴訟の機能と構造』（弘文堂，2010）

興津［2015］　興津征雄「行政訴訟の判決の効力と実現──取消判決の第三者効を中心に」現代行政法講座編集委員会編『現代行政法講座2』209頁（日本評論社，2015）

小野［2008-1］　小野博司「昭和戦前期における行政裁判法改正作業──行政裁判法及訴願法改正委員会における行政訴訟法案の起草を中心に」甲子園大学紀要36号75頁（2008）

小野［2008-2］　小野博司「1920年代における行政裁判制度改革構想の意義──臨時法制審議会における行政裁判所の役割を手掛かりにして」法制史研究58号47頁（2008）

小野［2011］　小野博司「明治30年代の行政裁判法改正事業の意義──法典調査会作成の4法案を中心にして」四天王寺大学紀要51号37頁（2011）

小野［2012］　小野博司「明治40年代の行政裁判法改正事業──日本弁護士協会の活動を中心に」神戸法学雑誌62巻1＝2号133頁（2012）

小野木［1959］　小野木常『訴権論序説』（有斐閣，1959）

か～こ

ガウル［1978］　ハンス・フリードヘルム・ガウル（松本博之編訳）「サヴィニー以後の既判力理論の展開と現状」同『ドイツ既判力理論』1頁（信山社，2003）〔初出：1978〕

垣内［2014］　垣内秀介「形成判決の効力，訴訟担当資格者間の判決効の波及，払戻金額増減の裁判の効力」神作裕之ほか編『会社裁判にかかる理論の到達点』359頁（商

主要参考文献一覧

事法務, 2014)

兼子一［1940］	兼子一「行政裁判所の判決の第三者に対する効力——公売処分の取消と競落人の地位」法協 58 巻 12 号 1902 頁（1940）
兼子一［1951］	兼子一「行政処分の取消判決の効力——判決の形成力の主観的範囲」同『民事法研究(2)』101 頁（酒井書店, 1954）〔初出：1951〕
兼子一［1954］	兼子一『民事訴訟法体系』（酒井書店, 1954）
兼子一［1957］	兼子一『実体法と訴訟法——民事訴訟の基礎理論』（有斐閣, 1957）
兼子一［1965］	兼子一『新修民事訴訟法体系（増訂版）』（酒井書店, 1965）
兼子仁［1971］	兼子仁『行政行為の公定力の理論——その学説史的研究（第三版）』（東京大学出版会, 1971）
兼子仁［1989］	兼子仁「行政処分取消判決の第三者効」同『行政法と特殊法の理論』123 頁（有斐閣, 1989）〔初出：1989〕
兼子仁［1997］	兼子仁『行政法学』（岩波書店, 1997）
神橋［2016］	神橋一彦『行政救済法（第 2 版）』（信山社, 2016）
雉本［1918］	雉本朗造「株主総会の決議無効の訴」同『民事訴訟法論文集』989 頁（内外出版印刷, 1928）〔初出：1918〕
雉本口述 　［出版年不明］	雉本朗造口述『民事訴訟法上巻（大正十年度京大講義)』（出版社不明, 出版年不明）（東京大学法学部図書室所蔵）
喜頭［1932］	喜頭兵一「既判力の本質(1)～(4・完)」司法協会雑誌 11 巻 2 号 125 頁, 同 3 号 185 頁, 同 4 号 300 頁, 同 5 号 341 頁（1932）
木野［1972］	木野主計「行政裁判法成立前史の研究」大倉山論集 10 号 121 頁（1972）
木野［1974］	木野主計「行政裁判法成立過程の研究——モッセ案を中心として」大倉山論集 11 号 171 頁（1974）
木野［1990］	木野主計「行政裁判法制定過程の研究——ロエスレル案を中心として」大倉山論集 27 号 249 頁（1990）
木村［1984］	木村弘之亮「判決——第三者効を中心として」雄川一郎ほか塩野宏編『現代行政法大系 5（行政争訟)』247 頁（有斐閣, 1984）
行政裁判所編 　［1941］	行政裁判所編『行政裁判所五十年史』（行政裁判所, 1941）
久保［1990］	久保茂樹「取消訴訟の判決」杉村敏正編『行政救済法 1』219 頁（有斐閣, 1990）
久保［2007］	久保茂樹「都市計画と行政訴訟」芝池義一ほか編著『まちづくり・環境行政の法的課題』84 頁（日本評論社, 2007）
久保［2016］	久保茂樹「土地利用計画の取消判決とその帰結——法解釈論の見地から」青山法学論集 57 巻 4 号 1 頁（2016）
河野［1992-93］	河野正憲「身分判決の対世的効力と第三者の地位(1)～(3・完)」東北法学 56 巻 3 号 1 頁；同 5 号 25 頁；同 57 巻 1 号 75 頁（1992-93）
木庭［2010］	木庭顕『ローマ法案内——現代の法律家のために』（羽鳥書店, 2010）
木庭［2011］	木庭顕「『ローマ法案内』補遺——主として日本の民事法との関連で」同『現代日本法へのカタバシス』144 頁（羽鳥書店, 2011）
小早川［1973］	小早川光郎「取消訴訟と実体法の観念」同『行政訴訟の構造分析』1 頁（東京大学出版会, 1983 年）〔初出：1973 年〕
小早川［1978］	小早川光郎「取消判決の第三者効」室井力 = 塩野宏編『行政法を学ぶ 2』108 頁（有斐閣, 1978）
小早川［2003］	小早川光郎「行政訴訟の課題と展望——行政訴訟改革をめぐって」司法研修所

	論集 111 号 32 頁（2003）
小早川［2005］	小早川光郎『行政法講義下Ⅱ』（弘文堂，2005）
近藤［1965］	近藤昭三「判決の効力」田中二郎ほか編『行政法講座第 3 巻』325 頁（有斐閣，1965）

さ～そ

佐々木［1916］	佐々木惣一「行政判決の参加人に対する拘束力(1)」京都法学会雑誌 11 巻 6 号 39 頁（1916）
佐々木［1922］	佐々木惣一『日本行政法論総論（再版）』（有斐閣，1922）
塩野［1962］	塩野宏『オットー・マイヤー行政法学の構造』（有斐閣，1962）
塩野［2013］	塩野宏『行政法Ⅱ（第 5 版補訂版）』（有斐閣，2013）
塩野編著［1992-1］	塩野宏編著『行政事件訴訟法：昭和 37 年(1)（日本立法資料全集 5）』（信山社，1992）
塩野編著［1992-2］	塩野宏編著『行政事件訴訟法：昭和 37 年(2)（日本立法資料全集 6）』（信山社，1992）
塩野編著［1994-1］	塩野宏編著『行政事件訴訟法：昭和 37 年(3)（日本立法資料全集 37）』（信山社，1994）
塩野編著［1994-2］	塩野宏編著『行政事件訴訟法：昭和 37 年(4)（日本立法資料全集 38）』（信山社，1994）
潮見［2015］	潮見佳男『民法（債権関係）改正法案の概要』（金融財政事情研究会，2015）
芝池［2006］	芝池義一『行政救済法講義（第 3 版）』（有斐閣，2006）
司法研修所編 ［1951］	司法研修所編『行政争訟の研究その二（行政事件訴訟特例法関係）（裁判官特別研究叢書 12 号）』（1951）
シュヴァープ ［1968］	カール・ハインツ・シュヴァープ（中務俊昌訳）「現代ドイツ民事訴訟法における権利保護請求権の再生」中田淳一還暦『民事訴訟の理論(上)』321 頁（有斐閣，1969）〔初出：1968〕
消費者庁消費者制 度課編［2014］	消費者庁消費者制度課編『一問一答消費者裁判手続特例法』（商事法務，2014）
消費者庁消費者制 度課編［2015］	消費者庁消費者制度課編『逐条解説消費者契約法（第 2 版補訂版）』（商事法務，2015）
白石［1956］	白石健三「公法関係の特質と抗告訴訟の対象」岩松三郎還暦『訴訟と裁判』419 頁（有斐閣，1956）
新堂［1958-59］	新堂幸司「『訴訟物』の再構成──給付の訴えと確認の訴えを手がかりとして」同『訴訟物と争点効(上)』1 頁（有斐閣，1988）〔初出：1958-59〕
新堂［2011］	新堂幸司『新民事訴訟法（第 5 版）』（弘文堂，2011）
新山［2006］	新山一雄『職権訴訟参加の法理』（弘文堂，2006）
新山［2007］	新山一雄「改正人事訴訟法と取消訴訟における職権告知」成城法学 75 号 5 頁（2007）
新山［2009］	新山一雄「義務付け・差止訴訟における第三者効と参加的効力──問題点の分析と法改正への提言」自治研究 85 巻 8 号 35 頁（2009）
杉本［1960］	杉本良吉「行政訴訟特例法改正要綱試案（小委員会案）の要点解説」自治研究 36 巻 9 号 29 頁（1960）
杉本［1963］	杉本良吉「行政事件訴訟法の解説(1)～(2・完)」法曹時報 15 巻 3 号 356 頁，同 4 号 499 頁（1963）
杉山［2014］	杉山悦子「第三者による再審の訴え」一橋法学 13 巻 3 号 981 頁（2014）

鈴木 [1958]	鈴木正裕「形成訴訟の訴訟物」民訴雑誌 5 号 110 頁（1958）
鈴木 [1960-1]	鈴木正裕「形成判決の効力」法学論叢 67 巻 6 号 27 頁（1960）
鈴木 [1960-2]	鈴木正裕「既判力の拡張と反射的効果(1)～(2)」神戸法学雑誌 9 巻 4 号 508 頁；同 10 巻 1 号 37 頁（1960）
鈴木 [1970]	鈴木正裕「既判力論に対する一考察」中田淳一還暦『民事訴訟の理論(下)』25 頁（有斐閣，1970）
鈴木 [1971]	鈴木正裕「判決の反射的効果」判タ 261 号 2 頁（1971）
鈴木 [1978]	鈴木正裕「判決の法律要件的効力」山木戸克己還暦『実体法と手続法の交錯(下)』149 頁（有斐閣，1978）
園部編 [1989]	園部逸夫編『注解行政事件訴訟法』（有斐閣，1989）

た～と

高木 [2015]	高木光『行政法』（有斐閣，2015）
高田裕成 [1984]	高田裕成「集団的紛争における判決効」新堂幸司編集代表『裁判（講座民事訴訟 6)』177 頁（弘文堂，1984）
高田裕成 [1987]	高田裕成「いわゆる対世効論についての一考察(1)～(2)——身分訴訟に焦点をあてて」法協 104 巻 8 号 1129 頁，同 11 号 1513 頁（1987）
高田裕成 [1988]	高田裕成「身分訴訟における対世効論のゆくえ」新堂幸司編著『特別講義民事訴訟法』361 頁（有斐閣，1988）
高田裕成 [1989]	高田裕成「多数当事者紛争の『画一的解決』と『一回的解決』」民訴雑誌 35 号 186 頁（1989）
高田裕成 [1991]	高田裕成「いわゆる『訴訟共同の必要』についての覚え書——固有必要的共同訴訟論への一視角」三ケ月章古稀『民事手続法学の革新(中)』175 頁（有斐閣，1991）
高田裕成 [2001]	高田裕成「いわゆる類似必要的共同訴訟関係における共同訴訟人の地位——多数当事者訴訟における合一確定の意義」新堂幸司古稀『民事訴訟法理論の新たな構築(上)』641 頁（有斐閣，2001）
高田裕成編著 [2014]	高田裕成編著『家事事件手続法』（有斐閣，2014）
高橋滋 [2016]	高橋滋『行政法』（弘文堂，2016）
高橋滋編 [2013]	高橋滋『改正行訴法の施行状況の検証』（商事法務，2013）
高橋滋ほか編 [2014]	高橋滋ほか編『条解行政事件訴訟法（第 4 版）』（弘文堂，2014）
高橋宏志 [1975]	高橋宏志「必要的共同訴訟論の試み(1)～(3・完)」法協 92 巻 5 号 500 頁，同 6 号 625 頁，同 10 号 1259 頁（1975）
高橋宏志 [2013]	高橋宏志『重点講義民事訴訟法上（第 2 版補訂版）』（有斐閣，2013）
高橋宏志 [2014]	高橋宏志『重点講義民事訴訟法下（第 2 版補訂版）』（有斐閣，2014）
高橋宏志 = 高田裕成編 [2003]	高橋宏志 = 高田裕成編『新しい人事訴訟法と家庭裁判所実務』ジュリ臨増 1259 号（2003）
瀧川 [1956]	瀧川叡一「行政訴訟の請求原因，立証責任及び判決の効力」民事訴訟法学会編『民事訴訟法講座第 5 巻』1429 頁（有斐閣，1956）
田中耕太郎 [1939]	田中耕太郎『改正会社法概論（改版）』（岩波書店，1939）
田中二郎 [1940]	田中二郎「行政訴訟の判決と第三者」民商 12 巻 6 号 397 頁（1940）
田中二郎 [1974]	田中二郎『新版行政法上巻（全訂第 2 版）』（弘文堂，1974）

な〜の

内藤［1959］　内藤頼博『終戦後の司法制度改革の経過―― 一事務当局者の立場から――第一分冊（日本立法資料全集別巻91）』（信山社，1997）〔初出：1959〕

内藤［1960］　内藤頼博『終戦後の司法制度改革の経過―― 一事務当局者の立場から――第四分冊（日本立法資料全集別巻94）』（信山社，1998）〔初出：1960〕

中川［2015］　中川丈久「行政訴訟の基本構造(1)〜(2・完)――抗告訴訟と当事者訴訟の同義性について」民商150巻1号1頁；同2号171頁（2015）

中島［1941］　中島弘道『裁判の創造性原理――殊に民事訴訟と権利の関係に就て』（岩波書店，1941）

中田［1940］　中田淳一「形成判決の既判力」同『訴訟及び仲裁の法理』191頁（有信堂，1953）〔初出：1940〕

中田［1954］　中田淳一「形成訴訟の訴訟物」同『訴と判決の法理』101頁（有斐閣，1972）〔初出：1954〕

仲野［2007］　仲野武志『公権力の行使概念の研究』（有斐閣，2007）

仲野［2013］　仲野武志「不可分利益の保護に関する行政法・民事法の比較分析」民商148巻6号61頁（2013）

中野 = 下村［2016］　中野貞一郎 = 下村正明『民事執行法』（青林書院，2016）

中東編著［2003］　中東正文編著『商法改正［昭和25年・26年］GHQ/SCAP文書（日本立法資料全集本巻91）』（信山社，2003）

中村［1961］　中村宗雄『訴と請求並に既判力（増補改版）』（敬文堂，1961）

仁井田［1913］　仁井田益太郎『民事訴訟法要論中巻（訂正三版）』（有斐閣，1913）

西上［2014］　西上治「機関争訟の『法律上の争訟』性――問題の抽出」行政法研究6巻25頁（2014）

は〜ほ

林［出版年不明］　林茂『枢密院に於ける行政裁判法案の審議』（出版社不明，出版年不明）（東京大学社会科学研究所図書館所蔵，登録番号6506900486）

原田［2012］　原田尚彦『行政法要論（全訂第7版補訂2版）』（学陽書房，2012）

人見［1993］　人見剛『近代法治国家の行政法学――ヴァルター・イェリネック行政法学の研究』（成文堂，1993）

人見［2012］　人見剛「ドイツ『行政行為』概念の日本行政法学への影響について――第二次大戦前まで」高橋滋 = 只野雅人編『東アジアにおける公法の過去，現在，そして未来』65頁（国際書院，2012）

福本［2007］　福本知行「不当労働行為救済命令に関する訴訟における第三者の訴訟参加(1)――補助参加の利益をめぐる各論的研究その一」金沢法学49巻2号313頁（2007）

福本［2011］　福本知行「不当労働行為救済命令に関する訴訟における第三者の訴訟参加(2)――補助参加の利益をめぐる各論的研究その一」金沢法学53巻2号123頁（2011）

藤田［2013］　藤田宙靖『行政法総論』（青林書院，2013）

藤原［1984］　藤原静雄「西ドイツ行政裁判所法上の規範審査訴訟」一橋論叢92巻6号165頁（1984）

藤原［1990］　藤原静雄「西ドイツ行政裁判所法上の規範審査制度の展開――地区詳細計画の訴訟統制」雄川一郎献呈『行政法の諸問題（中）』437頁（有斐閣，1990）

法制審議会行政訴　法制審議会行政訴訟部会「資料：行政事件訴訟法特例法改正要綱試案（小委員

訟部会［1960］	会案）」ジュリ207号67頁（1960）
法務大臣官房司法 法制調査部監修 ［1985］	法務大臣官房司法法制調査部監修「〔第二次〕法律取調委員会商法中改正法律 案議事速記録一（第一回―第一四回）」同『日本近代立法資料叢書20』（商事 法務，1985）
法務大臣官房司法 法制調査部監修 ［1986-1］	法務大臣官房司法法制調査部監修「法典調査会人事訴訟手続法議事速記録」同 『日本近代立法資料叢書23』（商事法務，1986）
法務大臣官房司法 法制調査部監修 ［1986-2］	法務大臣官房司法法制調査部監修「法典調査会行政裁判法及行政裁判権限法委 員会議事速記録」同『日本近代立法資料叢書27』（商事法務，1986）
本間靖規［1984］	本間靖規「形成訴訟の判決効」同『手続保障論集』155頁（信山社，2015）〔初 出：1984〕
本間靖規［1986-1］	本間靖規「判決の対世効と手続権保障――社団関係訴訟を中心として」同『手 続保障論集』189頁（信山社，2015）〔初出：1986〕
本間靖規［1986-2］	本間靖規「身分訴訟の判決効と手続権保障」同『手続保障論集』275頁（信山 社，2015）〔初出：1986〕
本間義信［1968］	本間義信「形成力について」民訴雑誌14号58頁（1968）

ま～も

松岡［1918］	松岡義正『特別民事訴訟論』（巖松堂書店，1918）
松本烝治［1931-32］	松本烝治「商法改正要綱解説」同『私法論文集（続編）』25頁（巖松堂書店， 1938）〔初出：1931-32〕
松本博之［2001］	松本博之「反射的効力論と既判力拡張論」同『既判力理論の再検討』267頁 （信山社，2006）〔初出：2001〕
松本博之ほか編著 ［1993-1］	松本博之ほか編著『民事訴訟法〔大正改正編〕(3)（日本立法資料全集12)』 （信山社，1993）
松本博之ほか編著 ［1993-2］	松本博之ほか編著『民事訴訟法〔大正改正編〕(4)（日本立法資料全集13)』 （信山社，1993）
松本博之ほか編著 ［1995］	松本博之ほか編著『民事訴訟法〔明治36年草案〕(2)（日本立法資料全集44)』 （信山社，1995）
三ケ月［1955］	三ケ月章「執行に対する救済」同『民事訴訟法研究第2巻』47頁（有斐閣， 1962）〔初出：1955〕
三ケ月［1958］	三ケ月章「民事訴訟の機能的考察と現象的考察――兼子一著『実体法と訴訟 法』の立場をめぐって」同『民事訴訟法研究第1巻』249頁（有斐閣，1962） 〔初出：1958〕
三ケ月［1959］	三ケ月章『民事訴訟法』（有斐閣，1959）
三ケ月［1973］	三ケ月章「訴訟物再考」同『民事訴訟法研究第七巻』19頁（有斐閣，1978） 〔初出：1973〕
三ケ月［1981］	三ケ月章『民事執行法』（弘文堂，1981）
三ケ月［1992］	三ケ月章『民事訴訟法（第3版）』（弘文堂，1992）
三木＝山本編［2012］	三木浩一＝山本和彦編『民事訴訟法の改正課題（ジュリ増刊）』（有斐閣， 2012）
三木ほか［2015］	三木浩一ほか『民事訴訟法（第2版）』（有斐閣，2015）
水谷［1973-74］	水谷暢「判決効の相対性理論序説(1)～(2・完)――ドイツ民事訴訟法理論の歴 史的素描のうえにたって」立命館法学111＝112号482頁，113号38頁（1973-

74)

南 [1960]	南博方「規範審査訴訟」同『行政訴訟の制度と理論』62頁（有斐閣, 1968）〔初出：1960〕
南編 [1972]	南博方編『注釈行政事件訴訟法』（有斐閣, 1972）
南編 [1987]	南博方編『条解行政事件訴訟法』（弘文堂, 1987）
南 = 高橋編 [2009]	南博方 = 高橋滋編『条解行政事件訴訟法（第3版補正版）』（弘文堂, 2009）
美濃部 [1909]	美濃部達吉「行政裁判法一斑」国家23巻12号1657頁（1909）
美濃部 [1910]	美濃部達吉『日本行政法（第2巻）』（有斐閣書房, 1910）
美濃部 [1923]	美濃部達吉「行政裁判制度改正問題(1)〜(2・完)」法協41巻9号1662頁；同10号1826頁（1923）
美濃部 [1924]	美濃部達吉『行政法撮要（総論）』（有斐閣, 1924）
美濃部 [1929]	美濃部達吉『行政裁判法』（千倉書房, 1929）
美濃部 [1936]	美濃部達吉『日本行政法（上巻）』（有斐閣, 1936）
美濃部 [1941]	美濃部達吉「行政訴訟の判決が第三者に及ぼす拘束力」国家54巻12号118頁（1941）
宮田 [2007]	宮田三郎『行政訴訟法（第2版）』（信山社, 2007）
室井編 [1986]	室井力編『基本法コンメンタール行政救済法』（日本評論社, 1986）
室井ほか編 [2006]	室井力ほか編『コンメンタール行政法II（第2版）』（日本評論社, 2006）

や〜よ

山木戸 [1953]	山木戸克己「訴訟法学における権利既存の観念」同『民事訴訟理論の基礎的研究』1頁（有斐閣, 1961）〔初出：1953〕
山木戸 [1958]	山木戸克己『人事訴訟手続法』（有斐閣, 1958）
山田 [1987]	山田洋「手続参加と排除効」同『大規模施設設置手続の法構造——ドイツ行政手続論の現代的課題』148頁（信山社, 1995）〔初出：1987〕
山村 = 阿部編 [1984]	山村恒年 = 阿部泰隆編『判例コンメンタール〈特別法〉行政事件訴訟法』（三省堂, 1984）
山本和彦 [2013]	山本和彦「集団的利益の訴訟における保護」同『民事訴訟法の現代的課題』479頁（有斐閣, 2016）〔初出：2013〕
山本和彦 [2016]	山本和彦『解説消費者裁判手続特例法（第2版）』（弘文堂, 2016）
山本克己 [2005]	山本克己「共同訴訟的補助参加」法教299号89頁（2005）
山本隆司 [2000]	山本隆司『行政上の主観法と法関係』（有斐閣, 2000）
山本隆司 [2003]	山本隆司「行政訴訟に関する外国法制調査——ドイツ(上)(下・完)」ジュリ1238号86頁；1239号108頁（2003）
山本隆司 [2004]	山本隆司「訴訟類型・行政行為・法関係」民商130巻4 = 5号640頁（2004）
山本隆司 [2007]	山本隆司「新山一雄『職権訴訟参加の法理』を読む」東京大学法科大学院ローレビュー2号166頁（2007）
山本隆司 [2012]	山本隆司『判例から探求する行政法』（有斐閣, 2012）
山本隆司 [2014]	山本隆司「改正行政事件訴訟法をめぐる理論上の諸問題——拾遺」自治研究90巻3号49頁（2014）
吉村 [1960-61]	吉村徳重「既判力拡張における依存関係」同『民事判決効の理論（下）』3頁（信山社, 2010）〔初出：1960-61〕
吉村 [1978]	吉村徳重「判決効の拡張と手続権保障——身分訴訟を中心として」同『民事判決効の理論（下）』213頁（信山社, 2010）〔初出：1978〕
吉村 [1993]	吉村徳重「身分判決の対世効とその制限」同『民事判決効の理論（下）』247頁

主要参考文献一覧

（信山社，2010）〔初出：1993〕

ら～わ

ロエスレル［1884］　ロエスレル「行政裁判法草案理由及説明ロエスレル起稿」国学院大学日本文化研究所編『近代日本法制史料集第五』149頁（国学院大学，1982）〔原本：1884年11月〕

亘理［2006］　亘理格「公立保育所廃止・民営化訴訟における相対効的紛争解決の可能性——取消判決の第三者効及び国家賠償法上の違法性を中心に」立命館大学政策科学13巻3号205頁（2006）

外 国 語

政府刊行物等

BT-Dr.　Drucksache des Deutschen Bundestages

Motive［1888-1］　Motive zu dem Entwurfe eines Bürgerlichen Gesetzbuches für das Deutsche Reich, Bd. 1, 1888

Motive［1888-2］　Motive zu dem Entwurfe eines Bürgerlichen Gesetzbuches für das Deutsche Reich, Bd. 4, 1888

Rapports［1972］　Rapports et procès-verbaux du IVᵉ Congrès international d'Athènes pour la procédure civile du mois de septembre 1967, 1972

A

Achterberg［1981］　*Norbert Achterberg*, Probleme des verwaltungsgerichtlichen Normenkontroll-verfahrens, Verw. Arch. 1981, S. 163

B

Bachof［1950］　*Otto Bachof*, Anmerkung: Urteil des Hess. VGH vom 10. 2. 1950, MDR 1950, S. 374

Bachof［1951］　*Otto Bachof*, Die verwaltungsgerichtliche Klage auf Vornahme einer Amts-handlung, 1951

Bachof［1952］　*Otto Bachof*, Referate der Weinheimer Tagung (26. und 27. April 1951) der deutschen Zivilprozessrechtslehrer - I. Justiz und Verwaltungsgerichtsbar-keit, ZZP 65, 1952, S. 1

Bergmann［1960］　*Wolfgang Bergmann*, Zwischenbilanz zur verwaltungsgerichtlichen abstrak-ten Normenkontrolle, Verw. Arch. 51, 1960, S. 36

Bernatzik［1886］　*Edmund Bernatzik*, Rechtsprechung und materielle Rechtskraft – Verwal-tungsrechtliche Studien, 1886

Bettermann［1953］　*Karl August Bettermann*, Wesen und Streitgegenstand der verwaltungsge-richtlichen Anfechtungsklage, DVBl 1953, S. 163

Bettermann［1961］　*Karl August Bettermann*, Zur Verfassungsbeschwerde gegen Gesetze und zum Rechtsschutz des Bürgers gegen Rechtsetzungsakte der öffentlichen Gewalt, AöR 86, 1961, S. 129

Birk et al.［2016］　*Dieter Birk et al.*, Steuerrecht, 19. Aufl., 2016

Blomeyer［1969］　*Arwed Blomeyer*, Der Rechtsschutzanspruch im Zivilprozess, in: Festschrift

377

	für Eduard Bötticher, 1969, S. 61
Bötticher [1930]	*Eduard Bötticher*, Kritische Beiträge zur Lehre von der materiellen Rechtskraft im Zivilprozeß, 1930
Bötticher [1938]	*Eduard Bötticher*, Die Wandlung als Gestaltungsakt, 1938
Bötticher [1949]	*Eduard Bötticher*, Zur Lehre vom Streitgegenstand im Eheprozess, in: Festgabe für Rosenberg, 1949, S. 73
Bötticher [1960]	*Eduard Bötticher*, Die Bindung der Gerichte an Entscheidungen anderer Gerichte, Festschrift zum hundertjährigen Bestehen des Deutschen Juristentages, Bd. 1, 1960, S. 511
Bötticher [1963]	*Eduard Bötticher*, Besinnung auf das Gestaltungsrecht und das Gestaltungsklagerecht, in: Festschrift für Hans Dölle, Bd. 1, 1963, S. 41
Bracher [2002]	*Christian-Dietrich Bracher*, Die Beiladung im Normenkontrollverfahren gegen Bebauungspläne – Anmerkungen zu § 47 Abs. 2 Satz 4 VwGO, DVBl. 2002, S. 309
Brauchitsch et al. (Hrsg.) [1930]	*Walther von Brauchitsch et al.* (*Hrsg.*), Verwaltungsgesetze für Preußen, Bd. 1, 24. Aufl., 1930
Brohm [2002]	*Winfried Brohm*, Öffentliches Baurecht, 3. Aufl., 2002
Bülow [1903]	*Oskar Bülow*, Klage und Urteil; Eine Grundfrage des Verhältnisses zwischen Privatrecht und Prozess, ZZP 31, 1903, S. 191

C

Calavros [1978]	*Constantin Calavros*, Urteilswirkungen zu Lasten Dritter, 1978

D

Detterbeck [1994]	*Steffen Detterbeck*, Streitgegenstand und Entscheidungswirkungen im öffentlichen Recht, 1994
Dimaras [1987]	*Nikolaos Dimaras*, Anspruch "Dritter" auf Verfahrensbeteiligung, 1987
Dölle [1941]	*Hans Dölle*, Die sachliche Rechtskraft der Gestaltungsurteile, ZZP 62, 1941, S. 281
Dölle [1969]	*Hans Dölle*, Zum Wesen der Gestaltungsklagrechte, Festschrift für Eduard Bötticher, 1969, S. 93

E

Eyermann/Fröhler [1950]	*Erich Eyermann/Ludwig Fröhler*, Verwaltungsgerichtsgesetz für Bayern, Bremen, Hessen und Württemberg-Baden Kommentar, 1950
Eyermann/Fröhler [1960]	*Erich Eyermann/Ludwig Fröhler*, Verwaltungsgerichtsordnung Kommentar, 1. Aufl., 1960
Eyermann/Fröhler (Hrsg.) [2014]	*Erich Eyermann/Ludwig Fröhler* (*Hrsg.*), Verwaltungsgerichtsordnung Kommentar, 14. Aufl., 2014

F

Friedrichs [1921]	*Karl Friedrichs*, Verwaltungsrechtspflege (Streit-, Beschluß-, Untersuchungs- und Zwangsverfahren), Bd. 2, 1921
Friedrichs [1929]	*Karl Friedrichs*, Streitverfahren – Rechtsvergleichende Darstellung des Parteienstreits vor den ordentlichen und besonderen Gerichten, den Verwal-

主要参考文献一覧

tungsgerichten des Reichs und ausgewählten Verwaltungsgerichten der Länder, 1929

G

Gaupp/Stein [1901]	*Ludwig Gaupp/Friedrich Stein*, Die Civilprozeßordnung für das Deutsche Reich, 5. Aufl., Bd. 1, 1901
Glaeser [1980]	*Schmitt Glaeser*, Massenverfahren vor den Verwaltungsgerichten – Zu §70 des Entwurfs einer Verwaltungsprozessordnung (EVPO), DRiZ 1980, S. 289
Goldschmidt [1905]	*James Goldschmidt*, Materielles Justizrecht (Rechtsschutzanspruch und Strafrecht), in: Festgabe für Bernhard Hübler, 1905, S. 85
Goldschmidt [1910]	*James Goldschmidt*, Ungerechtfertigter Vollstreckungsbetrieb - Ein Beitrag zur Lehre von den Vollstreckungsgrundlagen, 1910
Goldschmidt [1914]	*James Goldschmidt*, Zwei Beiträge zum materiellen Ziviljustizrecht, in: Festschrift für Heinrich Brunner, 1914, S. 109
Goldschmidt [1919]	*James Goldschmidt*, Hat das ordentliche Gericht bei späteren Rechtsstreitigkeiten ein Nachprüfungsrecht hinsichtlich der Würdigung der Rechtsnatur eines gemäß den Bekanntmachungen vom 16./17. Dezember 1916 (RGBl. 1396, 1398) aufgelößten Vertrages durch das Reichsschiedsgericht für Kriegswirtschaft? – Ein Beitrag zur Lehre von der Rechtskraft staatlicher Gestaltungsakte und der Rechtsstellung des Reichsschiedsgerichts für Kriegswirtschaft, AcP 117, 1919, S. 1
Goldschmidt [1925]	*James Goldschmidt*, Der Prozess als Rechtslage – Eine Kritik des prozessualen Denkens, 1925
Goldschmidt [1929]	*James Goldschmidt*, Zivilprozessrecht, 1929
Gräber (Hrsg.) [2015]	*Fritz Gräber (Hrsg.)*, Finanzgerichtsordnung Kommentar, 8. Aufl., 2015
Grunsky [1974]	*Wolfgang Grunsky*, Grundlagen des Verfahrensrechts – Eine vergleichende Darstellung von ZPO, FGG, VwGO, FGO, SGG, 2. Aufl., 1974

H

Häsemeyer [1988]	*Ludwig Häsemeyer*, Drittinteressen im Zivilprozess, ZZP 101, 1988, S. 385
Hatschek [1919]	*Julius Hatschek*, Institutionen des deutschen und preußischen Verwaltungsrechts, 1919 ※交告尚史教授の私蔵書
Hatschek [1931]	*Julius Hatschek*, Lehrbuch des deutschen und preußischen Verwaltungsrechts, 7. u. 8. Aufl., 1931
Heim [1912]	*Franz Felician Heim*, Die Feststellungswirkung des Zivilurteils, 1912
Hellwig [1900]	*Konrad Hellwig*, Anspruch und Klagerecht – Beiträge zum bürgerlichen und zum Prozeßrecht, 1900
Hellwig [1901]	*Konrad Hellwig*, Wesen und subjektive Begrenzung der Rechtkraft - Eine prozessuale Abhandlung mit Beiträgen zum bürgerlichen Recht, insbesondere zur Lehre von der Rechtsnachfolge und der Verfügungsmacht des Nichtberechtigten, 1901
Hellwig [1903]	*Konrad Hellwig*, Lehrbuch des deutschen Civilprozeßrechts, Bd. 1, 1903
Hellwig [1912]	*Konrad Hellwig*, System des deutschen Zivilprozeßrechts, Bd. 1, 1912

Henckel [1961]	*Wolfram Henckel*, Parteilehre und Streitgegenstand im Zivilprozess, 1961
Hübschmann et al. (Hrsg.) [1995]	*Walter Hübschmann et al.* (*Hrsg.*), Abgabenordnung Finanzgerichtsordnung Kommentar, 10. Aufl., 1995
Hufen [2016]	*Friedhelm Hufen*, Verwaltungsprozessrecht, 10. Aufl., 2016
Hufnagl [1950]	*Franz Hufnagl*, Die Verwaltungsgerichtsbarkeit in der amerikanischen und britischen Zone – Mit besonderer Berücksichtigung der amerikanischen Zone, 1950
Hüttenhein [1911]	*Walther Hüttenhein*, Die Beiladung im Verwaltungsstreitverfahren (§ 70 des Gesetzes über die allgemeine Landesverwaltung vom 30. Juli 1883), 1911

J

Jellinek [1931]	*Walter Jellinek*, Verwaltungsrecht, 3. Aufl., 1931

K

Kisch [1903]	*Wilhelm Kisch*, Beiträge zur Urteilslehre, 1903
Kohler [1889]	*Josef Kohler*, Prozeßrechtliche Forschungen, 1889
Kohler [1901]	*Josef Kohler*, Prozesshandlungen mit Civilrechtswirkung, ZZP 29, 1901, S. 1
Konrad [1982]	*Horst Konrad*, Die Notwendigkeit der Beiladung im Verwaltungsprozess, Bay. VBl. 1982, S. 481
Kopp [1979]	*Ferdinand O. Kopp*, Die Beteiligung im verwaltungsgerichtlichen Normenkontrollverfahren, in: FS zum 100. jährigen Bestehen des BayVGH, 1979, S. 205
Kopp [1980]	*Ferdinand O. Kopp*, Gesetzliche Regelungen zur Bewältigung von Massenverfahren, DVBl 1980, S. 320
Kopp/Ramsauer [2016]	*Ferdinand O. Kopp/Ulrich Ramsauer*, Verwaltungsverfahrensgesetz Kommentar, 17. Aufl., 2016
Kopp/Schenke [2016]	*Ferdinand O. Kopp/Wolf-Rüdiger Schenke*, Verwaltungsgerichtsordnung Kommentar, 22. Aufl., 2016
Koussoulis [1986]	*Stelios Koussoulis*, Beiträge zur Modernen Rechtskraftlehre, 1986
Krusch [1933]	*Walter Krusch*, Das Wesen des Vergleichs zur Abwendung des Konkurses unter Berücksichtigung des Zwangsvergleichs im Konkurse – Ein Beitrag zur Lehre von den Gestaltungsverfahren, 1933
Kunze [1893]	*Fritz Kunze*, Die Beiladung im Verwaltungsstreitverfahren, Verw. Arch. 1, 1893, S. 198
Kunze [1908]	*Fritz Kunze*, Das Verwaltungsstreitverfahren, 1908
Kuttner [1908]	*Georg Kuttner*, Die privatrechtlichen Nebenwirkungen der Zivilurteile, 1908
Kuttner [1910]	*Georg Kuttner*, Das Verhältnis des Zivilprozesses zum Erbscheinverfahren, in: Festgabe für Otto Gierke, 1910, S. 161
Kuttner [1914]	*Georg Kuttner*, Urteilswirkungen außerhalb des Zivilprozesses, 1914

L

Langheineken [1899]	*Paul Langheineken*, Der Urteilsanspruch – Ein Beitrag zur Lehre vom Klagerecht mit Berücksichtigung des neuen Reichsrechtes, 1899
Lent [1939]	*Friedrich Lent*, Die sachliche Rechtskraft der Gestaltungsurteile, ZZP 61,

主要参考文献一覧

	1939, S. 279
Lent/Jauernig [1966]	*Friedrich Lent/Othmar Jauernig*, Zivilprozessrecht, 13. Aufl., 1966
Lüke [2011]	*Wolfgang Lüke*, Zivilprozessrecht, 10. Aufl., 2011

M

Marotzke [1987]	*Wolfgang Marotzke*, Urteilswirkungen gegen Dritte und rechtliches Gehör, ZZP 100, 1987, S. 164
Martens [1969]	*Joachim Martens*, Streitgenossenschaft und Beiladung, VerwArch. 60, 1969, S.197 u. S.356
Maultzsch [2010]	*Felix Maultzsch*, Streitentscheidung und Normbildung durch den Zivilprozess, 2010
O. Mayer [1895]	*Otto Mayer*, Deutsches Verwaltungsrecht, Bd. 1, 1. Aufl., 1895
O. Mayer [1924]	*Otto Mayer*, Deutsches Verwaltungsrecht, Bd. 1, 3. Aufl., 1924
Mendelssohn-Bartholdy [1900]	*Albrecht Mendelssohn-Bartholdy*, Grenzen der Rehtskraft, 1900
Menger [1954]	*Christian-Friedrich Menger*, System des verwaltungsgerichtlichen Rechtsschutzes – Eine verwaltungsrechtliche und prozeßvergleichende Studie, 1954
Mes [1970]	*Peter Mes*, Der Rechtsschutzanspruch, 1970
Meyer-Ladewig et al. [2014]	*Jens Meyer-Ladewig et al.* (Hrsg.), Sozialgerichtsgesetz Kommentar, 11. Aufl., 2014
Mohrmann [1910]	*Georg Mohrmann*, Die Beiladung im Verwaltungsstreitverfahren (§ 70 des Gesetzes über die allgemeine Landesverwaltung vom 30. Juli 1883), 1910

N

Niese [1952]	*Werner Niese*, Über den Streitgegenstand der Anfechtungs- und Vornahmeklagen im Verwaltungsprozeß, JZ 1952, S. 353
Nikisch [1950]	*Arthur Nikisch*, Zivilprozessrecht – Ein Lehrbuch, 1950
Nottbusch [1995]	*Claudia Nottbusch*, Die Beiladung im Verwaltungsprozess, 1995

P

Pagenstecher [1904]	*Max Pagenstecher*, Zur Lehre von der materiellen Rechtskraft, 1904
Pagenstecher [1908]	*Max Pagenstecher*, Die praktische Bedeutung des Streites über das Wesen der Rechtskraft, ZZP 37, 1908, S. 1
Pagenstecher [1914]	*Max Pagenstecher*, Nochmals: Die praktische Bedeutung des Streites über das Wesen der Rechtskraft – Mit besonderer Berücksichtigung der Bedeutung des Zivilurteils für den Strafrichter, Rheinische Zeitschrift für Zivil- und Prozessrecht 6. Jahrgang, 1914, S. 489
Pagenstecher [1919]	*Max Pagenstecher*, Über die Doppelehe, Rheinische Zeitschrift für Zivil- und Prozessrecht 10. Jahrgang, 1919, S. 20, S. 134
Papier [1985]	*Hans-Jürgen Papier*, Normenkontrolle (§ 47 VwGO), Festschrift für Christian-Friedrich Menger, 1985, S. 517
Piesche [2010]	*Lars Piesche*, Die Beiladung im Finanzgerichtsverfahren, 2010

381

Plósz [1880]	*Alexander Plósz*, Beiträge zur Theorie des Klagerechts, 1880
Pohle [1967]	*Rudolf Pohle*, Zum Rechtsschutzanspruch, in: Studi in onore di Antonio Segni IV , 1967, S. 91

R

Redeker/Oertzen [1960]	*Konrad Redeker/Hans-Joachim von Oertzen*, Verwaltungsgerichtsordnung Kommentar, 1. Aufl., 1960
Redeker/Oertzen [2014]	*Konrad Redeker/Hans-Joachim von Oertzen (Hrsg.)*, Verwaltungsgerichtsordnung Kommentar, 16. Aufl., 2014
Roesler [1877]	*Hermann Roesler*, Der österreichische Verwaltungs-Gerichtshof nach dem Gesetze vom 22. October 1875, Zeitschrift für das privat- und öffentliche Recht der Gegenwart 4, 1877, S. 201
Ronellenfisch [1983]	*Michael Ronellenfisch*, Die Beteiligung Dritter im Normenkontrollverfahren nach § 47 VwGO, Verw. Arch. 74, 1983, S. 281
Rosenberg [1927]	*Leo Rosenberg*, Lehrbuch des deutschen Zivilprozessrechts, 1. Aufl., 1927
Rosenberg [1931]	*Leo Rosenberg*, Lehrbuch des deutschen Zivilprozessrechts, 3. Aufl., 1931
Rosenberg [1961]	*Leo Rosenberg*, Lehrbuch des deutschen Zivilprozessrechts, 9. Aufl., 1961
Rossmann [1967]	*Wolfgang Rossmann*, Die Beiladung im Zivilprozess, 1967

S

Sauer [1929]	*Wilhelm Sauer*, Grundlagen des Prozessrechts, 2. Aufl., 1929
Sauer [1932]	*Wilhelm Sauer*, Zum Streit um die materielle Rechtskraft, in: Festgabe für Richard Schmidt, 1932, S. 308
Schäfer [1983]	*Birgit Schäfer*, Die Beiladung im Sozialgerichtsverfahren – Mittel des Rechtsschutzes und der Prozessökonomie, 1983
Schenke [2014]	*Wolf-Rüdiger Schenke*, Verwaltungsprozessrecht, 14. Aufl., 2014
Schlosser [1966]	*Peter Schlosser*, Gestaltungsklagen und Gestaltungsurteile, 1966
Schlosser [1983]	*Peter Schlosser*, Zivilprozessrecht I - Erkenntnisverfahren, 1983
R. Schmidt [1898]	*Richard Schmidt*, Lehrbuch des deutschen Civilprozessrechts, 1. Aufl., 1898
R. Schmidt [1906]	*Richard Schmidt*, Lehrbuch des deutschen Civilprozessrechts, 2. Aufl., 1906
Schmidt-Preuß [2005]	*Matthias Schmidt-Preuß*, Kollidierende Privatinteressen im Verwaltungsrecht – Das subjective öffentliche Recht im multipolaren Verwaltungsrechtsverhältnis, 2. Aufl., 2005
Schoch et al. (Hrsg.) [1996]	*Friedrich Schoch et al. (Hrsg.)*, Verwaltungsgerichtsordnung Kommentar, 1996
Schoen [1955]	*Xaver Schoen*, Die Normenprüfung durch den Verwaltungsgerichtshof, in: Gedächtnisschrift für Walter Jellinek, 1955, S. 407
Schönke [1951]	*Adolf Schönke*, Lehrbuch des Zivilprozessrechts, 7. Aufl., 1951
Schönke/Schröder/ Niese [1956]	*Adolf Schönke/Horst Schröder/Werner Niese*, Lehrbuch des Zivilprozessrechts, 8. Aufl., 1956
Schultzenstein [1911]	*Max Schultzenstein*, Die Gültigkeit der Entscheidung gegenüber dem Beigeladenen nach dem Landesverwaltungsgesetze, Verw. Arch. 19, 1911, S. 1
H. Schwab [1964]	*Karl Heinz Schwab*, Rechtskrafterstreckung auf Dritte und Drittwirkung der Rechtskraft, ZZP 77, 1964, S. 124,
H. Schwab [1994]	*Karl Heinz Schwab*, Zur Drittwirkung der Rechtskraft, Festschrift für H. U.

主要参考文献一覧

	Walder, 1994, S. 261ff.
M. Schwab [2005]	*Martin Schwab*, Das Prozessrecht gesellschaftsinterner Streitigkeiten, 2005
Seckel [1903]	*Emil Seckel*, Die Gestaltungsrechte des bürgerlichen Rechts, in: Festgabe der juristischen Gesellschaft zu Berlin zum 50 jährigen Dienstjubiläum ihres Vorsitzenden, 1903, S. 205
Sodan/Ziekow (Hrsg.) [2014]	*Helge Sodan/Jan Ziekow (Hrsg.)*, Verwaltungsgerichtsordnung Großkommentar, 4. Aufl., 2014
Sogo [2007]	*Miguel Sogo*, Gestaltungsklagen und Gestaltungsurteile des Materiellen Rechts und ihre Auswirkungen auf das Verfahren, 2007
Stahl [1972]	*Walter Stahl*, Beiladung und Nebenintervention, 1972
Stein [1897]	*Friedrich Stein*, Über die bindende Kraft der richterlichen Entscheidungen nach der neuen österreichischen Civilprozessordnung, 1897
Stein [1912]	*Friedrich Stein*, Grenzen und Beziehungen zwischen Justiz und Verwaltung, 1912
Stein [1913]	*Friedrich Stein*, Die Zivilprozeßordnung für das Deutsche Reich, 11. Aufl., Bd. 1, 1913
Stein [1921]	*Friedrich Stein*, Grundriss des Zivilprozessrechts, 1921
Stelkens et al. (Hrsg.) [2014]	*Paul Stelkens et al. (Hrsg.)*, Verwaltungsverfahrensgesetz Kommentar, 8. Aufl., 2014
Stober [1985]	*Rolf Stober*, Beiladung im Verwaltungsprozess, in: Festschrift für Friedrich Menger, 1985, S. 401
Strahl [1987]	*Gerhard Strahl*, Die allgemeine Gestaltungsklage als Klageart im Verwaltungsprozess, 1987

T

Thomas/Putzo (Hrsg.) [2016]	*Heinz Thomas/Hans Putzo (Hrsg.)*, Zivilprozessordnung Kommentar, 37. Aufl., 2016
Tipke/Kruse (Hrsg.) [2007]	*Klaus Tipke/Heinrich Wilhelm Kruse (Hrsg.)*, Abgabenordnung-Finanzgerichtsordnung Kommentar, 2007

U

Ule [1960]	*Carl Hermann Ule*, Verwaltungsprozessrecht, 1. Aufl., 1960

W

Wach [1885]	*Adolf Wach*, Handbuch des deutschen Civilprozessrechts, Bd. 1, 1885
Wach [1888]	*Adolf Wach*, Der Feststellungsanspruch – Ein Beitrag zur Lehre vom Rechtsschutzanspruch, in: Festgabe der Leipziger Juristenfakultät für Windscheid, 1888, S. 73
Wach [1899]	*Adolf Wach*, Rechtsgutachten in Sachen der Bergwerksgesellschaft Georg von Giesche's Erben in Breslau wider den Grafen Franz Hubert von Tiele-Winckler auf Miechowitz, in: *Adolf Wach/Paul Laband*, Zur Lehre von der Rechtskraft – Drei Rechtsgutachten, 1899, S. 1
Weil [1952]	Prosper Weil, *Les consequences de l'annulation d'un acte administratif pour excès de pouvoir*, 1952
Weise [1904]	*Georg Weise*, Die Beiladung im preußischen Verwaltungsprozeßrechte, An-

383

nalen des Deutschen Reichs für Gesetzgebung, Verwaltung und Volkswirtschaft, Jahrgang 1904, S. 454

Weismann [1903]   *Jakob Weismann*, Lehrbuch des deutschen Zivilprozeßrechts, Bd. 1, 1903

Z

Zieglmeier [2006]   *Christian Zieglmeier*, Die inzidente Normenkontrolle eines Bebauungsplans im Beitragsverfahren - Ein Beitrag zur Drittwirkung der Rechtskraft, Bay. VBl. 2006, S. 517

事項索引

A～Z

Appel en garantie ································ 326

Beiladung（参加／呼出し）········· 13, 15, 20,
211, 213～, 330

tierce opposition ··········· 4, 26, 68～, 186～,
212, 230～, 256, 275～, 323, 341

あ

悪意の抗弁 ····························· 158, 196

アクチオ（actio）························· 99

アクチオ体系 ·················· 119, 120～

い

諫早湾 ····················· 285, 321, 358, 360

意思表示 ·········· 37, 39, 42, 164, 177, 185

――の擬制 ····················· 129, 132

――を求める訴訟／判決 ············· 97, 128

一事不再理（ne bis in idem）················ 25

一部取消し ·································· 300～

一分肢説 ···································· 112

逸脱禁止 ··············· 59, 172, 190～, 340

一般社団法人 ································ 78

一般処分 ·············· 2, 244, 257, 299, 305

一般的拘束力（allgemeine Verbindlichkeit）
································· 3, 246～

井上毅案 ···································· 14

違法性の承継 ································ 351

意欲行為 ···································· 46

う

訴えの利益 ······· 122, 140, 273, 290, 302～

え

越権訴訟（Recours pour excès de pouvoir）
·············· 3, 4, 264, 276, 324, 326

お

オーストリア行政裁判所法 ············· 13, 220

親子関係訴訟 ····················· 74, 279

恩給裁定 ································ 295

か

概括主義 ······························ 14, 120

解　散

――の訴え ···························· 82

議会の―― ······················ 90, 300

会社関係訴訟 ···················· 176, 280, 284,
291, 330, 334

会社の組織に関する訴え ··················· 77～

拡散的利益 ································ 303

（収益の）確定決定（Feststellungsbescheid）
································ 235, 243

確定力（Rechtskraft）·········· 18, 21, 23, 27,
100, 147, 178

形式的――（formelle Rechtskraft）········ 27,
43, 47, 147, 170, 172, 189, 190～

実質的――（materielle Rechtskraft）
······················ 25～, 147, 220

確認請求権（Feststellungsanspruch）
······················ 101～, 109, 116

確認訴訟／判決 ············ 100～, 129～, 136,
140～, 182, 352

確認訴訟原型観 ···························· 138

（取消訴訟の）確認訴訟説 ·················· 351

家事審判 ·································· 194

河川法上の許可 ········· 39～, 51～, 55, 60,
203, 277, 290

株主総会決議 ······························ 285

――取消しの訴え／取消訴訟 ·············· 136,
303, 306, 359

――無効確認の訴え／無効確認訴訟
································ 77, 130, 136

――を争う訴え ························· 134, 292

株主代表訴訟 ······· 66, 140, 319～, 336, 339

簡易確定手続 ········· 85, 289, 304, 317, 319

関係人（Beteiligte）··········· 212, 233～, 242

間接強制 ·························· 129, 283

385

き

（出訴／申立）期間制限 ………… 85, 143, 230,
　　241 〜, 264 〜, 307 〜, 318, 321,
　　341 〜, 343, 346, 348, 351
機関訴訟 ………………………………… 216
擬似的排除効 ………… 191 〜, 195 〜, 200 〜,
　　211 〜, 226, 229, 250 〜,
　　324 〜, 353, 356
基準性（→「判決効の実体的側面」も参照）
　……… 3, 181, 183 〜, 222 〜, 270 〜, 327
起訴責任の転換 ………………………… 273
規範統制手続（Normenkontrolle）……… 3, 140,
　　245 〜, 273, 316, 318, 359
既判力（materielle Rechtskraft ／ autorité de
la chose jugée）……………… 3, 9 〜, 22, 31 〜,
　　43, 75, 145 〜, 163, 190, 195 〜,
　　210 〜, 232 〜, 238 〜, 251 〜, 324,
　　327, 331, 345
──の第三者効 ………………………… 176
──を及ぼすための訴訟参加の論理 …… 232,
　　256, 275, 327, 337
既判力否定説 ……………………… 9, 53, 168 〜
義務付け訴訟／判決 ………… 129, 218, 226 〜,
　　283, 354 〜
客観訴訟 ……………………………… 122, 302
客観的な瑕疵 …………………………… 305
客観法訴訟 …………………………… 122 〜
救済訴訟 ………………………………… 139
給付訴訟／判決 ………… 100, 109 〜, 124,
　　128 〜, 182
給付訴訟説（義務付け訴訟／差止訴訟の）
　………………………………………… 283
境界確定 ………………………………… 45
競業者訴訟 … 205, 282, 290, 314 〜, 338 〜
強制金（Zwangsgeld）……………… 226, 285
行政行為（Verwaltungsakt）………… 39, 42,
　　280 〜, 285
強制参加
　──（intervention forcée）……… 326, 333
　人事訴訟法上の── ……… 327, 328
強制執行（手続）…… 86, 103, 277, 283, 288
共通義務確認訴訟 ………… 85, 122, 289, 304,
　　317, 319, 359
共通争点 ……………………………… 359 〜

共同所有 ………………………………… 314
共同訴訟参加 ……………… 328 〜, 330
共同訴訟的補助参加（streitgenössische
Nebenintervention）………… 89, 211, 327,
　　328 〜, 344
共同代理人（gemeinsamer Bevollmächtigter）
　………………………………………… 233 〜
共有関係 ……………………… 278 〜, 304, 316
規律（Regelung）…………… 2, 280 〜, 304 〜

く

クラス・アクション …………………… 67
繰返し禁止 → 反復禁止

け

競　願 …………………………… 282 〜, 356
形式的形成訴訟 ………………………… 45, 125
形式的正当化 …………………………… 142
形式的当事者訴訟 …………………… 336, 358
形成（Gestaltung）……………………… 96
　──をもたらす権利（Rechts zur ─）… 108
　──を求める権利（Recht auf ─）……… 97,
　　107, 113, 108
形成権（Gestaltungsrecht）… 94, 105 〜, 107
形成原因 ………………………………… 112
形成訴権（Gestaltungsklag(e)recht）…… 108 〜
形成訴訟（Gestaltungsklage）……… 47, 75, 81,
　　93 〜, 107, 162, 292, 350, 359
　──法定主義 …………………… 120 〜, 142
　一般的──（allgemeine ─）……… 123
　（不）真正──（(un) echte ─）…… 121
形成判決（Gestaltungsurteil）……… 94, 105
形成力（Gestaltungswirkung）……… 3, 9 〜,
　　31, 43 〜, 75, 145 〜, 163,
　　211 〜, 327, 330 〜
　──に基づく訴訟参加の論理 ……… 232, 260,
　　337
　狭義の── ……………………… 182, 187
　広義の── ………………………… 185
結果除去請求権（Folgenbeseitigungsanspruch）
　………………………………………… 298
決定義務付け判決（Bescheidungsurteil）… 357
健康保険組合 ……………………… 236, 299
現在の法律関係に関する訴え ……………… 352
原状回復義務／請求権 …………………… 57

事項索引

建築確認／許可 …… *201* 〜, *222* 〜, *231*, *234*, *240*, *242*, *282*, *290*, *315*, *320*, *355*

憲法異議（Verfassungsbeschwerde）
………… *225*, *230*, *248*, *258*

権利既存の観念 …… *99*, *125* 〜, *168*, *178* 〜

権利実在説 …………………………… *180*

権利主張（Rechtsbehauptung）………… *111* 〜

権利保護請求権（Rechtsschutzanspruch）
………… *95* 〜, *109*, *111*, *115*, *116*

こ

合一確定の必要性 ……………… *51*, *274* 〜, *285*

行為論 ………………………………… *368*

公共事業実施計画確定手続 …………… *360*

公権（subjektives öffentliches Recht）
………………… *105*, *108* 〜

抗告訴訟 ……………………… *139*, *351*

公示送達 ……………… *140*, *233*, *234*

公　証 ……………………… *185*, *293* 〜

構成要件的効力／法律要件的効力（Tat-
bestandswirkung）…… *32*, *37* 〜, *46* 〜, *65*, *152*, *153*, *157*, *163*, *185* 〜, *193* 〜

拘束（Bindung）…………………… *152*

拘束力
―（bindende Kraft, Verbindlichkeit）
……………… *22*, *25*, *27*, *31*, *147*, *153*

関係行政庁に対する― …………… *45*, *204*, *306*, *356* 〜

公定力 ………… *25* 〜, *30*, *39*, *41* 〜, *65*, *178*, *295*

（租税滞納処分としての）公売 …… *28* 〜, *40*, *45*, *51*, *56*, *290*, *295* 〜, *307*

抗弁事項 ……………………………… *196*

公立小学校 ……………………… *313*, *316*

公立保育所 ………… *299*, *305*, *312* 〜, *316*

効力拡張型 …… *3*, *215*, *221* 〜, *245* 〜, *270* 〜, *311* 〜, *323* 〜

（行政行為の）告知 ………… *216*, *242*, *318*

（訴訟係属の）告知／通知 …… *238*, *335* 〜

国民学校（Volksschule）……………… *312*

戸　籍 ………………………………… *293*

国家行為（Staatsakt）…… *24* 〜, *29*, *39*, *59*, *105* 〜, *177*

国家責任（Staatshaftung）…………… *202*, *204*

国家賠償（請求）………… *40*, *64*, *198*, *201* 〜, *310*, *326*, *331*

子の引渡請求 ………………………… *227*

個別交渉排除原則 …………………… *308*

婚姻無効／取消しの訴え／訴訟／判決
……………………… *73* 〜, *130*, *291*

さ

債権確定訴訟 ……………………… *83* 〜

債権者代位（権／訴訟）…………… *336*

再　審 ……………………… *82*, *343* 〜

再審事由 …………………………… *340* 〜

再審適格 ……………………… *230*, *346*

（社会保障給付の）裁定 …………… *295*

裁判所構成法（明治23年法律第6号）…… *12*

裁判所法（昭和22年法律第59号）………… *33*

裁判を受ける権利 ………………… *142*

債務名義 ……………………… *166*, *283*

詐害行為取消（権／訴訟）……… *71*, *133*, *135*, *141*, *184*, *336*

詐害再審 …………………………… *196*

会社法上の― ………… *66* 〜, *78*, *188*, *196*, *342*

特許法上の― ………… *68*, *342*

明治民訴法上の― ………… *67* 〜, *71*

差押質権（Pfändungspfandrecht）
……………… *154* 〜, *166*

差押命令 …………………………… *191*

（民事法上の）差止請求権／訴訟
……………… *285* 〜, *303*, *359*

適格消費者団体の― ……… *122*, *140*, *303*, *317*, *319*, *359*, *360*

（行訴法上の）差止訴訟／判決
……………………… *283*, *354* 〜

査定異議訴訟（／の訴え）……… *83* 〜, *288*

参　加 ……………………… *250*, *255* 〜

参加的効力 ……………… *325*, *326*, *337*

し

私権（privates Recht）……… *99*, *102*, *108* 〜

事実上の推定 ……………………… *186*

事実に基く効力（Tatbestandswirkung）…… *31*

諮問案 ……………………………… *15*

事情判決 …………… *19*, *35*, *299*, *308* 〜

施設設置許可 …… *232*, *241*, *318*, *329*, *359* 〜

387

失権（Verwirkung）の法理 ………… 242, 318,
　　　　　　　　　　　　　　　320 〜, 346
執行請求権（Vollstreckungsanspruch）
　………………………………………… 154, 166
執行停止 ……………………… 88, 299, 314
執行不要性 ……… 103, 123, 128 〜, 138, 182
執行力 ………… 100, 103, 138, 153 〜, 283
実質的正当化 ……………………………… 142
（既判力）実体法説 ………………… 145, 159 〜
疾病金庫（Krankenkasse）…………… 236, 240
司法作用請求権（Anspruch auf Rechtspflege）
　………………………………………… 114, 116
司法法（Justizrecht）…………………… 109
　実体——（materielles —）…………… 109
主位的審査（prinzipale Kontrolle）………… 265
従参加（Nebenintervention）………………… 17
周辺住民 ………… 232, 234, 239 〜, 313 〜,
　　　　　　　　　318, 320 〜, 338, 355
住民監査請求 ……………………………… 140
住民訴訟 ……………… 140, 303, 328, 337 〜
住民票 ……………………………………… 293
収用裁決 ……………… 50, 56, 290, 297 〜,
　　　　　　　　　　　　　299, 351, 354
主観訴訟 ………………………………… 122, 302
主観的な瑕疵 ……………………………… 305
主観法訴訟 …………………………… 121 〜, 142
主参加（Hauptintervention）………… 68, 71
主張禁止の解除 ……………………… 182, 187
（一般的）承認義務（Anerkennenmüssen）
　…………………………………… 65, 170 〜, 189
証明効 ……………………………………… 188
証明責任の転換 …………………………… 186
除害施設 ………………… 19, 35, 234, 239
除却命令 ……… 40, 43, 55, 226 〜, 240, 242,
　　　　　　　243 〜, 315, 320, 338, 355
職務義務（Amtspflicht）………………… 253 〜
職務責任（Amtshaftung）………… 211, 253 〜
書証の優越性の原則（principe de primauté
　de la preuve écrite）………………… 186
職権（訴訟）参加 ……… 13, 15, 17, 21, 34,
　　　　　　　45, 50 〜, 256, 325, 326,
　　　　　　　　　　331, 333 〜, 339
職権探知 …………………… 327, 331, 335
職権調査事項 ……………………………… 196
職権取消し …………………… 186, 304, 307

侵害訴訟 …………………………………… 295
侵害論 ……………………………………… 368
新株発行不存在確認訴訟／の訴え …… 78, 292
新株発行無効の訴え …………………… 78, 339
信義誠実（Treu und Glauben）の原則
　………………………………… 157, 242, 318
人事訴訟／人事に関する訴え ……… 73 〜, 140,
　　　　277, 279, 291, 319 〜, 331, 333, 334
新訴訟物理論 ……………………………… 117
人的会社（Personengesellschaft）………… 235
審問異議（Anhörungsrüge）………… 225, 230
審問請求権（Anspruch auf rechtliches Gehör）
　…………………… 117, 175, 224, 257
診療報酬算定方法の告示 …………… 299, 305

す

スイス連邦民事訴訟法 ……………………… 128

せ

請求異議 …………………… 155, 188, 191
請求権（Anspruch）……………………… 99
請求裁判所（Court of Claims）…………… 12
責任追及等の訴え ………… 78, 124, 188, 196
ゼッケル＝ヘルヴィヒ理論 ………… 100, 146
絶対効（effet absolu）………………… 253
絶対的無効説（義務付け判決）…………… 226
設立無効の訴え …………………………… 77 〜
選挙の効力に関する訴訟 ………………… 303
選挙無効 ………………… 46, 303, 308
先決問題の法理 …………………………… 295
選任決議 …… 80, 134, 183 〜, 187, 284, 334
全部取消し ………………… 300 〜, 302 〜
全部無効 ……………………………………… 306
占有 ……………………………………… 102
先例拘束性（stare decisis）………… 265, 332

そ

相対性の抗弁 ……………………………… 184
相対的確定の絶対的妥当 …………… 148, 176
相対的無効説（義務付け判決）…………… 226
遡及効 ………………………… 184, 309
訴権（Klag(e)recht）…………… 99, 109
　——の濫用 …………………………… 318, 348
　——論 …………………… 99, 110, 116
　具体的—— ……………………… 114, 116

事項索引

形成―― → 形成訴権（Gestaltungsklag
（e）recht）
執行――（Vollstreckungs ―）
………………………………… 109, 114 〜
訴訟（Prozess）………………………… 95 〜
訴訟＝確認 …………………………… 95 〜, 106
訴訟告知（Streitverkündung）…… 13, 15, 287,
297, 325, 326, 336 〜
訴訟告知義務 …………………………… 336, 338
訴状の伝達（la communication des requêtes）
…………………………… 221, 333
訴訟物（Streitgegenstand）…………… 111 〜,
140 〜, 231, 243 〜,
254, 285 〜, 359 〜
（既判力）訴訟法説 ………… 146, 150 〜, 185
損害賠償請求（不当判決を理由とする）
…………………… 197 〜, 200 〜, 337
損失補償 …………………………………… 203

た

タート・ベスタント・ヴィルクング（Tat-
bestandswirkung）→ 構成要件的効力
対抗（性）（opposabilité）………… 75, 79, 84,
184, 186
対抗可能（opposable）／不能 ……… 74, 183,
184, 278, 281, 348
対抗要件 ……………………………………… 286
第三者規律 ………………………………… 367
第三者効
義務付け判決の―― ……………… 354 〜
差止判決の―― …………………… 354 〜
実質的当事者訴訟の認容判決の―― …… 358
取消判決の―― …………………… 200 〜
無効確認判決の―― …………… 89, 352 〜
第三者再審 ………… 58 〜, 60, 66 〜, 194 〜,
205, 230, 256, 294, 340 〜
第三者に対する反訴（Drittwiderklage）…… 264
対世効 …………… 4, 21 〜, 41 〜, 72 〜, 75,
131 〜, 140 〜, 253, 269 〜
越権訴訟認容判決の――（effet erga omnes）
…………………… 3, 256, 267, 333
形成判決の―― ………………………… 89
暫定的―― ………………… 4, 264, 330
片面的―― ………… 247 〜, 255, 266, 320,
330, 332

両面的―― ……………………………… 247
（租税）滞納処分 ……… 28 〜, 40, 45, 51, 56,
290, 295 〜, 307
対物処分 ……………………………… 2, 244
代理権の欠缺 → 代理不尽
代理不尽 ………………… 224, 341, 342, 343
大量手続（Massenverfahren）の特則
…………… 232 〜, 257, 259 〜, 311, 312,
314, 318, 320 〜, 323, 324, 333,
339, 348, 355, 367
単一要件（説）………… 47, 156, 157, 161 〜,
169, 175, 191 〜, 211, 250
短時間労働給付（Kurzarbeitergeld）……… 236
単純推定（la présomption simple）……… 187

ち

地区詳細計画（Bebauungsplan）…………… 248,
256 〜, 266, 306, 308
抽象的執行請求権 …………………… 111, 114
抽離（Loslösung）………………………… 172

と

登記（制度）………… 79, 81, 185, 217,
286, 293 〜
倒産（手続）………… 277, 288, 319 〜
当事者訴訟 ……………… 139, 351, 352, 358
同時審判の申出 ………………………… 287
同種利害関係人 ……… 90 〜, 205 〜, 243 〜,
261 〜, 298 〜, 316 〜, 331 〜
当選決定 ……………………………… 17, 20
当選訴訟 ……………………………………… 45
当選無効 ……………………………………… 46
特殊（合一）型確認訴訟 ………………… 140
独立当事者参加 ………………… 71, 82, 329
都市計画（決定）…………… 90, 232, 300
土地区画整理事業計画 …………… 91, 299, 301,
305, 330
（共有に係る）特許 ……………………… 335
特許権移転請求（冒認者に対する）……… 295
特許付与 ……………………………………… 295
特許無効審決 ……………………………… 358
取消訴訟の排他的管轄 …………………… 350
取立訴訟 ……………… 191, 330, 337, 339

389

に

二重効果的行政行為 ……………………… *2*
22 条参加 …………………… *219, 326 ～, 359*
二重要件（Doppeltatbestand）（説）…… *43, 47,*
　　　　106, 156, 164 ～, 175, 190
二分肢説 ………………………………… *112*
日本国憲法の施行に伴う民事訴訟法の応急的
措置に関する法律（昭和 22 年法律第 75 号）
………………………………………… *33*
認　可 …………………………………… *295*
　料金（変更）の―― …………… *299, 304 ～*
（死後）認知の訴え／訴訟／判決 ……… *76, 277,*
　　　　279, 291, 339, 359

の

農地買収（処分）…………… *36 ～, 40, 51, 56,*
　　　　297, 354

は

排除効（→「判決効の訴訟法の側面」も参照）
……… *3, 181, 188 ～, 232 ～, 270 ～, 290*
　行政手続の――（Präklusionswirkung）
………………………… *241, 266, 320*
排他性 ………… *60, 123, 129 ～, 133 ～, 138,*
　　　　139 ～, 182, 265, 272 ～, 289 ～, 352
　第三者再審の―― …… *343, 344 ～, 349 ～,*
　　　　353, 357
配当異議 …………………… *86, 155, 166, 288*
配当要求 …………………………………… *86*
破棄禁止 ………………… *59, 172, 190 ～, 340*
判決効
　――の客観的範囲／客体的範囲 …… *2, 300 ～*
　――の実体的側面（→「基準性」も参照）
………………………… *3, 10, 134 ～*
　――の主観的範囲／主体的範囲
………………………… *2, 18, 300 ～*
　――の相互性（mutuality）………………… *332*
　――の訴訟法的側面（→「排除効」も参照）
………………………… *3, 10, 132 ～*
犯罪被害財産支給手続 ……… *288, 337, 338*
反射効／反射的効力（Reflexwirkung）……… *32,*
　　　　45, 47, 78, 146, 148, 153,
　　　　157, 180, 194, 196, 287
反　訴 …………………………………… *130*

反対利害関係人 ………… *89 ～, 255 ～, 276 ～,*
　　　　311 ～, 320 ～, 331
判断行為 ………………………………… *46*
反復禁止 ………… *198, 204, 225, 252 ～,*
　　　　282, 331, 355

ひ

引き込み型 ……… *3, 209 ～, 215, 270 ～, 277,*
　　　　313, 333, 334
非訟（事件）（freiwillige Gerichtsbarkeit）
………… *88, 95, 108, 125, 152, 194, 327*
必要的共同訴訟（notwendige Streitgenossen-
schaft）…… *51, 53, 175, 215 ～, 274, 287*
　固有―― ………… *4, 51, 63, 78, 141, 215,*
　　　　218 ～, 277, 278 ～, 292, 304,
　　　　314, 316, 334, 358
　準―― ………………………………… *287*
　第二種の固有―― ……………………… *334*
　類似―― ……………… *51, 85, 304, 330*
必要的参加（notwendige Beiladung）…… *2, 4,*
　　　　19, 51, 53, 62, 205, 209 ～, 213 ～,
　　　　239 ～, 257 ～, 259 ～, 275, 333, 352
　――絶対的無効説 …………… *216 ～, 222*
　――相対的無効説 ………… *223, 231 ～, 280*
　――有効説 ………… *223, 312, 323*
　不真正（unechte）―― …………… *219 ～*
ビューロー・ヴァッハ論争 ………… *99, 126*
表見法理 …………………………… *184, 292*
比例原則 ………………………………… *306*

ふ

不開示決定 ……………………………… *122*
不可争力 …………………………… *241, 263*
不可分 ………………………… *17, 91, 244*
（法関係の／処分の）不可分性（indivisibilité）
………… *136, 275 ～, 281, 291, 302 ～*
不可分（的）利益 …………… *303, 304, 368*
附　款 …………………………………… *186*
付随的効力（Nebenwirkung）
………………………… *153, 156 ～, 164*
付随的審査（inzidente Kontrolle）
………………………… *261, 265, 273*
部分無効（Teilnichtigkeit）……………… *308*
振り込め詐欺救済法 ……………………… *288*
プロイセン一般ラント行政法 ………… *14, 214*

390

事項索引

紛争解決説 …………………………… 180
紛争解決の漸次性 …………………… 366
紛争管理権 …………………… 303, 317
紛争の一回的解決 ……… 4, 262, 263〜, 271,
　　　　　315〜, 330, 340〜, 350
紛争の画一的解決 ………… 4, 88, 217, 218,
　　　224〜, 228〜, 231〜, 262, 270,
　　　274〜, 311〜, 330, 347, 348〜
紛争の没主体化 ……………………… 360
分離確定（gesonderte Feststellung）……… 235

へ

弁論主義 ………………………………… 338

ほ

法関係（Rechtsverhältnis）………… 101, 367
法変動を求める権利（Recht auf Rechtsände-
　rung）　→　形成を求める権利
法律行為 ……… 42, 154, 164, 177, 184, 185
法律上の推定（présomptions établies par la
　loi）…………………………………… 75
法律としての効力（Gesetzeskraft）……… 250
法律の留保 …………………………… 142
法律要件的効果　→　構成要件の効力
法律要件的効力（Tatbestandswirkung）　→
　構成要件の効力
補助参加 …………………… 326, 328〜
保全の裁判 ……………………………… 88

む

ムスタ手続（Musterverfahren）…………… 234

め

命令（règlement）…………………… 267

も

持分会社 ………………………………… 294
モッセ案 ……………………………… 14〜

や

役員解任の訴え …………… 77, 194, 284, 334

ゆ

有限合資会社 ………………………… 235

よ

要求（Begehren）…………… 111, 112〜
用途地域指定 …………………………… 303

り

履行不能 ………………………………… 286
離婚判決／訴訟／の訴え …………… 24, 74〜
流水占用許可　→　河川法上の許可
隣人訴訟 ………………………………… 282

れ

列記主義 …………………… 14, 16, 121

ろ

ロエスレル草案 ………………… 12〜, 20

391

人名索引

日 本

青木義人 ···················· 49
一木喜徳郎 ············· 16～, 21
市原昌三郎 ···················· 46
入江俊郎 ···················· 49
梅謙次郎 ············ 71, 74, 79, 83
岡松参太郎 ···················· 79
雄川一郎 ·············· 56, 64, 69
兼子一 ······ 32, 34, 36～, 49～, 56～, 66,
　　　　　　90, 180, 185, 193, 203
河村譲三郎 ···················· 17
小早川光郎 ···················· 119
佐々木惣一 ···················· 26
白石健三 ···················· 47

杉本良吉 ··············· 50, 63, 66, 90
関根小郷 ···················· 49
瀧川叡一 ···················· 47
田中二郎 ······· 31, 34, 36～, 49～, 52～,
　　　　　　54～, 66, 203
富井政章 ···················· 71
豊水道祐 ·············· 45, 50, 90
中村治朗 ···················· 53
新村義広 ···················· 91
松本烝治 ···················· 80
三ケ月章 ···················· 53
美濃部達吉 ·············· 20, 57, 69

海 外

G. イェリネック（Georg Jellinek）··········· 110
W. イェリネック（Walter Jellinek）··· 25, 210
ヴァイズマン（Jakob Weismann）
　·· 102, 149～
ヴァッハ（Adolf Wach）········ 81, 94～, 100,
　　　　　　102, 128, 147～
ヴィントシャイト（Bernhard Windscheid）
　·· 99
オーリゥ（Maurice HAURIOU）············· 281
オットー・マイヤー（Otto Mayer）··· 23, 177
キッシュ（Wilhelm Kisch）················· 105
キップ（Theodor Kipp）···················· 97
クットナー（Georg Kuttner）
　···························· 100, 128, 156～
クルシュ（Walter Krusch）················· 170～
コーラー（Josef Kohler）······ 96, 129, 149～
ゴルトシュミット（James Goldschmidt）
　··················· 43, 109～, 124, 156,
　　　　　　162, 163～, 175, 185
コルマン（Karl Kormann）····················· 25
シュヴァープ（Karl Heinz Schwab）········ 174

シュタイン（Friedrich Stein）··········· 97, 103,
　　　　　　108～, 151～
シュロッサー（Peter Schlosser）
　···························· 115～, 124, 129
ゼッケル（Emil Seckel）·············· 94, 105～
デーゲンコルプ（Heinrich Degenkolb）···· 101
デッターベック（Steffen Detterbeck）······ 251
デレ（Hans Dölle）··········· 118, 173～
ニーゼ（Werner Niese）····················· 211
パーゲンステヒャー（Max Pagenstecher）
　·· 160～
ハイム（Franz Felician Heim）··········· 158～
バホフ（Otto Bachof）·············· 211, 216～
ビンダー（Julius Binder）················· 178
プロース（Alexander Plósz）················· 101
ブロマイヤー（Arwed Blomeyer）··········· 177
ベール（Otto Bähr）···················· 102
ベティヒャー（Eduard Bötticher）
　···························· 118, 168～, 174, 177
ヘルヴィヒ（Konrad Hellwig）···· 81, 96, 103,
　　　　　　106～, 110, 152～

人名索引

ベルナツィク（Edmund Bernatzik）········ *220*
A. メルクル（Adolf Merkl）··············· *110*
メンデルスゾーン＝バルトルディ（Albrecht
　Mendelssohn-Bartholdy）··········· *159, 176*
モッセ（Albert Mosse）····················· *14〜*
ヤウエルニッヒ（Othmar Jauernig）
　······························· *174, 177〜*
ラングハイネケン（Paul Langheineken）··· *104*

リヒャルト・シュミット（Richard Schmidt）
　···································· *100*
レーニング（Edgar Loening）··············· *22*
レント（Friedrich Lent）····· *112, 166, 171〜*
ロエスレル（Hermann Roesler）···· *12〜, 221*
ローゼンベルク（Leo Rosenberg）
　························· *112, 113〜, 169〜*

393

判例索引

日　本

大判明治 38 年 12 月 5 日民録 11 輯 1629 頁 ……………………………… *77*
大判明治 41 年 9 月 25 日民録 14 輯 931 頁 ………………………………… *278*
大判大正 13 年 5 月 19 日民集 3 巻 211 頁 ………………………………… *279*
大判昭和 3 年 6 月 21 日民集 7 巻 493 頁 ………………………………… *78*
大判昭和 10 年 12 月 28 日判例集未登載 …………………………………… *77*
大判昭和 15 年 6 月 19 日民集 19 巻 999 頁 ……………………………… *29*
最大判昭和 24 年 5 月 18 日民集 3 巻 6 号 199 頁 …………………… *143*
最判昭和 27 年 12 月 25 日民集 6 巻 12 号 1255 頁 ………………… *287*
最判昭和 28 年 6 月 26 日民集 7 巻 6 号 787 頁 …………………… *76*
最判昭和 35 年 4 月 21 日民集 14 巻 6 号 930 頁 …………………… *286*
最判昭和 36 年 12 月 15 日民集 15 巻 11 号 2865 頁 ……………… *314*
最判昭和 37 年 4 月 10 日民集 16 巻 4 号 699 頁 …………………… *39*
最判昭和 37 年 5 月 8 日家月 14 巻 9 号 88 頁 …………………… *77*
最判昭和 38 年 3 月 12 日民集 17 巻 2 号 310 頁 …………………… *314*
東京地判昭和 39 年 6 月 23 日判時 380 号 22 頁 …………………… *295*
東京地決昭和 40 年 4 月 22 日行集 16 巻 4 号 708 頁 ……………… *299*
最判昭和 40 年 6 月 24 日民集 19 巻 4 号 1001 頁 ……………… *89, 328*
最大判昭和 41 年 2 月 23 日民集 20 巻 2 号 271 頁 ………………… *302*
最判昭和 41 年 11 月 25 日民集 20 巻 9 号 1921 頁 ………………… *316*
最判昭和 42 年 2 月 10 日民集 21 巻 1 号 112 頁 …………………… *78*
最判昭和 42 年 3 月 14 日民集 21 巻 2 号 312 頁 ……………… *89, 352*
最判昭和 42 年 9 月 28 日民集 21 巻 7 号 1970 頁 ………………… *306*
最判昭和 43 年 3 月 15 日民集 22 巻 3 号 607 頁 …………… *279, 314*
最判昭和 43 年 12 月 24 日民集 22 巻 13 号 3254 頁 ……………… *357*
大阪高判昭和 44 年 1 月 30 日行集 20 巻 1 号 115 頁 ……………… *341*
最判昭和 44 年 4 月 17 日民集 23 巻 4 号 785 頁 …………………… *314*
最判昭和 44 年 7 月 8 日民集 23 巻 8 号 1407 頁 …………………… *197*
最判昭和 44 年 7 月 10 日民集 23 巻 8 号 1423 頁 ………………… *78*
最判昭和 45 年 6 月 11 日民集 24 巻 6 号 509 頁 …………………… *191*
最判昭和 45 年 11 月 6 日民集 24 巻 12 号 1721 頁 ………………… *354*
最判昭和 47 年 2 月 15 日民集 26 巻 1 号 30 頁 …………………… *292*
最判昭和 47 年 11 月 9 日民集 26 巻 9 号 1513 頁 ………………… *78*
最判昭和 47 年 12 月 12 日民集 26 巻 10 号 1850 頁 ……………… *297*
最大判昭和 51 年 4 月 14 日民集 30 巻 3 号 223 頁 ………………… *308*
最判昭和 53 年 3 月 30 日民集 32 巻 2 号 485 頁 …………………… *303*
最判昭和 53 年 7 月 10 日民集 32 巻 5 号 888 頁 …………………… *348*
最判昭和 56 年 6 月 16 日民集 35 巻 4 号 791 頁 …………………… *280*

最判昭和 56 年 9 月 11 日民集 35 巻 6 号 1013 頁 ･･････････････････････ *279*

大阪地判昭和 57 年 2 月 19 日行集 33 巻 1=2 号 118 頁 ･････････ *299, 308*

最判昭和 57 年 3 月 12 日民集 36 巻 3 号 329 頁 ･･････････････････････ *202*

最判昭和 60 年 2 月 21 日金法 1111 号 35 頁 ･･････････････････････････ *293*

最判昭和 61 年 3 月 13 日民集 40 巻 2 号 389 頁 ･･･････････････ *278, 292*

最判昭和 63 年 2 月 25 日民集 42 巻 2 号 120 頁 ･･･････････････････ *328*

最判平成元年 3 月 28 日民集 43 巻 3 号 167 頁 ･･･････････････ *141, 278*

最判平成元年 4 月 13 日判時 1313 号 121 頁 ･････････････････････････ *299*

最判平成元年 11 月 10 日民集 43 巻 10 号 1085 頁 ･･････････････ *76, 329*

最判平成 4 年 4 月 28 日民集 46 巻 4 号 245 頁 ･･･････････････････ *306*

最判平成 6 年 2 月 8 日民集 48 巻 2 号 123 頁 ･･･････････････････ *295*

最判平成 9 年 1 月 28 日民集 51 巻 1 号 40 頁 ･･････････････････ *78, 292*

最判平成 9 年 3 月 11 日判時 1599 号 48 頁 ･･･････････････････････ *293*

最大判平成 9 年 4 月 2 日民集 51 巻 4 号 1673 頁 ･･････････････････ *303*

東京地判平成 9 年 10 月 13 日判時 1654 号 137 頁 ･･･････････････ *294*

東京地判平成 10 年 7 月 16 日判時 1654 号 41 頁 ･･････････････ *294, 341*

最判平成 10 年 9 月 10 日判時 1661 号 89 頁 ･･･････････････ *197, 198*

最判平成 11 年 1 月 21 日判時 1675 号 48 頁 ･････････････････････ *293*

最判平成 12 年 4 月 11 日民集 54 巻 4 号 1368 頁 ･･･････････････ *295*

最判平成 12 年 7 月 7 日民集 54 巻 6 号 1767 頁 ･･････････････････ *78*

最判平成 13 年 6 月 12 日民集 55 巻 4 号 793 頁 ･･･････････････････ *295*

最判平成 14 年 1 月 31 日民集 56 巻 1 号 246 頁 ･････････････････ *308*

最判平成 14 年 4 月 25 日判自 229 号 52 頁 ･･････････････････････ *313*

最判平成 16 年 7 月 6 日民集 58 巻 5 号 1319 頁 ･･･････････････････ *278*

最大判平成 17 年 9 月 14 日民集 59 巻 7 号 2087 頁 ･････････････ *308*

最判平成 18 年 7 月 14 日民集 60 巻 6 号 2369 頁 ･･････････････････ *308*

最大判平成 20 年 6 月 4 日民集 62 巻 6 号 1367 頁 ･･･････････････ *308*

最判平成 20 年 7 月 17 日民集 62 巻 7 号 1994 頁 ･･････････････････ *316*

最大判平成 20 年 9 月 10 日民集 62 巻 8 号 2029 頁 ･･･････ *1, 299, 305*

広島地判平成 21 年 10 月 1 日判時 2060 号 3 頁 ･･･････････････････ *355*

最判平成 21 年 11 月 26 日民集 63 巻 9 号 2124 頁 ･･････ *1, 300, 305, 313*

最判平成 22 年 4 月 13 日集民 234 号 31 頁 ･･･････････････････ *197, 198*

最判平成 22 年 7 月 6 日民集 64 巻 5 号 1277 頁 ･･･････････････････ *296*

東京地判平成 24 年 6 月 8 日判時 2163 号 58 頁 ･････････････････ *124*

最判平成 24 年 11 月 20 日民集 66 巻 11 号 3521 頁 ･･････････････ *143*

最判平成 25 年 1 月 11 日民集 67 巻 1 号 1 頁 ････････････････････ *308*

仙台高判平成 25 年 1 月 24 日判時 2186 号 21 頁 ･･････････････････ *329*

最判平成 25 年 3 月 21 日民集 67 巻 3 号 438 頁 ･･･････････････････ *296*

東京地判平成 25 年 3 月 26 日判時 2209 号 79 頁 ･････････････････ *299*

最決平成 25 年 3 月 28 日民集 67 巻 3 号 864 頁 ･･･････････････････ *227*

大阪地判平成 25 年 10 月 25 日裁判所ウェブサイト ･････････････････ *295*

最決平成 25 年 11 月 21 日民集 67 巻 8 号 1686 頁 ･･････････････ *82, 343*

最判平成 26 年 1 月 28 日民集 68 巻 1 号 49 頁 ･･･････････････････ *327*

東京高判平成 26 年 2 月 19 日訟月 60 巻 6 号 1367 頁 ･･････････････ *299*

最決平成 26 年 4 月 14 日民集 68 巻 4 号 279 頁 ･･･････････････ *194, 294*

最決平成 26 年 7 月 10 日判時 2237 号 42 頁 ･･････････････････････････････ *76, 82, 344*

大阪高判平成 26 年 9 月 30 日裁判所ウェブサイト ･････････････････････････ *295*

最決平成 27 年 1 月 22 日判時 2252 号 33 頁 ･･･････････････････････････････ *285*

最決平成 27 年 1 月 22 日判時 2252 号 36 頁 ･･･････････････････････････････ *285*

最決平成 27 年 4 月 21 日判例集未登載 ･･･････････････････････････････････ *299*

最判平成 27 年 12 月 8 日民集 69 巻 8 号 2211 頁 ･･････････････････････････ *295*

東京地判平成 27 年 12 月 17 日判時 2293 号 67 頁 ･･････････････････････････ *124*

最判平成 28 年 3 月 4 日民集 70 巻 3 号 827 頁 ･･･････････････････････････ *123*

ドイツ

PrOVG Urt. v. 21. 12. 1916, PrOVGE 72, 428 ･･････････････････････････････ *216*

Hess. VGH Beschl. v. 9. 12. 1948, DV 1949, 73 ･･･････････････････････････ *214*

BVerwG Urt. v. 6. 11. 1953, BVerwGE 1, 27 ･･･････････････････････････････ *230*

BVerwG Urt. v. 20. 7. 1962, BVerwGE 14, 323 ･･･････････････････････････ *123*

BVerwG Urt. 27. 3. 1963, BVerwGE 16, 23 ･･･････････････････････････････ *219*

BVerwG Urt. v. 31. 1. 1964, BVerwGE 18, 40 ･･････････････････････････････ *312*

BVerwG Urt. v. 10. 3. 1964, BVerwGE 18, 124 ･････････････････････････････ *217*

BVerwG Urt. v. 14. 1. 1966, DVBl. 1966, 792 ･･････････････････････････････ *244*

BVerwG Urt. v. 28. 4. 1972, BVerwGE 40, 101 ････････････････････････････ *244*

BSG Urt. v. 29. 8. 1974, BSGE 38, 94 ･･･････････････････････････････････ *236*

BSG Urt. v. 29. 8. 1974, BSGE 38, 98 ･･･････････････････････････････････ *236*

BVerwG Beschl. v. 23. 10. 1978, DVBl. 1979, 352 ･･･････････････････････ *312*

BSG Urt. v. 29. 6. 1979, BSGE 48, 238 ･･･････････････････････････････････ *236*

BVerwG Beschl. v. 12. 3. 1982, BVerwGE 65, 131 ･･････････････････････ *256*

BSG Urt. v. 6. 11. 1985, BSGE 59, 87 ･･････････････････････････････････ *236*

BFH Urt. v. 12. 11. 1985, BFHE 145, 408 ･･････････････････････････････ *235*

BVerwG Beschl. v. 18. 7. 1989, BVerwGE 82, 225 ･･････････････････････ *309*

BVerwG Beschl. v. 8. 8. 1989, DVBl. 1989, 1103 ･･･････････････････････ *309*

BVerwG Beschl. v. 20. 8. 1991, DVBl. 1992, 37 ･････････････････････････ *309*

BFH Beschl. v. 31. 1. 1992, BFHE 167, 5 ･･････････････････････････････ *235*

BVerwG Beschl. v. 29. 3. 1993, DVBl. 1993, 661 ･･･････････････････････ *309*

BVerwG Beschl. v. 6. 4. 1993, NVwZ 1994, 272 ････････････････････････ *306*

BVerwG Beschl. v. 4. 1. 1994, DVBl. 1994, 699 ････････････････････････ *309*

BVerwG Urt. v. 20. 3. 1997, BVerwGE 104, 182 ･･･････････････････････ *224*

BVerfG Beschl. v. 19. 7. 2000, NVwZ 2000, 1283 ･･････････････････････ *258*

BVerwG Beschl. v. 16. 4. 2002, BauR 2002, 1830 ･･････････････････････ *260*

BFH Beschl. v. 15. 4. 2003, BFH/NV 2003, 1283 ･･････････････････････ *235*

BVerfG Beschl. v. 30. 4. 2003 BVerfGE 55, 1 ･････････････････････････ *225*

フランス

C. E. 29 nov. 1912, Boussuge, Rec. 1128 ･･････････････････････････････ *69*

C. E. 8 avril 1961, Conseil national de l'Ordre des médecins c/dame Le Bourhis, Rec. 221 ･･････ *341*

C. E. 10 février 1965, Morati, Rec. 91 ･････････････････････････････････ *264*

C. E. 8 mars 1972, Thfoin, Rec. 190 ･･･････････････････････････････････ *264*

著者紹介

巽　智彦（たつみ　ともひこ）
　　1986 年　岐阜県に生まれる
　　2009 年　東京大学法学部卒業
　　2011 年　東京大学大学院法学政治学研究科法曹養成専攻修了
　　　　　　同研究科助教を経て
　　現　在　成蹊大学法学部准教授

第三者効の研究——第三者規律の基層
Drittwirkung von Urteilen

2017 年 9 月 20 日　初版第 1 刷発行

　　　著　者　巽　智彦
　　　発行者　江草貞治
　　　発行所　株式会社　有　斐　閣
　　　〔101-0051〕東京都千代田区神田神保町 2-17
　　　　　　　　電話（03）3264-1314〔編集〕
　　　　　　　　　　（03）3265-6811〔営業〕
　　　　　　　　http://www.yuhikaku.co.jp/

印刷・萩原印刷株式会社／製本・大口製本印刷株式会社
Ⓒ 2017, Tomohiko Tatsumi. Printed in Japan
落丁・乱丁本はお取替えいたします。
★定価はカバーに表示してあります。
ISBN 978-4-641-22729-3

┃JCOPY┃本書の無断複写（コピー）は，著作権法上での例外を除き，禁じられています。複写される場合は，そのつど事前に，（社）出版者著作権管理機構（電話03-3513-6969, FAX03-3513-6979, e-mail: info@jcopy.or.jp）の許諾を得てください。